大清一統志

第十三册

陝西（一）

上海古籍出版社

陕西（一）

目録

陕西全圖

鄂爾多斯左翼前旗界
鄂爾多斯左翼中
山西保德州界
山西臨縣界
山西永寧州界
山西河津縣界
山西永濟縣界
河南閿鄉縣界
河南盧氏縣界
河南淅川縣界
湖北鄖西縣界
湖北鄖縣界
湖北竹溪縣界
榆林
鄜州
商州
四川
黃河
渭河
洛水
漢水
丹水

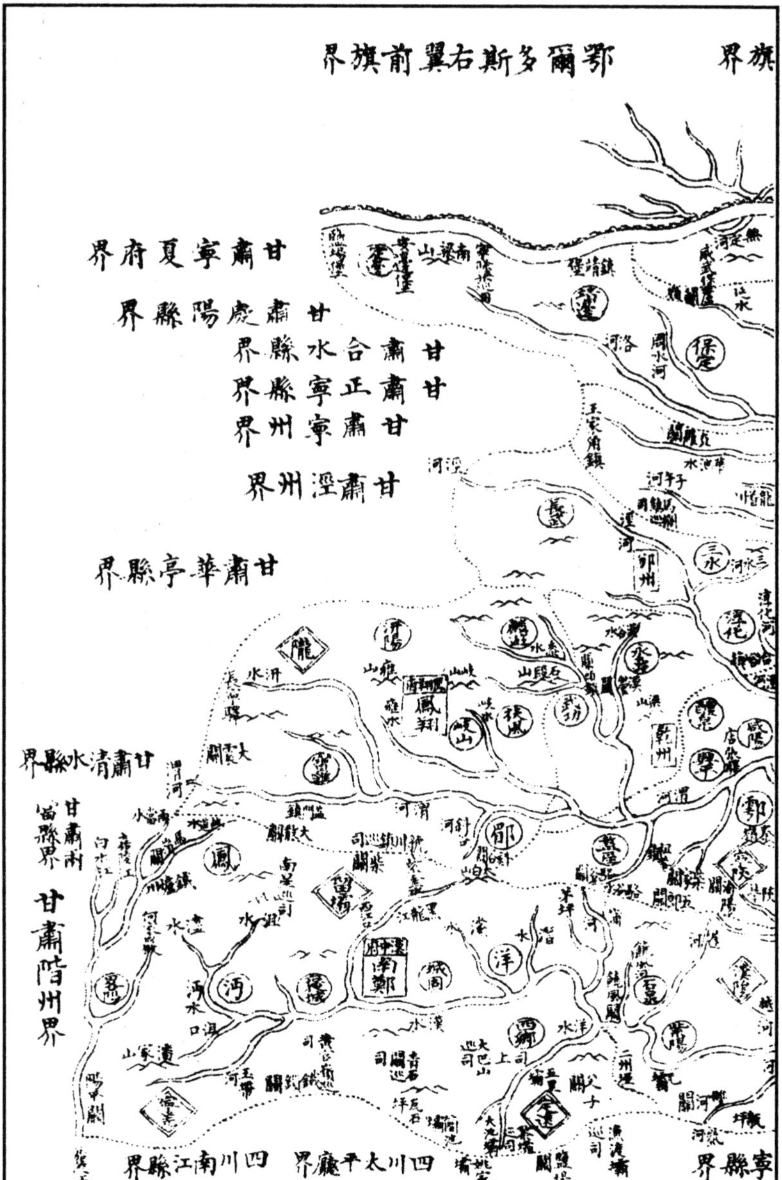
鄂爾多斯右翼前旗界
旗界
甘肅寧夏府界
甘肅慶陽縣界
甘肅合水縣界
甘肅正寧縣界
甘肅寧州界
甘肅涇州界
甘肅華亭縣界
甘肅清水縣界
甘肅兩當縣界
甘肅階州界
四川南江縣界
四川太平廳界
寧縣界
洛河
渭河
漢水
保安
三水
鳳翔
郿
南鄭
城固
洋
西鄉
沔
略陽
寧羌
鳳
長武
邠州
乾州
永壽
武功
醴泉
興平
咸陽
岐山
扶風
寶雞
鄜州
大散關
紫柏山

陝西統部

秦	始皇建都，置內史，更置上郡、漢中等郡。
兩漢	漢建都，置司隸，分屬并州、益州、涼州諸部。
三國	蜀漢置梁州，魏置雍、梁二州。
晉	仍爲雍、梁二州。
南北朝	宋有梁州，分置南秦州。魏置雍、梁二州，增置洛、岐、華、夏、北華、東益、東夏、南岐、東梁、東秦、東雍、北雍諸州。西魏改華曰同，東雍曰華，北雍曰宜，南岐曰鳳，東益曰興，東秦曰隴，東夏曰延，北華曰鄜，東梁曰金，又置綏、丹、洋等州。周改洛爲商，增置銀州。
隋	建都，復置州。大業三年改爲京兆、馮翊、扶風、新平、上郡、雕陰、延安、朔方、漢川、西城、河池、順政、上洛等郡。
唐	建都，改郡爲州。貞觀中屬關內道，開元中分屬關內及山南西道。
五代	廢都。
宋金附	初置陝西路，熙寧五年分爲永興軍路，兼屬秦鳳、利州、京西、河東四路。金爲京兆、鳳翔、鄜延等路。
元	置陝西行省。
明	初立陝西行省，洪武九年置陝西布政司。

續表

西安府	延安府	鳳翔府
内史	上郡地。	初爲國都，始皇時爲内史地。
京兆尹 景帝分爲左、右内史，武帝太初元年更名，爲司隸治。後漢末置雍州。		右扶風地。
京兆郡 魏雍州治，改尹爲守。		魏扶風郡地。
京兆郡 建興後入羌、氐。	荒廢，後屬赫連氏。	
京兆郡 魏徙治霸城，屬雍州。西魏建都。周復治長安，改守爲尹。	偏城郡 魏太和元年置，延昌二年兼置東夏州。西魏廢帝三年改州曰延，治廣武。	平秦郡 魏太延二年置，太和十一年兼置岐州。西魏改郡曰岐山。
京兆郡 開皇二年罷尹，置雍州。大業三年改置。	延安郡 開皇八年郡廢，大業三年州廢，改置，治膚施。	扶風郡 開皇三年郡廢，大業三年州廢，改置。
京兆府 武德元年改置雍州，開元元年改府，爲關内道治。二十一年爲京畿採訪使治。	延州 武德元年復置州，天寶元年改延安郡，乾元元年復屬關内道。	鳳翔府 武德元年復置岐州，天寶元年改扶風郡。至德元載改曰鳳翔，二載升府，屬關内道。
京兆府 梁更名大安。唐復。	延州	鳳翔府
京兆府 初爲陝西路治，熙寧五年爲永興路治。金爲京兆府路治。	延安府 初屬陝西路，慶曆元年分置鄜延路。元祐四年升府。金爲鄜延路治。	鳳翔府 屬秦鳳路。金爲鳳翔路治。
奉元路 至元十六年改府爲安西路，皇慶元年又改名，爲陝西行省治。	延安路 改路，屬陝西行省。	鳳翔府 屬陝西行省。
西安府 洪武元年改名，爲陝西布政司治。	延安府 改府，屬陝西布政司。	鳳翔府 屬陝西布政司。

續表

漢中府	榆林府	興安府
漢中郡 惠王十三年置。	上郡地。	漢中郡地。
漢中郡 屬益州。		西城郡 後漢建安二十年分置。
漢中郡 屬蜀漢，後入魏，置梁州治。		魏興郡 魏改名，屬荆州。
漢中郡 梁州治。東晉兼爲秦州治。	義熙中赫連勃勃稱夏國，築統萬城。	魏興郡 屬梁州，東晉時爲梁州治。
漢中郡 宋兼置南秦州。梁大監三年入於魏，大同初還屬梁。西魏廢帝元年復入于魏。	化政郡 魏太和十一年置，兼置夏州。西魏改郡曰弘化。	魏興郡 梁天監中置梁州，亦曰北梁州，尋改南梁州。西魏廢帝元年移置東梁州，三年改州曰金。
漢川郡 開皇三年郡廢，大業三年州廢，改置。	朔方郡 開皇三年郡廢，大業三年州廢，改置。	西城郡 開皇三年郡廢，大業三年州廢，改置。
興元府 武德元年復置梁州，天寶元年改漢中郡，乾元元年復，興元元年升府，爲山南西道治。	夏州 貞觀二年復置州，天寶元年改朔方郡，乾元元年復屬關內道。	金州 武德元年復置州，天寶元年改安康郡，至德二載又改漢南郡，乾元元年復屬山南東道。
興元府 屬蜀。周改漢川郡。	夏州	金州 初屬蜀，後屬晉。
興元府 復名，爲利州路治。紹興十四年又改爲利州東路治。	李元昊改建夏國，尋徙廢。	金州 屬京西南路，建炎四年屬利州路。
興元路 改路，屬陝西行省。	綏德州地。	金州 屬興元路。
漢中府 洪武三年改名，九年屬陝西布政司。	榆林衛 成化七年置，爲延綏鎮治。	興安州 初屬漢中府，萬曆十一年改名，直隸陝西布政司。

續表

同州府	商州直隸州	乾州直隸州
内史地。	内史地。	
後漢末移左馮翊，治臨晉。	上洛國 後漢置，屬京兆尹。	
馮翊郡 魏改郡，除「左」字。	屬魏。	
馮翊郡 屬雍州。	上洛郡 泰始二年置。	
武鄉郡 魏太和十一年置華山郡，兼置華州。孝昌二年改郡名，西魏改州曰同。	上洛郡 魏太延五年兼置荆州，太和十一年改州曰洛。周改洛曰商。	扶風郡 魏移置。周廢。
馮翊郡 開皇三年郡廢，大業三年州廢，改置。	上洛郡 開皇三年郡廢，大業三年州廢，改置。	
同州 武德元年復置州，天寶元年改馮翊郡，乾元元年復屬關内道。	商州 武德元年復置州，天寶元年改上洛郡，乾元元年復屬山南西道，後屬京畿。	乾州 乾寧元年置，屬關内道。
同州	商州	乾州 唐屬鳳翔府。
同州 屬永興路。金屬京兆府路。	商州 屬永興路。金初屬京兆府路，貞祐四年改屬陝州，元光二年屬河南路。	醴州 熙寧五年州廢，政和七年改置，屬環慶路。金天德三年復曰乾州，屬京兆府路。
同州 屬奉元路。	商州 屬奉元路。	乾州 屬奉元路。
同州 屬西安府。	商州 洪武七年降縣，屬華州。成化十三年復屬西安府。	乾州 屬西安府。

邠州直隸州	鄜州直隸州	綏德直隸州
		上郡
新平郡 後漢興平元年分置。		上郡 初爲翟國，尋復屬并州。後漢末廢。
新平郡 屬魏。		
新平郡 屬雍州。		
新平郡 西魏置豳州。	魏北華州地，西魏鄜州地。	安寧郡 西魏置，廢帝元年兼置綏州。
新平郡 開皇三年郡廢，大業三年州廢，義寧三年復置。	上郡 大業三年移鄜州來治，改鄜城郡，尋改。	雕陰郡 開皇三年郡廢，大業三年改州曰上州，尋廢，改置。
邠州 武德三年復置州，開元十三年更名邠，天寶元年改新平郡，乾元元年復屬關內道。	鄜州 武德元年復置州，天寶元年改洛交郡，乾元元年復屬關內道。	綏州 貞觀二年復置州，天寶元年改上郡，乾元元年復屬關內道。
邠州 初屬岐，後屬梁。	鄜州	入蕃界。
邠州 屬永興路。金屬慶原路。	鄜州 屬永興路。金屬鄜延路。	綏德州 熙寧三年收復，建綏德城。元符二年升爲軍，屬延安府。金大定二十二年升州，屬鄜延路。
邠州 屬陝西行省。	鄜州 屬延安府。	綏德州 屬延安路。
邠州 屬西安府。	鄜州 屬延安府。	綏德州 屬延安府。

大清一統志卷二百二十六

陝西統部

在京師西南二千六百五十里。東西距九百三十五里，南北距二千四百二十六里。東至河南陝州閿鄉縣界三百五里，西至甘肅秦州清水縣界六百三十里，南至四川太平廳界一千三十里，北至榆林邊牆一千三百九十六里。東南至河南南陽府淅川縣界六百二十里，西南至四川保寧府廣元縣界一千三百八十五里，東北至山西保德州河曲縣界一千八百六十里〔一〕，西北至甘肅慶陽府正寧縣界三百二十里。

分野

天文井、鬼分野，鶉首之次。漢書地理志：秦地於天官，東井、輿鬼之分野也。其界自弘農故關以西，京兆、扶風、馮翊、北地、上郡、西河皆屬焉。自井十度至柳三度，謂之鶉首之次，秦之分也。

建置沿革

禹貢黑水西河惟雍州。孔安國傳：西據黑水，東距西河，即龍門之河，在冀州西，故曰西河。晉書地理志：雍州，以其四山之地，故以雍名。亦謂西北之位，陽所不及，陰氣雍閼也。按：今陝西之地，惟漢中府、興安府、商州爲古梁州域，餘皆屬雍。周爲王畿，東遷後屬秦，其東境分屬晉。戰國時，秦都咸陽，其東北境屬魏，南境屬楚。

秦始皇并天下，以京師爲内史，兼置上郡、漢中等郡。漢元年，項羽以漢中爲漢國，分秦地爲雍、塞、翟三國。漢高帝都長安，初置渭南、河上、中地郡。九年，復爲内史。景帝分置左、右内史。武帝改内史置京兆尹、左馮翊、右扶風，是爲三輔，置司隸校尉督察之。又以上郡、朔方、元朔二年置。西河元朔四年置。等郡屬并州，漢中郡屬益州。武都、安定、北地等郡地屬涼州。後漢遷都洛陽，仍置司隸督察三輔，晉書地理志：光武都洛陽，關中復置雍州。後罷屬司隸。諸郡分屬并、益、涼州如故。建安十八年，罷司隸置雍州。獻帝春秋：時省司隸校尉及涼州，以其郡國并爲雍州。魏志：建安二十年，分漢中之安陽、西城爲西城郡。三國屬魏，仍曰雍州。改京兆尹爲太守，馮翊、扶風，各除左右。華陽國志：魏黄初二年，改西城爲魏興郡。其漢中郡屬漢，後屬魏，分置梁州。晉仍曰雍、梁二州。晉初，於長安置雍州，統京兆、馮翊、扶風、安定、北地、始平、新平七郡。梁州治漢中，所領郡皆在今四川界。魏興郡後屬荆州。

建興元年，復都長安，尋皆陷没。建興二年，李雄陷漢中。四年，劉曜陷長安。太興二年，曜自平陽徙都長安，改號趙，復置司隸校尉，以幽州刺史鎮北地。咸和四年，石勒克長安，復置雍州。永和六年，石氏敗，苻健據關中都長安，是爲前秦。復置司隸校尉，以荆州刺史鎮豐陽。苻堅時，分司隸爲雍州，分京兆爲咸陽郡，移洛州鎮陝城。滅燕之後，移洛州居豐陽。太元九年，苻堅敗，梁州復屬晉。十一年，姚萇據長安，是爲後秦。分司隸領北五郡，置雍州刺史。義熙三年，赫連勃勃據朔方，是爲夏，都統萬。十三年，劉裕滅姚秦，復置雍州。十四年，勃勃陷長安，以雍州牧鎮之，又以朔州牧鎮三城，秦州刺史鎮杏城，北秦州刺史鎮武功，豫州牧鎮李閏。後魏神䴥三年，平關中，仍爲雍州。後分置洛、太延五年，仍苻秦置荆州，太和十七年改。岐、華、夏、三州皆太和十一年置。北華太和十五年置東秦州，後改。等州。正始初克梁州，劉宋於梁州兼置南秦州，齊、梁因之。正始初，改梁州。後又屬梁，改北梁州，尋改南梁州。梁末又屬西魏。後又分置東益、東夏、延昌二年置。南岐、東梁皆孝昌三年置。及東秦、北雍、東雍諸州。西魏徙都長安，改易州名，廢帝元年，改南梁爲東梁州。三年，改爲金州。又改東雍爲華州，北雍爲宜州，華州爲同州，北華爲鄜州，東秦爲隴州，東夏爲延州，南岐爲鳳州。廢帝二年，改東益州爲興州，又改東梁州爲直州。增置綏、丹、洋三州。後周明帝二年，改雍州刺史爲雍州牧。保定三年，增置銀州。

隋開皇二年，建新都。三年，廢郡存州。大業初，改雍州爲京兆尹，又改諸州爲馮翊、本同州。新平、本豳州。扶風、本岐州。上郡、本鄜州。隋初改爲鄜城郡。雕陰、本綏州。隋初改上州。延安、本延州。朔方、本夏州。漢川、本梁州。西城、本金州。河池、本鳳州。順政、本興州。上洛本洛州。後周改商州。等郡。唐仍隋都，復改諸郡爲州。貞觀二年，分置關内及山南道。關内道，治京兆府，領鳳翔府，華、同、商、邠、隴、鄜、坊、丹、延、鹽、夏、綏、銀、宥、麟、勝等州。唐末，李茂貞又增置乾、耀、鼎、翟等州。山南道，開元二十一年，又分東、西。西道治興元府，領金、商、洋、鳳、興等州。新唐志金州分屬東道。按：唐宥州在今延安府靖邊縣北邊外，勝州在今榆林府府谷縣東北邊外，鄂爾多斯界。唐末廢都，五代因之。乾、耀、邠、岐、隴、鄜、坊、丹、延九州初屬岐，鳳州屬岐，亦屬蜀。金州初屬蜀，後皆屬唐。梁、洋二州屬前、後蜀。

宋初曰陝西路。熙寧五年，分爲永興軍路，兼屬秦鳳、利州、京西、河東四路。宋史地理志：慶曆元年，分陝西沿邊爲秦鳳、涇原、環慶、鄜延四路〔二〕。熙寧五年，以熙河洮岷州、通遠軍爲一路，又以熙、河等五州軍爲一路，通舊鄜延等五路，共三十四州軍。後分永興保安軍等爲永興軍路，秦、階、隴、鳳等爲秦鳳路，並置轉運使。仍以永興、鄜延、環慶、秦鳳、涇原、熙河分六路，各置經略、安撫司。永興軍路，領京兆、延安府，同、華、耀、邠、鄜、商、坊、丹等州，其後又增銀州、醴州及綏德、清平等軍。其鳳翔府、隴鳳二州，屬秦鳳路。興元府、洋興二州，屬利州路。金州，屬京西路。麟、府、豐三州，屬河東路。按：宋豐州在今榆林府府谷縣東北邊外，鄂爾多斯界。南渡後，陝西地入於金，分爲京兆、鳳翔、鄜延等路。京兆府路，本宋永興軍路，皇統二年改名。治京兆府，領商、乾、同、耀、華等州。鳳翔路，本宋秦鳳路，大定二十七年改名。自秦州移治鳳翔府，領隴州。鄜延路，治延安府，領綏德、鄜、坊等州。又以邠州分屬慶原路。其興元府，金、洋、鳳、沔等州，則仍屬宋利州路。元中統三年，立陝西四川行省，治京兆。至元二十三年，改爲陝西等處行中書省。領奉元、延安、興元等路，及鳳翔府，邠隴等州。明初，仍立陝西行省。洪武九年，改置陝西等處承宣布政使司。有左、右二使，並治西安府，共領八府一州。又置陝西都指揮使司，統諸衛所。

本朝初因之。康熙二年，移右布政使治甘肅，左布政使仍治西安，領西安、延安、鳳翔、漢中四府，興安一州。六年，改左布政司曰西安布政使司，後改曰陝西布政使司。雍正三年，升西安府之商、同、華、耀、乾、邠六州，延安府之鄜、綏德、葭三州，直隸陝西布政司。九年，又升榆林衛爲府。十三年，升同州爲府，仍降華、耀、葭三州爲屬州。乾隆四十八年，升興安州爲府。凡領府七，直隸州五：西安府、延安府、鳳翔府、漢中府、榆林府、興安府、同州府，商州直隸州、乾州直隸州、邠州直隸州、鄜州直隸州、綏德直隸州。

形勢

東瀕黄河，南據漢水，西連秦隴，北届朔漠。其名山，則有終南、太華、吴嶽、隴坻、龍門、橋山、嶓冢。其大川，則有大河、漢水、渭水、涇水、洛水。其重險，則有潼關、武關、散關。山川雄厚，土田衍沃，古稱天府，是爲隩區。舊志。

户口

康熙五十二年，原額人丁二百四十萬三千三百二十一。乾隆三十七年，停編丁。今滋生民户共男婦一千一百九十七萬六千七十九名口。

田賦

田地二十五萬八千三百三十八頃八十六畝二分有奇，額徵地丁銀一百五十三萬四千二百六十二兩一錢七分，糧三萬二千五百四十二石五斗三升二合。屯田四萬二頃八十一畝七分有奇，額徵地丁銀六萬六千七百五十七兩四錢二分，糧一十二萬九千三百五十二石七升五合。更名地八千三十七頃八十二畝八分有奇，額徵銀一萬一千十六兩四錢三分八釐，糧三萬八千一百六十五石二斗四升六合。

稅課

潼商道潼關，西安、延安、鳳翔、漢中、榆林五府，同州府大慶關，商州龍駒寨，隴州咸陽縣等處，共額徵商筏稅，銀三萬四千五百五十八兩有奇。民屯更地稅，徵銀六千四百二十三兩有奇，無定額。當稅，額徵銀六千四百六十五兩。牙稅，額徵銀一千六百四十五兩有奇。牲畜稅，額徵銀九千三百二十七兩有奇。磨課，額徵銀九十一兩有奇，逢閏加徵銀七兩。鐵課，額徵銀一百五十兩。礬課，額徵銀二兩四錢。鳳翔等府州八處，准運河東官鹽，共額徵鹽課銀九千九百三十四兩四錢有奇，歸河東道奏銷。漢中、延安、鄜州三府州屬，並綏德州之清澗縣，准運定邊官鹽，共額徵鹽課銀七千四百三十六兩四錢，歸本省奏銷。又花馬大池等處，額徵鹽課銀一千五百四十四兩有奇，歸山西巡撫奏銷。延榆綏道，額徵茶引價銀一千一百七十兩。漢中、興安二府，額徵茶課銀五百三十三兩有奇。

文職官

總督。舊轄山陝，後改轄川陝。雍正九年，改轄陝甘。駐西安府。乾隆二十四年，移駐甘肅省城。

巡撫。駐西安府。

提督陝甘學政。駐三原縣。

布政使。舊有左、右二布政。康熙二年，以右布政駐蘭州，專管甘肅；改左布政爲陝西布政使。經歷。理問。庫大使。廣積。

按察使。經歷。司獄。

督糧兼分守西乾鄜道。駐西安府。倉大使。永敬。

鹽法兼分巡鳳邠道。舊爲驛鹽道，駐西安府。乾隆四十四年，改鹽法道。五十九年，改鳳邠道，移駐鳳翔府。嘉慶十二年改今名，仍駐西安府。

分守潼商兵備道。駐潼關。

分巡陝安兵備道。舊爲漢興道，嘉慶五年改今名。駐漢中府。

分巡延榆綏兵備道。舊爲綏延鄜道，駐綏德州。乾隆二十五年，裁榆葭道，歸併，改今名，駐榆林府。其原轄之鄜州，歸督糧道管轄。

西安府知府。同知二員。一理事，一清軍，俱駐府城。府學教授。訓導。經歷。舊有知事，乾隆四十七年裁。司獄。撫民同知二員。一孝義廳。乾隆四十七年設，駐孝義川。嘉慶七年，移駐舊縣關。一寧陝廳，舊爲西安府水利通判，駐涇陽王橋鎮。乾隆四十七年，移駐五郎關。嘉慶五年，改爲寧陝撫民同知。廳學訓導二員。均嘉慶十六年設。主簿。駐江口。舊爲長安縣斗門鎮主簿，乾隆三十八年設。嘉慶七年移駐今所，改隸寧陝廳。巡檢二員。孝義、寧陝，俱兼司獄，乾隆四十七年設。寧陝舊有四畝地巡檢，嘉慶七年設，十三年移駐新城，十八年裁。知州。耀。州學學正。訓導。吏目。知縣十五員。長安、咸寧、咸陽、興平、臨潼、高陵、鄠、藍田、涇陽、三原、盩厔、渭南、富平、醴泉、同官。縣丞十員。咸陽、臨潼、三原，均駐縣城。長安、咸寧、興平、涇陽、盩厔、渭南、富平，舊均駐縣城。乾隆十年，移盩厔縣丞駐祖庵鎮，渭南縣丞駐下邽鎮，富平縣丞駐美原堡。二十六年，移興平縣丞駐店張鎮。二十九年，移咸寧縣丞駐灞橋。四十二年，移涇陽縣丞駐治峪鎮。嘉慶七年，移長安縣丞駐子午鎮，移咸寧縣、灞橋縣丞駐尹家衛。縣學教諭十四員。長安、咸寧、咸陽、興平、臨潼、高陵、鄠、藍田、涇陽、三原、盩厔、渭南、富平、醴泉。訓導十五員。典史十五員。舊有興平縣店張驛驛丞，乾隆十八年裁。

延安府知府。同知。駐安邊堡，乾隆四年設。府學教授。訓導。照磨。知縣十員。膚施、安塞、甘泉、安定、保安、宜川、延川、延長、定邊、靖邊。縣丞。甘泉，駐臨青鎮，嘉慶二十一年設。舊有定邊縣縣丞，乾隆五十九年裁鹽大使改設。嘉慶十一年裁，十九年復設，二十一年復裁。縣學教諭二員。膚施、安塞。訓導八員。甘泉、安定、保安、宜川、延川、延長、定邊、靖邊。巡檢。靖邊屬寧條梁，乾隆二十年設。典史十員。

鳳翔府知府。通判。府學教授。訓導。經歷。舊有司獄，乾隆三十八年裁。知州。隴。州同。駐長寧驛。州學學正。訓導。吏目。知縣七員。鳳翔、岐山、寶雞、扶風、郿、麟遊、汧陽。縣丞二員。鳳翔、寶雞。舊有三員，乾隆三十三年，裁扶風縣一員。縣學教諭七員。訓導六員。鳳翔、岐山、寶雞、扶風、郿、汧陽。舊有七員，嘉慶十七年，裁麟遊縣訓導一員。巡檢。寶雞屬虢川，舊有益門鎮巡檢，乾隆三十三年裁。典史七員。

漢中府知府。舊有同知，乾隆二十六年裁。府學教授。訓導。經歷。照磨。撫民同知二員。一定遠廳，嘉慶七年設。一留壩廳。舊設通判，乾隆四十年改爲同知。廳屬司獄。定遠，嘉慶七年設。巡檢三員。定遠屬黎壩，嘉慶七年設，駐簡池壩，十年移駐今所。漁渡壩，嘉慶七年設，駐姚家壩，十年移駐今所。留壩屬南星，嘉慶十三年設。驛丞。留壩廳武關驛，兼司獄，乾隆三十八年設。舊設巡檢，乾隆二十八年裁。知州。寧羌。州同。駐陽平關。州學學正。訓導。吏目。驛丞。黄壩驛。知縣八員。南鄭、褒城、城固、洋、西鄉、鳳、沔、略陽。縣丞二員。洋，駐華陽鎮，乾隆二十六年裁，嘉慶七年復設。西鄉，駐五里壩，乾隆四十七年設，駐大池壩，嘉慶七年移駐今所。縣學教諭五員。南鄭、城固、洋、西鄉、沔。訓導八員。巡檢三員。南鄭屬青石關，褒城屬黄官嶺。西鄉屬大巴山。按：黄官嶺一員，乾隆四十七年設。舊有西鄉屬鹽場關一員，嘉慶七年裁。典史八員。驛丞三員。褒城屬馬道驛。鳳縣屬草涼驛、三岔驛。舊有鳳縣松林、武關驛二員，乾隆三十年裁。褒城縣青橋驛一員，乾隆四十七年裁。沔縣黄沙驛一員，乾隆五十五年裁。大安驛一員，乾隆三十八年移駐青羊峽，嘉慶十三年裁。

榆林府知府。同知。駐神木縣。府學教授。照磨。兼管廣育倉。舊有司獄，乾隆三十八年裁。知州。葭。州學學正。吏目。知縣四員。榆林、懷遠、神木、府谷。縣學教諭二員。神木、府谷。訓導二員。榆林、懷遠、府谷。巡檢。府谷屬麻地溝，乾隆二年設。典史四員。

興安府知府。舊爲興安直隸州，乾隆四十七年升府。府學教授。舊爲州學學正，乾隆四十七年改設。舊有訓導，乾隆五十五年裁。照磨。舊爲州吏目，乾隆四十七年改設。撫民通判。漢陰廳，乾隆五十五年設。廳學訓導。乾隆五十五年設。巡檢。兼司獄。乾隆五十五年設。知縣六員。安康、平利、洵陽、白河、紫陽、石泉。按：安康一員，乾隆四十七年設。舊有漢陰一員，是年裁。縣丞。安康。乾隆四十七年設，駐甎坪。縣學教諭二員。安康、洵陽。按：安康教諭，舊爲漢陰訓導，乾隆四十七年改設。訓導四員。平利、白河、紫陽、石泉。舊有洵陽訓導，嘉慶十七年裁。主簿。紫陽屬毛壩關，乾隆四十七年設，駐二州埡，嘉慶七年移駐今所。巡檢。平利屬鎮坪，乾隆四十四年設。典史六員。

同州府知府。舊爲同州直隸州，雍正十三年升府。舊有通判，乾隆二十六年裁。府學教授。舊爲州學學正，雍正十三年改設。訓導。經歷。舊爲州吏目，雍正十三年改設。撫民同知。潼關廳，舊爲縣，乾隆十二年升。廳學訓導。乾隆十二年設。巡檢。兼司獄。乾隆十二年設。舊有潼關縣永樂鎮及風陵渡巡檢、潼關驛驛丞，均乾隆四年裁。知州。華。州判。乾隆四十二年設。州學學正。訓導。吏目。知縣八員。大荔、朝邑、郃陽、澄城、韓城、白水、華陰、蒲城。按：大荔一員，雍正十三年設。縣丞三員。大荔，駐羌白。郃陽、華陰，均駐縣城。按：大荔一員，乾隆四年設。舊有韓城一員，乾隆二十六年裁。蒲城一員，四十二年裁。縣學教諭七員。大荔、朝邑、郃陽、澄城、韓城、華陰、蒲城。按：大荔教諭，雍正十三年設。訓導八員。大荔訓導，雍正十三年設。主簿。朝邑，駐大慶關。乾隆三十八年設。巡檢。蒲城屬永豐鎮，乾隆四年設。舊有朝邑縣大慶關巡檢，十三年裁。典史八員。

商州直隸州知州。州同。駐龍駒寨。乾隆二十六年設。州學學正。訓導。吏目。知縣四員。鎮安、雒南、山陽、商南。縣學訓導四員。巡檢。雒南屬三要。典史四員。

乾州直隸州知州。州判。州學學正。訓導。吏目。知縣二員。武功、永壽。縣學教諭。武功。訓導二員。典史二員。

邠州直隸州知州。舊有州判，嘉慶二十一年裁。州學學正。訓導。吏目。知縣三員。三水、淳化、長武。縣學教諭二員。三水、淳化。訓導三員。典史三員。

鄜州直隸州知州。州同。駐黄龍堡。乾隆十八年設。州判。駐王家角。嘉慶二十一年設。州學學正。訓導。吏目。知縣三員。洛川、中部、宜君。縣學教諭。洛川。訓導三員。巡檢。宜君屬馬欄鎮，嘉慶十八年設。典史三員。

綏德直隸州知州。州學學正。吏目。知縣三員。米脂、清澗、吴堡。縣學教諭。吴堡。訓導二員。米脂、清澗。典史三員。

武職官

鎮守西安將軍。統轄滿兵，駐西安府。副都統二員。左、右翼各一。舊設四員，乾隆二十七年裁二員，三十八年裁一員，四十九年復增一員。協領八員。每旗一員。乾隆三十五年裁四員，四十六年仍設。舊有蒙古協領二員，乾隆三十五年裁。漢軍協領四員，乾隆四十三年裁。佐領四十員。内八員協領兼攝。舊有漢軍參領八員，乾隆四十三年裁。蒙古佐領八員，乾隆三十五年裁。防禦四十員。舊有蒙古防禦八員，乾隆三十五年裁。漢軍防禦四十員，乾隆三十五年裁十六員，四十三年全裁。驍騎校四十員。舊有蒙古驍騎校八員，乾隆三十五年裁。漢軍驍騎校四十員，乾隆三十五年裁十六員，四十三年全裁。委署驍騎校二十八員，嘉慶二十四年設。筆帖式三員。撫標。左、右二營。參將。中軍兼左營。遊擊。右營。守備二員。千總四員。把總八員。經制外委八員。額外外委八員。

提督。駐甘肅固原州。舊駐西安府，乾隆四十七年移駐固原州，嘉慶七年移駐漢中府，尋還駐固原州。中、左、右、前、後五營。參將。中軍兼中營。遊擊四員。左、右、前、後四營。守備五員。千總十員。把總十八員。經制外委三十四員。額外外委二十一員。

西安鎮總兵官。駐西安府。嘉慶十五年設。中、左、右三營。遊擊二員。中營、左營。都司。右營。守備二員。千總三員。舊設四員，嘉慶十九年裁一員。把總八員。舊設九員，嘉慶十九年裁一員。經制外委十四員。額外外委十員。

延綏鎮總兵官。駐榆林府。中、左、右三營。遊擊三員。守備三員。千總六員。把總十二員。經制外委二十員。額外外委十五員。

陝安鎮總兵官。駐興安府。中、左、右三營。舊爲興安鎮，嘉慶五年改名。遊擊三員。均駐本營。嘉慶七年移右營一員駐平利縣白土營。守備三員。千總三員。嘉慶十二年增一員，十八年裁。把總十一員。舊設十二員，嘉慶八年裁一員。經制外委十二員。額外外委十一員。

漢中鎮總兵官。駐漢中府。中、左、右三營。舊爲漢中協，嘉慶十五年升爲鎮，裁副將設。遊擊二員。中營、左營。

嘉慶十三年設。都司。右營。駐沔縣。舊爲漢中協中營，嘉慶十三年改設。守備二員。嘉慶十三年設。千總五員。舊設一員，嘉慶十三年增四員。把總十員。舊設二員，嘉慶十三年增八員。經制外委十四員。額外外委九員。

以上西安等四鎮，均聽總督、提督節制，西安鎮仍聽巡撫節制。按此四鎮之外，尚有河州鎮總兵，亦聽陝西提督節制。詳載甘肅統部武職官門。

西安城守營參將。駐西安府。守備。中軍。千總二員。舊設一員，分防長安縣汛。嘉慶十六年增一員，分防咸寧縣汛。把總二員。舊設一員，分防咸寧縣汛。嘉慶十六年增一員，分防長安縣汛。經制外委三員。額外外委三員。

西鳳營參將。駐鳳翔府。舊爲西鳳協，乾隆四十一年改爲營，裁副將設。守備。中軍。乾隆四十二年設。舊有都司，是年裁。千總二員。一駐本營。舊設三員，乾隆四十二年裁一員。一駐斜峪汛。嘉慶十三年改營爲汛，裁都司設。把總四員。二駐本營，一防寶雞汛，乾隆四十三年設。一防郿縣汛，嘉慶十三年設。經制外委十員。四駐本營，六分防岐山、扶風、麟遊、武功、興平、醴泉各縣汛。舊設九員，乾隆四十三年增一員。額外外委六員。四駐本營，二分防咸陽縣、斜峪關二汛。舊設五員，乾隆四十二年裁一員，四十三年復設。嘉慶十三年增一員。按：鳳翔舊有城守營都司、把總、經制外委、額外外委各一員，乾隆四十三年均裁。

關山營都司。駐隴州咸宜關。乾隆三十一年裁遊擊設。千總。把總。舊設二員，嘉慶十六年裁一員。經制外委二員。額外外委。

長武營都司。駐長武縣。乾隆三十一年裁遊擊設。把總。防三水縣石門關汛。經制外委。額外外委。

邠州營都司。駐邠州。雍正八年裁守備設。把總。防永壽縣汛。經制外委二員。一駐本營，一防三水縣汛。額外外委二員。

以上西安等五營，均隸提督管轄。按：此五營之外，尚有靖遠、静寧二協，慶陽、固原城守，蘆塘、馬營監、平涼城守，秦州、安西州、涇州、利橋、下馬關、隆德、會寧、紅德城等十三營，永安八營，石峯等三堡，均隸陝西提督管轄。詳載甘肅統部武職官門。

潼關協副將。駐潼關廳。舊隸陝西提督管轄，嘉慶十六年改隸西安鎮。都司。中軍。千總二員。分防大荔縣、神道嶺二汛。嘉慶十九年裁一員，二十一年復設。把總五員。一駐本協，四分防華州、臨潼、渭南、郃陽各汛。經制外委九員。四駐本協，五分防華陰、朝邑、澄城、韓城、孟家嘴各汛。額外外委六員。五駐本協，一防石堡川汛。按：嘉慶二十一年，神道嶺改營爲汛，歸潼關協管轄。裁遊擊，改設防汛千總一員，其分防各員，均歸潼關協管轄。

宜君營參將。駐宜君縣。舊隸延綏鎮管轄，乾隆三十年改隸陝西提督，嘉慶十九年復改隸西安鎮。守備。中軍。舊有千總一員，乾隆四十七年裁。把總二員。一駐本營，一防洛川縣汛。經制外委六員。一駐本營，五分防洛川、中部、馬欄鎮、雷原鎮、黄龍山各汛。額外外委三員。舊設四員，乾隆四十二年裁一員。

商州城守營遊擊。駐商州。舊屬潼關協，嘉慶十九年改隸西安鎮。把總三員。一駐本營，二分防商南、山陽二汛。經制外委三員。一駐本營，二分防武關、洛南二汛。額外外委二員。一駐本營，一防漫川關汛。

金鎖關營都司。駐耀州。舊屬潼關協，乾隆三十年改隸陝西提督，嘉慶十六年改隸西安鎮。千總。駐富平縣。嘉慶二十年設。把總三員。分防淳化、涇陽、蒲城各汛。經制外委五員。一駐本營，四分防三原、白水、同官、永豐鎮各汛。

額外外委四員。二駐本營，二分防高陵、富平二汛。　按：嘉慶二十年，富平改營爲汛，歸金鎖關營管轄，裁都司，改設防汛千總一員，其分防各員，均歸併金鎖關營管轄。

盩厔營守備。駐盩厔縣。乾隆十二年裁都司設。舊屬西鳳協，嘉慶十九年改隸西安鎮。千總。乾隆二十九年裁，嘉慶二十年復設。駐厚畛子汛。把總二員。一駐本營，一防藍田縣汛。舊設一員，嘉慶二十年增一員。經制外委二員。一駐本營，一防鄠縣汛。額外外委。

以上潼關協宜君等四營，均隸西安鎮管轄。

神木協副將。駐神木縣。遊擊。駐黄甫營。都司五員。一本協中軍，四分駐建安、高家、鎮羌、孤山各堡。守備三員。分防柏林、永興、木瓜園各汛。千總。防麻地溝汛。把總四員。一駐本協，三分防大柏油堡、黄甫營、清水堡各汛。經制外委十二員。三駐本協，九分防吴堡縣、建安堡、葭州、柏林堡、永興堡、鎮羌堡、孤山堡、黄甫營、木瓜園堡各汛。額外外委九員。二駐本協，七分防建安堡、高家堡、柏林堡、永興堡、鎮羌堡、孤山堡、黄甫營各汛。

定邊協副將。駐定邊縣。都司四員。一本協中軍，三分駐靖邊營、鎮靖堡、安邊堡。守備二員。分防柳樹堡、甎井堡二汛。把總七員。二駐本協，五分防靖邊營、龍川堡、鎮羅堡、安塞堡、鹽場堡各汛。經制外委九員。三駐本協，六分防靖邊營、鎮靖堡、安塞堡、柳樹堡、安邊堡、甎井堡各汛。額外外委八員。二駐本協，六分防靖邊營、鎮靖堡、安塞堡、柳樹堡、安邊堡、甎井堡各汛。

波羅營參將。駐懷遠縣波羅堡。舊設副將，乾隆五十九年改。都司二員。一駐綏德州，一駐懷遠堡。舊設五員，乾隆四十七年裁一員，五十九年裁一員，嘉慶二年裁一員。守備二員。一駐本營，一駐魚河堡。舊設二員，乾隆四十六年裁一員，五十九年復增一員。千總。防雙山堡汛。把總三員。一駐本營，二分防米脂縣、威武堡二汛。經制外委八員。一駐本營，七分防鎮川堡、歸德堡、魚河堡、綏德州、嚮水堡、懷遠堡、清平堡各汛。額外外委八員。二駐本營，六分防雙山堡、魚河堡、綏德州、嚮水堡、懷遠堡、清平堡各汛。

延安營參將。駐膚施縣。都司。駐鄜州。守備。把總二員。分防甘泉縣、延川縣二汛。經制外委五員。分防安塞縣、宜川縣、延長縣、安定縣、鄜州等汛。額外外委三員。二駐本營，一防鄜州汛。

延綏城守營都司。駐榆林府。舊有守備，乾隆三十七年裁。把總二員。分防常樂堡、保安堡二汛。經制外委四員。額外外委二員。

以上神木等二協、波羅等三營，均隸延綏鎮管轄。

鎮安城守營遊擊。駐鎮安縣。乾隆六年設爲舊縣關營，嘉慶六年改今名。守備。千總。舊有把總一員，乾隆四十二年裁。經制外委二員。乾隆九年設。額外外委二員。乾隆二十八年設。

興安城守營都司。駐興安府。舊設副將，乾隆四十八年裁。把總。舊設二員，嘉慶二十年裁一員。經制外委二員。乾隆九年設。額外外委二員。乾隆二十八年設。

孝義城守營都司。駐孝義廳。嘉慶六年設，隸寧陝鎮管轄，十二年改隸陝安鎮。千總。嘉慶六年設。把總二員。嘉慶六年設。經制外委二員。嘉慶六年設。一駐本營，一防大山岔汛。額外外委二員。嘉慶六年設。

甎坪營都司。駐安康縣。嘉慶八年設。把總。嘉慶八年設。舊有千總一員，十二年裁。經制外委三員。一駐本營，二分防麻柳壩、孟石嶺二汛。嘉慶八年設。額外外委。嘉慶八年設。

鎮坪營都司。駐平利縣。舊爲白土路營，設游擊、守備，乾隆三十五年裁，嘉慶七年移駐，改今營名。把總二員。一駐本營，一防八仙河汛。嘉慶八年設。經制外委四員。三駐本營，一分防瓦子坪汛。嘉慶八年設。額外外委二員。

紫陽營都司。駐紫陽縣。舊設游擊，乾隆十八年裁。千總。把總。經制外委二員。一分防班鳩關，嘉慶八年設。一分防石泉縣，十五年設。額外外委二員。

洵陽營守備。駐洵陽縣。舊名七里關營，設都司，乾隆三十七年裁，嘉慶二十三年改今營名。把總二員。一駐本營，一防白河縣汛。舊設一員，嘉慶二十三年增一員。經制外委。駐七里關。額外外委。

以上鎮安等七營，均隸陝安鎮管轄。

寧陝營參將。駐寧陝廳老關口。舊爲寧陝鎮，嘉慶六年設，十二年改爲營，總兵裁。守備。千總二員。把總四員。二駐本營，二分防田畝地、五郎關二汛。經制外委四員。額外外委三員。

陽平關營參將。駐寧羌州陽平關。守備。舊駐厚畛子汛，嘉慶十一年移駐本營。千總。把總。防大安汛。經制外委四員。三駐本營，一防廣坪河汛。額外外委二員。

寧羌營游擊。駐寧羌州。守備。千總。把總。駐黄壩驛。經制外委四員。三駐本營，一防鐵嶺關。額外外委二員。

略陽營游擊。駐略陽縣。守備。嘉慶十一年設。千總。把總二員。一駐本營，一防何家巖汛。經制外委二員。一駐本營，一防白水江汛。額外外委二員。

留壩營遊擊。駐留壩廳。舊駐西江口，嘉慶十一年移駐今所。舊有都司，裁。守備。千總二員。一駐本營，一防江口場汛。把總三員。經制外委三員。一駐本營，二分防江口場、廢邱關二汛。額外外委二員。

漢鳳營遊擊。駐鳳縣。舊設參將，乾隆四十一年裁。千總二員。一駐本營，一防黄牛鋪汛。舊設一員，嘉慶十九年增一員。舊有守備、把總各一員，二十年裁。經制外委四員。三駐本營，一防黄牛鋪汛。額外外委三員。

定遠營遊擊。駐定遠廳。舊爲漁渡營，嘉慶十三年改今名。守備。駐瓦石坪。千總二員。把總二員。一防司上，一防觀音堂汛。經制外委五員。四駐本營，一防漁渡壩汛。額外外委二員。

漢中城守營都司。駐漢中府。千總二員。一駐本營，一防南鄭縣汛。把總三員。經制外委四員。額外外委四員。

西鄉營都司。駐西鄉縣。舊有遊擊、守備，均嘉慶七年設，十一年裁。千總。嘉慶七年設二員，十二年裁一員。把總二員。嘉慶七年設三員，十四年裁一員。經制外委三員。二駐本營，一防子午汛。嘉慶七年設四員，十二年裁一員。額外外委。嘉慶七年設二員，十二年裁一員。

華陽營都司。駐洋縣華陽堡。千總二員。一駐本營，一防黄柏原汛。把總二員。一駐本營，一防茅坪汛。經制外委二員。額外外委二員。

東江口營都司。駐寧陝廳東江口。舊有參將、遊擊，均嘉慶六年設，十二年裁。千總。把總二員。一駐本營，一防洵陽壩汛。經制外委三員。二駐本營，一防夾嶺汛。額外外委三員。

鐵鑪川營守備。駐鳳縣鐵鑪川，嘉慶二十年設。千總。嘉慶二十年設。把總。嘉慶二十年設。經制外委。

嘉慶二十年設。額外外委。嘉慶二十年設。

以上寧陝等十二營，均隸漢中鎮管轄。

名宦

漢

蓋寬饒。魏郡人。宣帝時，爲司隸校尉，刺舉無所迴避。公卿貴戚及郡國吏繇使至長安，皆恐懼，莫敢犯禁。

諸葛豐。瑯邪人。元帝擢爲司隸校尉，刺舉無所避。京師爲之語曰：「間何闊，逢諸葛。」

王章。鉅平人。成帝立，遷司隸校尉，大臣貴戚敬憚之。

王駿。臯虞人。爲司隸校尉，奏免丞相匡衡。

鮑宣。高城人。哀帝時爲司隸，丞相孔光四時行園陵，官屬以令行馳道中。宣出逢之，使吏鈎止丞相掾史，没入其車馬。事下御史，中丞、侍御史至司隸官欲捕從事，閉門不肯納。宣坐距閉使者，下廷尉獄。博士弟子王咸，舉幡太學下，曰：「欲救鮑司隸者會此下。」諸生會者千餘人。守闕上書，得減死一等。

鮑永。宣子。建武十一年，爲司隸校尉，辟扶風鮑恢爲都官從事。恢亦抗直，不避强禦。帝嘗曰：「貴戚且宜斂手以避二鮑。」永行縣到霸陵，經更始墓，引車入陌，從事諫止之。永曰：「親北面事人，安有過墓不拜！」遂下拜，哭盡哀而去。子昱，中元初，亦拜司隸校尉。在職奉法守正，有父風。

三國

魏

張既。高陵人。爲雍州刺史。從征張魯，說太祖拔漢中民數萬户，以實長安及三輔。復與曹洪破吴蘭於下辯。又别攻臨洮、狄道，皆平之。時徙民充河北，隴西、天水、南安民相恐動。既假三郡人爲將吏者休課，使治屋宅，作水碓，民心遂安。

郭淮。陽曲人。文帝時，遷鎮西長史。又行征羌護軍，護左將軍張郃、冠軍將軍楊秋討山賊鄭甘、盧水叛胡，皆破平之。關中始定，民得安業。黄初元年，領雍州刺史。在關右三十餘年，外征内綏，功績顯著。

晉

司馬駿。宣帝子。武帝時，都督雍涼諸軍事，鎮關中，善撫御，有威恩。勸督農業，與士卒分役，進拜驃騎將軍。西土人聞其薨也，泣者盈路。百姓爲之樹碑，長幼見碑，無不下拜。其遺愛如此。

郤詵。單父人。武帝時，遷雍州刺史。在任威明嚴斷，有聲譽。

范晷。順陽人。武帝時，爲涼州刺史，轉雍州。時氐、羌蹈藉，田桑失收，晷傾心化導，勸以農桑，所部甚賴之。

唐彬。鄒人。元康初，拜雍州刺史。下教曰：「此州名都，士人林藪。處士皇甫申叔、嚴舒龍、姜茂時、梁子遠等，並志節清妙，履行高潔。踐境望風，虛心飢渴，思加延致，待以不臣，幅巾相見，論道而已。郡國備禮發遣，以副於邑之望。」於是四人皆到，彬敬以待之。

劉沈。薊人。領雍州刺史。張方逼京師，詔沈發兵襲河間王顒。沈奉詔馳檄會兵戰長安中，沈軍潰，爲陳倉令所執。沈謂顒曰：「投袂之日，期之必死，葅醢之戮，甘之如薺。」遂死之。

陸俟。代人。太武時，安定盧水劉超等叛，以俟威恩被關中，詔加都督秦雍諸軍，鎮長安。俟單馬之鎮，申以威信，示以成敗，超猶無降意。俟乃率其帳下見超，超使人逆曰：「三百人以外，當以弓馬相待。二百人以內，當以酒食相供。」乃將二百騎詣超，縱酒盡醉而還。後僞獵詣超，與士卒約曰：「今會發機，當以醉爲限。」俟乃詐醉上馬，大呼斬超首，士卒應聲縱擊，遂平之。

宋

謝德權。福州人。宋初爲陝西巡檢。咸陽浮橋壞，德權築土實岸，聚石爲倉，用河中鐵牛之制，攬以竹索，由是無患。

鄭文寶。寧化人。太宗時，授陝西轉運副使。會歲歉，出粟三萬斛，活飢民八萬六千口。既而李順亂西蜀，秦隴賊趙包聚徒將趨劍閣以附之，文寶分兵討襲，獲其渠魁，餘黨殲焉。龍猛卒戍環慶，七年不得代，思歸謀亂。文寶矯詔以庫金結將士，自劾請償，詔蠲其所費。朝廷議城古威州，遣內侍訪於文寶。文寶請先建伯魚、青岡、清遠三城，爲頓師歸重之地。詔從其議。

張佶。渭南人。咸平初，爲陝西轉運副使。至延安，遇夏人入寇，親督兵擊敗之。

薛顔。萬泉人〔三〕。真宗時，爲陝西轉運使。河中浮橋，歲爲水所敗，顔即北岸釃上流爲支渠，以殺水怒，因取渠水溉其旁田，民利之。

范祥。三水人。仁宗時，提舉陝西銀銅坑冶鑄錢。曉達財利，建議變鹽法，後人稍加損益，人輒不便。後復官提舉陝西緣邊青白鹽，改制置解鹽使。卒。後包拯言祥勞可録，官其子孫。

范仲淹。吴縣人。元昊反，爲陝西都轉運使。尋副夏竦爲安撫使，兼知延州。後與韓琦同爲安撫經略招討使，開府涇州。

仲淹爲將，號令明白，愛撫士卒，賊不敢犯其境。

韓琦。安陽人。元昊反，琦論西師形勢甚悉，即命爲陝西安撫使。劉平與賊戰敗，爲所執，時宰入他誣，收繫平子弟，琦辨直其冤。副夏竦爲經略安撫招討使，畫攻守二策。琦與范仲淹在兵間久，名重一時，人心歸之，朝廷倚以爲重，天下稱爲韓范。

薛向。萬泉人。權陝西轉運副使，制置解鹽，鹽足支十年，而歲調畦夫數千，向奏損其數。兼提舉買馬，監牧沙苑養馬，歲得駒三百，而費錢四千萬，占田千頃。向請斥閒田予民，收租入以市之。乃置場於原、渭，以羨鹽之值市馬，於是馬一歲至萬匹。凡將漕八年，所入鹽馬芻粟數累萬，民不益賦，其課爲最。

傅求。考城人。爲陝西轉運使。自康定用兵，移稅輸邊，民力大困。求令輸本州，而轉錢以供邊糴，兵民兩便之。

曹穎叔。譙人。仁宗時，爲陝西都轉運使。請罷鑄大鐵錢，從之。兩川和買絹給陝西兵，而蜀人苦於煩斂，穎叔爲歲出本路緡錢五十萬，以易軍衣之餘者，兩川之民始無擾焉。

蔣之奇。宜興人。爲陝西轉運副使。經賦入以給用度，公私用足。比其去，庫緡八十餘萬，邊粟皆支二年。

范純粹。仲淹子。元豐中，爲陝西轉運判官。時五路出師伐西夏，高遵裕怒劉昌祚後期，欲按誅之。昌祚憂恚病卧，其麾下皆憤。純粹勸遵裕往問疾，其難遂解。神宗責諸將無功，謀欲再舉。純粹奏關陝事力單竭，公私大困，若復加騷動，根本可憂。神宗納之。

任諒。汝陽人。徽宗時，爲陝西轉運副使。降人李訛哆知邊廩不繼，陰闞地窖粟而叛，遺西夏書約取定邊。諒諜知，亟輸粟定邊及諸城堡，且募人發所窖粟，得數十萬石。訛哆入寇，失藏粟，乃解去。後爲都轉運使。童貫更錢法，必欲鐵錢與銅錢等，物價率十減其九。詔諒與童貫議，諒言爲六路害，寢其策。

趙子淔。燕王德昭五世孫。徽宗時除陝西轉運副使。初，蔡京鑄夾錫錢，民病壅滯，子淔請鑄小鐵錢以權之。既成，奏今民以舊銅錢易新鐵錢，旬日得百餘萬緡。帝手札以新錢百萬緡付五路均糴細麥，民苦限迫，子渲奏寬其期，民便之。

張浚。綿竹人。高宗時爲川陝宣撫處置使。訪問風俗，罷斥奸贓，以搜攬豪傑爲先務。在陝三年，訓新集之兵，當方張之敵。以劉子羽爲上賓，任趙開爲都轉運使，擢吴玠爲大將，守鳳翔。西北遺民，歸附日衆。

吴玠。水洛城人〔四〕。紹興元年，爲陝西諸路都統制。金兵狃常勝，及與玠戰輒北。烏珠會諸道兵攻和尚原，玠縱兵夜擊，大破之。金久窺蜀，以玠駐兵扼其衝，不得逞。「烏珠」舊作「兀朮」，今改。

胡世將。晉陵人。紹興九年，以世將宣撫川、陝。時關陝初復，朝廷分軍移屯熙、秦、鄜延諸道。明年夏，金兵陷同州，入長安，諸路皆震。蜀兵既分，聲援幾絶，乃遣大將吴璘、田晟出鳳翔，郭浩出奉天，楊政由赤谷歸河池。不數日，璘捷於石壁及扶風，分屯之軍，得全師而還。

吴璘。玠弟。紹興十年，金人敗盟，詔璘節制陝西諸路軍馬。薩里罕自戰百通坊，列陣二十里，璘遣姚仲力戰，破之。十一年，與金統軍和鎮戰剡家灣，敗之，復秦州及陝右諸郡。「薩里罕」舊作「撒離喝」，「和鎮」舊作「胡盞」，今並改。

金

傅慎微。長安人。爲京兆、鄜延、環慶三路經濟使。時陝西大旱，飢死者十七八。慎微募民入粟，得二十餘萬石，立養濟院飼餓者，全活甚衆。改同知京兆尹，權陝西諸路轉運使，復修三白、龍首渠以溉田，募民屯種，民賴其利。

烏庫哩薩哈。海蘭路愛呼河人。大定中，爲陝西路統軍使。節制州郡，躬行儉約，政先寬簡，邊庭久靖，人民獲安。「烏庫哩薩哈」舊作「烏古論三合」，「海蘭路愛呼河」舊作「曷懶路愛也窟河」，今並改。

富珠哩阿嘍罕。隆州伯爾克山人。大定中，爲陝西統軍使兼京兆尹。陝西軍籍有闕，舊用子弟補充，材多不堪用，阿嘍罕於伊勒希旗鼓手内選補軍人，春秋督閱騎射，以嚴武備。終南采漆者，節期限，檢出入，以防姦細。上謂宰相曰：「阿嘍罕所至稱治，陝西功績尤著，用之雖遲，亦可得數年力也。」「富珠哩阿嘍罕」舊作「孛术魯阿魯罕」〔五〕，「伯爾克山」舊作「琵离葛山」，「伊勒希」舊作「阿里喜」，今並改。

高霖。平東人。簽陝西路按察司事。體訪官員能否，仍赴闕待對。時南征調發繁急，有司皆坐罪，霖言其枉，悉出之。

完顏宗道。上京人。章宗時，除陝西路統軍使。以鎮静得軍民心，特遷三階，兼知京兆府事。時夏旱，俾長安令取太白湫水，步迎於郊外，及城而雨。是歲大稔，民刊石紀之。

元

田雄。北京人。太宗時，授鎮撫陝西，總管京兆等路事。時關中苦於兵革，郡縣蕭然，雄披荆棘，立官府，招徠四山堡砦之未降者，獲其人，皆慰遣之。由是來附者日衆，雄乃教民力田，京兆大治。

李德輝。潞縣人。憲宗割京兆隷世祖潛藩，擇廷臣能理財賦者俾調軍食，立從宜府，以德輝爲使。時汪世顯宿兵利州，扼四川襟喉以窺進取，數萬之師仰哺德輝。乃募民入粟綿竹，散錢幣，給鹽券爲直，陸挽興元，水漕嘉陵，未期年而軍儲充羡。至元七年，皇子安西王鎮關中，奏以德輝爲輔，遂改安西王相。至則視瀕涇營牧故地，可得數千頃，起廬舍，疏溝澮，假牛、種、田具與貧民二千家，屯田其中，歲得粟麥芻槀萬計。

楊惟中。弘州人。憲宗時，遷陝右四川宣撫使。時諸軍帥横侈病民，郭千户者尤甚，殺人之夫而奪其妻，惟中戮之以徇，關中肅然。

廉希憲。回鶻人。世祖以京兆分地命希憲爲宣撫使。京兆控制隴蜀，諸王貴藩分布左右，民雜羌戎，尤號難治。希憲講求民病，抑强扶弱。暇日從名儒許衡、姚樞諮訪治道，首請用衡提舉京兆學校，教育人材，爲根本計。國制，爲士者無隸奴籍，京兆多豪强，廢令不行。希憲至，悉令著籍爲儒。有民妻與卜者厭詛其夫，殺之，獄成，僚佐皆言方大旱，卜者宜減死。希憲議當伏法，已而大雨立應。世祖即位，併京兆、四川爲一道，以希憲爲宣撫使。劉太平、和囉海入京兆，謀爲變，希憲遣萬户劉黑馬等掩捕二人及其黨，悉置獄。會有詔赦至，希憲命絞太平等於獄，尸於通衢，方出迎詔，人心遂安。乃遣使自劾停赦行刑，帝深善之曰：「經所謂行權，此是也。」别賜金虎符，使節制諸將。「回鶻」舊作「畏吾」，「和囉海」舊作「霍魯海」，今並改。

商挺。濟陰人。世祖時，楊惟中宣撫關中，挺爲郎中。兵火之餘，八州十二縣户不滿萬，挺佐惟中進賢良，黜貪暴，明尊卑，出淹滯，定規程，主簿責，印楮幣，頒俸禄，務農薄税，通其有無，民乃得息。

賽音諤德齊沙木斯鼎。回回人。至元元年，置陝西五路西蜀四川行中書省，出爲平章政事。莅官三年，增户九千五百六十五，軍一萬二千二百五十五，鈔六千二百二十五定，屯田糧九萬七千二十一石，撙節和買鈔三百三十一定。中書以聞，詔賞銀五千兩，仍命陝西五路四川行院大小官屬並聽節制。「賽音諤德齊沙木斯鼎」舊作「賽典赤瞻思丁」，今改。

許扆。曲沃人。成宗初，授陝西行中書省右丞。時關中饑，議發倉粟賑之，同列以未請於朝，不可。扆曰：「民爲邦本，今飢餒如此，若俟命下無及矣。」遂大發粟。不數日，命亦下。明年旱，禱於終南山而雨，歲以大熟，民皆畫像祀之。

田滋。開封人。大德十年，拜陝西行省參知政事。時陝西不雨三年，道過西嶽〔六〕，因禱曰：「滋奉命來參省事，而安西不雨者三年，民飢而死，滋將何歸？願降甘澤以福黎庶。」到官果大雨。滋即開倉，以麥五千餘石，給小民之無種者，俾來歲收成以償官，民大悦。

滿濟勒噶台。泰定四年，拜陝西行臺治書侍御史。關陝大饑，賑貸有不及者，盡出私財以周貧民，所活甚衆。「滿濟勒噶台」舊作「馬札兒台」，今改。

張養浩。濟南人。天曆二年，關中大旱，民相食，特拜陝西行臺中丞。聞命，即散其家之所有，與鄉里貧乏者，登車就道，遇飢者則賑之，死者則葬之。道經華山，禱雨於嶽祠，泣拜不能起，天忽陰翳，一雨二日。及到官，復禱於社壇，大雨如注，禾黍自生，秦人大喜。到官四月，夜則禱於天，晝則出賑飢民，無少怠，遂得疾不起。關中人哀之，如失父母。

奈曼岱。穆呼哩五世孫。天曆二年，遷陝西行省平章政事。關中大饑，詔募民入粟予爵，四方富民應命輸粟，露積關下。而貧民乏鈔以糴，奈曼岱取官庫未燬昏鈔，識以省印，給民行用，俟官給賑饑鈔，如數易之。先是民或就食他所，多毀牆屋以往，奈曼岱諭勿毀，及明年還，皆得安堵如初。「奈曼岱」舊作「乃蠻台」，「穆呼哩」舊作「木華黎」，今並改。

贍思。真定人。後至元二年，拜陝西行臺監察御史。戚里有執政陝西行省者，恣爲非道，贍思發其罪而按之，輒棄職夜遁。有詔勿逮問，然猶杖其私人。

多爾濟巴勒。穆呼哩七世孫。至正時，陝西危急，出爲陝西行臺御史大夫。兼程至奉元，而賊已至鴻門。吏請涓日署事，不許，曰：「賊勢若此，尚何顧陰陽拘忌哉！」即就署。省臺素以舉措爲嫌，不相聚論事，多爾濟巴勒曰：「多事如此，惡得以常例論。」乃與行省平章托多，約五日一會集。尋有旨命與托多同討賊，即督諸軍復商州。修築奉元城壘，募民爲兵，出庫所藏銀爲大錢，射中的者賞之，由是人皆爲精兵。金商義兵號毛葫蘆軍，甚精鋭，列其功以聞，賜敕褒獎之，其軍遂盛。金州由興元、鳳翔達奉元，道里迴遠，乃開義谷，創制七驛，往來便之。「多爾濟巴勒」舊作「朵爾直班」，「托多」舊作「朵朵」，今並改。「穆呼哩」改見前。

王思誠。嵫陽人。至正中，出爲陝西行臺治書侍御史。十七年，紅巾陷商州，奪七盤，進據藍田縣，距奉元一舍。思誠會豫王阿喇特納實里及省院官於安西王邸，衆洶懼無言。思誠曰：「陝西重地，天下之輕重繫焉。察罕特穆爾，河南名將，賊素畏之，宜遣使求援，此上策也。」乃移書，察罕特穆爾得書大喜，遂提輕兵五千，倍道來援。思誠犒軍於鳳凰山，還定守禦九事，夜宿臺中，未嘗解衣。既而援兵破賊，思誠請於朝，宜命察罕特穆爾專守關陝，詔從之。「阿喇特納實里」舊作「阿剌忒納失里」，「察罕特穆爾」舊作「察罕帖木兒」，今並改。

察罕特穆爾。系出北庭。祖父家河南，爲沈丘人。僉河北行樞密院事。至正十七年，賊陷商州，攻武關，直趨長安，三輔震恐。察罕特穆爾領衆入潼關，與賊遇，輒勝，殺獲以億萬計。賊黨皆散，潰走南山，入興元。朝廷嘉其功，授陝西行省左丞。未幾，賊陷秦隴，據鞏昌，遂窺鳳翔。察罕特穆爾即先分兵入守鳳翔城，而遣諜者誘賊圍鳳翔，賊果來，圍之數十重。察罕特穆爾自將鐵騎晝夜馳赴，分軍張左右翼，掩擊之，賊大潰，伏屍百餘里，餘黨皆遁，關中悉定。「察罕特穆爾」改見前。

明

劉季篪。餘姚人。洪武時，爲陝西左參政。陝有逋賦，積歲不能輸，有司峻刑督之。季篪至，與其僚分行郡縣，悉縱械繫者，緩爲之期，民感其德，悉完所逋。陝不産硇砂，而歲有課額，爲奏罷之。洪渠水溢病民，爲治堰蓄洩，便爲永利。

魏源。建昌人。永樂中，以御史巡按陝西。西安大疫，療活甚衆。奏言諸府倉粟積一千五十餘萬石，足支十年，今民疫妨農，請輸鈔兩稅之半。從之。涼州土寇將爲變，亟請勦，亂遂息。

鄺埜。宜章人。永樂中，有言秦民羣聚謀不軌者，擢埜陝西按察副使。埜白其誣，詔誅妄言者。宣德初，關中饑，埜分地賑濟，民賴全活。在陝既久，刑清政簡，陝人德之。

陳鎰。吴縣人。宣德中，以右副都御史鎮陝西，歷正統、景泰，凡三鎮陝，爲政慈惠。每還朝，必遮道泣送，再至，則歡迎數百里不絶。其得軍民心，前後撫陝者莫能及。

鄧棨。南城人。宣德中，爲陝西按察使，單車就道，不攜家累，風裁凛然。

年富。懷遠人。英宗初，爲陝西左參政。奏罷中官織駞毼，復官吏諸生衛卒禄廪。諸邊將校占墾田，或至三四十頃，富奏定其賦。又言：「臣所部歲收較歲用，入少出多。今鎮守諸臣競請益兵，餉何由給？請減冗卒，汰駑馬，杜侵耗。」帝可其奏。三邊供億浩繁，民疲遠輸，而豪猾因緣爲姦利。富量遠近，定徵科，出入慎鈎考，宿弊盡革，民因大蘇。

馬恭。唐縣人。正統中，以御史巡視陝西邊防，尋協贊延綏軍務，公廉不擾，將吏畏服。居數年，擢右僉都御史。景泰初，擊賊有功，進右副都御史。

耿九疇。盧氏人。景泰中，以刑部侍郎巡撫陝西。都指揮楊得青私役操卒，九疇劾之。邊將請增臨洮諸衛戍，九疇言邊城士卒非乏，苟將帥嚴紀律，精訓練，勤撫恤，絶侵漁，則人人自奮，不然，徒滋冗食。乃不增戍。既以侍郎與巡按御史不相統，改副都御史。有旨市羊角爲燈，諫寢其事。又因災異疏陳時政，帝優詔褒答。

項忠。嘉興人。天順初，爲陝西按察使。歲饑，發廩不待報。母憂歸，部民詣闕乞留，詔起復。七年，以大理卿召，民乞留如前，遂改右副都御史，巡撫其地。西安水泉，鹵不可飲，爲開龍首渠三十里。又疏鄭、白二渠，以溉涇陽、三原、醴泉、高陵、臨潼五縣田七萬頃。洮岷羌叛，忠言羌志刦掠，盡誅則傷仁，遽撫則不威，乃發兵據險，揚聲進討，卒降其衆。成化初，滿俊反，據石城。命忠總督軍務，與巡撫馬文升分軍七道圍之，誘俊出戰，伏兵擒之。忠大小三百餘戰，親當矢石不少避，論功進右都御史。

馬文升。鈞州人。成化初，以右副都御史巡撫陝西，與總督項忠討平大盜滿四。數條奏便宜，選將練兵，豐財設險，爲守邊計。番族不順命者，悉討滅之。修茶政，易番馬八千有奇，以給士卒。賑鞏昌、臨洮飢民，績效甚著。

王越。濬縣人。成化初，寇入河套，越以副都御史帥師赴之，屢擊破賊，論功進右都御史，總督軍務。七年，滿達囉及波勒瑚、沙佳斯蘭留妻子老弱於紅鹽池，大舉深入。越策寇盡鋭而西，不備東偏，乃率總兵官許寧等〔七〕，各將兵出榆林，兩晝夜行八百里，直薄其營，大破之，焚其廬帳。及滿達囉等飽掠歸，相顧痛哭。自是遠徙，不敢復居河套，西陲息肩者數年。十年，廷議設總制府於固原，延綏、寧夏、甘肅三邊並聽節制。即以越任之。弘治十年，復起原官總制三邊，亦有破賊功。「滿達囉」舊作「滿都魯」，「波勒瑚」舊作「孛羅忽」，「沙佳斯蘭」舊作「乩加斯蘭」，今並改。

余子俊。青神人。成化初，以副都御史巡撫延綏。上言三邊惟延慶地平易，利馳突，寇屢來犯，宿留重兵，所費鉅萬，不若於沿邊築牆，置立堡砦，爲久遠計。詔從之。遂興役，東起清水營，西抵花馬池，延袤一千七百七十里，咸鑿崖築牆，掘塹其下，連續不絕。每二三里置敵臺崖砦，爲巡警之所。凡築城堡十一，邊墩十五，小墩七十八〔八〕，崖砦八百十九，役軍四萬人，不三月而成。牆内之地，悉分屯墾，歲得糧六萬石有奇。初，延綏鎮治綏德州，屬縣米脂、吴堡悉在其外，寇每輕騎入掠。至是徙鎮榆林，增益衛兵，拓城置戍，攻守器畢具，遂爲重鎮，軍民得安耕牧。明年，移撫陝西，於涇陽鑿山引水，溉田千頃餘。通南山道，直抵漢中，以便行旅。學校、公署圮者悉新之。奏免岷、河、洮三衛之戍南方者萬有奇，易置南北之更戍者六千有奇，就戍本土。岷州栗林羌爲寇，子俊潛師直抵其所，設伏大破之。

阮勤。交阯人。成化中，以右副都御史巡撫陝西。築墩臺十四所，治垣塹三十餘里。歲饑，奏免七府租四十餘萬石。

李興。嵩縣人。成化時，以御史按陝西。墨吏豪宗，多所搏擊。嘗因所部災異自劾，且劾巡撫蕭禎不職，大吏咸疾之。

戴珊。浮梁人。成化中，爲陝西提學副使。正身率教，敦實抑浮。修古聖賢祠墓，增秩祀典。旌節孝，爲風俗勸。

鄭時。舒城人。成化中，巡撫陝西。時歲比不登，民多死徙，鳳翔、平涼諸府又地震。時不俟報，發倉儲及庫帑，督所屬分巡賑恤。屢奏請，得蠲逋租，停雜派。又以時言，詔湖廣輸糧十萬石，銀二十萬兩往賑，民大蘇息。

黄紱。平越人。成化末，以右副都御史巡撫延綏，劾罷參將郭鏞，都指揮鄭印、李鐸、王琮等，計捕奸豪張綱。申軍令，增置墩堡，邊政一新。出見士卒妻衣不蔽體，亟豫給三月餉，親爲拊循。會有詔毁庵寺，紱因盡汰諸尼，以給壯士無妻者。及紱去，多攜子女拜送於道。

熊繡。道州人。弘治七年，以右副都御史巡撫延綏。以榆林城隘，增築千二百丈。莅政數年，練兵積粟，邊政修舉。

張敷華。安福人。弘治中，巡撫陝西。製婚娶喪葬之式。妖僧據終南山，廷議用兵，尚書馬文升曰：「張都御史能辦此。」敷華果以計縛僧歸。

陳壽。新淦人。弘治中，以右僉都御史巡撫延綏。霍什數盜邊，前鎮巡官俱得罪去。壽至，蒐軍實，廣間諜，分布士馬爲十道，使互相應援，軍勢始振。明年，諸部大入，諸道襲擊，斬獲甚多。正德中，復巡撫陝西。中官廖堂奉詔製氈幄百六十間，贏金數萬，將遺權倖。壽聞，檄所司留備賑。堂遣爪牙數十輩散布州縣，恣漁獵，壽命捕之，皆逃歸。堂畏壽威，爲斂戢。「霍什」舊作「火篩」，今改。

秦紘。單縣人。弘治中，以户部尚書兼右副都御史總制三邊軍務。時寇大入，敗官軍。紘至，按行敗所，躬祭陣亡將士，掩其骼，奏録死事指揮朱鼎等，恤軍士戰歿者家，劾治敗將楊琳等罪。更易守將，練壯士，興屯田，申明號令，軍聲大振。以固原當兵衝，爲平、慶、臨、鞏門户，而城隘民貧，兵力單弱，乃拓治城郭，改爲州，而身留節制之。修築諸邊城堡一萬四千餘所，垣塹六千四百餘里。又以意作戰車，名曰全勝車，頒其式於諸邊。在事三年，四鎮晏然，前後經略西陲者莫及。

楊一清。丹徒人。初以副使督學陝西。在陝八年，究邊事甚悉。弘治中，以左副都御史督理馬政，即命巡撫陝西。教演精卒，創平虜、紅古二城，築瀕河垣牆，劾罷總兵官鄭英，裁鎮守中官冗費。正德初，進右都御史，總制三邊軍務，條具便宜甚悉。帝可其議，大發帑金數十萬使築牆。劉瑾憾其不附己，罷歸，所築牆僅四十里。安化王寘鐇反，詔一清督軍討之，遂留鎮寧夏，奏蠲田租一年，除軍民疾苦。嘉靖初，以故相復起兵部尚書蒞陝，前後凡三爲總制。

黄珂。遂寧人。正德初，以右僉都御史巡撫延綏，兩破河套賊。安化王寘鐇反，傳檄四方，用討劉瑾爲名，他鎮不敢以聞。珂封上其檄，因陳便宜八事，而急令總兵官侯勛等分兵援河東，賊遂不敢出。

張文明。陽曲人。正德中，以御史巡按陝西，中官廖堂貪恣，文明捕治其爪牙二十四人。車駕幸延綏，又上章馳諫，且言江彬逢惡導非，亟宜行誅，帝不省。既而文明朝行在，諸權倖譖之，遂下詔獄。

劉天和。麻城人。正德中，以御史出按陝西，裁抑中官廖堂，堂搆之，下獄謫官。嘉靖初，以僉都御史督甘肅屯政，改撫陝西，請撤鎮守中官及罷爲民患者三十餘事，又數討平劇賊，境内以安。十五年，復爲兵部左侍郎，總制三邊軍務，改製兵車，訓練諸邊將士。吉農擁衆數入寇，輒擊敗之。累加尚書、太子太保。「吉農」舊作「吉囊」，今改。

姚鏌。慈谿人。正德中，以右副都御史巡撫延綏。先是，武宗以十萬衆駐其地，公私交匱，鏌撫循有方，漸復其舊。已上邊務六事，皆議行。鎮城外素禁樵採，鏌悉恣城中民芻牧。嘉靖初，吉農寇涇陽，遣將邀斬其二將，乃遁。及去，民刻像祀之。「吉農」改見前。

翟鵬。撫寧衛人。嘉靖初，爲陝西按察使。性剛介，以清操聞。

寇天敘。榆次人。嘉靖初，以右副都御史巡撫陝西。寇入固原，擊敗之。討平大盜王居等。歲大祲，奏請蠲租，發鹽課賑貸。撫陝數年，政無不舉。

王憲。東平人。嘉靖初，爲三邊總制。吉農數萬騎深入，憲督諸將擊敗之，加太子太保。中官織花絨於陝，爲公私害，憲請罷之。又因九廟成，請釋還議禮得罪者，爲時所稱。「吉農」改見前。

唐龍。蘭谿人。嘉靖中，以兵部尚書總制三邊軍務。會陝西大饑，命兼理賑濟，齎帑金三十萬以行。龍奏行救荒十四事。簡卒伍，飭戎器，明賞罰，常如敵至時。吉農、諳達頻入寇，龍調度得宜，前後敗賊於鎮遠關，於乾浦，於定安，屢被奬賚。「吉農」改見前。「諳達」舊作「俺答」，今改。

浦鋐。文登人。嘉靖中，以御史巡按陝西。連上四十餘疏，皆軍民大計，總督楊守禮稱其賢。時御史楊爵以直諫繫詔獄，鋐馳疏申救，帝怒，逮之。秦民奔送，舍車下者常萬人，皆號哭。

曾銑。江都人。嘉靖中，以兵部侍郎總督三邊軍務。寇入延慶，銑遣將搗其巢，寇始遁。時寇牧近塞，居民不敢樵採，銑率諸軍驅之遠徙。念寇居河套，久爲中國患，遂上疏請復河套，條上方略十八事。輔臣夏言欲倚成功，會嚴嵩與言有隙，力攻之，乃逮銑。又爲仇鸞所誣，竟論死。

王以旂。江寧人。嘉靖中，以兵部尚書總督三邊軍務。寇入永昌及鎮番、山丹，以旂督諸將連擊破之。在鎮六年，修延綏城堡四千五百餘所，又築蘭州邊垣。比卒，軍民爲罷市。

楊守謙。徐州人。嘉靖中，爲陝西副使，改督學，有聲，擢右僉都御史，巡撫山西。俄移撫延綏，大興營田，户部因請推行九邊。定軍士賞格，發倉儲貸飢卒。尋移撫保定，去之日，民泣送之。

賈應春。真定人。嘉靖中，以兵部右侍郎總督三邊軍務。諸部入寇，屢擊敗之。築邊垣萬一千八百餘丈。以花馬池閒田二萬頃給軍屯墾，邊人賴之。

王遴。霸州人。嘉靖末，以右僉都御史巡撫延綏。蒐軍實，録武勇。以其間築外郭，治邊牆，繕小芹河及諸墩堡，戎備甚修。寇凡六入塞，皆失利去。

王崇古。蒲州人。隆慶初，以兵部右侍郎總督三邊軍務。奏給四鎮旂牌，撫臣得用軍法督戰。又指畫地圖，分授諸大將趙岢、雷龍等。在陝七年，先後獲首功甚多。

張守中。聞喜人。隆慶初，爲延綏定邊僉事。甓神木城，修繕垣塹，身先士卒，與同甘苦，衆皆感奮。萬曆初，由參政就擢僉都御史，巡撫其地，益振風紀，將吏趨職惟謹。御史按部入境，亦齎糧自隨。修清平、常樂、商山邊垣，延袤六百七十餘里。

李戴。延津人。萬曆初，爲陝西右參政，進按察使。張居正尚名法，四方大吏承風刻覈，戴獨行之以寬。

蕭廩。萬安人。萬曆初，以右僉都御史巡撫陝西。時方覈天下閒田，大吏爭希張居正指增賦，廩令如額而止。境内回回常羣行拾麥穗，間或草竊，耀州以變告。廩撫諭之，戮數人，變遂定。令拾麥毋帶兵器，儕偶不得過十人。

石茂華。益都人。萬曆中，以兵部尚書總制三邊。時關中大饑，而茂華先爲參政，素著恩信，軍民聞其至，相率哭迎於路。

乃請蠲賦省徭，發倉賑濟，存活無算。茂華内撫百姓，外飭邊防，竟以勞瘁卒於官。

孫維城。丘縣人。萬曆中，以右僉都御史巡撫延綏。河套罷貢市十餘年，至是吉農、布哈等乞款，維城與寧夏巡撫黄嘉善並申約束，又條善後六事，款事復堅。卒於官，將吏入視，囊僅數金，賻而歸其喪。「吉農」改見前。「布哈」舊作「卜花」〔九〕，今改。

余懋衡。婺源人。萬曆中，以御史巡按陝西。税監梁永輦私物於畿輔，役人馬甚衆。懋衡奏於朝。永大恨，賄膳夫毒懋衡。再中毒，不死，遂上疏極論永罪。永又廣召亡命，擐甲自衛。咸寧知縣滿朝薦持之急，與其惡黨相格鬬，懋衡遂以反逆聞。永爪牙盡亡，不久亦撤還，關中始靖。

練國事。永城人。崇禎初，以右僉都御史巡撫陝西。關中大饑，盗起，國事偕五鎮大帥曹文詔、賀虎臣等設機衝突，往來涇州、固原、平凉、耀州之間，前後數百戰，降者甚衆，關中稍靖。而歲比不登，屢請恤於朝，不應。國事撫瘡痍，輯流冗，民甚愛戴。後因陳奇瑜車箱之捷，誤受賊降，關中復亂，國事被逮遣戍。

吴甡。興化人。崇禎初，延綏大饑，盗起。甡奉命往賑，徧歷州縣，拊循安輯，解散寇黨。明年，即命巡按陝西。所至察吏安民，覈功罪，靖寇亂，將吏以城守堅完爲上考。由是屬城競厲，烽火漸稀。

張允登。漢州人。崇禎四年，以右參政分守河西。時延綏大饑，盗起。允登救荒恤災，詰姦緝盗，威惠甚著。賊犯甘泉，允登適在城中，與知縣郭永固登城守禦〔一〇〕，城陷死之。贈太常卿。

汪喬年。遂安人。崇禎中，爲陝西右參政，提督學校。舉卓異，就遷按察使。十四年，擢右僉都御史，巡撫陝西。尋進兵部右侍郎，代傅宗龍總督三邊軍務。討李自成，至襄城，兵敗援絶，爲賊所害。

孫傳庭。代州振武衛人。崇禎中，擢僉都御史巡撫陝西。日夜治兵，斬賊渠高迎祥等，羣盗悉平。會河南賊羅汝才等擁衆窺潼關，傳庭督兵連戰閿鄉、靈寶間，賊大敗。忽得總理熊文燦檄，謂毋妬吾撫賊功，傳庭乃返。以忤楊嗣昌，得罪下獄。十五年，起兵部右侍郎，總督陝西。十六年，加尚書，改稱督師，賜上方劒。大軍出關，次郟縣，斫賊坐纛，幾獲李自成。會久雨糧乏，賊掩至，乃退走潼關，陷陣死。未幾，西安破，妻張氏率三妾二女，俱赴水死。

金毓峒。保定衛人。崇禎中，以御史出按陝西。承兵荒後，諭屬吏拯卹，秦人賴之。入棧七百里悉盜藪，爲建堡立驛，設官分戍，行旅無虞。帝屢趣總督孫傳庭引兵出關，毓峒獨謂將驕卒悍，未可輕戰，抗疏争之。不聽，師果敗。

馮師孔。原武人。崇禎中，以右僉都御史巡撫陝西。時總督孫傳庭大舉討賊，師孔主調兵食。傳庭出關敗績，李自成長驅破潼關，不數日抵西安。師孔厲兵拒守，城陷，投井死。

黄絅。光州人。崇禎中，兵備臨鞏。李自成等亂關中，絅調番兵合勦，大破之於潼關原。擢陝西按察使。賊陷西安，妻王氏赴井死。絅被執，乘間亦赴井死。贈太常卿。

本朝

孟喬芳。漢軍鑲紅旗人。順治初，以兵部侍郎總督陝西三邊軍務。賊賀珍所在殘破，遂圍西安。喬芳出擊，悉平之。李鷂子反同州，喬芳會大兵合討，右輔以安。回人米喇印陷河、蘭、臨洮，進逼鞏昌。部將遣軍校乞師甚急，喬芳寂無調發，徐曰：「無恐，汝歸時賊當破矣。」其人還未至，援兵已四集，賊大敗，斬獲無算，餘黨皆降。延安賊王永强與府谷賊高有才連兵叛〔一〕，喬芳兼程馳至延安，大破之，自是諸郡悉平。

石維崑。清苑人。順治初，以御史巡按陝西。察吏嚴明，奥援者無所顧。爲忌者所中，左遷大理寺副。尋復官，再按陝西。民聞其來，皆歡迎。卒於官。

石鳳臺。陽城人。順治初，擢關西分守道，署巡撫事。時土寇未靖，鳳臺防禦甚力，居民獲安。

于時躍。漢軍正白旗人。順治中，爲陝西按察使。聽斷如神，訟者至即得結，民稱之曰：「于不落店。」駐兵擾民，時躍一繩以法。馭吏尤嚴，所屬無敢受賕者。

馬之先。漢軍鑲藍旗人。順治中，以右副都御史巡撫陝西。尋晉兵部尚書，總制三邊。之先練邊事，開屯田，訓士伍，皆有法。卒於官，秦民爲罷市。

金礪。漢軍鑲紅旗人。順治中，以兵部侍郎總督陝西。明達有遠識，馭軍嚴明，爲下所服。居三年，引疾歸。

李國英。漢軍正紅旗人。順治中，以兵部尚書總督川陝，再統師入川，平定叛寇。大興屯田，以牛種數萬給墾者，軍儲以足。駐節所在，與士卒同甘苦，俸糈所入，盡供餉士之用。

陳爌。孟津人。順治中，爲陝西左布政使。以大計陳五事，其一言延安土瘠民貧，異時田租四五畝當内地一畝，自興屯道白士麟督墾荒地，按畝加科，遂五倍於前，爲民重困。疏入得減。在任三年，以勞瘁卒於官。

張瑃。陽城人。順治中，以右副都御史巡撫陝西。時重兵駐漢中，鳳翔民越棧輸餉，物力俱困。瑃請以漢中額賦代輸，且行其法於他鎮。奸民朱君應詐稱明裔，潛結諸番，又王鳳貴等挾奸術，誘竹谿山寇爲亂，瑃遣將悉擒之。

白如梅。漢軍鑲白旗人。康熙初，以兵部尚書總督陝西。時陝西、河南、湖廣三路將士會勦鄖寇，興安地接鄖陽，轉輸大困。如梅請秦中輓運，以白土關爲界，奏罷臨鞏練餉，除黄甫烟税。皆允行。

賈漢復。漢軍正藍旗人。康熙初，巡撫陝西。當兵燹後，綏輯凋殘，政績甚著。親巡棧路，自煎茶坪至雞頭關，剗剔危險，盡成坦途。秦中自明末亂後，志乘久缺，漢復延致文士，纂成通志，粲然可觀。

佛尼勒。滿洲鑲紅旗人。康熙初，授西安將軍。征勦吴三桂叛黨，大小八十餘戰。統兵七年，紀律嚴明，所至秋毫無犯，人思其德。

哈占。滿洲正藍旗人。康熙初，以工部侍郎總督川陝。吴三桂反，黔蜀雲擾，哈占從容指畫，三秦晏然。賊將王屏藩據漢中，大兵分三路進勦。哈占與撫遠大將軍圖海出大泥峪，次舊縣關以待濟師。會奮威將軍王進寶已克武關，哈占與圖海定計直趨興安，至漢中，與進寶軍會。及大兵入蜀，奉詔駐漢中督餉，飛芻輓粟，軍無匱乏。賊將吴國柱等犯瀘州，哈占倍道赴援，屢戰皆捷。雲南平，班師還西安。初，哈占奏立火器營於西安，選屯軍二千人練習。其後摧鋒陷鋭，所向有功，遂因其制，以專官領之。在陝十二年，入爲兵部尚書。

圖海。滿洲正黄旗人。康熙初，平凉提督王輔臣叛，以圖海爲撫遠大將軍，督兵討平之。賊將王屏藩據漢中，陳君極引兵出寶雞，圖海遣將與賊連戰，大破之，自是賊不敢越寶雞而東。大兵進取興漢，圖海從大泥峪進薄鎮安，遣奇兵破賊梁河關。轉戰而前，與王進寶會漢中，全秦悉定。

葉映榴。上海人。康熙初，官陝西提學道。訓士以敦行爲先。每按部，虚公考校，雖被斥者亦無怨言。

博濟。滿洲鑲白旗人。康熙中，授西安將軍，嚴以約下，秋毫無擾。尋總督川陝，爲政持大體，官吏肅清，兵民安堵。

席爾達。滿洲鑲紅旗人。康熙中，以兵部尚書出署川陝總督。時大吏多受州縣餽遺，州縣則私斂之於民。席爾達欲杜其弊，特疏請於朝，勒石永禁。河西歲歉，單騎驗視，賑濟全活甚衆。

覺羅華顯。滿洲正紅旗人。康熙中，巡撫陝西，尋總督川陝。修築營堡，選習士馬，軍政一新。秦民久困重斂，華顯嚴飭有司，禁革私徵。性清約，屏絶餽遺。在任五年，卒於官。

許孫荃。合肥人。康熙中，由户部郎中出督陝西學政，勤於課士。行部所至，遇古聖賢名蹟，力爲修復表章。敬待名儒李顒輩〔一二〕，爲刻其所著書行世。

殷泰。滿洲鑲紅旗人。康熙中，由甘省提督總督川陜。莅事不尚虚文，令行禁止，人莫敢犯。大計兩省官吏，苞苴屏絶，黜陟悉當。以公事入蜀，道經鳳漢，所至問民疾苦。山中父老具雞酒相迎，輒停車慰勞，人甚悦之。

額倫特。佛尼勒子。授西安佐領。從征噶爾丹，得頭等功牌，遷協領。聖祖仁皇帝幸西安，閲八旗官兵，賜宴，親持金爵賜之酒，謂諸王大臣曰：「伊家三世與朕出力，朕故親持爵賜之。」遷西安副都統。康熙五十五年，以湖廣總督署西安將軍事，協同川陜總督辦理軍餉，率滿漢官兵駐西寧。明年，聞準噶爾將擾西藏，即往巴里坤防禦。五十七年，率兵至喀喇烏蘇，與賊相持數月，衆寡不敵，力戰殁於陣。

黄廷桂。漢軍鑲紅旗人。乾隆十三年，由甘肅巡撫署陜甘總督，尋調兩江總督。十六年，復任陜甘總督。二十年，以大學士管陜甘總督事。時西陲甫定，大兵追捕阿睦爾撒納，及征勦回部大小和卓木。陜甘當西路孔道，軍需旁午，廷桂調度有方。馬駝芻粟，先期儲偫，軍行迅速而民不知擾。由騎都尉晉封三等忠勤伯。卒祀賢良祠。四十二年，入祀名宦祠。

史貽直。溧陽人。雍正十年，署陜西巡撫。十一年，以户部尚書總理陜西巡撫事。劾罷軟廢弛之提鎮，條官制各事宜，吏治營制均爲之整肅。

尹繼善。滿洲鑲黄旗人。乾隆十三年，以協辦大學士授陜甘總督。時征金川，大兵出陜西，調度得宜。十六年，復由兩江總督調署陜甘總督，尋授文華殿大學士。卒，祀賢良祠。四十二年，入祀名宦祠。

鍾音。滿洲鑲藍旗人。乾隆十七年，任陜西巡撫。疏言常平倉穀因賑缺額，請於歲豐買補以實倉儲。二十三年復任。疏言連年災歉，請借給貧民牛具籽種，俾得盡力耕作，民藉以蘇。

陳宏謀。臨桂人。乾隆年間，四任陜西巡撫。疏陳救旱良法，請修周文、武、成、康及周公、太公陵墓，申飭官箴檄八條，興除告示二十四條，均關陜省教養要務，政教翕然。卒，祀賢良祠。四十二年，入祀名宦祠。

吴達善。滿洲正紅旗人。乾隆二十年，任陝甘總督。歷以所屬被災，奏請借帑修城築壩，以工代賑，全活者衆。三十六年，復任陝甘總督。時土爾扈特全部歸順，辦理諸務，周詳妥協。卒，祀賢良祠。四十二年，入祀名宦祠。

王文雄。玉屏人。任陝西固原提督。嘉慶三年，賊匪高均德等分路竄擾，文雄屢勦敗於盩厔等處。五年，追賊黨高二於西鄉之法寶山梁，衆寡不敵，被十餘創卒。祀昭忠祠，恩賜三等子爵。

校勘記

〔一〕東北至山西保德州河曲縣界一千八百六十里　「河曲」，原作「河西」，據乾隆志卷一七七陝西統部(下同卷簡稱乾隆志)改。按，山西保德州僅轄一縣，即河曲縣，見本志山西保德州。此「西」乃「曲」之誤。

〔二〕分陝西沿邊爲秦鳳涇原環慶鄜延四路　「延」，原作「原」，據乾隆志及宋史卷八七地理志改。

〔三〕薛顏萬泉人　「泉」，原作「全」，乾隆志同，據宋史卷二九九薛顏傳改。

〔四〕吴玠水洛城人　「水」，原作「永」，乾隆志同，據宋史卷三六六吴玠傳改。

〔五〕富珠哩阿嘍罕舊作孛术魯阿魯罕　「术」，原作「木」，據金史卷九一孛术魯阿魯罕傳改。

〔六〕道過西嶽　「嶽」，原作「獄」，據乾隆志及元史卷一九一田滋傳改。

〔七〕乃率總兵官許寧等　「寧」，原作「安」，據乾隆志及明史卷一七一王越傳改。按，本志避清宣宗諱改字也。

〔八〕小墩七十八　「七」，原脱，乾隆志同，據明史卷一七八余子俊傳補。

〔九〕布哈舊作卜花　「花」，乾隆志同，明史卷二二七孫維城傳作「莊」。

〔一〇〕與知縣郭永固登城守禦　「固」，原作「圖」，乾隆志同，據明史卷二九二張允登傳改。

〔一一〕延安賊王永强與府谷賊高有才連兵叛　「與」，原作「興」，據乾隆志改。

〔一二〕敬待名儒李顒輩　「顒」，原作「容」，據乾隆志改。按，此志避清仁宗諱改字也。

西安府圖

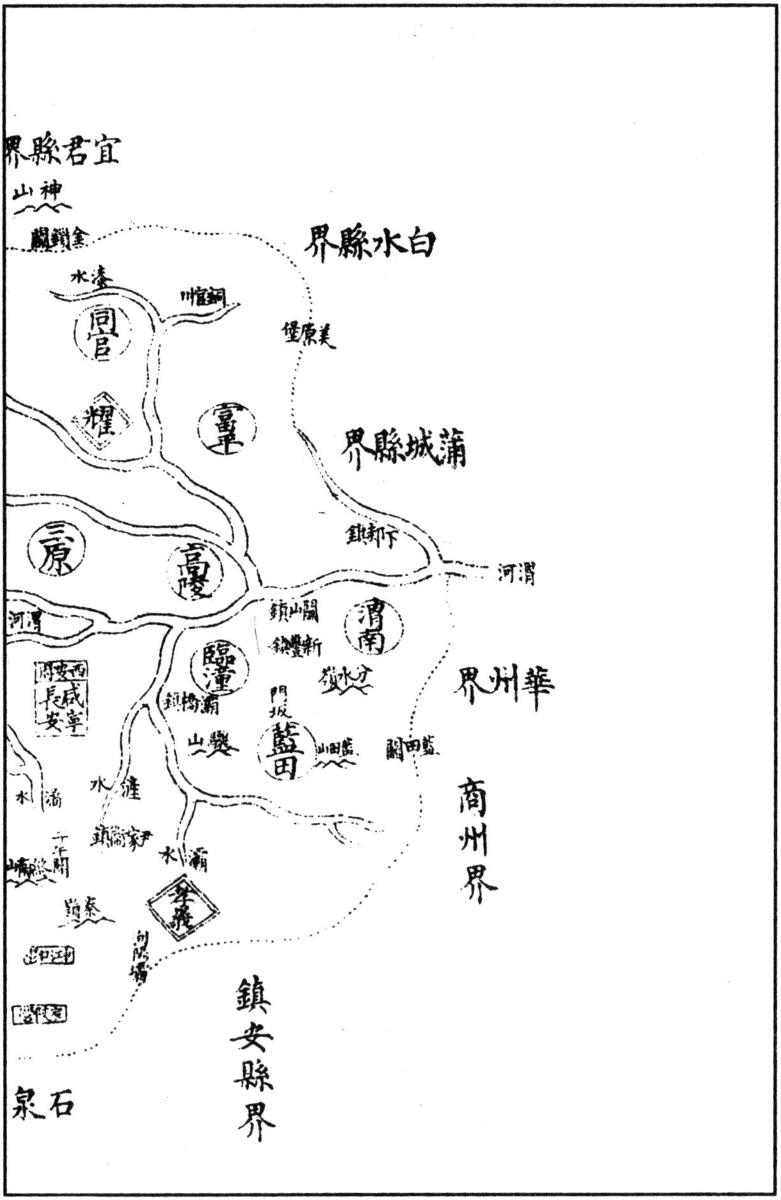
宜君縣界
神山
金鎖關
白水縣界
漆水
銅官川
美原堡
同官
耀
富平
蒲城縣界
下邽鎮
渭河
三原
高陵
渭河
關山鎮
渭南
新豐鎮
臨潼
華州界
西安府
咸寧
長安
灞橋鎮
驪山
藍田
藍田山
藍田關
商州界
灞水
鎮安縣界
石泉

淳化縣界
沮水
清谷水
冶谷鎮
乾州界
涇河
武功縣界
涇陽
醴泉
店張驛
咸陽
興平
渭河
盩厔
鄠
渼陂
澇水
駱谷關
駱谷水
郿縣界
牛首山
秦嶺
祖菴鎮
四畝地
洋縣界
石泉縣界
縣界

西安府表

	西安府	長安縣
秦	内史	長安邑。
兩漢	京兆尹景帝分爲左、右内史，武帝太初元年更名，爲司隸治。後漢末置雍州。	長安縣高帝置，京兆尹治。
三國	京兆郡魏雍州治，改尹爲守。	長安縣
晉	京兆郡建興後入氐、羌。	長安縣郡治。
南北朝	京兆郡魏徙治霸城，屬雍州。西魏建都。周復治長安，改守爲尹。	長安縣魏屬京兆郡。周復爲郡治。
隋	京兆郡開皇三年罷尹，置雍州，大業三年改置。	長安縣移置郡。
唐	京兆府武德元年改置雍州，開元元年改府，爲關内道治，二十一年爲京畿採訪使治。	長安縣府治，乾封初分置乾封縣，長安三年仍廢入。
五代	京兆府梁更名大安，唐復。	長安縣梁更名大安，唐復。
宋金附	京兆府初爲陝西路治，熙寧五年爲永興路治。金爲京兆府路治。	長安縣
元	奉元路至元十六年改府爲安西路，皇慶初又改名爲陝西行省治。	長安縣路治。
明	西安府洪武元年改名爲陝西布政司治。	長安縣府治。

	咸寧縣
	杜縣 芷陽縣
奉明縣 宣帝置，屬京兆尹。後漢廢。	杜陵縣 宣帝更名，屬京兆尹。 霸陵縣 文帝更名，屬京兆尹。
	杜陵縣 霸陵縣
	杜縣 更名。 霸城縣 更名。
	萬年縣 周移置，與長安同爲郡治。 杜城縣 魏更名，屬京兆郡。周廢入萬年。 霸城縣 魏移京兆郡治此。周郡徙縣廢。
	大興縣 開皇三年更名。
	萬年縣 初復名，府治。乾封初分置明堂縣，長安三年仍廢入。天寶七載更名咸寧，乾元初又復。 武德二年復置芷陽縣，七年廢。
	萬年縣 梁曰大年，唐復。
	樊川縣 府治，宣和七年更名。金又更名咸寧。
	咸寧縣 路治。
	咸寧縣 府治。

	咸陽縣
	咸陽 孝公自雍徙置，後建都。
南陵縣 文帝置，屬京兆尹。後漢省。	右扶風 景帝初屬右內史，武帝太初元年更名。後漢徙。 渭城縣 更置，屬右扶風。後漢省。
	石趙置石安縣。
山北縣 魏置，屬京兆郡。周廢。	石安縣 魏屬咸陽郡。
	廢。
	咸陽縣 武德二年置，屬京兆府。
	咸陽縣
	咸陽縣
	咸陽縣 屬奉元路。
	咸陽縣 屬西安府。

續表

長陵縣高帝置，屬左馮翊。後漢屬京兆尹。		安陵縣惠帝置，屬右扶風。	陽陵縣舊名弋陽，景帝更名，屬左馮翊。後漢屬京兆尹。	平陵縣昭帝置，屬右扶風。
長陵縣		安陵縣屬魏。	陽陵縣屬魏。	始平縣魏更名。
廢。苻秦置咸陽郡。	靈武縣移置。	廢。	廢。	晉徙廢。
魏徙。	靈武縣魏屬咸陽郡，尋廢。			

興平縣	臨潼縣
廢丘。	
右扶風 後漢移來治。 槐里縣 高祖更名，屬右扶風。後漢爲右扶風治。 茂陵縣 宣帝置，屬右扶風。	
扶風郡 魏改郡，除「右」字。 槐里縣 郡治。 茂陵縣	
苻秦移置始平縣。 始平郡 泰始三年置。 槐里縣 郡治。 省。	
始平縣 魏屬扶風郡。西魏移郡來治。 魏太平真君中廢。 槐里縣 魏屬扶風郡。	
始平縣 屬京兆郡。 廢。	
興平縣 屬京兆府。景龍四年更名金城，至德二載又改。	昭應縣 天寶三載置會昌縣，旋改名，屬京兆府。
興平縣	昭應縣
興平縣	臨潼縣 大中祥符八年更名。
興平縣 屬奉元路。	臨潼縣 屬奉元路。
興平縣 屬西安府。	臨潼縣 屬西安府。

續表

驪邑始皇十六年置。		櫟陽縣	
新豐縣高帝置，屬京兆尹。		櫟陽縣屬左馮翊。後漢徙萬年來治，屬馮翊郡。	
新豐縣		萬年縣	
新豐縣屬京兆郡。	陰槃縣移置，屬京兆郡。	萬年縣屬京兆郡。	
新豐縣	陰槃縣魏太平真君七年省，太和十一年復。周廢。	萬年縣魏屬馮翊郡。周廢。	廣陽縣魏景明初置，屬馮翊郡。
新豐縣			萬年縣改置，屬京兆郡。
垂拱二年更名慶山，神龍初復曰新豐，天寶七載省。			櫟陽縣武德初復改萬年爲櫟陽，又析置平陵縣，二年更名襄邑，貞觀八年仍省入。
			櫟陽縣
			櫟陽縣
			至元初省。

	高陵縣	鄠縣
	高陵邑	鄠邑
萬年縣 漢高帝置，屬左馮翊。後漢徙廢。	左馮翊 後漢移治。 高陵縣 後漢爲左馮翊治。	鄠縣 初置縣，屬右扶風。
	高陸縣 魏改名，屬京兆郡。	鄠縣
	高陸縣	鄠縣 屬始平郡。
鄣縣 魏太和二十二年置，屬馮翊郡。後廢。	馮翊郡 魏復移治，後廢。 高陸縣 魏移置，爲馮翊郡治。	鄠縣 魏屬京兆郡。
	高陵縣 大業初復名，屬京兆郡。	鄠縣 大業十年移治。
	高陵縣 屬京兆府。武德元年分置鹿苑縣，貞觀初省入。	鄠縣 屬京兆府。
	高陵縣	鄠縣
	高陵縣	鄠縣
	高陵縣 屬奉元路。	鄠縣 屬奉元路。
	高陵縣 屬西安府。	鄠縣 屬西安府。

續表

續表

藍田縣	涇陽縣
藍田縣 屬内史。	涇陽邑
藍田縣 屬京兆尹。	池陽縣 惠帝置，屬左馮翊。
藍田縣	池陽縣
藍田縣 屬京兆郡。	扶風郡 移治。 池陽縣 郡治。
藍田縣 魏太平真君七年省，太和十一年復，仍屬京兆郡。周徙治，兼置藍田郡及白鹿、玉山二縣，尋省郡及二縣入。	咸陽郡 魏移治。 池陽縣 魏爲咸陽郡治。周縣廢。
藍田縣	涇陽縣 廢郡移治，屬京兆郡。
藍田縣 武德二年又分置白鹿縣，三年又分置玉山縣，改白鹿曰寧民。貞觀初俱省入，屬京兆府。	涇陽縣 屬京兆府。
藍田縣	涇陽縣
藍田縣	涇陽縣
藍田縣 屬奉元路。	涇陽縣 屬奉元路。
藍田縣 屬西安府。	涇陽縣 屬西安府。

	三原縣
	湯社 始皇置,屬北地郡。
	池陽縣地。
苻秦析置涇陽縣。	
涇陽縣 魏屬咸陽郡,太平真君七年省,景明初復置。 雲陽縣 魏移置,屬北地郡。周置雲陽郡。	三原縣 魏太平真君七年置,屬北地郡,永安初兼置建忠郡。周廢郡。
徙。 雲陽縣 廢郡,屬京兆郡。	三原縣 屬京兆郡。
雲陽縣 屬京兆府。貞觀初更名池陽,八年復。天授二年置鼎州,久視元年廢。	三原縣 武德四年更名池陽,六年改曰華池,又分置三原縣。貞觀元年仍省入,復改華池曰三原,屬京兆府。
雲陽縣 唐屬耀州。	三原縣 唐屬耀州。
雲陽縣 屬耀州。金屬京兆府。	三原縣
至元初省。	三原縣 至元二十四年移治,仍屬耀州。
	三原縣 弘治四年改屬西安府。

續表

盩厔縣	
盩厔縣 武帝置，屬右扶風。後漢廢。	
盩厔縣 魏復置，屬扶風郡。周徙，兼置恒州周南郡，尋並廢。	
盩厔縣 屬京兆郡。	
盩厔縣 屬京兆府。天寶初更名宜壽，至德二載復。乾寧中屬乾州，天復初改屬鳳翔府。武德二年分置終南縣，貞觀八年省。	
盩厔縣	
盩厔縣 屬鳳翔府。金復置恒州。	終南縣 武德元年置，貞觀八年省，大觀初復置，屬京兆府。
盩厔縣 州廢，屬奉元路。	至元初省。
盩厔縣 屬西安府。	

渭南縣	富平縣
下邽縣 武公伐邽戎置。	
新豐縣地。 下邽縣 屬京兆尹。後漢省，後復置。 蓮勺縣 屬左馮翊。	
下邽縣 蓮勺縣	宣平縣 魏移置，屬北地郡。
東晉時苻秦置渭南縣，後廢。 下邽縣 屬馮翊郡。 蓮勺縣 屬馮翊郡。	
渭南縣 魏置南新豐縣及渭南郡。西魏復改縣曰渭南，又析置靈源、中源二縣。周廢郡及二縣。 魏廢。西魏復置，兼置延壽郡。 蓮勺縣	
渭南縣 移治，屬京兆郡。 下邽縣 廢郡，屬馮翊郡。 大業初省。	
渭南縣 武德初屬華州，開元初屬京兆府。 下邽縣 屬華州。	
渭南縣 周屬華州。 下邽縣	
渭南縣 熙寧六年省，元豐初復，仍屬華州。 下邽縣	
渭南縣 廢。	
渭南縣 萬曆中改屬西安府。	

續表

			醴泉縣
		頻陽縣 屬共公二十一年置。	
懷德縣 屬左馮翊。後漢省。		頻陽縣 屬左馮翊。	
		頻陽縣	
富平縣		頻陽縣	池陽縣地。
富平縣 魏移置，屬北地郡。西魏爲郡治。周改中華郡，尋廢。	土門縣 魏景明初改置，屬北地郡。		寧夷縣 魏置，屬咸陽郡。西魏置寧夷郡。周改寧秦郡，後郡廢。
富平縣 屬京兆郡。	土門縣 大業初廢，義寧二年復。		醴泉縣 開皇十八年更名，屬京兆郡。
富平縣 屬京兆府。	美原縣 貞觀十七年廢，咸亨二年改置，屬宜州。開元元年屬京兆府，天復初改置鼎州。		醴泉縣 武德初省，析置温秀縣。貞觀中省温秀，復置。開元初屬京兆府，後屬乾州。
富平縣 唐屬耀州。	美原縣 梁改鼎州曰裕州。唐廢州，復爲縣，屬耀州。		醴泉縣 唐還屬京兆府。
富平縣 宋仍屬耀州。金廢。	美原縣		醴泉縣 政和八年屬醴州。金屬乾州。
富平縣 復置，屬耀州。	省。		醴泉縣
富平縣 萬曆三十六年改屬西安府。			醴泉縣 萬曆三十六年改屬西安府。

	耀州
谷口邑	
谷口縣 文帝置，屬左馮翊。後漢廢。	祋祤縣 景帝置，屬左馮翊。
	北地郡 魏置。 泥陽縣 魏僑置，爲北地郡治。 魏廢。
	北地郡 泥陽縣
	北地郡 魏永熙元年兼置北雍州。西魏廢帝三年改州曰宜，郡曰通川。 泥陽縣 魏太平真君七年省，景明初復。
	宜君郡 開皇三年郡廢，大業三年州廢，義寧三年改置。 華原縣 開皇六年更名，屬京兆郡。
	耀州 武德初廢郡，置宜州，貞觀中廢。天授二年復置，大足初廢，天祐三年改置。 華原縣 垂拱二年更名永安，尋爲宜州治，神龍初復名。開元元年屬京兆府，後爲耀州治。
	耀州 梁改崇州，唐復名。 華原縣
	耀州 屬永興路。金屬京兆府路。 華原縣
	耀州 屬奉元路。 至元初省入州。
	耀州 屬西安府。

續表

同官縣	孝義廳	寧陝廳
		杜縣地。
祋祤縣地。	南陵、洵陽二縣地。	洵陽縣地。
銅官縣 魏太平真君七年置，屬北地郡。周徙。		
同官縣 更名，屬京兆郡。		
同官縣 屬京兆府。	乾元縣地。	
同官縣 梁屬同州。唐屬耀州。	乾祐縣地。	
同官縣		
同官縣		
同官縣		正德十六年設柴家關巡司及五郎壩巡司。

大清一統志卷二百二十七

西安府一

陝西省治。東西距三百五里，南北距五百二十三里。東至同州府華州界一百六十里，西至乾州武功縣界一百四十五里，南至商州鎮安縣界二百四十五里，北至鄜州宜君縣界二百七十八里。東南至商州界二百里，西南至漢中府洋縣界四百里，東北至同州府白水縣界二百七十里，西北至乾州永壽縣界二百里。自府治至京師二千六百五十里。

分野

天文東、井分野，鶉首之次。星躔分野書：自井九度至十三度，爲西安府分野。

建置沿革

禹貢雍州之域。周武王都此爲鎬京，東遷後屬秦，後亦爲都邑。史記秦本紀：德公初居雍，獻公徙治櫟陽。孝公作咸陽，徙都之。始皇時置内史。漢書百官表：内史，周官，秦因之，掌治京師。地理志：京兆尹、左馮翊、右扶風，故秦内史。漢元年，項羽分置雍塞二國。章邯爲雍王，王咸陽以西。司馬欣爲塞王，王咸陽以東至河。及翟國，爲三秦。尋皆併於漢。二年，改爲渭南、河上、中地三郡。渭南即京兆，河上即左馮翊，皆塞國地。中地即右扶風，雍國地。五年，定都於此。九年，罷郡，復爲内史。景帝二年，分爲左、右内史。按：史記及漢書百官表皆作景帝二年分，地理志作武帝建元六年分。顔師古注據史記，以表爲正。武帝太初元年，改右内史爲京兆尹，三輔決録注：京，大也。天子曰兆民。左内史爲左馮翊，漢書百官表注：張晏曰：「馮，輔也。翊，佐也。」決録注：「馮，馮也。翊，明也。」主爵都尉爲右扶風。漢書百官表：「主爵中尉，秦官。景帝中六年，更名都尉。武帝太初元年，更名右扶風，治内史右地。」注：張晏曰：「扶，助也。風，化也。」謂之三輔，復置司隸校尉。後漢遷都於洛陽，置雍州於此。尋罷州，以司隸督察如故。潘岳關中記：三輔舊治長安城中，長吏各在其縣治民。光武東都之後，扶風出治槐里，馮翊出治高陵。建安中，復置雍州。三國魏改京兆尹爲太守，仍屬司隸。晉初仍置雍州，治京兆郡。時扶風移治池陽，後廢。馮翊移治臨晉，今同州府界。建興後，歷爲劉聰、石勒、苻健、姚萇、赫連勃勃所據。後魏亦曰雍州京兆郡。時郡移治霸城。永熙三年，遷都於此，是爲西魏。後周明帝二年，改雍州刺史爲牧，京兆郡守爲尹。隋開皇二年，建新都。三年，罷尹，復置雍州。大業三年，又改州爲京兆郡，置尹。唐仍隋都。唐書地理志：初曰京城，天寶九載曰西京，至德二載曰中京，上元二年復曰西京。代宗元年曰上都。武德元年，復改郡曰雍州。貞觀元年，爲關内道治。舊唐書地理志：天授元年，改雍州爲京兆郡。其年復舊。開元元年，改曰京兆府。二十一年，置京畿採訪使。天祐初遷都洛，廢爲佑國軍。五代梁改爲大安府。唐復爲西京京兆府。晉罷京，漢、周因之。唐書方鎮表：天祐元年，以京畿置佑國軍節度使。五代史職方考：梁改爲永平軍，晉曰晉昌軍，漢曰永興軍。宋仍曰京兆府，爲陝西路治，熙寧後爲永興軍路治。宋史地理志：京兆府京兆郡，永興軍節度。本次府，大觀元年升大都督府。金爲京兆府路治。金史地理志：皇統二年，置總管府。元初亦曰京兆府。中統三年，置陝西四川行省，治此。至元二十三年，改陝西行省。至元十六年，改京兆府爲安西路總管府。皇慶元年，又改爲奉元路。明洪武元年，改曰西安府。九年，爲陝西布政司治。領州六，縣三十一。

本朝爲陝西省治。雍正三年，改商、同、華、耀、乾、邠六州，直隸陝西布政司。撥縣十七分隸之。十三年，降耀州爲屬州，及同官縣來屬。乾隆四十七年，設孝義廳。嘉慶五年，設寧陝廳。今領州一，縣十五，廳二。

長安縣。附郭。治府西偏。東西距二十七里，南北距八十里。東至咸寧縣界二里，西至咸陽縣界二十五里，南至寧陝廳界五十里，北至涇陽縣界三十里。東南至咸寧縣界三里，西南至鄠縣界四十里，東北至咸寧縣界三十里，西北至咸陽縣界三十里。秦長安邑地。漢高帝五年置縣，爲京兆尹治，後漢因之。晉爲京兆郡治。後魏屬京兆郡。後周復爲郡治，隋因之。唐爲京兆府治。五代梁改曰大安，後唐復曰長安，宋、金因之。元爲奉元路治。明爲西安府治。本朝因之。

咸寧縣。附郭。治府東偏。東西距四十八里，南北距一百七十里。東至臨潼縣界四十五里，西至長安縣界三里，南至孝義廳界一百四十里，北至高陵縣界三十里。東南至藍田縣界五十里，西南至長安縣界五十五里，東北至高陵縣界三十五里，西北至長安、咸陽二縣交界三十里。本周杜伯國。秦置杜縣及芷陽縣，屬内史。漢置杜陵、霸陵等縣，屬京兆尹。後漢因之。晉改霸陵曰霸城，杜陵曰杜縣，屬京兆郡。後魏以霸城爲京兆郡治，改杜縣爲杜城屬焉。後周明帝二年，分置萬年縣，與長安並治京城。建德二年，省霸城、杜城二縣入之。隋開皇三年，改曰大興，爲京兆郡治。唐武德初，復曰萬年。開元元年，爲京兆府治。天寶七載，改爲咸寧縣。乾元元年，復曰萬年。五代梁改曰大年，後唐復曰萬年。宋仍爲京兆府治。宣和七年，改曰樊川。金又改爲咸寧縣。泰和四年，廢入長安，尋復置。元爲奉元路治。明爲西安府治。本朝因之。

咸陽縣。在府西少北五十里。東西距五十里，南北距五十八里。東至長安縣界二十五里，西至興平縣界二十五里，南至鄠縣界二十里，北至涇陽縣界二十八里。東南至長安縣界二十五里，西南至盩厔縣界三十里，東北至涇陽縣界四十里，西北至醴泉縣界四十里。本秦國都，孝公始徙此，後因之。漢高帝元年，更名新城，七年罷，屬長安。元鼎三年，更名渭城，屬右扶風。後漢省。晉咸和中，後趙置石安縣，苻秦置咸陽郡，後魏移郡於涇水北，以縣屬之。隋廢入涇陽縣。唐武德元年，復置咸陽縣，屬雍州。開元元年，屬京兆府。五代、宋、金因之。元屬奉元路。明屬西安府。本朝因之。

興平縣。在府西一百里。東西距七十里，南北距六十里。東至咸陽縣界二十五里，西至乾州武功縣界四十五里，南至盩厔縣界二十五里，北至醴泉縣界三十五里。東南至咸陽縣界三十里，西南至武功縣界四十五里，東北至咸陽縣界三十里，西北至醴泉縣界四十里。本周犬丘邑。秦曰廢丘。漢爲槐里、茂陵、平陵三縣地，俱屬右扶風。後漢以槐里爲右扶風治。三國魏改平陵爲始平。晉初併茂陵入始平，於槐里置始平郡。後魏太平真君中，郡廢，二縣俱屬扶風郡。西魏以始平爲郡治。隋省槐里，以始平屬京兆郡。唐天授二年，改屬稷州。大足元年，還屬雍州。景龍四年，改曰金城。開元元年，屬京兆府。至德二載，又改曰興平，五代、宋、金因之。元屬奉元路。明屬西安府。本朝因之。

臨潼縣。在府東少北六十里。東西距六十二里，南北距一百五里。東至渭南縣界四十七里，西至咸寧縣界十五里，南至藍田縣界三十五里，北至富平縣界七十里。東南至藍田縣界六十里，西南至咸寧縣界二十五里，東北至同州府蒲城縣界九十五里，西北至高陵縣界三十里。春秋驪戎國。秦始皇十六年，置驪邑。漢高帝七年，置新豐縣，屬京兆尹。後漢因之。晉屬京兆郡，後魏及隋因之。唐垂拱二年，改曰慶山。天授二年，屬鴻州。大足二年，還屬雍州。神龍元年，復曰新豐。開元元年，屬京兆府。天寶三載，析置會昌縣。七載，省新豐，改會昌曰昭應。五代因之。宋大中祥符八年，改曰臨潼。金因之。元屬奉元路。明屬西安府。本朝因之。

高陵縣。在府東北七十里。東西距三十五里，南北距三十里。東至臨潼縣界十五里，西至涇陽縣界二十里，南至咸寧縣界二十里，北至三原縣界十里。東南至臨潼縣界二十里，西南至咸寧縣界三十五里，東北至三原縣界七里，西北至三原縣界十五里。秦置高陵邑，屬内史。漢置縣，屬左馮翊，爲左輔都尉治。後漢爲左馮翊治。三國魏改曰高陸，屬京兆郡。晉因之。後魏復爲馮翊郡治。隋大業二年，復曰高陵，屬京兆郡。唐天授二年，屬鴻州。大足元年，還屬雍州。開元元年，屬京兆府。五代、宋、金因之。元屬奉元路。明屬西安府。本朝因之。

鄠縣。在府西南七十里。東西距四十五里，南北距五十五里。東至長安縣界三十里，西至盩厔縣界十五里，南至寧陝廳界二十里，北至咸陽縣界三十五里。東南至寧陝廳界一百里，西南至盩厔縣界三十里，東北至長安縣界三十里，西北至興平縣界二十里。本夏時扈國。秦爲鄠邑。漢初置縣，屬右扶風。後漢因之。晉屬始平郡。後魏太平真君七年，改屬京兆郡。隋因之。唐屬京兆府。五代、宋、金因之。元屬奉元路。明屬西安府。本朝因之。

藍田縣。在府東南九十里。東西距一百七十里，南北距一百九十里。東至渭南縣界一百二十里，西至咸寧縣界五十里，南至孝義廳界三十五里，北至臨潼縣界五十里。東南至商州界七十五里，西南至孝義廳界二百里，東北至渭南縣界五十里，西北至咸寧縣界四十里。秦置藍田縣，屬内史。漢屬京兆尹。後漢因之。晉屬京兆郡。後魏太平真君七年，併入霸城縣。太和十一年復置，仍屬京兆郡。周閔帝於縣置藍田郡，武帝時省郡。隋屬京兆郡。唐屬京兆府。五代、宋、金因之。元屬奉元路。明屬西安府。本朝因之。

涇陽縣。在府西北七十里。東西距五十七里，南北距六十五里。東至高陵縣界二十五里，西至醴泉縣界三十二里，南至咸陽縣界十五里，北至邠州淳化縣界五十里。東南至長安縣界四十里，西南至咸陽縣界十五里，東北至三原縣界十五里，西北至淳化縣界六十五里。秦爲涇陽邑。漢惠帝四年，置池陽縣，屬左馮翊。後漢因之。晉初爲扶風郡治，苻秦又析置涇陽縣。後魏徙咸陽郡治池陽，以涇陽屬焉。後周廢池陽縣。隋開皇初郡廢，以涇陽縣屬雍州。大業三年，屬京兆郡。唐天授二年，改屬鼎州。大足元年，還屬雍州。開元元年，屬京兆府。五代、宋、金因之。元至元二年，併入高陵，三年復置，屬奉元路。明屬西安府。本朝因之。

三原縣。在府北九十里。東西距四十五里，南北距六十三里。東至高陵縣界三十里，西至涇陽縣界十五里，南至涇陽縣界八里，北至富平縣界五十五里。東南至高陵縣界二十里，西南至涇陽縣界十五里，東北至富平縣界六十里，西北至邠州淳化縣界五十里。秦始皇置湯社，屬北地郡。漢池陽縣地。後魏太平真君七年，置三原縣，屬北地郡。永安元年，於縣置建忠郡。後周建德初郡廢。隋屬京兆郡。唐武德四年，改曰池陽。六年，又改曰華池，仍分置三原縣，屬泉州。貞觀元年，省三原縣，改華池曰三原。天授二年，屬鼎州。大足元年，還屬雍州。開元元年，屬京兆府。五代唐屬耀州。宋、金、元因之。明弘治四年，改屬西安府。本朝因之。

盩厔縣。在府西南一百六十里。東西距一百五里，南北距二百四十五里。東至鄠縣界六十五里，西至鳳翔府郿縣界四十里，南至興安府石泉縣界二百四十里，北至乾州武功縣界五里。東南至鄠縣界五十里，西南至漢中府洋縣界二百里，東北至興平縣界五十里，西北至武功縣界三十里。漢武帝置盩厔縣，屬右扶風。後漢省。後魏復置，屬扶風郡。後周置周南郡，兼置恒州及倉城、温湯二縣，尋並廢。隋屬京兆郡。唐武德三年，屬稷州。貞觀元年，屬雍州。天授二年，又屬稷州。大足元年，還屬雍州。開元元年，屬京兆府。天寶元年，改曰宜壽。至德二載復故。乾寧中，改屬乾州。天復初，改屬鳳翔府。五代及宋因之。金貞祐四年，陞爲恒州。元初州廢，縣屬奉元路。明屬西安府。本朝因之。

渭南縣。在府東少北一百四十里。東西距五十六里，南北距二百里。東至同州府華州界二十三里，西至臨潼縣界三十三里，南至商州界一百四十里，北至同州府蒲城縣界六十里。東南至商州雒南縣界一百五十里，西南至藍田縣界七十里，東北至同州府大荔縣界五十五里，西北至富平縣界六十里。漢新豐縣地。苻秦始置渭南縣，後魏孝明帝改置渭南郡及南新豐縣。西魏廢帝二年，又改縣曰渭南。後周郡廢。隋屬京兆郡。唐武德元年，改屬華州。五年，屬雍州。天授二年，於縣置鴻州。大足元年，鴻州廢，還屬雍州。開元元年，屬京兆府。五代周顯德三年，改屬華州。宋熙寧六年，省入鄭縣。元豐元年復置，仍屬華州。金、元因之。明萬曆中改屬西安府。本朝因之。

富平縣。在府東北一百二十里。東西距七十里，南北距八十里。東至同州府蒲城縣界四十里，西至三原縣界三十里，南至臨潼縣界二十里，北至同官縣界六十里。東南至渭南縣界四十里，西南至三原縣界三十里，東北至蒲城縣界九十里，西北至耀州界四十里。秦置頻陽縣。漢屬左馮翊，後漢因之。三國魏徙置富平縣於此，屬北地郡，頻陽仍屬馮翊郡。晉因之。後魏景明元年，改頻陽置土門縣，與富平俱屬北地郡。西魏移北地郡治富平。後周改曰中華郡，尋罷。隋大業初，廢土門入富平，屬京兆郡。義寧二年，復置土門縣。唐初，二縣俱屬雍州。貞觀十七年，廢土門縣。咸亨二年，復以故土門置美原縣。天授二年，二縣俱屬宜州。大足元年，還屬雍州。開元元年，屬京兆府。天復二年，於美原縣置鼎州。五代梁改裕州。後唐廢裕州，二縣俱屬耀州。宋因之。金廢富平縣入美原。元省美原，復置富平縣，仍屬耀州。明萬曆三十六年，改屬西安府。本朝因之。

醴泉縣。在府西北一百二十里。東西距六十三里，南北距一百里。東至涇陽縣界五十八里，西至乾州界五里，南至興平縣界二十里，北至邠州淳化縣界八十里。東南至興平縣界三十里，西南至乾州武功縣界四十里，東北至涇陽縣界五十里，西北至乾州永壽縣界六十里。秦谷口邑。漢置縣，屬左馮翊。後漢廢。晉爲池陽縣地。後魏置寧夷縣，屬咸陽郡。西魏兼置寧夷郡。後周改郡曰寧秦，後省。隋開皇十八年，改縣曰醴泉，屬京兆郡。唐武德中省。貞觀十年復置。天授元年，屬鼎州。大足元年，還屬雍州。開元元年，屬京兆府。乾寧中改屬乾州。五代後唐同光中，還屬京兆。宋政和八年，改屬醴州。金屬乾州。元因之。明萬曆三十六年，改屬西安府。本朝因之。

耀州。在府北一百三十里。東西距六十里，南北距二十三里。東至富平縣界十里，西至邠州淳化縣界五十里，南至富平縣界三里，北至同官縣界二十里。東南至富平縣界七里，西南至三原縣界二十里，東北至同官縣界十五里，西北至邠州三水縣界九十里。漢景帝置祋祤縣，屬左馮翊。後漢初廢，永元九年復置。三國魏廢祋祤，僑置泥陽縣，兼置北地郡。晉因之。後魏太平真君七年，併泥陽入富平縣。景明元年復置，仍屬北地郡。永熙元年，兼置北雍州。西魏廢帝三年，改州曰宜州，又改郡曰通川。

隋開皇三年郡廢，六年改縣曰華原。大業三年州廢，縣屬京兆郡。義寧二年，於縣置宜君郡。唐武德初曰宜州。貞觀十七年州廢，屬雍州。垂拱二年，改縣曰永安。天授二年，又置宜州。大足元年州廢，還屬雍州。神龍元年，復曰華原。開元元年，屬京兆府。天祐三年〔一〕，以縣置耀州。五代梁貞明元年，改曰崇州。後唐同光元年復故。宋亦曰耀州，屬永興路。金屬京兆府路。元至元初，以州治華原縣省入，屬奉元路。明屬西安府。本朝初因之。雍正三年，改爲直隸州。十三年，仍屬西安府。

同官縣。在府北一百八十里。東西距九十里，南北距一百十里。東至同州府蒲城縣界五十里，西至耀州界四十里，南至耀州界五十里，北至鄜州宜君縣界六十里。東南至富平縣界三十里，西南至耀州界五十里，東北至蒲城縣界六十里，西北至宜君縣界五十里。漢祋祤縣地。後魏太平真君七年，置銅官縣，屬北地郡。隋曰同官，屬京兆郡。唐武德初屬宜州。貞觀十七年，屬雍州。天授二年，屬宜州。大足元年，仍還雍州。開元元年，屬京兆府。五代梁改屬同州。後唐改屬耀州。宋、金、元因之。明統於西安府。本朝雍正三年，屬耀州。十三年，屬西安府。

孝義廳。在府南二百四十里。東西距二百七十里，南北距一百十五里。東至藍田縣界一百六十里，西至寧陝廳界一百十里，南至商州鎮安縣界五里，北至咸寧縣界一百十里。東南至鎮安縣界五里，西南至鎮安縣界五十里，東北至藍田縣界一百四十里，西北至寧陝廳界一百十里。漢南陵、洵陽二縣地。唐乾元縣地。五代漢乾祐縣地。本朝乾隆四十七年，分咸寧、藍田、鎮安三縣邊境地，置孝義廳同知。嘉慶七年，移駐舊縣關，屬西安府。

寧陝廳。在府西南五百二十里。東西距四百四十里，南北距五百四十里。東至商州鎮安縣界一百二十里，西至盩厔縣界三百二十里，南至興安府石泉縣界六十里，北至長安縣界四百八十里。東南至興安府漢陰廳界九十里，西南至漢中府洋縣界一百二十里，東北至孝義廳界二百四十里，西北至鄠縣界三百三十里。秦杜縣地。漢洵陽縣地。明正德十六年，設柴家關巡司及五郎壩巡司。本朝順治年間裁。乾隆四十八年，移西安府水利通判駐五郎關。嘉慶五年，分長安、盩厔、洋縣、石泉、鎮安五縣邊境地，改置寧陝廳同知，屬西安府。

形勢

金城千里，天府之國。漢書張良傳。被山帶河，四塞以爲固。婁敬傳。汧隴以東，商洛以西，厥壤肥饒，所謂陸海之地。東方朔傳。踐華爲城，因河爲池，漢賈誼過秦論。左據函谷、二崤之阻，表以太華、終南之山，右界褒斜、隴首之險，帶以洪河、涇、渭之川。班固西都賦。

風俗

文王作豐，武王治鎬，故其民猶有先王之遺風，好稼穡，植五穀，地重，重爲邪。及漢都長安，四方輻輳，地小人衆，故其民益玩巧而事末。史記貨殖傳。雍州土厚水深，其民厚重質直，無驕惰浮靡之習。以善導之，則易以興起，而篤於仁義。朱子詩傳。

城池

西安府城。周四十里，高三丈。門四，東曰長樂，西曰安定，南曰永寧〔二〕，北曰安遠。池深二丈，廣八丈。本隋唐京城舊址，唐末改建，明洪武初增修。本朝順治十三年修。康熙元年，乾隆四年、二十八年、四十七年，嘉慶十六年，屢修。又城内東北隅有城周九里，門五，即故明秦藩城。本朝順治六年改建，居八旗駐防。乾隆五十一年修。長安、咸寧兩縣附郭。

咸陽縣城。周九里有奇，門九。南濱渭河，東、西、北有池，廣三丈。明景泰三年建，嘉靖二十六年，拓東、西、北三面。本朝乾隆四年修。

興平縣城。周七里有奇，池深一丈，門四。隋大業九年建。本朝乾隆十八年修。

臨潼縣城。周五里，門四，池深一丈五尺。明洪武初，因唐舊址建。本朝乾隆五年修。

高陵縣城。周四里有奇，門四，池深二丈五尺。明景泰初，因隋舊址建。本朝乾隆十八年修。

鄠縣城。周六里有奇，門四，四面有池，深一丈五尺。金大定二十三年建。本朝康熙二十年修，乾隆十一年、嘉慶二十一年重修。

藍田縣城。周四里有奇，門四，西南隅水門一，池深二丈。嘉靖二年因晉舊址建。本朝順治十六年修，乾隆十七年重修。

涇陽縣城。周五里有奇，門四，四面有池，深七尺。元末因舊址改建。明成化、崇禎間增修。本朝乾隆二十七年重修。

三原縣城。周九里有奇，門四，水門二。北臨清河，東、西、南三面有池，廣五丈。元至元二十四年土築。明初增築西郭，周不及二里，門二。嘉靖三十六年築北郭，周四里有奇，門四。崇禎中又增築東郭，周二里有奇，門二。本朝乾隆十一年、二十五年修，嘉慶二十一年重修。

盩厔縣城。周五里有奇，門四，池廣三丈五尺。本朝康熙元年因舊址重建，十七年修，乾隆十三年重修。

渭南縣城。周七里有奇，門四，池深一丈五尺。隋大業元年建。明嘉靖三十五年拓築，隆慶初甃甎。本朝雍正七年修，乾隆十四年重修。

富平縣城。周三里，門四，池深一丈。明正統初土築，嘉靖末甃甎。本朝康熙元年修，乾隆十七年重修。

醴泉縣城。有内外二城。内城周二里許，門四。元末建，明成化四年增築。東、西、南三面外城，周六里有奇，門五，池深二丈。崇禎中修，本朝乾隆十三年重修。

耀州城。周六里，門四，池深一丈。明景泰中因舊址重建，嘉靖、弘治中增修。本朝乾隆三十一年重修。

同官縣城。周四里有奇，門四，池深一丈。明景泰初因舊址增建，成化、嘉靖中屢修。本朝康熙二十五年增築新城，周二里有奇，乾隆十八年修。

孝義廳城。周二里有奇，門四。嘉慶八年建。

寧陝廳城。周五百六丈九尺，門三。東臨長安河，爲水關二，築石隄二百二十七丈有奇，以資捍衛。嘉慶十七年建。

學校

西安府學。在府治東南二里。宋、元舊址，明成化九年重建。本朝順治十年修。入學額數二十名。又駐防學額，嘉慶四年設，自二名至五六名，無定額。謹附記。

長安縣學。在縣治東，府學西。舊在治西，明成化九年遷此。本朝順治八年修。入學額數十五名。

咸寧縣學。在縣治南，府學東。舊在治西，明成化七年遷此。本朝康熙三年修。入學額數十五名。

咸陽縣學。在縣治西。舊在治西南，明洪武四年遷近渭水，後又遷此。本朝屢加修葺。入學額數十五名。

興平縣學。在縣治西。明洪武四年建。本朝順治十五年重建。入學額數十五名。

臨潼縣學。在縣治北，明洪武二年建。本朝康熙四十二年重建。入學額數十五名。

高陵縣學。在縣治北。宋紹聖初建，元中統二年重建。本朝屢加修葺。入學額數十二名。

鄠縣學。在縣治西。舊在縣南門外，明洪武七年移此。本朝屢加修葺。入學額數十五名〔三〕。

藍田縣學。在縣治南。明洪武十年建。本朝順治十年修。入學額數八名。

涇陽縣學。在縣治西南。宋元祐五年建，明洪武二年重建。本朝順治五年修。入學額數十五名。

三原縣學。在縣治西北。元大德十年建，明洪武二年重建。本朝康熙二十一年修。入學額數二十名。

盩厔縣學。在縣治東。明洪武四年因元舊址建。本朝順治十七年重建，乾隆四十六年修。入學額數十五名。

渭南縣學。在縣治東。明洪武二年建。本朝順治、康熙中屢修。入學額數十五名。

富平縣學。在縣治東北。明洪武三年，自舊縣移建於此。本朝康熙十九年修。入學額數十五名。

醴泉縣學。在縣治南。宋皇祐中建於舊縣治東南，明洪武四年移今治東，弘治十年遷此。本朝康熙中屢加修葺，乾隆四十四年重修。入學額數十五名。

耀州學。在州治北。宋嘉祐中建，明洪武二年重建。本朝屢加修葺。入學額數八名。

同官縣學。在縣治東。明洪武八年因宋舊址建。本朝乾隆四十五年重修。入學額數七名。原額八名，嘉慶十八年裁撥寧陝廳一名。

孝義廳學。在廳治東。嘉慶十九年建。入學額數六名。

寧陝廳學。在廳治東北。嘉慶十八年建。入學額數六名。

正學書院。在府治西南。宋儒横渠張子講學處。元建書院，後廢。明弘治九年復建。本朝康熙中修。

關中書院。在府治東南。明萬曆三十七年建。本朝康熙二年修。

養正書院。在府城外。嘉慶七年，長安、咸寧二縣同建。

渭陽書院。在咸陽縣。乾隆十一年建。

槐里書院。在興平縣。順治十五年建。

横渠書院。在臨潼縣治東南。康熙三十七年建，乾隆三年修。

驪山書院。在臨潼縣東南驪山下。即古白鹿書院舊址。

景槐書院。在高陵縣。乾隆二十六年建。

明道書院。在鄠縣。乾隆三十五年建。

渼陂書院。在鄠縣治西。

二曲書院。在鄠縣西南三里。康熙三十年建。

玉山書院。在藍田縣。乾隆四十年建。

瀛洲書院。在藍田縣治南。唐時建，明弘治中修。

瀛洲書院。在涇陽縣。乾隆六年建。

學古書院。在三原縣治西北。元延祐中建，明嘉靖四十六年修。本朝乾隆十四年修。

宏道書院。在三原縣治北。明弘治九年建。
對峯書院。在盩厔縣。乾隆十三年建。
象峯書院。在渭南縣。原名渭陽書院，乾隆二十七年建，後改今名。
五鳳書院。在渭南縣治西南。
南湖書院。在富平縣。乾隆三年建。
通川書院。在富平縣。乾隆十二年建。
新城書院。在富平縣西。明嘉靖初建。
飲鳳書院。在醴泉縣。乾隆十九年建。
文正書院。在耀州北二里。舊爲明德寺，明嘉靖二年改建書院，祀宋范仲淹。本朝乾隆三十二年修。
潁陽書院。在同官縣南關。乾隆二十九年建。
太乙書院。在寧陝廳治西北。乾隆五十三年建，嘉慶二年修。
青門學舍。在長安縣西關。乾隆三十六年建。
春明學舍。在咸寧縣東關。乾隆四十一年建。　按舊志載魯齋書院，在咸寧縣東北，元延祐中建。居善書院，在臨潼縣學西，元時建。渭上書院，在高陵縣南，元延祐初建。涇野書院，在高陵縣，明時建。芸閣書院，在藍田縣治北，宋時建。嵯峨書院，在三原縣，明時建。集賢書院，在盩厔縣，明嘉靖中建。崇正書院，在同官縣東北一里，明嘉靖中建。今並廢。謹附記。

户口

原額人丁一百十萬八千七百五十二。今滋生民户共男婦二百九十六萬二千五百四十七名口。

田賦

民地一十萬二千八百五頃九十八畝三分八釐，額徵地丁銀六十六萬九千六百二十八兩二錢六分，糧六千七百四十六石八斗二升三合三勺。屯地一萬八千九百二十九頃六十一畝三分四釐，額徵地丁銀二萬一千七百二十九兩二錢九分，糧七萬九千六百四十九石九斗四升五合五勺。更名地七千四十五頃一十五畝七分一釐，額徵地丁銀一萬四百三十兩一錢七分，糧三萬三千六百九十六石一斗九升四合三勺。

山川

終南山。在長安、咸寧、盩厔、鄠四縣之南，孝義、寧陝二廳之北，西自鳳翔府郿縣入境，東抵藍田縣界。書禹貢：終南惇物。詩秦風：終南何有，有條有梅。左傳昭公四年晉司馬侯曰：「中南，九州之險也。」漢書東方朔傳：南山，天下之阻也。其山出玉石金銀銅鐵，豫章檀柘，異類之物，不可勝紀。此百工所取給，萬民所仰足也。關中記：終南，一名中南，言在天下之中，居都之南也。括地志：終南山，一名中南山，一名太一山，一名周南山，一名地肺山，一名楚山，一名橘山，一名秦山。在萬年縣南五十里。柳宗元終南山祠記：終南西至於褒斜，又西至於隴首以臨於戎。東至於商顔，又東至於太華以距於關。其物産之厚，器用之出，則璆琳琅玕，夏書載焉，紀堂條梅，秦風咏焉。長安志：終南山，東自藍田縣西入萬年界石鼈谷，以谷水與長安縣分界，東西四十里。又南山，在長安縣南七十里，連乾祐縣界。又盩厔縣南山去縣三十里。雍録：終南山横亘關中南面，西起秦隴，東徹藍田，凡雍、岐、郿、鄠、長安、萬年，相去八百里，連亘峙踞其南者，皆此一山。胡三省通鑑注：關中有南山、北山。自甘泉連延至巀嶭、九嵕爲北山，自終南、太白連延至商嶺爲南山。鄠縣志：鄠山隨地異名，皆終南也。遠者去城三十里，近可二十里。藍田縣志：在縣西南七十里。此山連亘千里，至此而盡。按：明統志又有太一山，在終南山南二十里。連亘秀特，上插雲霄。通志在府城西南八十里，有太乙峯、太乙谷、太乙池。惟漢志，太乙即終南，與括地志合。然言在武功，不言在長安。李善注文選，以西京、西征二賦終南、太乙並稱，明非一山。説見後「南五臺山」。

龍首山。在長安縣北，接咸寧縣界。三輔黄圖：未央宫因龍首制前殿。水經注：龍首山長六十餘里，頭入于渭，尾達樊川。頭高二十丈，尾漸下，高五六丈。土色赤而堅，山即基闕，不假築，高出長安城。括地志：山首在長安故城中。自漢築長安城及營宫殿，咸以堙平，其餘即今宫城之太倉以東是也。元和志：山在長安縣北十里，西京賦所云「疏龍首以抗殿」也。長安圖説：山之餘尾，城南皆已堙平，坡陀北出，復見於唐大安宫，東西横亘，迤邐而去。今宫城及内苑後牆含元殿臺一帶，俱在山上，下去平地可六七尺。咸寧縣志：龍首原起終南義谷，徑可數十武，蟠曲西北行，漸行漸闊。杜陵、鴻固、鳳棲諸原皆其横岡。

黄麓山。在興平縣北一里。亦名黄山，即始平西原也。

慶山。在臨潼縣東南。唐書五行志：垂拱二年九月己巳，新豐露臺鄉有山湧出，高二十丈，有池周三百畝，池中有龍鳳之形，米麥之異。武后以爲休應，名曰慶山。長安志：在縣東南三十五里。

胏浮山。在臨潼縣驪山東南。一曰浮胏。水經注：泠水出胏浮山。蓋驪山連麓而異名也。縣志：浮胏山，蓋驪山東之支麓。

驪山。在臨潼縣東南，與藍田縣藍田山相連。亦作麗山。史記秦本紀：始皇葬驪山。漢書地理志：新豐，驪山在南。水經注：魚池水出麗山東。又麗戎之山，一名藍田，其陰多金，其陽多玉，始皇貪其美名，因而葬焉。括地志：驪山在新豐縣南十四里，其陽即藍田山。唐書地理志：天寶元年，更驪山曰會昌。七載，更會昌山曰昭應。寰宇記：驪山在昭應縣東南二里，温湯出山下。三秦記曰，始皇作閣道至驪山八十里，人行橋上，車行橋下。今石柱猶存。山上立祠，名曰露臺。長安志：山在縣東南二里。驪戎來居此山，故名。縣志：山在縣南里許，連亘而東五十餘里。山之左有東繡嶺，右有西繡嶺。唐明皇時，植花木如繡，故名。又有玉蕋峯，在東繡嶺之東。

金斧山。在臨潼縣南二十五里。石隙中有斧，今尚存。

雞頭山。在鄠縣東南。十六國春秋：秦苻生欲西上隴山，士卒散盡，遂入雞頭山。長安志：在縣東南三十一里。縣志：俗呼小武當山。

雲際山。在鄠縣東南六十里。又有子房山，在縣東南九十里。中有黃石洞，相傳子房辟穀處。

白雲山。在鄠縣南二十里，與縣治相對。其東有蓮花山，蓮花山東南有華陽谷，谷中最高者曰將軍山。

牛首山。在鄠縣西南。山海經：牛首之山，澇水出焉。元和志：在縣西南二十三里。南接終南，在上林苑中。西京賦云「繞黃山而款牛首」是也。縣志：在華陽谷東南，層山萬仞，有小洞起於其下，宛若牛伏。山之東，又有黃柏峪山。

藍田山。在藍田縣東。漢書地理志：藍田山出美玉。水經注：霸水出藍田縣藍田谷，所謂多玉者也。括地志：驪山即此山之北阜。元和志：藍田山，一名玉山，一名覆車山，在縣東二十八里。寰宇記：述征記云，山形如覆車之象。後魏風土記云，山巔方二里，仙聖遊集之所，劉雄鳴學道於此。下有祠甚嚴，霸水之源出此。又西有尊盧氏陵，次北有女媧氏谷。長安志：山在縣東南三十里。

阜兒山。在藍田縣東六十里。俗傳嘗有一禽止此山，人疑爲鳳，因名鳳兒山，訛作阜兒山。

王順山。在藍田縣東南二十里。舊圖經曰，昔道人王順隱此山得道，因名。

蕢山。在藍田縣南。漢書高帝紀：沛公引兵繞嶢關，踰蕢山，擊秦軍藍田南。元和志：在縣東南二十五里。縣志：在縣南十里。

七盤山。在藍田縣南十里，亦曰七盤嶺。唐書尚可孤傳：朱泚之難，可孤率兵道襄鄧而西，屬賊兵銳，乃壁七盤。長安志：七盤山在縣南二十里。又綼坡，在縣東南。通典曰，七盤十二綼，藍關之險路也。舊志：七盤山延亘綿遠，西接終南，東通商洛，險峻迂迴。唐貞元初，商州刺史李西華自藍田至内鄉，開道七百里，即此處。

嶢山。在藍田縣南二十里。舊志亦謂之嶢嶺。嶢關，蓋因山而得名。

金山。在藍田縣北四十里。上有金山神祠。長安志謂在縣南十里，疑誤。

仲山。在涇陽縣西北，山北屬邠州淳化縣界。漢書郊祀志：汾陰得鼎，迎至甘泉，至中山，晏温，有黄雲焉。又溝洫志：「鄭國鑿涇水，自中山西。」顔師古注：「中讀曰仲。即今九嵕之東仲山也。」水經注：鄭渠東逕中山南，俗謂之仲山。括地志：山在雲陽縣西十五里。寰宇記：雲陽宫記云，宫南三十里有仲山，未詳古之何山，山有竹箭生焉。俗傳高祖兄仲所居，今山有仲子廟。積旱祈之，圍此射獵，則風雨暴至。廟有一泉，未嘗水竭。長安志：小仲山在雲陽縣西北四十里。縣志：仲山在縣西北七十里。山東北接嵯峨西麓，中隔冶谷，西南連九嵕山，涇河逕其中。山半有泉曰小獅泉，山麓有坪曰虎坪。

石蛇山。在涇陽縣西北。寰宇記：古石蛇在雲陽縣西北四十里。縣志：石蛇山，在縣西北七十里，臨江潭上。以石有類蛇首，故名。鄭巖在其下。

嵯峨山。在涇陽縣北，東入三原縣界，西入邠州淳化縣界。本名巀嶭山，亦作巀巕。漢書地理志：池陽，巀嶭山在北。水經注：鄭渠故瀆，東逕巀嶭山南。元和志：嵯峨山，一名巀嶭山，在雲陽縣東北十里。東西二十五里，南北二十里。山上有雲必雨，常以爲候。又在三原縣西北六十里。寰宇記：巀嶭山，自雲陽縣界連亘三原縣。一名慈峨山。雲陽宮記：東有慈峨山，今土人謂之嵯峨山。黃帝鑄鼎於此山。涇陽縣志：嵯峨山在縣北四十里，東抵青谷，西抵冶谷，亘二十里。上有三峯，最東者曰鉢盂臺，歲旱禱之多應。中峯曰大臺，峯頂有仰天池，冬夏不涸。西峯有石窟，深五六里，有風從内出。三原縣志：山在縣西北四十里。山西南屬涇陽，西北屬淳化，東南屬縣界。

堯門山。在三原縣西北三十里。括地志：堯門山，俗名石門，在三原縣西北三十二里。上有路，其狀若門，故老云堯鑿山爲門，因名之。武德中，於山南置石門縣。按：邠州三水、淳化二縣界有石門山，乃秦獻公與晉戰處，與此山名同地異。胡三省注通鑑，引括地志此文，誤。唐書地理志雲陽有堯山，疑即此。

浮山。在三原縣北二十里。

石樓山。在盩厔縣東南三十七里。峯巒層疊，形勢如樓，一名樓觀山。

五福山。在盩厔縣東南四十里。五峯聳峙，自北而南，鳥道縈紆。可通漢中府洋縣。

黑鳳山。在盩厔縣西南駱谷東二里。又西南有安樂山。又西南五里爲韋谷。

靈臺山。在渭南縣東南。其西二里有曹谷。長安志：靈臺山在縣東南三十五里。名勝志：山頂方平，故以臺名。雍勝略：上有七星塔，又謂之七星山。縣志：靈臺稍西而低者，有半截山。又入黃狗峪折而東南，有山二，曰南月圓、北月圓。清水河逕其中。南月圓山，四面懸崖，僅通一逕。山巔有池曰仰天池，池旁有田千餘畝。

鳳凰山。在渭南縣東南，曹峪西三里。又鳳凰山，在醴泉縣東北四十里。

倒虎山。在渭南縣東南接藍田縣界。十六國春秋：王嘉隱於東陽谷。石虎亂，遷於倒虎山。元和志：倒獸山，一名元象山，在渭南縣東南五十里，王子年隱處也。寰宇記：倒虎山，在藍田縣覆車山北。長安志：在渭南縣東南三十七里。縣志：山在鳳凰山南。其谷曰倒獸谷，亦曰大谷。谷之西又有小谷山。按：法苑珠林「渭南縣南山倒犳谷，崖有懸石，文狀倒犳」，即此。諸志或作「倒獸」，皆避唐諱耳。

石鼓山。在渭南縣西南十里，湭水所出。元和志湭水出縣西南石樓山，即此。

荆山。在富平縣西南。書禹貢「荆岐既旅」，又「導岍及岐，至於荆山」。孔安國傳：「此荆在岐東，非荆州之荆。」漢書地理志：「褱德。禹貢北條荆山在南，下有彊梁原。」帝王世紀：禹鑄鼎於荆山。在馮翊懷德之南，今其下有荆渠。隋書地理志：富平有荆山。括地志：荆山，今名掘陵原。元和志：在縣西南二十五里。明統志：在縣西南十里。

檀山。在富平縣西北三十五里。唐書地理志：在縣西北二十五里。長安志：在縣西北三十里。檀山旁爲邑子山，有馬跑泉。

天乳山。在富平縣西北三十里。寰宇記：在縣西北二十五里。兩峯相對，類於乳形。縣志：檀山折而北爲天乳山，天乳山東南一里爲龍泉山。按：耀州志云，土門山兩峯環抱，形如兩乳，接富平縣西北境。疑即此。

錦屏山。在富平縣西北三十五里。山巔有王翦廟，亦名將軍山。旁爲高陽峯。縣志：錦屏山東南十里爲蟠桃山。折東北三里爲老君山，南有鐵牛洞。又北三里爲左眼山，其東二里爲石窩山，又東二里爲底店山。又東八里爲龍眼山，下有藥泉谷，多藥草。

紫金山。在富平縣西北四十里。耀州志：又虎頭山，在縣西北五十里，蓋即紫金之支隴也。

龍泉山。在富平縣北三十里。長安志：在縣西北十五里。耀州志：山有五泉湧出。

月窟山。在富平縣北四十里。山巔有泉，深數仞，旱禱必應。

甕金山。在富平縣北五十里。元和志：在縣東北三十三里。耀州志：在月窟山東六里。

頻山。在富平縣東北。水經注：頻陽城北有頻山。山有漢武帝殿，以石架之。隋書地理志：華原有頻山。元和志：美原縣西北十一里有頻山。秦厲公於山南立縣，故曰頻陽。後魏別立土門縣，以頻山有二土闕，狀似門，故曰土門。長安志：山在美原縣界十八里。縣志：山在縣東北七十里。南麓有泉。西北麓一小山陡出，曰堡子山，山之北麓爲千尺崖，壁立百仞。

明月山。在富平縣東北。寰宇記：在美原縣西北二十里。耀州志：在富平縣東北七十五里，與同官縣鼈背山接。下有勾谷澗。縣志：山出白土如銀，又出泔泥，同官磁器，以此爲之。

玉女山。在富平縣東北。寰宇記：在美原縣西三十五里。又耀州西北亦有玉女山。

玉鏡山。在富平縣東北。長安志：在美原縣西北十里。耀州志：玉女山東爲玉鏡山，又東爲大、小石谷澗。

金粟山。在富平縣東北。又東爲石疊山、萬斛山，接同州府蒲城、白水界。長安志：金粟山、石疊山，俱在美原縣北十五里。又萬斛山，在縣東北二十里。耀州志：玉鏡山東北爲金粟山。山有靈泉寺，寺後爲靈泉山，山之左有碧雲洞。靈泉山東爲萬斛山，山下有三泉谷澗。又東爲石疊山，又東接蒲城縣境。縣志：石疊山，一名樓子山。山東爲大水峪，峪東爲萬斛山。山北二十里爲熨斗坪，其北十里有岳山。山之東爲石坡峪，入蒲城縣界。

武將山。在醴泉縣北三十里。唐書地理志：武將山，一名馮山，在縣東北十八里。

無勞山。在醴泉縣北五十里。相近又有五峯山。

承陽山。在醴泉縣北六十里。寰宇記：承陽山，石泉所出，三輔黃圖所謂「浪水」是也。長安志：山在縣西北七十里。

九嵕山。在醴泉縣東北。漢書地理志：谷口縣，九嵕山在西。西都賦：冠以九嵕。西京賦：九嵕甘泉，涸陰沍寒。魏書地形志：寧夷有九嵕山。隋書地理志：醴泉有九嵕山。元和志：在縣東北二十五里。唐書地理志：在縣西北六十里。寰宇記：山高六百五十丈，周迴十五里。按：郡國縣道記云，九嵕山東連仲山，西當涇水出處，故謂之谷口。縣志山在縣東北五十里，有九峯峻聳。山之南麓，即咸陽北坂也。

覆甑山。在醴泉縣東北五十里，與九嵕岡隴相接。又清峯山，在縣東北五十里。龜山，在縣東北五十五里。

芳山。在醴泉縣東北六十里。唐書地理志：醴泉縣有芳山。

北五臺山。在耀州東三里。五山並峙，頂如平臺。東曰瑞應，南曰起雲，西曰昇仙，北曰顯化，中曰齊天。山有石洞曰太元洞，相傳孫思邈隱居處。下有洗藥池。

磬玉山。在耀州東五里。山出青石，叩之鏗然有聲。唐天寶中取爲磬，郊廟樂皆用之。

風孔山。在耀州東。長安志：風孔山、安君山，皆在華原縣東五里。州志：磬石山之東爲安君山。又東爲風孔山，山有穴，風從中出。又東爲將軍山，上有王翦祠。

寶鑑山。在耀州東十里。相傳年豐則山有光如鑑，州之得名以此。

土門山。在耀州東南，接富平縣界。元和志：土門山，在華原縣東南四里。州志：五臺山石洞南三里，有山自東而西者爲東乳山，亦名落星原，自西而東南者爲西乳山。兩山環抱州城，形如兩乳。漆沮水會於山下，從山隙中出，又名鸛鵲谷，俗謂之岔口。出谷口即富平縣西北境，蓋即土門山也。按：魏書地形志土門縣有土門山，元和志亦云頻山有土門，狀如門。後人疑頻山即土門。然頻山在美原西北，土門在華原東南，水經注、元和志等書分注甚明。蓋頻山或兼土門之目，而華原之土門在今州東南，與富平縣接界，不得混爲一山也。

牛耳山。在耀州西北十八里。兩山東西相並，狀如牛耳。又北六十里爲木門山，有上、中、下三木門，山坂相去各三里。

大唐山。在耀州西北七十里。折而東北爲金圭山，又折東南爲鳳翼山，一名車蓋山。自山而西，即邠州淳化縣境。

箭幹山。在耀州西北，姚萇殿東北。其北爲魏王樓，樓東爲錐子山。又東北十餘里爲照金山，俗傳山有光，雨後映人衣如金。

石門山。在耀州西北八十里分水嶺西北，與邠州之三水、淳化二縣接界。詳見邠州。

樹子山。在耀州北。長安志：在華原縣北四十里。又把樓山，在縣北四十五里。州志：唐家堡東五里爲笠子山，又東南爲石皋山、樹子山、耙樓山。「耙樓」即「把樓」之訛。

三石山。在耀州北。長安志：在華原縣北六十八里。州志：山在天活堡東十里。三峯突兀，山麓有奇峯洞，洞中滴水成泉，謂之天漿。

龍蟠山。在同官縣東南里許。蜿蜒如龍，與虎頭山相對。

三泉山。在同官縣東南三十里，與耀州將軍山相接。又東爲鼇背山，與富平縣明月山相接。長安志：三泉山，在縣南三十二里。

飛仙山。在同官縣南三十里。下有飛仙洞，俗傳葛稚川昇仙處。

濟陽山。在同官縣西南。上有砦，下有方泉，甘可釀酒。

白馬山。在同官縣西南三十里。上有白馬廟。山南接耀州界。

文王山。在同官縣西六十里。又西爲武王山，與耀州把樓山接。長安志：文王山在縣西四十里。

虎頭山。在同官縣西北，狀如虎踞，縣城依於其麓。亦名虎踞山。下有水，清湧不竭，引流經縣治中。

潤山。在同官縣西北十里。中有一石，每潤則雨。一名聖水山。

女華山。在同官縣西北。寰宇記：女華夫人祠，在縣北三十里女華山上。高峯秀出，每有大風雷，多從華嶽至此。故老傳云，華嶽女君在此山上，因立祠。水旱祈禱有驗。長安志：高山女華神廟，在縣北四十里。按：唐書地理志同官縣有女迴山。耀州志同官縣北三十里爲西高山，其東爲女迴山，又東爲神水峽，又北十里爲北高山。志別無女華山之名，蓋即一山，音相近而訛耳。舊志分爲二山，誤，今考正。

馬欄山。在同官縣北三十里。按：晉書北地都尉張光以百餘人戍馬欄山，蓋白水縣之馬蘭山，州志謂即此山，誤。

石盤山。在同官縣北。魏書地形志：銅官縣有石盤山。縣志：在縣北四十五里。

南五臺山。在寧陝廳北四百八十里。舊志：在咸寧縣南五十里終南山麓，亦曰南五臺。延袤十許里，有奇峯五，南山佳麗之處，惟此爲最。廳志：太乙山，即今之南五臺山。漢元封二年祀太一，於此建太乙宫，遺址猶存。説見前「終南山」。

萬華山。在寧陝廳北。上有叢林，九峯並峙，俗謂九頂萬華山。廳志：在廳北四百五十里。

狗脊嶺。在咸寧縣東南五里，唐時謂之東市。縣志：龍首山在城東南者爲狗脊嶺。

横嶺。在藍田縣北三十五里。長安志：自驪山東入縣境，横接華州界。縣志：嶺下有水，謂之横河。

高山嶺。在盩厔縣東南耿谷南六十里。又五泉嶺，在耿谷南三十里，北去石鏡谷十里。

沈嶺。在盩厔縣南。蜀志姜維傳：延熙二十年，維欲向秦川，率數萬人出駱谷，徑至沈嶺。元和志：姜維嶺，本名沈嶺，在盩厔縣南五十里。胡三省通鑑注：自駱谷北出扶風，隔以終南山，其間有三嶺，一曰沈嶺，近芒水，一曰衙嶺，一曰分水嶺。

分水嶺。在渭南縣南。嶺東北麓水流入渭水，西南麓水流入藍田界。又西北有牛思嶺。巖之東北麓曰嚴坡，有嚴谷，俗傳嚴子陵隱居處。相近有馬鞍嶺。又望竿嶺，在縣西南。又耀州西北八十里，亦有分水嶺。

温秀嶺。在醴泉縣北，接乾州永壽縣界。隋書地理志：醴泉有温秀嶺。顔師古漢書注：醴泉縣北有山名温宿嶺，本因漢時得温宿國人，令居此田牧，故以爲名。

長條嶺。在耀州西北私鹽堡北。延亘三十餘里，仄徑僅容人。又北爲横嶺，又東爲小三石山。又東爲摩天嶺，高三十里。又東爲鴻鴞嶺，嶺東有石洞，在懸崖中。又東即鄜州宜君縣界。

金牛嶺。在同官縣南三十里。其相接者爲兔窩嶺，舊傳有唐太宗遺蹟。

腰竹嶺。在寧陝廳北九十里。山頂平坦，多産短竹，高與腰齊，故名。直水源出此。

秦嶺。在寧陝廳北，東接孝義廳。又東接商州界，即終南山脊也。西都賦：睎秦嶺，睋北阜。三秦記：秦嶺，東起商、洛，西盡汧、隴，東西八百里。通典：藍田縣有秦嶺。咸寧縣志：秦嶺在縣南一百五十里。屬縣界者，東西約七十里。藍田縣志：秦嶺即南山別出之嶺。在縣東南，接商州界。凡入商、洛者，必越嶺而後達。東出即藍田關。廳志：在廳北三百二十里。

紫閣峯。在鄠縣東南。張禮遊城南記：在終南山祠之西，其陰即渼陂。杜詩「紫閣峯陰入渼陂」是也。縣志：峯在縣東南三十里。迤東有白閣、黄閣峯，三峯相距不甚遠。

圭峯。在鄠縣東南紫閣峯東，與重雲寺相對，其形如圭。下有草堂寺，寺東又有小圭峯。

凌霄峯。在鄠縣東南。相近有羅漢、大頂二峯。

太微峯。在盩厔縣東南四十里東觀閣東一里。形勢嵯峨，直接太虚，俗傳老子於此昇天。其下有煉丹峯。

釣魚峯。在渭南縣東南十七里。峯東濱赤水，相傳王嘉嘗釣於此。

箭穿崖。在耀州西北桃兒堡東。相傳後周明帝與諸將校射，中崖孔，因以爲名。其西爲張果老崖。

神水峽。在同官縣北三十里。縣志：神水峽，兩山峻削，道從石峽中行，險阻同於石門。東北通榆林，西北通甘肅寧夏。宋史建炎三年，金兵循渭東還，王庶令劉延亮屯神水峽扼其歸路。即此。

少陵原。在長安縣南，接咸寧縣界。周書：保定二年，講武於少陵原。通典：萬年有少陵原，漢許后陵也。寰宇記：少陵原，即漢鴻固原。長安志：原在萬年縣南四十里。南接終南，北至滻水，屈曲六十里，入長安縣界。雍録：宣帝許后葬杜陵南原。顔師古曰：即今謂小陵者也，去杜陵十八里。他書皆作少陵，杜甫家焉，故自稱杜陵老，亦曰少陵也。通志：少陵原，乃樊川之北原，自司馬村起，至何將軍山林而盡。又有鳳棲原，在少陵原北，以漢宣帝時鳳凰集此，因名。

高陽原。在長安縣西南二十里，接咸陽縣界。水經注：沈水故渠二流，上承交水，合於高陽原。咸陽縣志：在縣東南二十里。

畢原。在長安縣西南。史記周本紀：「武王上祭於畢。」又：「太史公曰：周公葬畢。畢在鎬東南杜中。」馬融曰：「畢，文王墓地名。」毛詩箋：畢，終南山之道名。漢書臣瓚注：「汲郡古文：畢西於豐三十里。」括地志：「畢原在萬年縣西南二十八里。」又有畢原，在咸陽縣北。左傳：「富辰曰：畢，文之昭也。」杜預注：「畢國在長安西北。」趙岐孟子注：「畢、郢近豐、鎬之地。」水經注：「三秦記曰：長安城北有平原，廣數百里，民井汲巢居，井深五十丈。」顔師古漢書注：「畢陌在長安西北四十里。」括地志：畢原在咸陽縣西北十五里。通典：在咸陽西北。初王季都之，後畢公高封焉。元和志：畢原，即咸陽縣所理也。原南北數十里，東西二三百里，無山川陂湖，亦謂之畢陌。漢朝諸陵，並在其上。咸陽縣志：畢原，亦名咸陽原，亦謂之咸陽北坂。按：畢原連亘渭之南北，其境甚廣。以今考之，在萬年縣西南者，即文武周公所葬，在長安、咸陽西北者，乃畢公高所封。諸書所記，古今互異，難悉正矣。

細柳原。在長安縣西南。上林賦：「登龍臺，掩細柳。」郭璞注：「觀名，在昆明池南。」漢書游俠傳：萬章，長安人，在城西柳市。後漢書郡國志：長安有細柳聚。元和志：細柳原，在縣西南三十三里。別是一細柳，非亞夫屯兵之所。

白鹿原。在咸寧縣東，接藍田縣界，即霸上也。史記：秦始皇二十三年，王翦伐荆，始皇自送至霸上。漢元年十月，沛公至霸上，遂西入咸陽，還軍霸上。應劭曰：霸上，地名，在長安東三十里。後漢書郡國志注：「三秦記曰：新豐縣西白鹿原，周平王時白鹿出。」按：關中圖白鹿在霸陵。水經注：滻水歷白鹿原東，即霸川之西，謂之霸上。顔師古漢書注：霸上，即今所謂霸頭。元和志：白鹿原，在萬年縣東二十里，亦謂之霸上。又在藍田縣西六里。長安志：在萬年縣東南二十里。自藍田縣界至滻水川，盡東西一十五里。南接終南，北至霸川，盡南北四十里。雍録：白鹿原者，南山之麓，霸水行於原上，至於霸陵，皆此原也。縣志：白鹿原高於龍首，居民鑿井深數百丈，汲引甚艱。荆谷、神谷，其西南二壑也。藍田縣志：原在縣西二里許，其頂平直，袤廣一百五十里。

樂遊原。在咸寧縣南。漢書宣帝紀：「神爵三年，起樂遊苑。」顔師古注：「三輔黄圖云，在杜陵西北。又關中記云，宣帝立廟宇曲池之北，號樂遊，今所呼樂遊廟者是也。」長安志：樂遊原在萬年縣南八里。漢宣帝立廟，餘址尚存。長安中，太平公主於原上置亭遊賞，後賜申、岐、薛諸王。其地居京城之最高，四望寬敞，京城之内，俯視指掌。每正月晦日，三月三日，九月九日，京城士女咸就此登賞祓禊。

神禾原。在咸寧縣南。長安圖説：唐蓮花洞，在神禾原，即鄭駙馬之居，所謂「主家陰洞」者也。縣志：原在縣南三十里。下臨樊川，南起竹谷東，西北行三十里，入長安，爲滈水界斷，其南爲御宿川。晉天福六年，産禾一莖六穗，重六斤，故名。

短陰原。在咸陽縣西南。水經注：渭水又東，與豐水會於短陰山内，無他高山異巒，惟原阜石激而已。元和志：短陰原，在咸陽縣西南二十里。縣志：原周二三里，土山無石。

洪瀆原。在咸陽縣北二里。東西一岡，闊七里許。

始平原。在興平縣北。元和志：在縣北十二里。東西五十里，南北八里。東入咸陽界，西入武功界。長安志：在縣北六里。漢時亦謂之北芒巖。縣志：在縣北二里。

鳳凰原。在臨潼縣東驪山下。相近有鸚鵡谷，唐韋嗣立構別業於此。寰宇記：昭應縣鳳凰原，後漢書「延光二年，鳳凰集新豐」，即此原也。亦驪山之別麓。又唐書五行志：武德元年，新豐縣鸚鵡谷水清。相傳曰：「此水清，天下平。」隋開皇初，此水暫清尋濁，至是復清。地理志：昭應縣有清虛原，本鳳凰，有幽棲谷，本鸚鵡，中宗以韋嗣立所居更名。縣志：鳳凰原，在縣東十五里。鸚鵡谷，在縣東北十里。

普陀原。在臨潼縣北十五里，渭河北岸。又斷原，在縣北七十里，即荊山盡處。自三原縣迤邐而來，至富平、臨潼二縣之交，爲漆沮水衝斷，故名。

新豐原。在臨潼縣東北，東入渭南縣界。關中圖：新豐縣南有新豐原。水經注：泠水歷陰槃、新豐二原之間。長安志：新豐原，一名青原，在渭南縣西南二十里，泠水經此原之右。縣志：原在縣東北二十里，西接陰槃，東至泠口，蜿蜒二十餘里，與渭南縣迤邐相接。渭南縣志：其地水旱常豐，一名常稔原。

奉政原。在高陵縣南十里。長安志：在縣南十里。東西長三十里，南北闊三里。縣志：原自涇陽迤邐而來，過縣境，盡於臨潼。長幾百里，高者四五丈，涇渭之不得北徙者，此原障之也。亦謂之降駕原，相傳漢文帝入繼大統時經此。或云原上有崇皇寺，唐明皇兩幸之，故名。

鹿苑原。在高陵縣西南。三輔黃圖：安陵有果園，名鹿苑。寰宇記：原上有鹿臺祠。歲旱時，百姓祈禱有應，號爲鹿臺將軍。長安志：在縣西南三十里。東西長十五里，南北闊一里。縣志：原自咸陽縣來，當涇渭二水之間。

風涼原。在藍田縣西南，北接咸寧縣界。水經注：狗枷川水，東北流逕風涼原西。關中圖曰，麗山之西，川中有阜，名風涼原，在魄山之陰，雍州之福地。長安志：涼風原，一作風涼。在縣西南四十五里，南接石門山，北入萬年縣界。

石安原。在涇陽縣南，接咸陽縣界。十六國春秋：苻健攻張琚於宜秋，還登石安原而歎曰：「美哉斯原！」悵然有終焉之志。元和志：原在縣南七里。高二十丈，東西三十八里，南北入咸陽縣界。縣志：石安原，在縣南十里，亦曰南原。西自醴泉縣來，東訖高陵，其北陲傍涇者入縣境。

西城原。在涇陽縣西北四十里故雲陽縣西，東自天井渠抵洪門監，東西四十里，南北十五里。

百頃原。在涇陽縣西北六十里。東連嵯峨山，西抵治谷口，東西十里，南北五六里，高數百丈。

豐稔原。在涇陽縣北二里，亦曰北原。起仲山麓，東南至高陵始盡。又有覆車原，亦起仲山麓，東至治谷口。或訛爲輿車原。

清涼原。在涇陽縣東北四十五里。又豐樂原，在縣北五十里。縣志：百頃、豐樂、清涼三原，俱逶迤嵯峨。山前宜黍稷。

天齊原。在三原縣西北。元和志：在縣西北二十五里，上有天齊祠。寰宇記：天齊原，西連嶻嶭山。長安志：在縣西北二十里。縣志：原南屬涇陽界，北屬縣界。又元和志：苻秦於嶻嶭山北置三原護軍，以其地西有孟侯原，南有豐原，北有白鹿原。舊志：三原俱在縣西北，孟侯最西，豐居中，白鹿在東，連亘四十里。

神川原。在渭南縣城東南，有東西二坡。又明光原在縣東南四里，即後魏置南新豐縣處。其東北爲倉堡嶺。

廣鄉原。在渭南縣東南。魏書地形志：鄭縣有廣鄉原。水經注：西陽水、東陽水，出廣鄉原北垂。長安志：原在縣東南十里。縣志：原北有西陽、東陽二谷，東谷即王嘉隱處。

杜原。在渭南縣東北故下邽城西，自三原縣界迤邐至此。後人以宋寇準居此，改曰仕原，其鄉曰仕原鄉。

羊蹄原。在富平縣東南三十里。又中華原，在縣南三十里，以後周中華郡得名。

曠野原。在富平縣西南。縣志：原在荆山北二十里，世傳周宣王田獵於此。又有龍盤原，在荆山西北。

北鹵原。在富平縣西北十里。魏書地形志頻陽有南鹵原，疑即此。耀州志謂之北陸原。

荆谷。在咸寧縣東南二十五里。又有羊谷、郊谷，俱在縣東南六十里。

錫谷。在咸寧縣東南六十里。長安志：錫谷有路至舊歸安鎮，合義谷路，通興元府。又義谷，在縣東南八十里。東南至乾祐縣及金、商等州，西南有路至興元府。縣志：有大小二谷。小義谷在羊谷内，其東有白道谷。大義谷在白道谷東。

炭谷。在咸寧縣南。長安志：在萬年縣南六十里。陸長源辨疑志曰，長安城南四十里有靈母谷，俗呼爲炭谷。又竹谷，在縣南六十里。方輿説曰，竹水俗謂之赤水，出於媚谷。

石甕谷。在臨潼縣東南。長安志：兩京道里記曰，福嚴寺在縣東五里南山半腹，臨石甕谷。有懸泉，激石成臼，似甕形，因名。鄭嵎津陽門詩注云，石魚巖下有天然石，其形如甕，以貯飛泉，故明皇以爲寺名。縣志：谷中多蘭蕙，亦謂之芝蘭谷，在東繡嶺之左。

坑儒谷。在臨潼縣西南。史記：秦始皇三十五年，諸生四百六十餘人，皆坑之咸陽。顔師古漢書注：今新豐縣温湯之處，號愍儒鄉。温湯西南三里有馬谷，谷之西岸有坑，古老相傳以爲秦坑儒處也。衛宏詔定古今官書序云：秦既焚書，患苦天下不從所更改法，而諸生到者拜爲郎，前後七百人。乃密令冬種瓜於驪山谷中温處。瓜實成，詔博士諸生説之，各説不同，乃命就視之，爲伏機。諸生方相難不決，因發機，從上填之以土，皆壓，終乃無聲。此則閔儒之地不謬矣。唐書地理志：昭應縣有旌儒鄉，有廟，故坑儒，明皇更名。寰宇記：坑儒谷，在昭應縣東南五里。唐明皇改爲旌儒鄉，立旌儒廟。賈至爲碑文。長安志：在縣西南五里。

高冠谷。在鄠縣東南三十里紫閣峯東，内有高冠潭。又有太平谷，在雞頭山東，谷内有長嘯洞、重雲閣，爲縣勝處。

澇谷。在鄠縣西南，接盩厔縣界。漢書郊祀志：宣帝時，京師近縣，鄠則有勞谷五牀山祠。寰宇記：澇水出終南澇谷。縣志：沿谷兩岸，西盩厔，東鄠縣，南極秦嶺。又東有馬谷、栗谷、直谷、皂谷、檀谷。

傾谷。在藍田縣東。水經注：藍田谷西北有銅谷，次東有輕谷。長安志：傾谷在縣東五十里，同谷在傾谷西。按：同谷、傾谷，即銅谷、輕谷之訛也。

白鴉谷。在藍田縣東南二十里。唐杜甫詩「盤剥白鴉谷口栗」，即此。又長安志有藍谷，亦在縣東南二十里。

倒回谷。在藍田縣東南五十里。長安志：灞水上源出此谷内，通商州雒南縣界。按：此即水經注所謂藍田谷也。

悟真谷。在藍田縣南十五里。縣志：爲藍田絶勝處，人多游眺於此。

輞谷。在藍田縣西南二十里。又採谷，在縣西南三十里，與輞谷並，有路通商州上洛縣。雍大記：商嶺水流至藍橋，伏流至輞谷，如車輞環輳。落疊嶂，入深潭，有千聖洞、細水洞、茶園、栗嶺，唐右丞王維莊在焉，所謂輞川也。縣志：輞川在縣正南。川口即嶢山之口，去縣八里。兩山夾峙，川水從此北流入灞。其路則隨山麓鑿石爲之，計五里許，甚險狹，即所謂匾路也。過此則豁然開朗，四顧山巒掩映，若無路然，此第一區也。團轉而南，凡十三區，其景愈奇。計地二十里而至鹿苑寺，即王維別業。

石門谷。在藍田縣西南。水經注：狗枷東川出南山之石門谷。長安志：石門谷，在縣西南四十里。唐昭宗乾寧二年，行莎城鎮，又次石門鎮之聖壽寺，即此。

庫谷。在藍田縣西南，接咸寧縣界。唐書地理志：藍田有庫谷，谷有關。長安志：在縣西南五十里。

冶谷。在涇陽縣西北。漢書郊祀志：申公曰：「黄帝接萬靈明庭。明庭者，甘泉也。所謂寒門者，谷口也。」服虔曰：「黄帝昇仙處。」顔師古曰：「谷口，仲山之谷口也，漢時爲縣，今呼冶谷。以仲山之北寒涼，故謂此谷爲寒門也。」寰宇記：雲陽宫記曰，冶谷去雲陽宮八十里，封禪書所謂谷口也。其山出鐵，冶鑄之所，因以爲名。入谷便洪潦沸騰，飛泉激射，兩岸皆峭壁孤豎，盤横坎谷，凛然凝沍，常如八九月中。盛暑當晝暫暄，涼秋晚候，緼袍不煖，所謂寒門者也。谷中今有毛原監。縣志：冶水出谷處，謂之谷口，亦曰東谷口。在縣西北六十里，與涇水所出之谷口，東西相去二十餘里。有巖曰鄭巖，泉曰鄭泉，即鄭子真隱處。又見邠州。

清谷。在三原縣西北，接耀州界。寰宇記：清水谷，一名鬼谷，昔蘇、張師事鬼谷先生學，即此谷也。長安志：晉太康地記扶風池陽縣有鬼谷先生所居。今按此地，即舊池陽之境。

芒谷。在盩厔縣東南，一名黑水谷。其東有韓谷、黄谷及團標等谷。水經注：芒水出南山芒谷，就水出南山就谷。長安志：韓谷、黄谷，俱在盩厔東南二十五里。縣志：黑水谷，在縣東南，即芒谷也。水黑色，故亦名黑水谷。谷内三里爲韓谷，自谷而東三里爲黄谷，又一里爲團標谷，又東五里爲馬岔谷，又東二里爲就谷，又東三里爲飛昇谷，又東二里爲西觀谷，又東一里爲聞仙谷，在太微峯側，又東二里即田谷也。自谷而南六十餘里爲金井，又南一百二十里爲秦嶺，又南六十里即柴溝關。

田谷。在盩厔縣東南。水經注：田谿水，出南山田谷。長安志：在縣東南三十里。縣志：谷去縣三十五里，在太微峯東二里。

赤谷。在盩厔縣東南。其東又有牛谷、壇谷及耿、甘等谷。水經注：漏水，出南山赤谷。又耿谷水，出南山耿谷。甘水，出南山甘谷。長安志：赤谷、牛谷，俱在縣東南三十五里。壇谷，在縣東南三十七里。縣志：赤谷，在田谷東四里，谷東過嶺爲牛谷。又東三里爲壇谷，今名大渠谷。又東十五里爲甘谷。唐武德八年，幸鄠縣，校獵於甘谷，即此，蓋近鄠縣境也。又東四里爲石鏡谷。谷南十里五泉嶺半有石方丈餘，瑩明如鏡，遠照長安，故名。自石鏡而東四里爲澇谷，與鄠縣接界。

駱谷。在盩厔縣西南。魏志：正始五年，曹爽伐蜀，發卒從駱谷入，敵因山爲固，兵不能進。括地志：駱谷口，在盩厔縣西南三十里。寰宇記：駱谷道，漢魏舊道也，南通蜀漢。近代廢塞，唐武德七年復開，東北自鄠縣界，西南逕盩厔縣界，又西南入駱谷，出谷入洋州興勢縣界。續通典：自長安取駱谷路，至興元府，六百五十二里。地理通釋：駱谷在長安西南二百里。谷長四百二十里。縣志：駱谷口，明設巡司。隆慶中，盜賊竊發，巡司不能禁，遂塞。谷之東五里爲新口谷，又東二里爲熨斗谷，又東二里爲虎谷，又東二里即黑水谷。

倉谷。在盩厔縣西南。長安志：倉谷、故縣谷、强弩谷，俱在縣西南二十五里。韋谷、底保谷，在縣西南三十里。縣志：縣境南山，其勢自西趨東，極西與郿縣接界處爲韋谷，俗訛爲泥谷，在縣西南五十里。自韋谷而北十里爲倉谷，自韋谷而東七里爲底保谷，俗名車谷。自車谷而東三里爲强弩谷，今名强谷。强谷東五里爲稻谷，又東八里即駱谷。

黄狗谷。在渭南縣南三十里，清水出此。又羊谷，在縣東南半截山東。又東曰黑掌谷，又東曰葫蘆谷，又東即箭谷山。

泔谷。在醴泉縣西北五里。長安志縣西八十里有甘谷，甘水出焉。非此泔谷也。

泥泉谷。在醴泉縣西北。長安志：在縣西北三十里。縣志：谷在縣北城下。又安谷，在縣東北二十里。明嘉靖四年，谷中出水灌田。

巴谷。在醴泉縣西北。長安志：在縣西北九十里。又泉谷，在縣西北一百里。縣志：二谷俱在縣北八十里。

波水谷。在醴泉縣東北。隋書地理志：醴泉縣有波水。長安志：波水谷，在縣北七十里。又豆盧谷，在縣西北八十里。黑狗谷，在縣西北九十里。縣志：波水、豆盧二谷，俱在縣東北七十里。黑狗谷，在縣東北八十里。又有巖谷，在縣東北三十里，有泉從石隙中出，與巴谷等水溉田數十頃。

子午谷。在寧陝廳北。舊志：在長安縣南。漢書王莽傳：「元始五年秋，莽以皇后有子孫瑞，通子午道，從杜陵直絶南山徑漢中。」顔師古注：「子，北方也。午，南方也。言通南北道相當，故謂之子午。今京城直南山有谷通梁、漢道，名子午谷。」後漢書順帝紀：延光四年，罷子午道。魏略：諸葛亮於南鄭與羣下計議，魏延曰：「從褒中出循秦嶺而東，當子午而北，不過十日，可到長安。」三秦記：長安正南，山名秦嶺，谷名子午。玉海：南山大谷凡六，謂子、午、儻、駱、褒、斜，南北分列也。後秦姚萇拜郝奴爲六谷大都督，使備南山之險。又唐廣德初，設南山五谷防禦使。舊志：子午谷長六百六十里。北口曰子，在府南百里。南口曰午，在漢中府洋縣東一百六十里。廳志：在廳北四百八十里。

豹林谷。在寧陝廳北。舊志：在長安縣南終南山麓。谷内有東蒙峯，亦曰東明峯。唐杜甫詩：「故人昔隱東蒙峯。」宋史：种放隱於豹林谷之東明峯。皆指此。廳志：在廳東北四百四十里。

石鼈谷。在寧陝廳北。舊志：在長安縣南。長安志：在萬年縣西南五十里。名勝志：以谷口有巨圓石如鼈，故名。長安、咸寧以此分界。廳志：在廳東北四百一十里。

鴻門坂。在臨潼縣東。史記項羽紀：羽軍在鴻門下，沛公軍在霸上，相去四十里。從驪山下道芷陽間行，不過二十里。後漢書郡國志新豐有鴻門亭。孟康曰：鴻門在新豐東十七里，舊大道北下坂口名也。水經注：今新豐縣故城東三里，有坂長二里餘，塹原通道，南北洞開，有同門狀，謂之鴻門。孟康言在新豐東十七里無之，蓋指縣治而言，非謂地也。姚察曰：新豐故城東，未至戲亭，道南有斷原，南北洞開，即鴻門也。寰宇記：按關中記，鴻門在始皇陵北十里。雍録：鴻門在驪山北十里。縣志：縣東十五里有項王營，即鴻門也。

長平坂。在涇陽縣西南。漢書宣帝紀：甘露三年，上自甘泉宿池陽宫，登長平坂。如淳曰：阪名也，在池陽南上原之坂，有長平觀，去長安五十里。顔師古曰：涇水之南原，即今所謂睦城坂也。縣志：坂在縣西南十里。按：元和志云在縣西南五里，寰宇記、長安志俱云五十里，通志又云二十里，里數互異。以如淳注考之，疑縣志爲近是。

塔坡。在咸寧縣南二十里。長安圖說：塔坡，以有浮屠故名。在韋曲西，何將軍之山林也。今其地出美稻，土人謂之塔坡米。縣志又有金鑾坡，在故金鑾殿西；臙脂坡，在縣南董子祠後，與翡翠坡相接；勳蔭坡，在縣南二十五里，爲韋杜故里。

長樂坡。在咸寧縣東北。舊唐書：天寶三載，遣左右相已下祖別賀知章於長樂坡。元和志：在萬年縣東北十二里，即滻川西岸。舊名滻坂，隋文帝惡其名，改名長樂坡。長安志：在縣東北十里。縣志又有三稜坡，在北郭外，西亘長安，即長樂之支隴也。

馬嵬坡。在興平縣西二十五里。一名馬嵬山，唐楊貴妃葬此。

柳侯坡。在渭南縣東南。長安志：在縣東南十五里，東西十里，南北接山三十里。又胡城坡，在縣南十五里，東西十五里，南北接山三十里。羝㹀坡，在縣西南二十里，東西三十里，南北接山三十里。縣志：胡城坡，俗訛曰胡公坡。又龍尾坡，在縣南胡城東北。東西當湭川口，曰風門。寰宇記引三秦記云：「風門在新豐縣東南。兩阜相對，其所多風。」即此。

尖丘。在長安縣西北。長安志：在縣西北十五里。今謂之尖丘社。

高望塠。在咸寧縣東南十二里少陵原北。潘岳西征賦：憑高望之陽隈。長安志：高望堆，在延興門南八里。

桓公塠。在藍田縣南。長安志：在縣南二十五里。晉書：桓温伐苻健，健遣苻雄等拒温於愁思堆，後因名爲桓公堆。按：唐書廣德初，回紇吐番入寇，郭子儀收兵屯商州，遣長孫全緒爲前鋒，營韓公堆。蓋即「桓公」之訛也。

蜯蛤塠。在渭南縣南。長安志：在縣南二十里，崇三十尺，周二百步。又孟家塠，在縣南六十里，崇百尺，周四百步。灰塠，在縣西南五里，崇三十尺，周一百步。

八公塠。在富平縣東南。寰宇記：在縣東南二十五里。其塠兩岸各有小谷，象八字，中心有塠，象公字，因以爲名。又有萬户塠、黄金塠。長安志：萬户塠，在縣西三十里。黄金塠，在縣北二十里。縣志：八公原，即八公塠，在北鹵原北。黄金塠，在龍泉山東北，即雷村以東土山之頻起者。

俍石。在臨潼縣驪山側。寰宇記：在昭應縣東十里。初，始皇之葬，遠採此石，將致之驪山，至此不復動。石高一丈八尺，周迴十八步。長安志：在始皇陵東南二里，形如龜。縣志：在始皇陵東北二里。唐皇甫湜有銘。

金沙洞。在臨潼縣驪山。長安志：驪山洞，居長生殿之左。縣志：舊傳驪山出金銀。明萬曆二十五年，遣内侍開採，經年所獲，不足夫匠之費，至三十四年始罷。

唐公主洞。在藍田縣東南三十里。俗傳唐時有公主好道，闢此居之。又有碧仙洞，在藍橋西，俗傳韓湘修真之所。又名韓湘子洞。

錫水洞。在藍田縣南三十里。縣志：相傳昔有高僧，以錫杖自藍橋山下通之，其水遂經洞前，流入輞谷河。

吕公洞。在盩厔縣東南三十五里太微峯東崖，唐吕嵒隱居處。又十老洞，在縣東南田谷南一里，有石像十，因名。

玉女洞。在盩厔縣南。水經注：芒水側山際有石室，世謂之玉女房。長安志：玉女洞，在縣南三十里，洞門崇四尺，闊三尺。縣志：玉女洞，在黑水谷中僊遊潭北。

魚洞。在寧陜廳東二十里東河。一在廳西一百二十里四畝地，一在廳北二百二十里冷水溝。每逢春夏，有魚自洞出。

渭水。在府北。自鳳翔府郿縣、乾州武功縣流入境，逕盩厔縣北，又東逕興平、咸陽二縣南，鄠縣北，又東逕長安、咸寧二縣北，高陵縣南，臨潼、渭南二縣北，又東入同州府華州界。書禹貢：導渭東會於灃。又東會于涇。又東過漆沮，入于河。周禮職方氏：雍州其浸渭洛。淮南子：渭水多力，宜黍。關中記：渭與涇、洛，爲關中三川。又涇、渭、灞、滻、酆、鎬、潦、潏，爲關中八川。水經注：渭水東逕郿塢南，合洛谷水。又東，芒水從東來流注之。又東過槐里縣南。又東與芒水枝流合。又東，澇水從南來注之。又東北逕黄山宫南，就水注之。又東合田谿水。又東逕槐里縣故城南，漏水注之。又東合甘水。又東，豐水從南來注之。又東北與鎬水合。又東北逕渭城南，沈水注之。又東過長安縣北，東分爲二水，又東合注，水上有渭橋。又東與沈水枝津合。又逕長安城北，東合昆明故渠。又東過霸陵縣北，霸水合滻水從縣西北流注之。又東會成國故渠。又東與高陵分水。又逕平阿侯王譚墓北，左則涇水注之。又東逕鄣縣西。又東得白渠枝口。又東與五丈渠合，右逕新豐故城北，東與魚池水會。又東逕鴻門北。又東石川水南注焉。又東戲水注之。又東泠水入焉。又東得首水。又東得西陽水。又東得東陽水。又東逕下邽縣故城南。又東與竹水合。又東得白渠口。又東逕鑾都城北。禹貢錐指：渭水東逕盩厔縣北五里。又東逕興平縣南二十里。又東逕咸陽縣南一里，鄠縣北九十里，灃水東北流注于渭，經所謂「東會于灃」也。又東逕長安縣北三十里。又東逕咸寧縣北五十里，高陵縣南二十里，涇水東南流與渭水合，經所謂「又東會于涇」也。又東逕臨潼縣北十五里。又東逕渭南縣北四里。又東逕同州府大荔縣南，華州北。咸寧縣志：渭水闊可二十里。

交水。在長安縣南。源出咸寧縣南山，西北流至縣界，入豐水。一名福水。水經注：沈水又西北，支合故渠。渠有二流，上承交水，合於高陽原，而北逕河池陂，東注沈水。寰宇記：萬年縣福水，即交水也。上承樊川、御宿諸水，出縣南石壁谷南三十里，與直谷水合，即子午谷水。長安志：交水一作郊水，自萬年縣界流入長安縣。水經注曰，交水西南流與豐水支津合，其北又有漢故渠出焉。又西至石堨，分爲二水，一水西流注豐，一水自石堨北逕細柳諸原，北流入昆明池。圖經曰，郊河水在縣南三十二里，自萬年縣界，經本縣三十里合豐水。張禮遊城南記：樊川、御宿之水交流，故名交水。西合于豐，北入于渭。通志：交水在府城南三十里。按：長安志又有坑谷水，在縣南二十七里，自萬年縣界來流入交水。今無此水。

潏水。在長安縣南。源出南山，自咸寧縣界流入，又西北入渭水。說文：潏水在京兆杜陵。漢書司馬相如傳注：師古曰：「地理志鄠縣有潏水，北過上林苑入渭。今鄠縣無此水。許慎云潏水在杜陵，此即今所謂沈水也。蓋爲字或作水旁穴，與沈字相似，俗人因名沈水。」水經注：沈水上承皇子陂於樊川，西北流注杜縣之杜京西，西北流逕杜伯冢南，又西北逕下杜城，又西北支合故渠，又北與昆明故池會，又北逕秦通六基東，又北逕堨水陂東，又北得陂水。又北逕長安城西，與昆明池水合。又北逕鳳闕東。又北分爲二水，一水東北流，一水北逕神明臺東。又逕漸臺東，又北流注渭。亦謂是水爲潏水，亦曰高都水。前漢之末，五侯王氏大治池沼，引高都水入長安城，即是水也。又沈水支津，上承沈水，東北流逕鄧艾祠南。又東分爲二水，一水東入逍遥園，注藕池。其一水北流於渭。寰宇記：長安縣漕水，即沈水也。東自萬年縣界流入。長安志：潏水在縣南十里。張禮遊城南記注，滈水今不至皇子陂，由瓜洲村附神禾塹上穿申店，而其源愈高，鑿原而通，深至八九十尺，俗謂之坑河是也。通志：滈水在府城南二十里。

鎬水。在長安縣西北。鎬，一作「滈」。史記秦始皇本紀：三十六年，有人持璧遮使者曰：「爲吾遺滈池君。」集解：孟康曰，長安西南有滈池。三輔黄圖：廟記曰，鎬池在昆明池北，周匝二十二里，溉田三十三頃。水經注：鎬水上承鎬池於昆明池北，又北流西北注，與滮池水合。北逕漢靈臺西，又逕磁石門西，又北注於渭。括地志：今按鎬池水北流入永通渠，不至磁石門，亦不復入渭。長安志：鎬水出縣西北十八里鎬池。圖經曰，在縣西四十里，其水自鄠縣界入本縣界，十里入清渠。長安圖：鎬池在咸陽縣西南二十五里。舊志：水源亦出南山谷中。北流經故長安城西南，注昆明池。又北爲鎬池。又北入於豐水，自唐堰入昆明池，而灃鎬之流絶。今則昆明池亦涸爲民田。

滮池水。在長安縣西北。詩小雅：「滮池北流，浸彼稻田。」箋：「豐鎬之間水北流。」魏書地形志：長安有滮池水。水經注：滮池水出鄗池西，而北流入于鄗。毛詩云，滮，流浪也，而世傳以爲水名矣。十通志：長安西有滮池，亦名聖女泉。長安志：滮池水出縣西北二十里。又聖女泉出縣西二十里昆明池北平地上，周十步，西北流五十步，與牧豬泉合。

霸水。在咸寧縣東。源出藍田縣谷中，經縣東南，流至咸寧縣界，又北入渭水。史記封禪書：灞、滻、長水、灃、澇、涇、渭，皆非大川，以近咸陽，皆得比山川祠。漢書地理志：南陵縣霸水，出藍田谷，北入渭。古曰茲水，秦穆公更名，以章霸功，視子孫。水經注：灞水出藍田縣藍田谷。西北有銅谷水，次東有輕谷水，二水合而西注之。又西流合渥水。又北歷藍田川，逕藍田縣。又左合滻水，歷白鹿原東。又北長水注之。又北會兩川。又北故渠左出焉。又北逕王莽九廟南。又北逕枳道。又北左納漕渠。又北逕秦虎圈東。又北入於渭水。隋書高祖紀：開皇五年，改霸水爲滋水。元和志：灞水在萬年縣東二十里。又藍田縣灞水，東南自商州上洛縣界流入，又西北合滻水入渭。長安志：霸水，亦名藍田谷水，即秦嶺水之下流也。圖經曰，源出藍田東秦嶺倒回谷，西北流九十里，出縣界，入萬年縣界鶱村。岸闊六十尺。藍田縣志：在縣東南二十里。近世居民，開種山地，沙石壅積，水發衝入河中，水日散漫，闊於舊蓋數十倍。按：灞水之源，據水經注，不宜遠在上洛境。自隋唐來，經流遷徙，故道難尋，故元和志以下，其説亦互異。又按：水經注霸水古曰滋水，秦穆公霸，更名滋水曰霸水，以顯霸功。蓋引漢志之文。滋與兹，古字通用也。今漢書刊本「古曰兹水」上，多一「師」字，乃後人所增，誤以孟堅本文爲顔氏注文耳。高祖紀「視項羽無東意」，師古注云：「漢書多以視爲示，古通用字。」此「視子孫」之「視」，注亦云「讀曰示」，可證其爲漢書本文。

滻水。在咸寧縣東南。源出藍田縣西南谷中，北流至縣界，又北合灞水入渭。水經：「滻水出京兆藍田谷，北入于灞。」注：「地理志曰，滻水出南陵縣之藍田谷，西北流與一水合。水出西南莽谷，東北流注滻水，又北歴藍田川，北流注於霸水。」長安志：滻水在萬年縣東，北流入於渭。張禮遊城南記：少陵東接風涼原，滻水出焉。東北對白鹿原，荆谷水出焉。二水合流入渭，杜甫所謂「登高索滻源」是也。縣志：滻水在城東十里，焦戴川自東南來，瀇川自西南來，二川相合，即爲滻水。其地多水田，桑麻蔬圃，産物最盛。按：漢書地理志「南陵縣沂水，出藍田谷，北至霸陵入霸水。」水經注引此作滻水，蓋「沂」即「滻」之訛也。又按：水經注霸水先合滻水於白鹿原東，又北荆谿水合狗枷川注之，二水未嘗相混。且辯之曰「俗謂之滻水，非也」。自魏書地形志以「出苦谷者爲滻水」，始與水經注異。唐宋以來，故道莫辨，大抵荆谿、狗枷及上流諸水，皆目爲滻源矣。

荆谿水。在咸寧縣東南。源出藍田縣，至縣境入滻水。古名長水，唐宋以來，皆謂之滻水。宋書百官志：漢置長水校尉，近長水，故以爲名。長水，蓋關中小水名也。水經注：長水出杜縣白鹿原。其水西北流，謂之荆谿水。又西北左合狗枷川水。又北入霸縣，有温泉入焉，亂流注於霸，俗謂之滻水，非也。括地志：滻水在萬年，即荆谿、狗枷二水之下流。兩京道里記：荆谿本名長水，後秦姚興避諱改焉。長安志：荆谷水一名荆谿，自藍田縣白鹿原東流至康村，入萬年縣界。西流二十里出谷至平川，合庫谷、採谷、石門水爲荆谷水。庫谷水自藍田縣南山出，北流二十五里合採谷水，下流入荆谷水，號滻水，下流二十五里合灞水，北流二里入渭。採谷水自藍田縣界，西北三十里入萬年縣界，二十里合庫谷水。石門谷水來自藍田，北流十里入萬年縣界，合採谷水。又金谷水，出藍田縣西南終南山之金谷，東北流注滻水。

義谷水。在咸寧縣南。長安志：義谷水自萬年縣界，由乾祐縣下流入山，一百里至谷口，西北流二十里，合錫谷、羊谷水入坑河，西流十五里，入長安縣界。又郊谷水，北流十里合錫谷水，自谷北流十里爲坑河，入長安界。舊志：大義谷水，在縣南五十里分三派。第一派與狗枷、荆谿諸水合流爲滻水，即龍首渠之源。第三派爲胡公堰，與阿姑渠合流爲皁河，即通濟渠之源。第二派無名，自東而西，兩岸皆可灌溉。

泥渠水。在咸陽縣南，源出鄠縣扈陽谷。一名扈陽谷水。至縣境入渭水。寰宇記：扈陽谷，一名扈水，今名馬腹陂。水經注云，扈水上承扈陽池。鄠縣志：鄠南惟化羊谷有水出焉，蓋本爲扈陽，後訛爲化羊也。其水引流至咸陽縣，爲泥渠之上源。縣志：泥渠在縣南十五里，出鄠縣化羊谷，經釣魚臺入渭。

魚池水。在臨潼縣東。水經注：水出麗山東，本導源東流，後秦始皇葬於山北，水過而曲行，東注北轉，始皇造陵取土，其地汙深，水積成池，謂之魚池。池在秦皇陵東北五里，周圍四里。池水西北流，逕始皇冢北，又西北流逕鴻門西，又逕新豐縣故城東，世謂是水爲陰槃水。又北絶漕槃溝注於渭。長安志：陰槃城河水，在縣東北十四里，出縣北楊村社。

戲水。在臨潼縣東，下流入渭水。史記秦二世本紀：「二年冬，陳涉遣周章等將西至戲。」集解：「孟康曰：水名，今戲亭是也。蘇林曰：在新豐縣東南三十里。正義：今新豐東北十里有戲水，當故道，即周章軍至處。」魏書地形志：陰槃有戲水。水經注：戲水出麗山馮公谷東北，又北逕麗戎城東，又北右總三川逕鴻門東，又北逕戲亭東，又北分爲二水，並注渭水。顔師古漢書注：新豐東有戲水驛，其水本出藍田北界橫嶺，至此而北流入渭。兩京道里記〔四〕：戲水至濁，北流入渭。東西有店，南去昭應縣二十九里。寰宇記：在昭應縣東二十七里。縣志：在縣東三十里。

市谷水。在臨潼縣東。長安志：市谷水、玉橋河，俱在縣東三十里，流入渭。縣志：市谷水下流名玉橋河。

泠水。在臨潼縣東，源出渭南縣西南，北至縣界入渭。亦名零水。水經注：泠水南出肺浮山，北會三川，統歸三壑，歷陰槃、新豐兩原之間，北流注於渭。寰宇記：昭應縣百丈水，即泠水之別名。長安志：泠水一作零水，在縣東三十五里，來自渭南縣界。渭南縣志：泠水發源於馬谷老池頭，北流合白莊溝水，又西北至新豐原，入臨潼境，至零口鎮北入渭。縣志：在縣東四十里。

太平谷水。在鄠縣東南。相近又有高冠谷水。寰宇記：太平谷水，一名林谷水，即清渠水之上流，源出終南山。長安志：太平谷水、高冠谷水，皆在縣東南三十里，其底並碎沙石。北流入長安縣界，合豐水。縣志：太平谷在雞頭山東，中有鳳池，即水源也。高冠谷水，源出高冠谷。谷有石穴石潭，潭最靈，旱禱輒應。

檀谷水。在鄠縣南。寰宇記：檀谷水，長樂渠之上流也，源亦出終南山。縣志：檀谷水，今引入白公河。

耿谷水。在鄠縣西南，接盩厔縣界。水經注：耿谷水，發南山耿谷，北流與柳泉合。東北逕五柞宮，北逕仙澤東北，又逕望仙宮東，又北與赤水會。又北逕思鄉城東，又北注渭水。長安志：在縣西南三十里，其底並碎沙石，北流入興平縣界，合渭水。盩厔縣志：耿谷水，亦名白馬河，在縣東五十里。離谷口三里，分爲二，一北行過臨川鎮西北三里入渭，一東北行至臨川鎮東北五里入渭。

甘谷水。在鄠縣西南，接盩厔縣界。水經注：甘水出南山甘谷，北逕秦文王萯陽宮西，又北逕五柞宮東，又北逕甘亭西，又東得澇水口。長安志：在縣西南二十二里，北流至興平縣界，合渭水。縣志：水出甘谷，北流至李家砦，逕雙溪鎮西爲沙河，至原馬店宋村東北入渭。

澇水。在鄠縣西，源出澇谷，逕咸陽至長安縣界入渭。山海經：牛首之山，澇水出焉，西注於潏水。説文：澇水出鄠縣北入渭。漢書司馬相如傳：「酆、鎬、潦、潏。」顏師古注：「潦，音牢，出鄠縣西南山潦谷。」李善文選注：潦，即澇水也。水經注：澇水出南山澇谷，北逕漢宜春觀，又東北逕鄠縣故城，西際城，北出合渼陂水，北流入於渭。長安志：澇水在縣西二里。明統志：澇水合渼陂水流至長安縣界，入潏水。縣志：水在縣西南，分東西二派溉田。按：今澇水入渭，不合潏水，明統志殆襲山海經之説而未之考耳。謹附記。

白馬谷水。在藍田縣東。長安志：水出縣東白馬谷，西流逕縣南，又西北流入霸水。又牛谷水，出縣西北白牛谷，西南流入霸水。岐谷水，出縣西南岐谷，南流入霸水。縣志：白馬谷河，一名土膠河，在縣東半里，以其水濁，故名。源出渭南石鼓山，會諸澗谷水，西流入縣境。明嘉靖初，鑿渠引水入城。本朝順治中重濬。

藍溪水。在藍田縣東南。長安志：藍谷水，南自秦嶺西流，經藍關、藍橋，過王順山下，出藍谷，西北流入灞。縣志：藍溪即藍谷水，至悟真寺前，又謂之清河。按：水經注有渥水，西逕嶢關，北歷柳嶢城，又西北流入灞。疑即此。又長安志有劉谷水，一名泥水，出縣東劉谷。蓋皆灞水之上源也。

輞谷水。在藍田縣南。長安志：輞谷水出南山輞谷，北流入灞水。又蓼子澗，在縣南二里，出南山，西北流合輞谷水。縣志：縣南嶢山口兩峽夾峙，輞川水從此北流入灞。按：雍大記謂輞谷水即渥水，今考渥水當在縣東南，輞谷水在縣南，非渥水也。

狗枷川水。在藍田縣西南五十里。水經注：狗枷川水有二源。西川上承魄山之砟槃谷，次東有苦谷，二水合而東北流，逕風涼原西，右合東川水。水出南山之石門谷，次東有孟谷，次東有大谷，次東有雀谷，次東有土門谷，五水合而西北歷風涼原東，又北與西川會，亂流北逕宣帝許后陵東，斯川於是有狗枷之名。又北逕杜陵東，又北注荆谿。長安志：狗枷東川水，出縣西南終南山。按：魏書地形志，山北縣有苦谷，滻水出焉。蓋指狗枷西川水也。舊志謂長安志之石門谷、採谷、庫谷、金谷諸水，即狗枷西川，詳見前「荆谿水」下。

木谷溝水。在藍田縣西二十里。相近又有雙溪水，俱利灌溉。

冶谷水。在涇陽縣西北，自邠州淳化縣流入，東南至三原縣界合清水。水經注：鄭渠自中山，又東逕捨車宮南，絶冶谷水。長安志：冶谷河，自西北淳化縣界來，逕雲陽縣嵯峨、武康、青龍等鄉，溉民田。縣志：冶谷河，當仲山東、嵯峨山西，出谷處爲臨江潭，在縣西北六十里。瀑布飛流，噴薄數頃，俗呼爲龍潭。稍南即東流，至辛管匯與清谷水合。按：水經注鄭渠絶冶谷水，又東逕巀嶭山南，又東合清水。今冶谷水東至辛管匯合於清谷水，蓋即鄭渠故道也。

駱谷水。在盩厔縣東，一名沙河。水經注：駱谷水出南山駱谷，北流逕長安西入渭。長安志：沙河在縣東二里，自終南山北流，逕縣界三十五里入渭。縣志：駱谷水，正流爲沙河，東北至人遠村，合新谷口水，又北逕縣東二里尖角村北入渭。其支流西出爲廣濟渠，北至西關，引爲城河，環流至城北，又北入渭。

芒水。在盩厔縣東十六里，一名黑水。蜀志姜維傳：延熙二十年，維出駱谷，徑至沈嶺。魏鄧艾軍於長城，維前住芒水，皆倚山爲營。水經注：芒水出南山芒谷，北流逕玉女房，又北逕盩厔縣之竹圃，中分爲二流。一水之東北爲枝流，一水北流注於渭。其枝流自竹圃東北流，又出西北入於渭，亦名黑水。縣志：黑水源出黑水谷，即芒水也，水黑色，俗呼爲黑河。其水合韓谷、黄谷諸水東北流，分爲盧家河，又東北分爲泥河，又東北逕司竹局、黑河灣北入渭，其盧家河、泥河，下流皆入渭。

就谷水。在盩厔縣東。水經注：就水出南山就谷，北逕大陵西，歷陵北與黑水合。水上承三泉於就水之右，三泉奇發，言歸一瀆，北流左注就水，就水又北流注於渭。縣志：就谷水，自就谷北流爲沙河，合飛昇谷、西觀谷之水，逕大結社入黑河。按：水經注就水北與黑水合。黑水在就水之右，此或別一水，非今黑水也。

田谿水。在盩厔縣東，一名田谷河。水經注：田谿水出南山田谷，北流逕長楊宫西，又北逕盩厔縣故城西，又東北與一水合，又北流注於渭水。長安志：田谷河在縣東南三十五里，出終南山，北流入黑水河。水經注有田谿水，疑是此。縣志：田谷水在縣東二十五里，自田谷北流至大結社爲萬里河，東入黑河。其西支流爲磨渠，至樓觀村，合聞仙谷水，又合東觀谷水，北入黑水。其東支流爲金水渠，北逕終南，東入黑河。

漏水。在盩厔縣東南，中爲望仙澤。水經注：漏水出南山赤谷，東北流逕長楊宫東，又北逕葦園西，亦謂之仙澤，又北逕望仙宫，又東北耿谷水注之，又北逕思鄉城東，又北注渭水。元和志：望仙澤，在縣東三十五里，中有龍尾堆。寰宇記：周地圖記云，澤中有石盤龍兩所，鱗甲飛動，常有雲氣，聲如鳴鐘。長安志：澤周十里，水經注仙澤即此。縣志：赤谷水，即漏水也。自赤谷北流，合牛谷、壇谷諸水，至南澗寨爲澗河，北入渭。壇谷南有紅石洞，洞口有石盤龍，其東有富谷堆，疑即周地圖所云石盤龍，元和志所云龍尾堆也。

韋水。在盩厔縣西，下流入鳳翔府郿縣界。長安志：韋谷渠，在縣西南三十五里，自南流下，至清化店入渭。寰宇記漳水在縣北五里，疑是此。通志：韋谷渠，一名廣積渠。縣志：水源出韋谷，其正流西逕郿縣境，支流東引爲渠，散没縣界。

强谷水。在盩厔縣西二十里，源出强弩谷，北流五里合稻谷水，又北入渭。

西陽水。在渭南縣東。水經注：西陽水、東陽水，並南出廣鄉原北垂，俱北入渭。縣志：西陽水在縣東八里，源出西陽谷。其東爲東陽水，源出東陽谷。又有明光谷水，亦在縣東，俱北流入渭。

赤水。在渭南縣東，源出箭谷山，下流入渭。本名竹水，亦名大赤水。水經注：竹水南出竹山，北經郿加谷〔五〕，歷廣鄉原東，俗謂之大赤水，北流注於渭。寰宇記：大赤水又名箭谷水。縣志：赤水在縣東二十里，與華州接界。又縣東南有羊谷水，源出羊谷。又東有黑掌谷水、葫蘆谷水，俱北流入赤水。按：水經注竹水爲大赤水，在西，灌水爲華州之小赤水在東，本二水也。寰宇記以大赤水爲箭谷水，蓋以竹山亦名箭谷故也。縣志謂小赤水出箭谷，誤。

杜化谷水。在渭南縣西南十里零口，水濁，利灌溉。

湭水。在渭南縣西，本名首水。水經注：首水南出倒虎山，西總五水，單流北注，逕秦步高宮東，歷新豐原東，而北逕步壽宮西，又北入渭。元和志：湭水出縣西南石樓山，北入渭。縣志：湭水出石鼓山，北流逕望竿嶺，至清澗溝頭，有羊河，源出元象山之大谷。又有小谷河，源出小谷山。又清水河，一名清澗，源出黄狗谷。又曹谷水，源出曹谷。俱北流入湭水。湭水合衆流，北逕豐原北麓口，又北逕密峙臺右，循縣城西而北入渭。按：元象山即倒虎山。據水經注，則今所謂羊河者，乃湭水正源，而其出石鼓山，與小谷、清澗、曹谷諸水，皆其別源，即所謂西總五水者也。

漆沮水。在富平縣南五里。漆水源出同官縣東北北高山，西南流逕耀州城東。沮水自鄜州宜君縣流入耀州西，又東南與漆水合流逕縣境南，又南至臨潼縣東北，合清谷水入渭。亦名石川水。書禹貢「漆沮既從」，又「導渭東過漆沮」。傳：「漆、沮，二水名，亦曰洛水，出馮翊北。」疏：「是漆沮在涇水之東，與毛詩古公自土沮漆者別。」水經注：沮水西南逕宜君川，世謂之宜君水。又得黄嵚水口，東南流逕祋祤縣故城西，又南出土門山西。又謂沮水，東南歷土門南原下，東逕懷德城南，又東逕漢太上皇陵北，東注鄭渠。又東濁水注焉，分爲二水。一水東南出，即濁水也，至白渠與澤泉合，俗謂之柒水，又謂之爲柒沮水。絶白渠東，逕萬年縣故城北，爲櫟陽渠。又南屈，更名石川水。又西南逕郭狼城西，與白渠支渠合，又南入於渭水。其一水東出，即沮水也。東與澤泉合，循鄭渠東注於洛。魏書地形志：萬年縣有漆沮水。括地志：沮水一名石川水，源出富平縣，東南入櫟陽。長安志：漆沮水在縣西北四十五里，自華原縣界來，入義亭、脾陽、豐閏三鄉通過。又石川河，在櫟陽縣東三十里，自富平縣界來，入縣境，合渭水。雍録：禹貢漆沮，惟富平石川河正當其地，他皆非也。禹貢敘導渭，漆、沮在灃、涇之下，石川在灃、涇東，全與經應。舊志：漆沮水自耀州南合流入縣境，通名爲石川河。東南過北陸原，受北陸川水。又南受薄臺川水，又南受温泉水，又南合潤谷水，又南流至臨潼東北相橋合清谷水，又南至交口入渭。同官縣志：漆水在縣東北五十里，源出北高山，以其地多漆而名。西南流合同官川，又南受雄同水，又西南受富平水，又西南入耀州境。其水善溢，甚爲邑患。耀州志：沮水自宜君界東北來，一出銀兒坪，一出太子石，俱西南至楊秀川，合流爲宜君水。南入同官境，合諸水，又南復出州境，爲堰頭河，又南始名沮水。過錦陽川，經州城西，循西乳山，東會漆水，合流入富平縣境。又通名爲石川河。舊志：漆沮水在富平縣南五里，臨潼縣東北八十里。按：漢時沮水，由鄭渠入洛，故洛水亦有漆沮之名，非謂漆沮即洛水也。諸家之説多誤。詳見同州府白水下。

温泉水。在富平縣西。源出仲山麓，東流與澤多泉合流，逕縣北門外，又東南入石川河。其水隆冬不冰。

澤泉水。在富平縣西，一名澤多泉。水經注：澤泉水，出沮東澤中，與沮水隔源，相去十五里，俗謂是水爲渠水。東流逕薄昭墓南，又逕懷德城北，東南注鄭渠合沮水。長安志：澤多泉在縣西十三里永順鄉温泉村，東入薄臺川三十里，南入漆沮河，溉民田。縣志：温泉河由淮陽城而西，澤多泉入焉。

涇水。在醴泉縣東。自邠州淳化縣西，乾州永壽縣東流入，逕縣東，涇陽縣西，又東南至高陵縣西南入渭。書禹貢「涇屬渭汭」，傳：「言治涇水入於渭。」詩邶風：「涇以渭濁，湜湜其沚。」釋文：「涇，濁水也。」周禮職方氏：雍州其川涇汭。左傳襄公十四年：夏，諸侯之大夫從晉侯伐秦，濟涇而次。秦人毒涇上流。漢書地理志：涇水東南至陽陵入渭。元和志：涇陽縣涇水，自雲陽界流入，逕縣南七里，又東南入高陵縣界。秦人毒涇即此處。寰宇記：水經注曰，涇水東流入峽，又東南逕瓠口，鄭、白二渠出焉。涇陽縣志：水自縣西北仲山、九嵕山間出谷，始落平壤。又東南流逕縣南，縣在水之陽，故名涇陽。高陵縣志：涇河至縣西南上馬渡入渭。舊志：涇河，在醴泉縣東北五十里，涇陽縣南五里，高陵縣西南二十里，咸陽縣北四十里。

浪水。在醴泉縣西北。隋書地理志：醴泉縣有浪水。寰宇記：承陽山有石泉，所謂浪水是也。縣志：石泉谷水在縣西北四十里，源發縣北五十里，自石中出，兩水合流入泔河，又名兩水谷。居民以爲水碓。

甘泉水。在醴泉縣西北，亦名甘河。魏書地形志：寧夷有甘泉。隋書地理志：醴泉有甘泉水。長安志：甘河自縣西北甘北鎮來，至縣東北逕甘渡合入涇水。縣志：源出永壽縣界，經乾州東北，至縣甘北鎮。

巴谷水。在醴泉縣北八十里，水經唐昭陵右，民資以溉田。

澗谷水。在耀州西南。長安志：自華原縣西北焦砦村南流七十里，入三原縣界。州志：澗谷河在州西南十五里，其水清見石子，俗又名見底河。自焦砦村東南過牛村，名中家河。又東南名魚池河。又東南入三原縣界。

濁谷水。在耀州西南，流入三原縣界。水經注：濁水上承雲陽縣東大黑泉東南流，謂之濁谷水。又東南出原注鄭渠，又東歷原經曲渠城北，又東逕太上陵南原下，北屈逕原東，與沮水合。長安志：濁谷河，自西北華原縣界，逕三原縣西十五里，谷口有大堰，其水東流，溉民田。禹貢錐指：酈元以濁水爲漆水，宋人則以銅官川水來合沮水者爲漆水。州志：濁谷水出州西北甲池堡南馬鞍口，南流三十里爲寶泉河，又南爲涼泉河，又南至三原縣樓底村，曰樓底河。又東過張村，分數渠灌田，至唐村，無復河道矣。三原縣志：在縣北清谷水之東，自耀州界來，又東入臨潼縣。其水峻急渾濁，故名。

清谷水。在耀州西。自邠州淳化縣流入，又南逕涇陽、三原二縣北，又東南至臨潼縣東北，合漆沮水入渭，亦曰清水。水經注：五丈渠出雲陽縣石門山，謂之清水。東南流至黄嵚山西，又南入祋祤縣，歷原南出，謂之清水口。東南流入絶鄭渠。又東南入高陵縣，逕黄白城西，本曲梁宮也。南絶白渠，曲而東流，謂之曲梁水。又東南逕高陵縣故城北，東南絶白渠瀆。又東南入萬年縣，謂之五丈渠。又逕藕原東，東南流注於渭水。長安志：清谷河，自華原縣界來，經三原縣西南入白渠，東溉民田。又清渠，在櫟陽縣西耀州界，清冶谷水下流也，自高陵三原縣界來入白渠，至縣界合渭水。州志：清谷水一名清河，出州西北石門山麓，南至小邱合環河。南流經涇陽三原，至臨潼之相橋，入石川河。涇陽縣志：清谷河在縣北三十里，從嵯峨山東麓出谷，南流逕清涼原前，至竇村，折而西四里，謂之靖川。又折而南至辛管匯，又南至三原縣謝家村，與冶水合。三原縣志：清河自耀州界來，至縣西北十五里出谷口，西南與冶谷水合，經縣北門外，東流至臨潼界。舊時堰水入白渠，故蹟在縣西門外，是時河淺，故得入渠。今河視渠深三丈餘，不可復矣。臨潼縣志：清河在縣北六十里，自三原界隨荊山東下，至黑策橋轉而南，至櫟陽故城，復折而東，至相橋與漆沮合流，西南入渭。按：白氏六帖云，高陵清、白二渠交口，置斗門堰，清水三分入白渠，一分入清渠。今此水自三原東南入臨潼，合漆沮水，不復經高陵矣。

大石盤水。在同官縣東北。長安志：在縣東北五十里馬蘭山北。耀州志：大石盤水，在縣東北三十里。又有小石盤水，在縣北四十里，循馬欄山而東，合流入鄜州宜君縣界。又長安志有烏泥川水，在縣東二十五里，入蒲城縣界。又漢井泉水，在縣東北三十里，南流入烏泥川。縣志：烏泥水，在縣東北十五里。源出車挽溝，合漢井水，東流入蒲城縣。舊志：烏泥水，源出鼇背山，即白水之上源。詳見同州府白水下。

豐水。在寧陝廳北，源出終南山豐峪。舊志：出鄠縣東南終南山，北流徑縣東，又北流逕長安縣西，又北至咸陽縣東南入渭。一作灃，又作酆。書禹貢：灃水攸同。詩大雅：豐水東注，維禹之績。漢書地理志：鄠縣，酆水出東南，北過上林苑入渭。又司馬相如傳注：「張揖曰：酆水出鄠縣南山酆谷，北入渭。」水經注：豐水出豐溪，西北流分爲二水。一水東北流爲支津。一水西北流，又北交水自東入焉，又北昆明池水注之，又北經靈臺西，又北至石墩注于渭。括地志：豐水渠，今名賀蘭渠，東北流注交水。元和志：豐水經鄠縣東二十八里。長安志：豐水出長安縣西南五十里終南山豐谷。其源闊十五步，其下闊六十步，水深三尺。自鄠縣界來，終縣界，由馬坊村入咸陽縣西十一里，流至宋村入渭。其水緣南山交水合流，又有祥谷水、白谷水，俱入豐水。通志：豐水在府城西三十五里，咸陽縣東南三里。舊志：豐水渠在長安縣西南四十里，俗名張王渠，久廢。今縣西四十里有閻家、高家等渠，皆引豐水溉田。禹貢錐指：渭南諸川，惟灃爲大。自漢鴻嘉中，王商穿長安城，引灃水注第中，而其流漸微。唐貞觀中，堰灃鎬入昆明池，二水於是斷流。又於京城西北引灃水爲漕渠，合鎬水北流，由禁苑入渭，而灃水之流愈微。又鄭當時所開漕渠，及靈軹、富民、昆明諸渠，皆横絶灃、鎬等水，水脈益亂，不可尋究。竊疑灃西之潦，灃東之鎬、潏、霸、滻，禹時悉合灃以入渭，故灃水得成其大。且詩言東注，而漢志云北過上林苑入渭，則是北流而非東注矣。禹導渭東會於灃，當在漢霸陵縣北，霸、滻入渭處也。

石鼈谷水。在寧陝廳北。舊志：在長安、咸寧二縣南。長安志：萬年縣石鼈谷水，北流十五里，復西流十里，入長安縣界。舊志：在長安縣南五十里，水自南山谷中，北流與潏水合。東岸屬咸寧，西岸屬長安，皆堰水溉田。按：括地志，潏水，一名石鼈谷水。新志又謂石鼈谷水即鎬水。其説互異。

洵水。在寧陝廳北二百四十里。水經注：旬水北出旬山。長安志：洵河源出長安界秦嶺。廳志：源出秦嶺紗羅幛，合高關河、江河、喬家溝水，至廳東南月河口，入商州鎮安縣境。

梗梓谷水。在寧陝廳東北。舊志：在長安縣南。長安志：水出南山，北流合成國渠，又西北豹林谷水入焉。又西北至縣東南三十里，入交水。豹林谷水出南山，北流三里，有竹谷水自南來會。又北流二里，有子午谷水自東來會。並合入交河。又龍驟谷水、太和谷水，俱合郊河。

水碓河。在臨潼縣西。長安志：在縣西五里。又石澗河，在縣西二里。縣志：水碓河，源出縣西南五里磑子谷。石澗河，俗謂之冷水，以別於温泉也。又潼水，在縣西半里，源出驪山谷中，北流入渭。

葡萄河。在臨潼縣北，發源富平縣温泉，至康橋西流入漆沮水。

呂公河。在鄠縣東，亦稱白公河。明萬曆中，知縣呂仲信所開，引檀谷、皂谷及阿姑泉諸水，經縣東關外，北折而西入澇水。後知縣白應輝，又鑿縣南栗谷、直谷諸水爲新河，引流入呂公河。崇禎中，知縣張宗孟重濬，又引澇水，自白雲山由天河村，至南關外入新河及城濠。本朝康熙中，知縣康如璉重濬。

三里河。在鄠縣北。自南澇店迤南，引澇水至龍臺坊入渭。明末張宗孟開，溉田三里，因名。

趙氏河。在三原縣東北，上源曰澗谷河。自耀州流入，又流至富平縣西南，入石川水。一名金定河。

乾溝河。在盩厔縣西南。源出縣境翠鳳山，東北流入渭。

曲河。在盩厔縣西。長安志：在縣西五里。其水亂泉合之，北流入渭。縣志：縣西有曲泉，騰湧湍激，數浸民田。

樊川。在咸寧縣南。史記樊噲傳：噲灌廢丘，最。至櫟陽，賜食邑杜之樊鄉。三秦記：長安正南秦嶺根水，流爲秦川，一名樊川。水經注：沈水上承皇子陂於樊川，即杜之樊鄉也。元和志：樊川一名後寬川，在萬年縣南三十五里。長安圖說：樊川今有華嚴寺，人但謂之華嚴川。

御宿川。在咸寧縣南。漢書揚雄傳：「武帝廣開上林，南至御宿、昆吾。」又元后傳：「莽欲虞樂太后，令夏游𥨋宿、鄠、杜之間。」顔師古注：「御宿在樊川西。」三輔黄圖：御宿苑，在長安城南御宿川中。漢武帝爲離宫别館，禁禦人不得入，時來往游觀，止宿其中，故曰御宿。元和志：御宿川在萬年縣南三十七里。長安志：在縣西南四十里。

薄臺川。在富平縣南。長安志：在縣南五里。縣志：縣西北十里有澗頭泉，流徑懷德城，入薄臺川。亦名薄臺河。

銅官川。在同官縣東北，亦曰同官川，南流合漆水。晉書：太元九年，苻堅擊姚萇於趙氏塢，萇軍中無井，秦人塞安公泉，堰銅官川水以困萇。水經注：銅官水逕祋祤縣東，西南流，逕其城南原下，而西南注宜君水。寰宇記：銅官川在同官縣北五十里。長安志：自坊州宜君縣界來，經縣南流入華原縣界。縣志：同官川，亦謂之同水，源出哭泉，自縣北五十里，南流至縣城東北，與漆水合。按：銅官水在西，漆水在東，至縣東北合流。水經注止有銅官水，寰宇記始分著漆水，今則下流通名爲漆水矣。

雄同川。在同官縣東北。長安志：在縣西北四十里，西南流合銅官川。又雷平川，在縣西北五十里，南流入銅官川水。

大石谷澗。在富平縣東北。長安志：在美原縣北十五里。又小石谷澗，在縣北十里。勾谷澗，在縣西北十五里。三泉谷澗，在縣西北三十里。梁丘澗，在縣西四十里。耀州志：二石谷澗，在玉女山東，即頻水源。縣志：頻水甚微，出山一二里即涸。

丈八溝。在長安縣西南十五里。張禮遊城南記：下杜城之西有丈八溝，即杜子美陪諸公子納涼之地，潏水上源也。縣志：今城中通濟渠水，從此分入。

陳濤澤。在咸陽縣東，即陳濤斜，亦作陳陶斜。唐至德初，房琯與賊將安守忠戰敗於此，杜甫有悲陳陶詩。興元初，李晟討朱泚，自東渭橋移軍西上，與李懷光會於咸陽西陳濤斜。胡三省通鑑注：「陳濤澤在咸陽東，其路斜出，故曰斜。又春明退朝録：唐宮人墓謂之宮人斜，四仲遣使者祭之。然則陳濤斜者，豈亦因內人所葬地而名之耶？」舊志亦謂之咸陽斜。

馬牧澤。在興平縣東南。元和志：在縣東南二十里，南北廣四里，東西二十一里。長安志：四馬務，在縣東南二十餘里。從東第一曰飛龍務，次大馬務，次小馬務，次羊澤務，凡三百七十一頃，南渡渭河。慶曆中爲營田，尋罷之。其後民占佃，簿籍亡散，不復歸有司。

百頃澤。在興平縣西，亦曰百頃泊。元和志：百頃澤在縣西二十五里，多蒲魚之利，周迴十六里。又長安志：宋泊，在縣西二十里，周十四里。曲泊，在縣西南十五里。百頃泊而下，並有蒲魚之利。隋開皇十三年，各築堤防護。縣志：諸泊皆渭水所溢，今廢。

煮鹽澤。在臨潼縣北二十里。元和志：在櫟陽縣南十五里，澤多鹽鹵。苻秦時，於此煮鹽，周迴二十里。

八部澤。在鄠縣東南。元和志：在縣東南五里，周迴五十里。長安志：在縣東南十八里。

龍臺澤。在鄠縣東北。元和志：在縣東北三十里，周迴二十五里。有馬祖壇在澤中，每年太常、太僕四時祭之。寰宇記：龍臺澤，一名觀水，在灃水西北，近渭，上林賦云登龍臺是也。

焦穫澤。在涇陽縣西北。詩小雅：整居焦穫。爾雅釋地十藪「周有焦穫」，注：「今扶風池陽縣瓠中是。」水經注：中山西瓠口，所謂瓠中也。括地志：焦穫藪，亦名瓠口，亦曰瓠中，在涇陽縣城北十數里。縣志：在縣西北六十里谷口下。涇水出仲山東南流，兩岸阻大原，中衍爲川，其形如瓠。

王尚澤。在渭南縣西十五里。

雁鶩陂。在長安縣西南。寰宇記：雁鶩池，地方六頃，承昆明下流，在鎬池北。沈約詩云：「東出千金堰，西臨雁鶩陂。」

河池陂。在長安縣西南。水經注：昆明故渠，東逕河池陂而北。亦曰女觀陂。

洛女陂。在咸寧縣東。寰宇記：在萬年縣東十五里。三輔舊事云，洛女冢南有洛陂，俗號曰洛女陂。

皇子陂。在咸寧縣南。水經注：沈水上承皇子陂於樊川。寰宇記：皇子陂在啓夏門南三十里。陂北原上有秦皇子冢，因以名之，隋文改爲永安陂。周迴九里。長安志：永安陂在萬年縣南二十五里。縣志又有鮑陂，在縣南鳳棲原東南。隋書高祖紀開皇九年，改鮑陂曰杜陂。即此。

豐潤陂。在咸寧縣東北。寰宇記：在萬年縣東北二十五里。周太祖名爲中都陂，隋初爲豐潤陂。周迴六里。

蘭池陂。在咸陽縣東。史記秦始皇本紀：三十一年，始皇爲微行，咸陽夜出，逢蘭池盜。後漢書郡國志：長安有蘭池。注：三秦記曰，始皇引渭水爲長池，東西二百里，南北二十里，刻石爲鯨魚，長二百丈。括地志：蘭池陂，即古之蘭池，在咸陽界。元和志：蘭池陂在縣東二十五里。

周氏陂。在咸陽縣東南。水經注：成國故渠，逕周勃冢南，渠東南謂之周氏曲。長安圖：周氏曲在咸陽東南三十里，今名周氏陂。寰宇記：周氏陂周迴十三里，漢太尉周勃冢在陂，其子亞夫有功，遂賜此陂，故地以氏稱之。

清泉陂。在臨潼縣北。元和志：在櫟陽縣西南十里，多水族之利。

渼陂。在鄠縣西。水經注：渼陂水出宜春觀北，東北流注澇水。長安志：渼陂在縣西五里，出終南山諸谷，合胡公泉爲陂。十道志曰，本五味陂，陂名甚美，因誤名之。其周十四里。寶曆二年，敕渼陂令、尚食使收管，不得雜人采捕，其水任百姓灌溉，勿令廢碾磑之用。文宗初，詔並還府縣。通志：元末游兵決水取魚，水去而陂涸爲田。縣志：陂在縣西三里，明崇禎九年重加障築。

龍泉陂。在涇陽縣南三里。元和志：陂周迴六里，多蒲魚之利。

金氏陂。在渭南縣東北。水經注：白渠又東注金氏陂。唐書地理志：下邽縣東南二十里有金氏二陂。武德二年，引白渠水灌之，以置監屯。寰宇記：輿地志云，漢昭帝時，車騎將軍金日磾有功，賜其地。三輔決録云，金本下邽人。今陂久廢，即渠西廢陂是也。唐初引白渠入陂，復曰金氏陂。貞觀三年，陂側置金氏監。十二年監廢，其田賜王公。古云此陂水滿，即關内豐熟。西又有金氏陂，俗號曰東陂。南有月陂，形似月也，亦名金氏陂。

滿地濼。在鄠縣東北。長安志：在縣東北二十八里，周三里，即滈水上源，東北流入長安界。按：縣志有海子，在縣東北秦渡鎮北，烟水迴環，方塘數畝，相傳即文王靈沼。

流金泊。在涇陽縣東北。寰宇記：在雲陽縣東北十里。縣志：在今縣東北三十里嵯峨山南，大石仙里之北。

鹵薄灘。在富平縣東二十里，接蒲城界，一名東灘，亦曰明水灘。冬夏不竭，可以煮鹽。又臧村灘，在縣西二十里，亦名西灘。歲旱時，其土亦可煮鹽。按：魏書地形志頻陽有鹽池。元和志，鹽池澤在富平縣東南二十五里，周迴二十里，蓋即今鹵薄灘也。

萬壽渦。在渭南縣北。寰宇記：在下邽縣南四十里。古來此渦或興霧起雲，時有牛馬猪羊，變見形狀，遊沙渚，還入其渦。今無水。

仙游潭。在盩厔縣南。長安志：在縣南三十里，闊二丈。其水黑色，相傳號五龍潭，每歲降中使投金龍以祀之。縣志：僊遊潭，歲旱禱雨多應。潭上有石壁峭絶，宋蘇軾、章惇遊此，惇履險而上，以漆墨書名於石，今謂之蘇章石壁。又長安志有仙遊澤，在縣東南十五里，周十二里，今淤。

龍移湫。在咸寧縣南炭谷内，一名南山湫。相傳湫初在平地，一夕風雷移於山上。韓愈有炭谷湫祠堂詩。

昆明池。在長安縣西南。漢書武帝紀元狩三年，發謫吏穿昆明池。注：「臣瓚曰：西南夷傳有越巂、昆明國，有滇池，方三百里。漢使求身毒國，而爲昆明所閉，今欲伐之，故作昆明池象之，以習水戰。在長安西南，周圍四十里。」西京雜記：昆明池，刻石爲鯨魚，每雷雨常鳴吼，鬣尾皆動。漢世祭之以祈雨，往往有驗。三輔故事：池地三百三十二頃，中有豫章臺。漢宮闕疏：昆明池有二石人，牽牛織女象。水經注：昆明池水上承池於昆明臺北，逕鎬京東，秦阿房宮西，又屈而逕其北，東北流注堨水陂。魏書世祖紀：太平真君元年，浚昆明池。長安志：昆明池，至秦姚興時竭。唐德宗貞元十三年，命京兆尹韓臯浚之。追尋漢制，引交河、灃水合流入池，在長安縣西二十里，今爲民田。又石闥堰，在縣西南三十二里。水經注：由交水西至石堨，漢武帝穿昆明池所造。通鑑注：武帝作石闥堰，堰交水爲昆明池。池基高，故其下流尚可壅激，以爲都城之用，於是並城疏列三派，城内外皆賴之。唐太和後，堰廢而昆明涸。縣志：在縣西南三十里，地名鸛鵲莊。

定昆池。在長安縣西南。唐景龍文館記：安樂公主西莊，在京城西延平門外二十里。司農卿趙履温種植，將作大匠楊務廉引流鑿沼，延袤十數里，時號定昆池。唐書安樂公主傳：嘗請昆明池爲私沼。帝曰：「先帝未有以與人者。」主不悦，自鑿定昆池，言可抗訂之也。朝野僉載：定昆池，方四十九里，直抵南山。長安志：在縣西南十五里。又鶴池，在縣西十里。盤池，在縣西北二十里。

牛首池。在長安縣西北。上林賦「濯鷁牛首」，張揖注：「牛首，池名，在上林苑西頭。」括地志：牛首池在縣西北三十八里。寰宇記：長安野韭澤，即漢牛首池之地，在内苑西豐水西北。長安志：野韭澤在縣西北三十八里。按：三輔黄圖上林苑有十池：初池、麋池、蒯池、牛首池、積草池、東陂池、西陂池、當路池、大臺池、郎池。又有承靈池、昆靈池、天泉池、龍池、魚池、菌池、鶴池、太一池、舍利池、百子池。見初學記。「牛首」一作「牟首」。

唐中池。在長安縣西北。史記封禪書：武帝作建章宫，其西則唐中數十里。西都賦：前唐中而後太液。三輔黄圖：池周迴十二里，在太液池南。

太液池。在長安縣西北。史記封禪書：建章宫北治大池，漸臺高二十餘丈，命曰太液池，中有蓬萊、方丈、瀛洲、壺梁，象海中神山龜魚之屬。漢書昭帝紀始元元年，黄鶴下建章宫太液池中，公卿上壽。注：「師古曰：太液池者，言其津潤所及廣也。」三輔黄圖：太液池，在長安故城西，建章宫北，未央宫西南。廟記云，池週迴十頃。

影娥池。在長安縣漢建章宫内。三輔黄圖：武帝鑿池以翫月，使宫人乘舟以弄月影，故名影娥池。

琳池。在長安縣故城内。三輔黄圖：昭帝始元元年，穿琳池，廣千步。池内起桂臺以望遠，東引太乙池之水。

酒池。在長安縣故城内。三輔黄圖：秦酒池在長安故城中。廟記云，長樂宫中有酒池，池上有肉炙樹。秦始皇造，漢武行舟於池中。水經注：長樂殿之西北有池，池北有層臺，俗謂是池爲酒池。

倉池。在長安縣故城内。水經注：倉池在未央宫西。北史蘇綽傳：西魏大統初，宇文泰如昆明池觀魚，行至漢故倉池，顧問左右，莫有知者。綽具狀以對，泰大悦。

海池。在長安縣唐西内。長安志：西内有海池三：東海池，在玄武門内之東，近凝雲閣。北海池，在玄武門内之西。又南有南海池，近咸池殿。

凝碧池。在長安縣唐禁苑内。唐詩紀事：安禄山引梨園子弟大宴於凝碧池，樂工雷海青不勝憤，擲樂器西向大慟，爲賊所磔死。

魚藻池。在長安縣唐禁苑内。長安志：唐貞元十二年，詔浚魚藻池，深一丈。至穆宗又發神策軍二千人浚之。雍録：池中有山，山上建魚藻宫。

曲江池。在咸寧縣東南十里。司馬相如哀二世賦：臨曲江之隑州。括地志：曲江在杜陵西北五里。劇談録：曲江池，本秦時隑州，開元中，疏鑿爲勝境。南有紫雲樓、芙蓉苑，西有杏園、慈恩寺。花卉環周，烟水明媚，都人遊玩，盛於中和、上巳之節。賜宴臣僚，會於山亭，賜太常教坊樂。池備綵舟，惟宰相、三使、北省官與翰林學士登焉。寰宇記：曲江池，漢武帝所造，名爲宜春苑，其水曲折，有似廣陵之江，故名之。韋述記云，漢爲樂遊苑於曲江池，及世祖以爲校文之所。唐以秀士每年登科第，賜宴於此，蓋不忘校文之義也。長安志：皇城東南昇道坊龍華尼寺南，有流水屈曲，謂之曲江，其深處下不見底。雍録：曲江水會黄渠，自城外南來，隋世遂包之入城，爲芙蓉渠，且爲芙蓉園也。劉餗曰，本古曲江，文帝改名芙蓉。漢時周六里餘，唐時周七里，今且堙爲平陸。

龍池。在咸寧縣東南。名隆慶池，又名九龍池。唐實録：則天時，長安城東隅民王純家井溢，浸成大池，數十頃，號隆慶池。相王子五王立第於其北，望氣者言有帝王氣。景龍二年，幸隆慶池以厭之。長安志：龍池本平地，垂拱初成小池。後引龍首渠支分溉之，日以滋廣。至景龍中，彌亘數頃，澄澹皎潔，深至數丈，常有雲氣，或見黄龍出其中，因謂之龍池，俗呼五王百子池。今雍人相傳呼爲景龍池，又曰九龍池。在萬年縣東南五里，九曲池在其西〔六〕。縣志：九曲池，唐開元中寧王所鑿。

蓬萊池。在咸寧縣東北。雍録：蓬萊池，在東内大明宫紫宸殿之北，有蓬萊殿，當龍首山勢將盡處，故可引水以爲池也。

龍首池。在咸寧縣唐東内苑中。引龍首渠之水，自城南注此。唐元和十三年浚。

蓮池。在高陵縣治東偏。元至元中，縣令王珪引昌運渠水注之。今廢。

冰池。在藍田縣東南。長安志：在縣東南六十里，唐鑿冰之所。又淹池，在縣東北三十五里。

卧牛池。在盩厔縣東觀谷東。又仰天池，在縣東南四十五里南山絶頂，廣二畝餘，水深數尺，冬夏不竭。

靈池。在渭南縣東南。長安志：在縣東南二十五里。後魏永熙元年，水自湧出成池，周八十步。

麻池。在醴泉縣東五十里。又縣東南十五里有湫池，水清而深，禱雨輒應。

湧珠泉。在咸寧縣東南白鹿半原。方廣數丈，水湧如珠，自巖而下，瀉爲瀑布。

鳴犢泉。在咸寧縣南六十里。長安志：鳴犢鎮西原下，有鳴犢泉，俗傳因犢跑鳴而得泉。

馬跑泉。在咸陽縣西。長安志：在縣西二十五里。又李村泉，在縣西北八里。下村泉，在縣西北十五里。縣志：三泉共溉田八頃餘。

竇氏泉。在咸陽縣西北。魏書地形志：石安有竇氏泉。水經注：成國故渠，逕平陵故城南，渠南有竇氏泉。

玉女泉。在興平縣東五里。

靈寶泉。在興平縣東南。長安志：在縣東南二十里，周數十步，深不可測。舊圖經曰，漢時邊韶得靈寶符於此泉，後祈請有應，因名。又醴泉，在縣東南二十里，周數十步。舊圖經曰，在扶風鄉。唐貞觀十二年，自然湧出，其味如醴，飲之愈疾。

清水泉。在興平縣南十五里，一名水濟泉。灌七村之田，凡十餘里。今廢。

馬嵬泉。在興平縣西。長安志：在縣西二十里，周數十步，深百尺，流入白渠。縣志：在縣西二十五里，溉田二十餘頃。

板橋泉。在興平縣西北。魏書地形志：槐里有板橋泉。長安志：在縣西北十七里，深百尺，流入白渠。舊志：在縣西二十里，有東西二泉，皆溉田。

龍泉。在興平縣東北。魏書地形志：始平有温泉。水經注：成國故渠，東逕龍泉北，今人謂之温泉，非也。長安志：龍泉亦名温泉，又名姜子泉，在縣西十七里，周數十步，深不可測。又涇龍泉、新泉，相去十餘步，在縣西十七里，周數十步，流入白渠。

驪山温泉。在臨潼縣南驪山下。漢武故事：驪山湯，初始皇砌石起宇，至漢武又加修飾。水經注：魚池水之西南有温泉，世以療疾。張衡温泉賦序曰：「余出驪山，觀温泉，浴神井，嘉洪澤之普施，乃爲之賦。」隋書地理志：新豐有温泉。唐書地理志：天寶六載，更温泉宮曰華清宮，治湯井爲池，環山列宮室。又築羅城，置百司及十宅。寰宇記：温泉在驪山之西北。按泉有三，其一所即皇堂石井，周武帝天和四年，大冢宰宇文護所造，隋文帝列樹松柏。唐開元十年置温泉宮，明皇歲常幸焉。長安志：温泉在縣南一百五十步。御湯在九龍殿，亦曰蓮花湯。又玉女殿有星辰湯。津陽門詩注曰：宮内除供奉兩湯外，内外更有湯十六所。長湯每賜諸嬪御，其修廣與諸湯不侔，甃以文瑶寶石，中央有玉蓮捧湯，噴以成池。次西曰太子湯，又次西少陽湯，又次西尚食湯，又次西宜春湯，又次西長湯十六所。今惟太子、少陽二湯存焉。苕溪漁隱叢話：湯泉多作硫黄氣，惟驪山是礜石泉，並無此氣。縣志：今温湯仍分作數池，發源處爲玉女池，在玉女殿北，即長安志所云星辰湯也。殿前西北牆外爲玉女洗頭池，方五丈。其北爲官池，甃石如玉。環官池東爲混池。又有女池，在洗頭池西。諸池皆與玉女池同源，而女池獨異。

石塔泉。在臨潼縣南驪山上。又飲鹿泉，在長生殿中，一名飲鹿槽。又丹霞泉，在老母殿西南。

淼澄泉。在臨潼縣西南。長安志：在縣西南五里。又鳴犢泉，在縣西十里。

阿姑泉。在臨潼縣東北二十五里。又飲馬泉，在縣東北三十五里。平泉，在縣東五十里。皆有灌溉之利。又有阿姑泉，在鄠縣南十里，下流入呂公河。

没豬泉。在鄠縣東南。長安志：泉源澄湛，俗傳昔有野豬没而爲泉，旁有禹廟。縣志：在縣東南二十里孫谷村，溉田甚廣。又冷泉，在縣東南雙莊。白沙泉，在縣西南之割耳莊。皆可溉田。

胡公泉。在鄠縣西南十里丈人村，東流溉田五百餘畝，下流入澇水。

石門湯泉。在藍田縣西。長安志：在縣西十里石門谷中。舊圖經曰，唐初有異僧止於此，大雪，其地雪融不積，僧曰：「必温泉也。」掘之，果有湯泉湧出，遂置舍兩區。凡有病者，浴多痊。嗣後有白魚之瑞，復有神女頻降，遂立玉女堂於湯側。明皇時，賜名大興湯院。縣志：石門俗名湯谷，有泉五，曰玉女、融雪、連珠、漱玉、濯纓。

咽瓠泉。在藍田縣西北。長安志：在縣西北十五里。舊圖經曰，唐李筌於此遇驪山老母，説陰符經，傳教既畢，攜瓠就泉汲水，已失老母，因名咽瓠泉。又桂泉，在縣北四十里，泉畔舊有桂一株。

鄭泉。在涇陽縣西北。寰宇記：在雲陽縣西四十里。雲陽宫記：漢鄭子真隱於谷口，時人因子真所居，名其泉爲鄭泉。

五龍泉。在三原縣東北五龍村。池方里許，五泉合流，居民引以溉田。或以爲即隋志雲陽之五龍泉。

神泉。在三原縣東北四十里，一名白馬泉。明崇禎七年，歲旱，禱雨有應，故名。

陰陽泉。在盩厔縣東三十里。歲將旱則先竭，歲將潦則先盈，故名。

六耳泉。在盩厔縣東耿谷東五里。通志：舊有六泉，今惟存其一。

化女泉。在盩厔縣東南三十里。縣志：俗傳老子植杖化一女子，以試弟子徐甲，既而拔杖泉湧，因名。又長安志有鹹泉，亦在縣東南三十里，周三里。今淤不知處。

永女泉。在盩厔縣西。長安志：在盩厔縣西南五里。縣志：「永」亦作「湧」。在縣西七里，久塞，後浚爲小泉，類井。又馬跑泉，在安樂山。玉女泉，在倉谷東文王廟，相傳與岐山文王廟水相爲消長。

没底泉。在盩厔縣北。長安志：在縣北一里。又白龍泉，在縣東北一里。皆北流入渭。縣志：没底泉，或訛爲莫店泉。

甘泉。在渭南縣東門外。長安志：在縣城内。縣志：在縣東門外。又蔡泉，在城東，謂之魏王井，亦名蔡順井。

湫泉。在渭南縣東南。長安志：在縣東南一百五步。又姜泉，在縣城内。縣志：龍尾坡底東西各有泉，東曰湫泉，西曰姜泉。東西遵龍尾坡之麓，舊有瀉水渠，今廢。

瑞泉。在渭南縣南五里。縣志：龍尾坡之半，有泉湧出，懸流如練，曰瑞泉，每旱取水禱雨多應。又有龍泉，在縣西南羖羝坡東麓，居民資以灌溉。其西南有靈源泉，其地即西魏置靈源縣處。

鹹泉。在富平縣東。寰宇記：在縣東南五里。縣志：在縣東十里。舊時水鹹，今味甘可飲。

白馬泉。在富平縣東二十里。長安志：在縣東十里。縣志：其水東流與龍泉合。又東五里，即鹵薄灘也。

醴泉。在醴泉縣東南三十里。周迴數十步，深不可測，味如醴。今廢。

亭子泉。在同官縣東。長安志：在縣東一里。又柏榆泉，在縣西南一里。

靈泉。在同官縣西北三里金山西巖，自石罅中湧出，旱禱有應。

御井。在咸寧縣南善和坊。國史補：善和坊舊御井，故老云：「此不可飲之水。地卑水柔，宜用盥濯。」開元中，日以駱駝數十馱入内以給六宫。又高陵縣志：縣西十里，唐高祖舊宅中有御井。今堙。

冰井。在咸寧縣西一里許，水寒如冰，故名。又有冰井在寧陝廳北太乙山，其冰經暑不消。

浪井。在興平縣西。長安志：在縣西三里耿鄉祠。唐貞觀五年，自然湧出，有疾者飲之多愈，遠近取汲，朝夕如市。

喝吽井。在臨潼縣東北。長安志：在縣東北七里官道。井旁有還道縈繞及於水次。

蟾井。在臨潼縣驪山白鹿觀。縣志：拾遺云，井中有金色蝦蟆，賀蘭先生見之曰：「此肉芝也。」烹而食之，白日升天。

丹陽井。在鄠縣東三十里。相傳元道士馬丹陽取此水煉藥，故名。

玉漿井。在藍田縣東南。石井深丈餘，無水。相傳有病者虔禱之，懸瓶井中，即得水，色白味甘如玉漿，飲之輒愈。

金井。在盩厔縣南三十里。明統志：俗傳唐太宗嘗飲此水。

校勘記

〔一〕天祐三年　「祐」，原作「佑」，據乾隆志卷一七八西安府建置沿革（下同卷簡稱乾隆志）改。

〔二〕南曰永寧　「寧」，原作「安」，據乾隆志改。按，本志避清宣宗諱改字也。

〔三〕入學額數十五名　「入」，原空闕，據乾隆志補。

〔四〕兩京道里記　「里」，原作「理」，據乾隆志改。

〔五〕北經郿加谷　「郿」，原作「都」，乾隆志同，據水經注卷一九渭水改。按，「郿」或作「媚」。

〔六〕九曲池在其西　「池」，原作「地」，據乾隆志改。

大清一統志卷二百二十八

西安府二

古蹟

長安故城。在今長安縣西北。漢書高帝紀：七年，自櫟陽徙都長安。地理志：長安，高帝五年置。惠帝元年初城，六年成。三輔黄圖：長安本秦離宫，漢初置城狹小，惠帝更築高三丈五尺，上闊九尺，雉高三板，周迴六十五里。城南爲南斗形，城北爲北斗形，至今人呼漢京城爲斗城是也。舊漢儀曰：長安城中經緯各長三十二里十八步，地九百七十三頃，八街，九陌，三宫，九府，三廟，十二門，九市，十六橋。地皆黑壤，今赤如火，堅如石。父老傳云，盡鑿龍首山土爲城。城下有池，廣三丈，深二丈。後漢光武遷都洛陽，初平二年，復都長安。晉永興元年，河間王顒將張方劫帝幸長安。永嘉六年，雍州刺史賈疋，迎秦王鄴入長安即帝位。大興元年，劉曜徙都長安。永和七年，苻健入長安，遂都之。太元十一年，姚萇僭號於長安，改長安曰常安。義熙十三年，劉裕執姚泓，留子義真鎮長安。十四年，赫連勃勃克長安，遣子璝鎮之，號曰南臺。後魏始光三年，奚斤克長安。延和二年，發秦雍兵，築小城於長安城内。永熙三年，遷都長安，是爲西魏。隋時徙廢。括地志：長安故城，在今縣西北二十里。元和志：在縣西北十三里。寰宇記：按郡國縣道記云，長安縣故城，今謂之苑城。漢京兆府，在故城内上冠里。其縣理今失其所在。長安蓋古鄉聚名，隔渭水，對秦咸陽宫。漢於其地築未央宫，謂大城曰長安城。五年置縣，以長安爲名。歷後漢、魏、晉、苻、姚、後魏及周不改。隋開皇三年，遷都，移於長壽坊西南隅。長安志：唐禁苑西北與長安故城接，東西十三里，南北十三里，亦隸苑中。長安圖說：長安城，後趙石虎亦嘗修之，在今奉元路西北十三里。隋遷都龍首山，此城遂廢，至今民猶呼曰楊家城。又三輔黃圖、水經注等書，言長安城有十二門，皆通達九衢，以相經緯。東面三門：其一曰宣平門，亦曰東都門；其一曰清明門；其一曰霸城門，亦曰青門。南面三門：其一曰覆盎門，又曰端門，北對長樂宮；其一曰鼎路門，北對武庫；其一曰平門，北對未央宮，亦曰便門。西面三門：其一曰章門，亦曰光華門；其一曰直門；其一曰雍門。北面三門：其一曰横門，如淳曰音光；其一曰廚城門，又曰朝門；其一曰洛城門，亦曰高門。

大興故城。即今府城。隋書高祖紀：開皇二年詔曰，長安城從漢彫殘日久，龍首山川原秀麗，卉物滋阜，宜建都邑。詔左僕射高熲等創造新都，名曰大興城。地理志：城東西十八里一百一十五步，南北十五里一百七十五步。元和志：初隋氏營都，宇文愷以朱雀街南北有六條高坡，爲乾卦之象，故以九二置宮殿，以當帝王之居，九三立百司，以應君子之數，九五貴位，不欲常人居之，故置玄都觀、興善寺以鎮之。舊唐書地理志：隋自漢長安故城東南移二十里置新都，今京師是也。皇城在西北隅，謂之西內。又有大明、興慶二宮，謂之三內。唐書地理志：皇城長千九百一十五步，廣千二百步。宮城在北，長千四百四十步，廣九百六十步，周四十八百六十步，其崇三丈有半。京城前直子午谷，後枕龍首山，左臨灞岸，右抵灃水。其長六千六百六十五步，廣五千五百七十五步，周二萬四千一百二十步，其崇丈有八尺。長安志：唐京城亦曰外郭城，即隋大興城，周六十七里。南面三門：正中曰明德，東曰啓夏，西曰安化。東面三門：北曰通化，中曰春明，南曰延興。西面三門：北曰開遠，中曰金光，南曰延平。北面一門，曰光化。郭中南北十四街，東西十一街，其間列置諸坊，有京兆府萬年、長安二縣所治，寺觀邸第，編户錯居焉。當皇城南面朱雀門，有南北大街，曰朱雀門街，東西廣百步。萬年、長安二縣，以此街爲界，萬年領街東五十四坊及東市，長安領街西五十四坊及西市。又唐皇城，俗呼「子城」，東西五里一百五十步，南北三里一百四十步。南面三門：正南曰朱雀，北當宮城之承天門，南當外郭之明德門；東曰安上；西曰含光。東面二門：南曰景風，北曰延喜，東當外郭之通化門。西面二門：南曰順義，北曰安福，西當外郭之開遠門。城中南北七街，東西五街，其間並列臺省寺衛，不使雜人居止。宮城東西四里，南北二里二百七十步，周十三里一百八十步。南即皇城，北抵苑東，即東宮，西有掖庭宮。雍録：唐城内外凡三重，外一重名京城，内一重名皇城，又内一重名宮城。長安圖説：唐天祐元年，朱全忠毁長安宮百司及民廬舍，節度使韓建去宮城外郭城，重修子城，南閉朱雀門。又閉延喜、安福門，北閉玄武門。是爲新城，即今奉元路治也。城之制内外二重，四門，門各三重。今存者惟二重，内重基址尚存。東西又有小城二，以爲長安、咸寧縣治。

杜陵故城。

在咸寧縣東南。左傳襄公二十四年：范宣子曰：「匄之祖在周爲唐、杜氏。」杜預注：「唐、杜二國名。殷末豕韋國于唐。周成王滅唐，遷之於杜，爲杜伯。今京兆杜縣。」史記秦本紀：武公十一年，初縣杜。漢書宣帝紀：元康元年，以杜東原上爲初陵，更名杜縣爲杜陵。地理志：京兆尹杜陵，故杜伯國，宣帝更名。水經注：狗枷川水，北逕杜陵東，陵之西北有杜縣故城。括地志：杜陵故城在萬年縣東南十五里，南去宣帝陵五里。寰宇記：杜城縣周建德二年省。按：漢志謂杜陵即杜伯國，水經注以下杜城爲杜伯國，寰宇記、長安志又以下杜城爲杜縣，而杜陵爲宣帝改置之縣，諸説不同，詳見後「下杜城」下。又魏書地形志，謂晉改杜陵爲杜城，後魏改杜縣。杜預左傳注云「今京兆杜縣」，正據晉時言。蓋晉爲杜縣，後魏改杜城，故隋書云大興有後魏杜城是也。

霸陵故城。

在咸寧縣東。史記漢興以來將相名臣年表：孝文九年，以芷陽鄉爲霸陵。漢書地理志：霸陵，故芷陽，文帝更名。三秦記：秦穆公築宮于此，因名霸城。水經注：霸水故渠，東北逕霸縣故城南，漢縣也。自新豐故城西至霸城五十里，霸城西十里則霸水，水西二十里則長安城。史記正義：霸陵縣即霸上，在萬年東北二十五里，東南去霸陵十里。寰宇記：霸城縣周建德二年省。按：舊唐書地理志，武德二年，分萬年置芷陽縣，七年廢。其地亦在今縣東。史記秦悼太子、昭襄、莊襄，俱葬芷陽。宣太后葬芷陽驪山。項羽紀，沛公從驪山道芷陽間行，歸霸上。括地志，芷陽在藍田縣西六里。長安圖，自驪山以西皆芷陽也。蓋秦時芷陽地甚廣，不止霸上也。

萬年故城。今咸寧縣治。漢初置縣於今臨潼縣北之櫟陽故城，屬左馮翊，後周移置于此。元和志：周明帝二年分長安、霸城、山北等三縣，始于長安城中置萬年縣。隋開皇三年遷都，改爲大興縣，理宣揚坊。武德元年，復爲萬年。寰宇記：周置萬年縣，理八角街以東，隋移于宣揚坊東南隅。梁開平元年，改爲大年縣，後唐同光元年復舊名。宋史地理志：京兆府樊川，舊萬年縣，宣和七年改。金史地理志：京兆府咸寧，本萬年，後更名。泰和四年廢，尋復。清類天文分野之書：咸寧縣，金大定二十一年改名。

渭城故城。在咸陽縣東，即秦所都咸陽也。史記：秦孝公十二年，作爲咸陽，築冀闕，徙都之。始皇二十六年，初併天下，收天下兵聚之咸陽，銷以爲鐘鐻金人十二，各重千石，置宫廷中，徙天下豪富于咸陽十二萬户。秦每破諸侯，寫放其宫室，作之咸陽北阪上，南臨渭。自雍門以東至涇渭，殿屋複道，周閣相屬，所得諸侯美人鐘鼓以充入之。二世三年，沛公入咸陽，封宫室府庫，還軍霸上。居月餘，項籍屠咸陽，燒其宫室。漢書地理志：右扶風渭城，故咸陽，高帝元年更名新城。七年罷，屬長安。武帝元鼎三年，更名渭城。三秦記：咸陽在九嵕山南渭水北，山水俱陽，故名咸陽。關中記：孝公都咸陽，今渭城是。始皇都咸陽，今城南大城是。魏書地形志：咸陽郡石安縣，石勒置。秦孝公築渭城名咸陽宫。括地志：咸陽故城，亦名渭城，在今雍州北四十五里，咸陽縣東十五里。元和志：秦咸陽在今縣東二十二里，漢渭城縣亦理于此。苻堅時改爲咸陽郡，後魏移咸陽郡于涇水北，今涇陽縣理是也。寰宇記：咸陽縣本周王季所都。苻堅于今縣東北長陵城置咸陽郡。後魏太和二十年，移咸陽郡于涇水北。隋開皇十一年，移咸陽於故咸陽城西北三里，大業二年省。又故渭城，在今縣東北二十二里，其城周八里。後漢省入長安。

咸陽故城。在今咸陽縣東。唐初徙置，即古杜郵亭也。史記白起傳：秦昭王使人遣起不得留咸陽中。既行，出咸陽西門十里至杜郵，賜之劍自裁。後漢書郡國志：長安有杜郵。水經注：渭水北有杜郵亭，去咸陽十七里，今名孝里亭。中有白起祠，即其伏劍處。魏書地形志：石安縣有杜郵亭。元和志：咸陽縣正東微南至京兆府四十里，本杜郵亭也。武德元年置白起堡，二年置縣，又加營築焉。舊唐書地理志：咸陽，隋廢縣，武德二年，復分涇陽置。初治鮑橋，其年移治杜郵。寰宇記：咸陽縣，武德六年又移于便橋西北百步官路北。杜郵亭，在縣西南三十八里〔一〕。長安志：開寶九年，詔周文王廟、成王廟，各去咸陽十五里，今移縣就廟，今城周四里。秦故城在縣東二十里，隋故城在縣東十三里，唐故城在渭河北杜郵館西。縣志：明洪武四年，縣丞孔文郁移治今所。杜郵館在縣東五里。

長陵故城

長陵故城。在咸陽縣東北。漢書：高帝葬長陵。高后六年城長陵。地理志：左馮翊領長陵縣，高帝置。後漢屬京兆尹，晉省。三輔黄圖：長陵城周七里百八十步，因爲殿垣，門四出，及便殿掖庭諸宫寺皆在中。關中記：長陵城有南、北、西三面，而東面無城，陪葬者皆在東。元和志：長陵故城，在咸陽縣東北三十里。初，漢徙關東豪族以奉陵邑，長陵、茂陵各萬户，其餘五陵各千户，皆屬太常，不隸于郡。寰宇記：苻堅於咸陽縣東北長陵城置咸陽郡，後魏太和十一年，移郡於涇水北。長陵故城，在縣東北四十里，去高帝長陵三里。今廢城存。縣志：今有蕭城在縣東北四十里長陵北，世傳蕭何所築，蓋即長陵城也。

安陵故城

安陵故城。在咸陽縣東，即古程邑。詩大雅：「度其鮮原，居岐之陽。」正義：「周書稱文王在程，作程寤、程典。皇甫謐云：『文王徙宅于程。』蓋謂此也。」漢書地理志：右扶風安陵，惠帝置。晉縣廢。闞駰曰：「安陵，本周之程邑也。」魏書地形志：石安縣有安陵城。水經注：安陵北有安陵縣故城。括地志：安陵故城，在咸陽縣東二十一里。按：史記正義引周書「程」作「郢」，即孟子所云畢郢也。

陽陵故城

陽陵故城。在咸陽縣東。史記：孝景四年，更以弋陽爲陽陵。漢書地理志：左馮翊陽陵，故弋陽，景帝更名，後漢改屬京兆尹。魏志：鍾繇嘗爲陽陵令，即此。晉廢。括地志：陽陵故城，在咸陽縣東四十里。寰宇記：在縣東北四十一里，東至景帝陵二里，曹魏省。舊志：陽陵城在今高陵縣西南三十里。

平陵故城

平陵故城。在咸陽縣西北十五里。漢昭帝置，屬右扶風。魏改爲始平，晉時徙廢。寰宇記：平陵城，在今咸陽縣西北八十里。魏黄初中，改爲始平縣，苻秦移縣於茂陵故城，因而荒廢。郡國記云，平陵故城與茂陵故城相去二里。長安志：漢平陵縣，在今興平縣東二十里，咸陽縣平陵故城是。按：寰宇記云八十里，誤，當作「十八里」。

槐里故城。

在興平縣東南。本周犬丘邑。帝王世紀：周懿王二年，自鎬徙都犬丘。史記：漢元年，項羽立章邯爲雍王，王咸陽以西，都廢丘。漢書地理志：右扶風槐里，周曰犬丘，懿王都之。秦更名廢丘，高祖三年更名。晉書地理志：始平郡泰始三年置，治槐里縣。魏書地形志：扶風郡領槐里縣。水經注：縣南對渭水，北背通渠，晉太康中始平郡治也。其城遞帶防陸，舊渠尚存，即漢書所謂槐里環隄者也。括地志：槐里故城，在始平縣東南十里。寰宇記：犬丘城，一名槐里城，在今興平縣東南十里。魏黄初元年，於故城置扶風郡，至晉泰始中，郡徙理郿，改此城爲始平國，領槐里縣。後魏太平真君七年，自此城徙縣於今縣理西二十五里槐里故城，此城遂廢。長安志：故城周十二里。按：周勃傳云，勃攻槐里、好時最，又圍章邯廢丘。樊噲傳云，噲擊章邯，下槐里、柳中、咸陽，擢廢丘。是漢初有廢丘，又有槐里，其後置縣，乃統謂之槐里耳。隋志無槐里縣。周書閔帝時，槐里獻赤雀四。蓋隋初廢也。

茂陵故城。

在興平縣東北。漢書武帝紀：建元二年，初置茂陵邑。三輔黄圖：茂陵本槐里之茂鄉。寰宇記：茂陵故城，在今興平縣東北十九里，至宣帝始爲縣。晉併入始平縣，後魏曾於此置始平郡，領始平縣。太平真君七年廢郡，永安元年，又移始平於今縣東北十五里始平故城，此城遂廢。長安志：茂陵城周三里。

始平故城。

今興平縣治。隋大業中徙置。舊唐書地理志：京兆府興平，隋始平縣。景龍四年，中宗送金城公主入蕃別於此，因改金城縣。至德二載，改興平縣。元和志：興平縣東至府九十里。寰宇記：魏黄初元年，改平陵爲始平，因原以建名。歷晉時至苻堅，移於茂陵城。魏永安元年，又移於今縣東北十五里。恭帝元年，又移於縣東北二十五里。大象二年，復移於今縣東南十五里文學城。隋大業九年，自文學城移於今所。唐景龍四年，改爲金城縣，置於馬嵬故城。至德二載，復爲始平縣，尋又改爲興平。長安志：興平縣城周七里餘，隋大業九年築。按：唐景龍末，雖嘗徙縣馬嵬城，尋還故治也。

新豐故城。

在臨潼縣東北。史記：高帝十年，更名酈邑曰新豐。漢書地理志：京兆尹新豐，秦曰酈邑，高祖七年置。應劭曰，太上皇思東歸，於是高祖改築城寺街里以象豐，徙豐民以實之，故號新豐。西京雜記：高祖既作新豐，并移舊社衢巷棟宇，物色如舊。士女老幼，相依道路，各知其室，放牛羊雞犬於通塗，亦競識其家。水經注：魚池水，逕新豐縣故城東，後漢靈帝封段熲爲侯國，自故城西至霸城五十里。舊唐書地理志：隋新豐縣，置古新豐城北。垂拱二年，改爲慶山縣。神龍元年，復爲新豐。天寶七載省。寰宇記：昭應縣東十二里有故城，即漢新豐縣理所。後漢靈帝末，移安定郡陰盤縣寄理於此城，今亦謂之陰槃城。其新豐縣自陰槃寄理之後，又移理於故城東三十里，蓋在零水側。周閔帝元年，又徙於天寶廢新豐縣東南七里。隋大業六年，又移於天寶中廢縣所治。長安志：陰槃城，在臨潼縣東北十四里。兩京道里記曰，湯泉水徑陰槃故城東門外，去昭應十五里。漢新豐邑即此是。城東西、南北各三千一百步，往來大路，必由此城。按：新豐治所屢移，今細考之。括地志云，新豐故城在今新豐縣西南四里。宋白云，昭應縣東十三里有故城。寰宇記云，新豐城在昭應縣東十二里。此皆以漢縣言，即晉、魏之陰槃，舊唐志之古城，長安志所云縣東北十四里之陰槃城也。元和志云，新豐故城在昭應縣東十八里。今志亦云在縣東北十八里。此乃隋以後之新豐縣治，即舊唐志所云治古城北者，寰宇記云天寶中廢縣是也。至故城東三十里零水側之新豐，則自後漢末及晉、魏所治，天寶廢縣東南七里之新豐，則後周所治，今遺址多湮，府縣志混爲一城，非是。

陰槃故城。在臨潼縣東。漢縣在今邠州長武縣界。後漢末移置新豐故城。晉屬京兆郡。後魏太平真君七年，併入新豐，太和十一年復置，後廢。寰宇記：後漢靈帝末，移安定郡陰槃縣寄理新豐故城。後魏太和九年，自此移陰槃縣於今昭應縣東三十二里冷水西、戲水東司馬村故城〔二〕。縣志：司馬村在今縣東二十里。

昭應故城。今臨潼縣治。唐書地理志：天寶三載，析新豐、萬年置會昌縣，七載更縣曰昭應。舊唐書地理志：昭應縣，置温泉宮之西北。寰宇記：縣在雍州東五十八里。天寶初，明皇每歲十月幸温湯，歲盡而歸。以縣去湯泉稍遠，四年置會昌縣。後以太宗昭陵之故，數有徵應，宰臣稱賀，改爲昭應。長安志：開寶九年，詔秦始皇廟去昭應縣十里，今移縣就廟。大中祥符八年，避玉清昭應宮名，改縣曰臨潼。

櫟陽故城。在臨潼縣東北七十里。史記：秦獻公二年城櫟陽。十八年雨金櫟陽。漢書高帝紀：元年二月，項羽立秦將司馬欣爲塞王，都櫟陽。八月塞王欣降漢，二年漢王都櫟陽，令諸侯子在關中者，皆集櫟陽爲衛。七年自櫟陽徙都長安。地理志：左馮翊領櫟陽縣。又有萬年縣，高帝置。蘇林曰：櫟音藥。三輔黄圖：太上皇築櫟陽北原，因置萬年縣於櫟陽大城内，以爲奉陵邑。後漢建武二年，封景丹爲櫟陽侯。郡國志，馮翊有萬年而無櫟陽。徐廣曰：櫟陽，今萬年也。晉時萬年縣屬京兆郡，後魏仍屬馮翊郡。水經注：漆沮水逕萬年縣故城北爲櫟陽渠，城即櫟陽宫也。括地志：櫟陽故城，亦曰萬年城，在今櫟陽縣東北二十五里，雍州東北百二十里。元和志：櫟陽本秦舊縣，高帝既葬太上皇於櫟陽之萬年陵，遂分櫟陽置萬年縣，理櫟陽城中，故櫟陽城亦名萬年城。後漢省櫟陽入萬年，後周明帝省萬年入廣陽。

廣陽故城。

在臨潼縣北。後魏景明元年置，屬馮翊郡。隋改萬年，屬京兆郡。唐初更名櫟陽。元和志：櫟陽縣西南至京兆府一百里。本萬年，後魏宣武帝分置廣陽縣，周明帝更於長安城中别置萬年，廣陽仍屬馮翊郡。隋開皇三年罷郡，縣屬雍州。武德元年，改爲櫟陽。舊唐書地理志：櫟陽縣，天授三年隸鴻州，大足元年還隸雍州。唐書地理志：天祐三年屬華州。長安志：縣西南至府九十里，城周三里，櫟陽鎮在郭下。又有古縣城在縣北，東西五里，南北三里。元史地理志：至元初，併櫟陽入臨潼。明統志：櫟陽城在臨潼縣北五十里，今廢爲鎮。按：元和志謂隋仍爲廣陽，今考隋志京兆有萬年而無廣陽。新舊唐書皆云櫟陽即隋萬年，蓋隋開皇三年改周之萬年爲大興，復改廣陽爲萬年耳。又明統志以唐宋櫟陽即漢舊縣，以括地志、元和志考之，唐宋櫟陽乃後魏廣陽，漢縣又在其東北，合爲一城者誤。

高陵故城。

在今高陵縣西南。史記：秦昭王同母弟曰高陵君。漢書地理志：左馮翊高陵，左輔都尉治。關中記：光武東都之後，馮翊治高陵。魏略：建安初，詔分馮翊西數縣爲左右内史郡，治高陵。魏書地形志：馮翊郡高陵，郡治。元和志：縣西南至京兆府八十里。本秦舊縣，孝公置。魏改高陸。隋大業二年，復爲高陵。通典：魏黄初元年，改高陸縣。自此以前，其縣在今縣西南一里，後魏移居今所。長安志：漢縣在縣西一里，古城周七里。魏改高陸，其治在今縣西南，故城周二里。今縣城周二里一百二十步，南陵鎮在縣城内。

鄠縣故城。在今鄠縣治北。尚書序：啓與有扈戰于甘之野。左傳昭公元年：趙孟曰：「夏有觀、扈。」帝王世紀：扈至秦改爲鄠。漢書地理志：右扶風鄠，古國，有扈谷亭。扈，夏啓所伐。通典：鄠亦謂之扈。姚察訓纂云：户、扈、鄠三字，一也。元和志：縣東北至京兆府六十五里。故鄠城在縣北二里，夏扈國也。寰宇記：自漢至隋，皆於故鄠城置縣，其城周四里，頹垣尚在。大業十年，移於今所。

藍田故城。在今藍田縣西。史記六國表：秦獻公六年，初縣藍田。水經注：霸水北歷藍田川，逕藍田縣。竹書紀年：梁惠三年，秦子向命爲藍田君。蓋子向之故邑也。後周徙廢。長安志：藍田故城在縣西三十里。

故嶢柳城。今藍田縣治。水經注：渥水歷嶢柳城，東西有二城。魏置青泥軍於城内，世亦謂之青泥城。元和志：藍田縣東北至京兆府八十里。縣理城即嶢柳城，俗亦謂之青泥城。桓温伐苻健，使將軍薛珍擊青泥城，破之，即其處也。長安志：後周閔帝二年，析縣置玉山、白鹿縣，以三縣置藍田郡。武帝建德二年省郡，廢玉山、白鹿入藍田以隸京兆。自縣西三十里故城徙嶢柳城，今治是也。以前對嶢山，其中多柳，因取爲名。城周八里，今縣城但東南一隅而已。周三里八十步，凡三門。又青泥城在縣南七里。按：嶢柳城亦謂之青泥城，即今縣是也，未詳復有此城。

池陽故城。在涇陽縣西北。漢書地理志：左馮翊池陽，惠帝四年置。應劭曰：在池水之陽。魏書地形志：咸陽郡池陽，郡治。二漢屬左馮翊，晉屬扶風，後省。水經注：鄭渠東逕巀嶭山南、池陽縣故城北。元和志：漢池陽縣故城，在今涇陽縣西北二里，後魏廢。長安志：後周建德中省池陽縣。十道志云，舊池陽城，俗名迎冬城，城中有尹吉甫碑。後爲驛，今廢。

涇陽故城。在今涇陽縣東南。漢縣在今甘肅平涼府境，苻秦時移置於此。長安志：苻堅於今縣東南二十八里置涇陽縣。隋開皇三年，徙於廢咸陽郡，即今縣也。縣志：縣東南三十里有故縣郵，即故涇陽縣治也。俗訛爲沈陽城，或以爲故雲陽城、故池陽城者，皆誤。

咸陽故城。今涇陽縣治。十六國春秋：苻堅甘露二年，置咸陽郡。魏書地形志：咸陽郡領縣五：石安、池陽、靈武、寧夷、涇陽。元和志：涇陽縣南至京兆府七十里。後魏於今縣置咸陽郡，隋文帝罷郡，移涇陽縣於此。又長安志有胡縣城，在縣西南角，舊志在縣西南二里，建置無考。

雲陽故城。在涇陽縣北。漢縣在今邠州淳化縣界。後魏時改置于此，屬北地郡。後周置雲陽郡。隋開皇初廢郡，以縣屬京兆。唐因之。元和志：縣西南至府一百十里。後魏於今理別置，漢故縣在縣西北八十里。寰宇記：縣在耀州西南七十里。唐武德三年，置於石門縣南十五里水衝城。貞觀元年，改爲池陽。八年，仍改雲陽。垂拱二年，改爲永安縣。天授二年，置鼎州。久視元年，州廢，縣仍隸府。神龍初，復爲雲陽縣。後唐同光初，割屬耀州。長安志：雲陽縣，後魏太平真君七年別置。開寶九年，詔唐宣宗廟去雲陽縣鎮四十里，今移縣就廟。縣城周二里餘。縣志：雲陽故城，在縣北三十里。今雲陽鎮東有舊城址。又有舊鼎州城，在縣西北四十里，即長街鎮。

三原故城。在今三原縣東北。元和志：縣西南至京兆府一百十里。本漢池陽縣地，苻秦于嶻嶭山北置三原護軍。後魏太武七年，改置三原縣，屬北地郡。永安元年，置建忠郡。開皇三年屬雍州。舊唐書地理志：三原縣，武德四年移治清谷南故任城，改爲池陽縣。六年，又移故所，改爲華池縣，仍分置三原縣，屬泉州。貞觀元年，廢三原縣，仍改華池爲三原。寰宇記：三原縣，後唐割屬耀州，在州南五十里。長安志：後魏永安元年，徙縣于清水山。後周建德二年，建忠郡廢，以縣屬馮翊郡，今縣治西北三十一里三原故城是。開寶九年，詔唐祖廟去三原縣鎮十八里，今移縣就鎮，縣城周二里餘一百二十步。縣志：元至元二十四年，移治龍橋鎮，即今治也。故城在縣東北三十里。明弘治三年，縣民巨海言縣在耀州正南九十里，去西安府亦九十里，山路崎嶇，跋涉艱難，因改屬西安府。

建忠故城。在三原縣東北。北史毛遐傳：蕭寶夤搆逆，遐與弟洪賓，於馬祇柵建旗鼓以拒之，寶夤敗。明帝乃改北池郡爲北雍州，以洪賓爲刺史，改三原縣爲建忠郡，以旌其兄弟。元和志：後魏孝昌三年，蕭寶夤逆亂，毛洪賓立義柵捍賊。永安元年，於此置北雍州，亦謂之洪賓柵。其故城在縣北五十五里。寰宇記：永安故城，即後魏北雍州城。孝武帝永熙元年移北雍州於今宜州，仍於城中置永安鎮。按：長安志永安故城今在富平縣界，邠州志云在今淳化縣東五十里，蓋在三原與淳化及耀州接界處。今三原志謂永安城在縣東北四十里，恐誤。

盩厔故城。在今盩厔縣東。魏書地形志：扶風郡盩厔，漢武帝置。後漢、晉罷，後復。隋書地理志：京兆郡盩厔，後周置周南郡及恒州，又有倉城、溫湯二縣，尋並廢。唐書地理志：鳳翔府盩厔，本隸雍州。天寶元年，更名宜壽，至德二載復故名。乾寧中隸乾州，天復元年來屬。元和志：縣東北至京兆一百三十里，漢舊縣。山曲曰盩，水曲曰厔。寰宇記：縣在鳳翔府東南二百里。後周天和二年，移於今鄠縣西北三十五里，又割雍州之終南郡於此置恒州，領周南郡。建德三年，從鄠西北移於今所。長安志：縣城周五里。又故縣谷在縣西，倉谷在縣西南，二谷相近，倉城縣當在其處。

終南故城。在盩厔縣東。唐武德元年，分盩厔縣置，屬雍州。貞觀八年廢。宋初爲盩厔縣清平鎮。大觀元年，升爲清平軍，復置終南縣，屬京兆府，以軍使兼知縣事。金廢軍。元至元初并省縣。縣志：清平軍城，在今縣東二十五里。

渭南故城。在今渭南縣東南。十六國春秋：苻堅甘露二年，置渭南縣。隋書地理志：京兆郡渭南，後周廢。括地志：渭南故城在縣治東南四里，西魏大統十六年築。元和志：縣西至京兆府一百三十里。寰宇記：縣在華州西三十五里。本漢新豐縣地，苻堅新置，漢初有渭南郡，因以取名。後魏孝昌三年，於今縣東四里明光原上置渭南郡及南新豐縣。西魏廢帝三年，改南新豐爲渭南縣。周建德二年省郡，以縣屬京兆府。隋開皇十四年，自明光原移於今理。周顯德三年，自京兆割隸華州。長安志：縣城周三里餘，隋大業九年築。故城在縣城北，周十里餘，疑即苻堅所置縣也。

下邽故城。在渭南縣東北。漢書地理志：京兆尹領下邽縣。應劭曰：「秦武公伐邽戎置。有上邽，故加『下』。」三輔黄圖：下邽縣後漢併鄭，桓帝西巡復之。魏書地形志：蓮勺縣有下邽城。隋書地理志：馮翊郡下邽舊置延壽郡，開皇初郡廢。元和志：縣東南至華州八十里。本秦舊縣，後魏避道武帝諱，改爲夏封，大業二年復舊。後魏屬馮翊，隋屬華州，東北隔渭水八十里，廢城在縣東南三十五里。地志云，秦下邽縣也，自漢及晉不改，魏初移於雄霸城。水經注云渭水逕下邽故城南，即此也。隋大業十一年，自此城移於西魏廢延壽郡城，即今縣理。縣志：下邽故城在縣北五十里，元省入渭南，遺址猶存。

蓮勺故城。在渭南縣東北。漢書宣帝紀：曾孫嘗困於蓮勺鹵中。地理志：左馮翊領蓮勺縣。如淳曰：蓮音輦，勺音灼。後漢因之。晉、魏屬馮翊郡。水經注：沮水東逕蓮勺縣故城北。十三州志曰，縣以草受名也。隋書地理志：大業初，併蓮勺入下邽。元和志：故城在下邽縣東二十二里。寰宇記：在縣北二十二里。後秦姚萇廢，後魏太和三年，改馮翊爲延壽郡，蓮勺縣仍舊。隋開皇十年罷郡，以蓮勺屬華州。大業三年，省入下邽。縣志：蓮勺故城，在縣東北七十里，即來化鎮是。按：地形志馮翊郡蓮勺下云有下邽城，是下邽，魏廢縣也。後西魏大統三年復置，兼置延壽郡。寰宇記謂太和三年改馮翊爲延壽，蓋「太和」爲「大統」之譌。又「改」當作「分」，傳寫誤也。

懷德故城。在富平縣西南。水經注：沮水歷土門東原下，東逕懷德城南，城在北原上。通典：晉移富平縣於今縣西南懷德城。寰宇記：懷德故城，在今富平縣西南十一里，非漢懷德縣也。蓋後漢末及三國時，因漢舊名，於此立縣。今有廢城存。長安志：故城在縣西十五里，周三里。縣志：俗名懷陽城，在縣西北十里許。按：水經注、括地志俱以懷德故縣在今同州府朝邑縣界，寰宇記亦謂在富平者，爲漢末僑置。然漢志懷德有荆山，而括地志、寰宇記諸書皆謂山在富平，亦自相矛盾。今以荆山實在富平，而朝邑無之，姑從舊志採入，并存朝邑之懷德以俟考。

富平故城。在今富平縣東北。漢縣在今甘肅寧夏府界，三國魏移置於此。宋書傅弘之傳：北地郡漢末失土，寄寓馮翊，置富平縣。元和志：縣西南至京兆府一百五十里。周閔帝於縣置中華郡，武帝省郡，以縣屬馮翊。開皇三年，改屬雍州。寰宇記：縣在耀州東南五十里。前漢理在今靈州迴樂縣界，後漢理在今寧州彭原縣界，晉移於今縣西南懷德城。後魏大統五年，自懷德城移於今理。唐開元中又移於義亭城，蓋古鄉亭也。長安志：開寶九年，詔後周太祖廟去富平縣鎮十三里，今移縣就廟，縣城周三里十步。縣志：後魏徙縣於今縣西南三里石川河之陽。唐開元中，徙於今縣東北十里。元至元初，爲都爾蘇所殘破，守將張思道遂依窰橋之險爲縣，即今治也。又中華郡城，在縣南十里强梁原，原上有二石人，俗以爲即故郡門。「都爾蘇」舊作「脱列宿」，今改。

頻陽故城。在富平縣東北五十里，接同官縣界。史記：秦厲共公二十一年，初縣頻陽。漢書薛宣傳：頻陽縣北，當上郡、西河，爲數郡湊。地理志：左馮翊頻陽縣。水經注：頻陽縣城北有頻山，縣在山南，故名頻陽。元和志：頻陽故城，在美原縣西南三里。長安志：在美原縣西南五里，周六里餘。

美原故城。在富平縣東北，唐置，本後魏土門縣也。元和志：縣西南至京兆府一百八十里。寰宇記：在耀州東七十里。長安志：美原縣本秦漢頻陽之地，苻秦時於此置土門護軍。後魏太平真君七年罷護軍，地入同官縣。景明元年省頻陽，分同官置土門縣，屬北地郡。因縣界頻山，有二土闕，狀似門，故曰土門。隋大業二年省，義寧二年復置，屬宜州。唐貞觀十七年省。咸亨二年，又析富平、華原及同州蒲城縣，置美原縣於土門縣。天授二年，又隸宜州。大足元年，還屬雍州。天復中，李茂貞墨制以縣爲鼎州。梁貞明初，改爲裕州，隸崇州。後唐同光元年，復爲美原縣，隸耀州。縣城周二里餘。元史地理志：至元元年，併美原入富平。耀州志：美原故城，在富平縣東北六十里。又土門故城，在縣東七十里明月山下。富平縣志：土門城在頻陽縣西北十里，今爲土門坊，苻秦時土門護軍城也。

谷口故城。在醴泉縣東北七十里。史記：范雎説秦昭王曰：「大王之國，北有甘泉谷。」又漢興以來將相年表：孝文後三年，置谷口邑。後漢省。括地志：谷口故城，在醴泉縣東北四十里。元和志：漢谷口縣，在九嵕山東仲山西，當涇水出山之處，故謂之谷口。

醴泉故城。在今醴泉縣東北。隋書地理志：京兆郡醴泉，後魏曰寧夷，西魏置寧夷郡。後周改爲寧秦郡，後省，又以新時、甘泉二縣入焉。開皇十八年，改爲醴泉。元和志：醴泉縣東南至京兆府一百二十里。本漢谷口縣地，後漢及晉又爲池陽縣，後魏改爲寧夷縣。隋改爲醴泉縣，以縣界有周醴泉宫，因以爲名。舊唐書地理志：醴泉隋寧夷縣，後省。貞觀十年，置昭陵於九嵕山，因析雲陽、咸陽二縣，置醴泉縣。寰宇記：醴泉縣城，即古仲橋城。九域志：縣在京兆府西北七十里。長安志：縣東南至京兆府九十里，城周二里一百步。　按：寰宇記縣去京兆府里至，與元和志同，而九域、長安二志與寰宇記異，是太平興國以來、元豐以前曾徙置，而二志未之詳也。　縣志云，唐縣城，即今縣東北十里之泔北鎮。　又有宋縣，在今縣東少南三十里，元末始移于今治。

祋祤故城。在耀州東。漢置。　漢書地理志：左馮翊祋祤縣，景帝二年置。　水經注：黄嵚水逕祋祤縣故城西，縣以溪名。　顔師古曰：「祋祤，蓋軍士禱祀之名。祋音丁活反，又音丁外反。祤音詡。」元和志：祋祤故城，在華原縣東南一里。　長安志：魏文帝自今寧州彭原縣界富平故城，徙北地郡於此，其縣遂廢。　又趙師民守耀州，以爲祋祤字從示，悉祭神求福之意，疑秦地尚武，以譽兵得名。　州志：故城在今州東一里。以宣帝時鳳凰所集，今人猶呼爲鳳凰臺。

泥陽故城。在耀州東南。漢舊縣在今甘肅慶陽府寧州界，三國時魏徙置於此。　晉書地理志：北地郡治泥陽縣。　南史傅弘之傳：弘之北地泥陽人。　舊屬靈州，漢末失土，寄馮翊，置泥陽縣。　魏書地形志：北地郡，魏文帝分馮翊之祋祤立，領泥陽縣。　元和志：華原縣西南至京兆府一百六十里。　隋開皇六年，改泥陽爲華原。　泥陽故城，在縣東南十七里。　長安志：後魏徙北地郡於通川故城，罷泥陽入富平，後又於泥陽置北雍州，宣武時復泥陽。

銅官故城。在同官縣東北。後魏置。　元和志：同官縣西南至京兆府二百十里。本漢祋祤縣地，晉屬頻陽。苻秦於祋祤城東北銅官川，置銅官護軍。後魏太武帝改置銅官縣，屬北地郡。周作同官，屬宜州。　通典：後魏以前作銅官，隋以後作同官。　寰宇記：在耀州東北五十里。　長安志：後周建德四年，自今縣東南十里同官故縣徙於今治。　縣城周一里，無城壁。　有弩臺二，一在縣北一里，一在縣西南一里。

古豐邑。在鄠縣東，即古崇國也。　詩大雅：「既伐於崇，作邑於豐。」左傳：康有酆宮之朝。　史記周本紀：西伯伐崇侯虎而作豐邑，自岐下遷都豐。　後漢書郡國志：酆在杜陵西南。　杜預左傳注：酆在鄠縣東，有靈臺。　括地志：周酆宮在鄠縣東三十五里。　寰宇記：文王作豐，今長安縣西北靈臺鄉豐水上游是也。　雍録：武王改邑於鎬，豐宮元不移徙，每遇大事，如伐商作洛之類，皆步自宗周而往，以其事告於豐廟。縣志：周豐宮在豐水西，去縣三十里。

古鎬京。在長安縣西南。詩大雅：「考卜維王，宅是鎬京。」後漢書郡國志：鎬在上林苑中。三輔決録：鎬在酆水東，酆在鎬水西，相去二十五里。帝王世紀：武王自酆居鎬，是爲宗周，今鎬池即其故都。水經注：鎬水上承鎬池於昆明池北，周武王之所都也。自漢帝穿昆明池於是地，基溝淪陷，今無可究。括地志：鎬京在雍州西南三十二里。元和志：周武王宮，即鎬京，在長安縣西北十八里。

奉明舊縣。在長安縣北。漢書宣帝紀：元康元年，益奉明園户爲奉明縣。地理志：京兆尹奉明，宣帝置，後漢廢。水經注：王渠自霸門外，東逕奉明縣廣成鄉之廉明苑南。長安志：朱雀街西第四街之休祥坊内有漢奉明園，園北即奉明縣。

乾封舊縣。在長安縣南。元和志：乾封元年，分長安置乾封縣，理懷真坊，長安三年廢。長安志：朱雀街西第一街，街西從北第五坊曰懷真坊，東北隅有廢乾封縣廨。

南陵舊縣。在咸寧縣東南。漢書地理志：京兆尹南陵，文帝七年置。寰宇記：南陵，漢爲縣，在萬年縣東南二十四里白鹿原，後漢省。漢舊儀云，即文帝薄太后葬之所，亦謂南霸陵，因置縣以奉寢陵。

山北舊縣。在咸寧縣東南。魏書地形志：京兆郡領山北縣。隋書地理志：大興有西魏山北縣，後周廢。寰宇記：姚興置山北縣，周天和三年廢。縣志：山北廢縣，在縣東南五十里，以在終南山北而名。

明堂舊縣。在咸寧縣南。舊唐書地理志：乾封元年，分萬年置明堂縣，治永樂坊。長安三年廢，復併萬年。寰宇記：總章元年，置明堂縣。其地本越王侑宅，後縣廢，以其廨地賜駙馬裴巽。

靈武舊縣。在咸陽縣東。漢縣在今寧夏府界，晉時徙置於此。魏書地形志：咸陽郡靈武，前漢屬北地，後漢罷，晉復。太平真君七年，分屬，後廢。晉載記：建興初，劉曜逼長安，麴鑒自阿城進救，追曜至零武。縣志：縣東有零武鄉，廢縣蓋在此，

「零」即「靈」之訛也。

昌陵舊縣。在臨潼縣東。漢書成帝紀：鴻嘉元年，以新豐戲鄉爲昌陵縣，奉初陵。永始元年，詔罷昌陵。關中記：昌陵在霸城東二十里。寰宇記：三輔黃圖云，成帝於霸陵北步昌亭起昌陵，即成帝之廢陵也。

舊鄣縣。在臨潼縣西北。魏書地形志：馮翊郡鄣縣，太和二十二年置。水經注：渭水又東逕鄣縣西。蓋隴西郡之鄣徙也。通典：後魏孝文帝分萬年置鄣縣。

粟邑舊縣。在臨潼縣東北。舊唐書地理志：武德元年分櫟陽，置平陵縣，二年改爲粟邑縣，貞觀八年廢入櫟陽。長安志：粟邑鎮，在櫟陽縣東北三十四里石川河東。

鴻門舊縣。在臨潼縣東，接渭南縣界。舊唐書地理志：天授二年置鴻州，分渭南置鴻門縣，凡領渭南、慶山、高陵、櫟陽、鴻門五縣，尋廢鴻門縣，還入渭南。大足元年，廢鴻州入雍州。寰宇記：天授二年，於慶山縣界零口置鴻州，取慶山、渭南兩縣十二鄉，於郭下置鴻門縣。至久視元年廢州，並廢鴻門縣。

鹿苑舊縣。在高陵縣西南。舊唐書地理志：武德二年，分高陵置鹿苑縣。貞觀元年，廢入高陵。縣志：唐析涇河以南置鹿苑縣，今縣西二十五里鹿苑原上有鹿臺城，元至正末，李思齊築，尋廢。或謂此即唐鹿苑縣舊址。

玉山舊縣。在藍田縣東。後周閔帝二年，析藍田縣置，屬藍田郡。建德二年省。唐武德三年，復分藍田置。貞觀元年廢。長安志：周玉山故城，在藍田縣東二十五里。唐玉山故城，在縣東四十三里，今名萬金堡。

白鹿舊縣。在藍田縣西，亦周閔帝置，武帝省。唐武德二年，復分藍田置白鹿縣。三年，改爲寧民。貞觀元年省。長安志：白鹿故城，在藍田縣西十二里。寧民舊城，在縣西南三十二里。

石門舊縣。在涇陽縣北。史記：秦獻公二十一年，與晉戰於石門。括地志：石門在三原縣西北，武德中，於此置石門縣。舊唐書地理志：武德元年，分雲陽縣置石門縣。三年，於石門縣置泉州，領石門、温秀二縣。貞觀元年廢泉州，改石門爲雲陽，屬雍州，八年廢。

靈源舊縣。在渭南縣西南。隋書地理志：西魏分渭南置靈源、中源二縣，後周並廢入渭南。縣志：西魏靈源縣，在縣西南，與靈源泉相近，縣以泉名也。

温秀舊縣。在醴泉縣東北。唐書地理志：武德元年，析醴泉置温秀縣。三年，以石門、温秀置泉州。貞觀元年州廢，省温秀。長安志：後魏武帝於谷口置温秀護軍，唐置縣，以縣北温秀嶺爲名。

下杜城。在長安縣南故杜縣西。漢書宣帝紀：「曾孫尤樂杜、鄠之間，率常在下杜。」注：「孟康曰：在長安南。師古曰：即今之杜城。」水經注：沈水又西北逕下杜城，即杜伯國也。又長安城覆盎門南有下杜城，應劭曰：「故杜陵之下聚落也。」括地志：下杜城在長安縣東南九里。寰宇記：城在長安縣安宣門南七里。長安志：在長安縣南十五里，其城周三里一百七十三步。史記曰秦武公十一年初縣杜，即此地也。漢宣帝時修杜之東原爲陵，曰杜陵縣，更名此爲下杜城。廟記曰，下杜城即杜伯所築。城東有杜原，城在原下，故曰下杜。按：下杜在杜、鄠二縣之間，漢書文本甚明，應劭以爲杜陵之聚落者最合。長安志謂下杜本杜縣，至宣帝移於杜陵，其説特本寰宇記，恐未可據。

夾城。在咸寧縣東。長安志：開元二十年，築夾城入芙蓉園，自大明宮夾東羅城複道，經通化門觀以達興慶宮，次經春明、延喜門，至曲江芙蓉園，而外人不之知也。又元和十二年，中尉第五守進築夾城，自雲韶院過芳林門，至修德里，達興福寺。開門曰元化，造樓曰晨暉。長安圖説：宣宗於夾城南頭開門，自芙蓉園北入青龍寺，俗號新開門。

安西王城。在咸寧縣東北。長安圖：奉元城東北有安西故宫。縣志：元世祖封其子莽噶拉爲安西王，築宫城於此。今遺址尚存，俗名之爲阿兒埰。「莽噶拉」舊作「忙阿剌」，今改。

小槐里城。在興平縣西，接武功縣界。三國魏楊阜爲武都太守，先主取漢中以逼下辯，魏武以武都孤遠，欲移之。阜威信素著，徙郡小槐里，百姓襁負而隨之。水經注：渭水逕槐里縣之故城南，李奇謂之小槐里，即槐里之西城也。長安志：東已有槐里，故以此城爲小槐里城。

文學城。在興平縣東南，相近有武學城。元和志：武學故城在縣東南十里。寰宇記：後周大象二年，移始平於今興平縣東十五里文學城。長安志：文學城在縣東。十道志云，今謂之故縣城。武學城與文學城相接，並秦章邯築。

樊噲城。在興平縣。長安志：在縣南十里。西京記曰，漢王襲雍，章邯敗走廢丘城，命將軍樊噲圍之，於城西築臺以望之。今縣南有武延臺，疑即是焉。

馬嵬城。在興平縣西二十五里。舊唐書明皇紀：天寶十五載，帝幸蜀次馬嵬城，命高力士賜貴妃自盡。元和志：馬嵬故城，在縣西北二十三里。馬嵬，人名，於此築城以避難，未詳何代人也。寰宇記：馬嵬驛，有端正樹存焉。長安志：姚萇時扶風王駢，以數千人保馬嵬故城。又馬嵬驛在縣西二十里。

驪戎城。在臨潼縣東。左傳莊公二十八年：晉伐驪戎，驪戎男女以驪姬。史記：秦始皇二十五年，置麗邑，三十五年，徙三萬家麗邑。漢書地理志：新豐故驪戎城，秦曰驪邑。水經注：戲水逕驪戎城東。寰宇記：驪戎故城，在昭應縣東二十四里。長安志：兩京道里記曰城周四里。

蕞城。在臨潼縣東北。史記：趙悼襄王四年，龐煖將鋭師攻秦蕞。後漢書郡國志：新豐有蕞城。又後漢書更始三年，使李松軍掫。注云：新豐有鴻門亭，掫城蓋即蕞城也。又縣東北六十里交口渡有交口城，世傳唐李靖所築，或謂之李靖營。

鐘官城。在鄠縣東北。唐書太宗紀：貞觀十八年幸鐘官城。元和志：鐘官故城，一名灌鐘城，在鄠縣東北二十五里。蓋始皇收天下兵器銷爲鐘鐻，此或其處。

思鄉城。在藍田縣。元和志：在縣東南三十三里。宋武帝征關中，築城於此，南人思鄉，因以爲名。長安志：城旁多柳，亦名柳城。

宜秋城。在涇陽縣西北。水經注：鄭渠瀆東逕宜秋城北。

黄白城。在三原縣東北十里。後漢書董卓傳：興平二年，李傕欲徙帝於池陽黄白城。水經注：清水逕黄白城西，本曲梁宫也。元和志：黄白城在縣西南十五里，秦曲梁宫在城内。

長城。在盩厔縣東南。水經注：駱谷水北流逕長城西。魏甘露三年，姜維出駱谷圍長城，即斯地也。通鑑：晉永和五年，梁州刺史司馬勳出駱谷，破趙長城戍，壁於懸鉤，去長安二百里。使治中劉焕攻長安，又拔賀城。地理通釋：懸鉤，在長城戍東，地險固，内控駱谷之口，外通雍豫之境。

五郡城。在盩厔縣。長安志：在縣東南三十里，周三里。舊説有義兄弟五人共居此城，不詳建立。

休屠王城。在渭南縣南十里。長安志：舊説匈奴休屠王部落入漢，築此城以居，因名。

甘泉城。在渭南縣東北。寰宇記：城在下邽縣東南四十里，以此地水多鹹苦，城中井泉獨甘，故名。亦謂之夏王城，俗傳赫連勃勃所築。明統志：在縣東北九十里。縣志：來化鎮之西，地名甘泉社，甘泉城當在其處。

石倉堡城。在渭南縣。長安志：在縣東三里。又張堡城，在縣東南三十里。姚堡城，在縣南二十里。青原堡城，在縣西南二十五里。嚴堡城，在縣西南三十里。

秦穆公城。在富平縣東南二十五里。長安志：在縣南三十里，西南二面有牆。

廣武城。在富平縣東北十五里鹵原上。魏書地形志：頻陽有廣武城。

當道城。在富平縣東北。水經注：沮水東逕當道城南。城在頻陽縣故城南。

阿房宫。在長安縣西北。史記秦始皇本紀：三十五年，始皇以爲咸陽人多，先王之宫庭小，乃營作朝宫渭南上林苑中。

先作前殿阿房，東西五百步，南北五十丈，上可以坐萬人，下可以建五丈旗。周馳爲閣道，自殿下直抵南山，表南山之巔以爲闕。爲複道，自阿房渡渭，屬之咸陽，以象天極閣道絶漢抵營室也。阿房宮未成。成，欲更擇令名名之。作宮阿房，故天下謂之阿房宮。三輔黄圖：阿房宮亦曰阿城。惠文王造未成，始皇廣其宮，規恢三百餘里。離宮別館，彌山跨谷，輦道相屬，閣道通驪山八十餘里。關中記：阿房殿在長安西南二十里。水經注：昆明池水北逕秦阿房宮西。又鎬水逕磁石門西。門在阿房前，悉以磁石爲之，令四夷朝者有隱甲懷刃入門，脅之以示神。顔師古漢書注：「阿房宮牆壁崇廣，故俗呼爲阿城。」史記正義：「阿房宮在上林苑中，今雍州郭城西南面，即阿房宮城東南面也。」元和志：阿房宮在長安縣西北十四里。又磁石門在咸陽縣東南十五里。東南有閣道，即阿房宮之北門也。長安志：阿城在長安縣西二十里，西北二面有牆，南面無牆。周五里百四十步，今悉爲民田。

長樂宮

在長安縣西北故城中。漢書：高帝五年，治長樂宮，七年宮成。三輔黄圖：長樂宮，本秦之興樂宮也。三輔舊事、宮殿疏皆曰秦始皇造，漢修飾之。周圍二十里，前殿東西四十九丈七尺，兩杼中二十五丈，深十二丈。有鴻臺，有臨華殿，有温室殿，有長信、長秋、永壽、永寧四殿。高帝居此宮，後太后常居之。在長安中，近東直杜門。隋書地理志：大興有長樂宮。括地志：漢長樂宮，在長安縣西北十五里長安故城中。雍録：未央在漢城西隅，而長樂乃其東隅也。漢都長安，兩宮初成，朝諸侯羣臣，乃於長樂，不在未央也。自惠帝以後，皆居未央宮，而長樂常奉母后，故凡語及長樂者，多曰東朝。

未央宮

在長安縣西北。漢書高帝紀：七年，蕭何治未央宮，立東闕、北闕、前殿、武庫、太倉。上見其壯麗，甚怒，何曰：「天子以四海爲家，非壯麗無以重威，且無令後世有以加也。」又翼奉傳：孝文時，未央宮獨有前殿、曲臺、漸臺、宣室、温室、承明耳。西京雜記：未央宮因龍首山製前殿，建北闕，周迴二十二里九十五步五尺，街道周迴七十里。臺殿四十三，其三十二在外，其十一在後宮。池十三，山六，池一、山一亦在後宮。門闥凡九十五。三輔黄圖：未央宮周迴二十八里，前殿東西五十丈，深十五丈，高三十五丈，有宣室、麒麟、金華、承明、武臺、鉤弋等殿。又有殿閣三十二，有壽成、萬歲、廣明、椒房、清涼、永延、玉堂、壽安、平就、宣德、東明、飛雨、鳳凰、通光、曲臺、白虎等殿。廟記云，未央宮有增城、昭陽殿。漢宮殿疏曰，未央宮有麒麟閣、天禄閣、金馬門、青瑣門、玄武倉龍二闕、朱鳥堂、畫堂、甲觀、非常室。又有鉤盾署弄田。三輔決録曰，未央宮有延年、合歡、四車等殿。漢宮閣記云，未央宮有宣明、長年、温室、昆德四殿。又有玉堂、增盤閣、宣室閣。三輔舊事云，武帝於未央宮起高門、武臺殿。漢武故事云，神明殿在未央宮。王莽改未央宮曰壽成室，前殿曰王路堂。按舊圖，漸臺、織室、凌室，皆在未央宮。元和志：漢未央宮，在長安縣西北十四里長安故城中。長安志：宮在唐禁苑中，去宮城二十一里。武宗會昌元年，因遊畋至未央宮，見其遺址，詔葺之，尚有殿舍二百四十九間。作正殿曰通光殿，東曰詔芳亭，西曰凝思亭，立端門，命翰林學士裴素撰記。

桂宮。在長安縣西北。三輔黄圖：桂宮，漢武帝造，周迴十餘里。漢書曰，有紫房複道通未央宮。關輔記云，桂宮在未央宮中，有明光殿，土山複道，從宮中西上城，至建章神明殿蓬萊山。三秦記：未央宮漸臺西有桂宮。又西京雜記云，武帝爲七寶牀，雜寶案，厠寶屏風，列寶帳，設於桂宮，時人謂爲四寶宮。水經注：未央宮北即桂宮也，内有走狗臺、柏梁臺。元和志：桂宮在長安縣西北十三里長安故城中。

北宮。在長安縣西北。漢書郊祀志：武帝置壽宮、北宮，以禮神君。三輔黄圖：北宮近桂宮，高帝草創，孝武增修之。中有前殿廣五十步，珠簾玉户如桂宮。括地志：壽宮、北宮，皆在今長安縣西北二十里長安故城中。長安圖：北宮、桂宮、明光宮，皆在未央宮北。今殿址十餘所，皆高數丈，廣數畝。

建章宮。在長安縣西。漢書武帝紀：太初元年，起建章宮。又郊祀志：柏梁災，越巫勇之曰：「越俗有火災，復起屋，必以大，用勝服之。」于是作建章宮，度爲千門萬户。前殿度高未央。其東則鳳闕，高二十餘丈。其西則唐中〔三〕，數十里虎圈。其北治大池，漸臺高二十餘丈，名曰太液，池中有蓬萊、方丈、瀛洲、壺梁，象海中神山龜魚之屬。其南有玉堂壁門大鳥之屬。立神明臺、井幹樓，高五十丈，輦道相屬焉。三輔黄圖：建章宮，在未央宮西，長安城外。武帝於未央宮營造日廣，以城中爲小，乃於宮西跨城池作飛閣，通建章宮，搆輦道以上下。宮之正門曰閶闔，高二十五丈，亦曰璧門。在鳳闕，高二十五丈。右神明臺。門内北起別風闕，高五十丈，對峙井幹樓。輦道相屬，連閣皆有罘罳。前殿下視未央，其西則廣中殿，受萬人。又有駘蕩、馺娑、枍詣、天梁、奇華、鼓簧等宮。神明臺上有承露盤，有銅仙人舒掌捧銅盤玉杯，以承雲表之露。關中記：建章宮周二十餘里。水經注：堨水、陂水北出逕建章宮東，於鳳闕南東注沈水。又北逕鳳闕東。闕高十七丈五尺，俗言貞女樓，非也。關中記曰，建章宮圓闕臨北道，有金鳳在闕上，高丈餘，故號鳳闕也。沈水又北逕神明臺東。黄圖曰，神明臺上有九室，今人謂之九子臺，而實非也。沈水又逕漸臺東，漸，浸也，爲池水所漸。一説，星名也。南有璧門三層，高三十餘丈。元和志：建章宮在長安縣西二十里，神明臺在縣西北二十里，俱長安故城西。雍録：建章宮與未央諸宮隔城相望，故跨城而爲閣道。長安圖：今故城西有大基十餘，皆高數丈，廣數畝。

鉤弋宮。在長安縣西北。漢書外戚傳：孝武趙倢伃居鉤弋宮。太始三年生昭帝，號鉤弋子。妊身十四月乃生，帝曰「聞昔堯十四月而生，今鉤弋亦然」，乃命其所生門曰堯母門。顔師古注：「黄圖鉤弋宮在城外。漢武故事曰，在直門南也。」

宣曲宮。在長安縣昆明池西。漢書東方朔傳：武帝建元三年微行始出。後乃私置更衣，從宣曲以南十二所，中休更衣，投宿諸宮，長楊、五柞、倍陽、宣曲尤幸。顔師古曰：「昆明池西有宣曲宮。」按：漢諸宮在今長安縣西上林苑中者尤多。今可考者，外戚傳宣帝霍后、成帝許后，皆退居昭臺宮。元帝馮昭儀，居儲元宮。師古曰，二宮俱在上林苑中。又江充傳武帝召見犬臺宮，黄圖在長安西二十八里上林苑中。匈奴傳元壽二年，單于來朝，舍之上林苑蒲萄宮，黄圖在上林苑西。又有扶荔宮，亦在上林苑中。元鼎六年破南越，以植所得荔枝而名。

太極宮。在長安縣北故宮城内，即隋大興宮，唐西内也。舊唐書地理志：西内正門曰承天，正殿曰太極，太極之後殿曰兩儀。内别殿亭觀三十五所。長安志：龍朔後，天子常居大明宮，乃謂此宮曰西内。神龍元年，又改曰太極宮。南面有六門，正殿南曰承天門，門東曰長樂門，次東曰廣運門，有内府左藏庫，次北有舊右藏庫，後有中書省，西北有武庫。西入安仁門，又北肅章門，門内入宮中。次東曰承福門，即東宮之正門。門東西有左、右永福門。次東曰永春門。承天門之西曰永安門。若元正、冬至陳樂設宴，會赦有罪，除舊布新，則御承天門以聽政焉。東面一門曰鳳凰門。西面二門，南曰通明門，北曰嘉獻門。北面三門，正北曰定武門，次東曰安禮門，東宫北曰元德門。當承天門内，北曰太極門，隋曰大興門，貞觀八年改。其内正殿曰太極殿，隋曰大興殿，武德元年改。朔望視朝，則登此殿。東廊有左延明門，西廊有右延明門。太極門外、承天門之内曰嘉德門，東廊有歸仁門，西廊有納義門。嘉德門東有恭禮門，西有安仁門。門下省在右延明門東南，中書省在右延明門西南。舍人院、弘文館，在門下省東，武德四年置，聚天下書籍。史館，在門下省北，貞觀三年置。太極殿北曰朱明門，左曰乾化門，右曰肅章門，西曰輝政門。乾化門東曰武德門，其内曰兩儀殿，在太極殿後，隋曰中華殿，貞觀五年改。常日聽政視事，則臨此殿。其西萬春殿、新殿、千秋殿、公主院。左有獻春門，右有宜秋門、百福門，門内曰百福殿，宣宗改雍和殿，内有親親樓。承慶門内曰立政殿。立政門東内曰大吉門，門内曰大吉殿。甘露門内曰甘露殿，在兩儀殿之北。殿門外有東西永巷。東出横門，又東有日華門。西出横門，又西有月華門。院北有東西千步廊，西有掖庭。左有神龍門，内曰神龍殿，在武德殿後。右曰安仁門，内有安仁殿，在甘露殿西乾化門内。佛光寺在神龍殿西。歸真觀在安仁殿後，觀後有綵絲院，院西有淑景殿，殿西有第三落，次西第四落，又次西第五落。延嘉殿在甘露殿近北，殿南有金水河往北流入苑。殿西有咸池殿。延嘉北有承香殿，殿東即玄武門，北入苑。殿西有昭慶殿。昭慶殿西有凝香閣，閣西有鶴羽殿。延嘉西北有景福臺，臺西有望雲亭。延嘉東有紫雲閣，閣西有南北千步廊舍，南至尚食院，西北盡宫城，閣南有山水池，次南即尚食内院。紫雲閣之西有凝陰殿，殿南有凌烟閣，貞觀十八年，太宗圖畫功臣之像二十四人於閣上。又有功臣閣，在凌烟之西，東有司寶庫。凝陰之北有毬場亭子，弘文殿、觀雲殿、北海池、南海池、東海池、西海池，永安門西有掖庭。南隅有内侍省，又有興仁、宣猷、崇道、惠訓、昭德、正禮、宣光、通禄、光昭、華光、輝儀、壽安、綏福等門。雍録：唐諸帝多居大明宫，或遇大禮大事，復在太極，知太極尊於大明也。太極在西，故曰西内。大明在東，故曰東内。興慶宫在都城東南角，人主亦於此出政，故又號南内。此三省者皆常更迭受朝，而大明最數。興慶雖有夾城可以潛達大明，要之隔越衢路，亦當名爲離宫而已。

大安宫。在長安縣西。長安志：太宗初居承乾殿。武德五年，高祖以秦王有克定天下功，特降殊禮，别建此宫以居之，號弘義宫。貞觀三年，高祖徙居之，改名曰大安宫。此宫在宫城之西。又有垂拱前殿、戢武殿、文殿、翠華殿、祭酒臺。長安圖説：

唐大安宮在宮城西北，壞堞宛然，今人猶稱曰秦王府。

東宮。在長安縣太極宮東。舊唐書太宗紀：武德九年八月，即位於東宮之顯德殿。長安志：東宮正殿曰明德殿，本名嘉德殿，疑此即太宗即位之殿，後避中宗名改也。殿東西廊有左、右嘉善門。殿南曰嘉德門，門外東西廊有左、右永福門。正南有宣明門，當宮坐者。南面有重明門。嘉德東有東奉化門，門北有宜春宮，宮門外有左春坊，坊南有崇文館，嘉德西有西奉化門，門北有宜秋宮，宮門外有右春坊，坊内有崇教殿、麗正殿，開元十三年，改集賢殿。又有光大、承恩、崇文、崇仁、八風、射殿諸殿。又有亭子、山池、佛堂等院，左、右長林門。

翠微宮。在長安縣南，接寧陝廳界終南山。唐書地理志：長安南五十里太和谷有太和宮，武德八年置，貞觀十年廢，二十一年復置曰翠微宮，籠山爲苑。元和中以爲翠微寺。元和志：太和宮在長安縣南五十五里。貞觀二十一年，以時熱，公卿重請修築，於是使將作大匠閻立德繕理焉。長安志：永慶寺在長安縣南六十里太和谷口，即唐翠微宮。宮北門曰雲霞門，有翠微殿、含風殿、太子宮。宮西門曰金華門，有安善殿。元和中爲寺，太平興國三年改今名。寧陝廳志：在廳西北四百里。

宜春宮。在咸寧縣南。史記：秦二世葬杜南宜春苑中。漢書元帝紀：初元二年，罷宜春下苑，假與貧民。顔師古注：「宜春下苑，即今京城東南隅曲江池是。」括地志：宜春宮在萬年縣西南三十里，苑在宮東，胡亥陵在縣南三十四里。雍録：宜春下苑，皆少陵地也。其下亦爲曲江，江北即樂遊原。

長門宮。在咸寧縣東北。漢書東方朔傳：竇太主獻長門園，武帝更名爲長門宮。又外戚傳：孝武陳皇后退居長門宮。如淳曰：「竇太主園在長門，長門在長安城東南。」後漢書郡國志：霸陵有長門亭。括地志：在今萬年縣東北苑中。

望春宮。在咸寧縣東。隋開皇中建。大業初，改爲長樂宮，唐復曰望春。唐書地理志：萬年縣有南望春宮，臨滻水，西岸有北望春宮，宮東有廣運潭。長安志：望春宮在萬年縣東十里大明宮之東。

大明宮。在咸寧縣東，唐東内也。元和志：大明宮，高宗龍朔二年置。高宗嘗染風痺，以大内湫濕，置宮於斯。其地即龍首山之東麓，北據高原，南俯城邑，每晴天霽景，下視終南，含元殿所居高明，尤得地勢。舊唐書地理志：東内曰大明宫，在西内之東北。正門曰丹鳳，正殿曰含元，含元之後曰宣政，宣政左右有中書、門下二省，弘文、史二館。高宗以後，天子常居東内，别殿亭觀三十餘所。長安志：大明宫在禁苑東南，南接京城之北面，西接宫城之東北隅，南北五里，東西三里。貞觀八年，置爲永安宫，明年改爲大明宫，以備太上皇清暑。百官獻財以助。龍朔三年，大加興造，號曰蓬萊宫。咸亨元年曰含元宫，尋復曰大明宫。南面五門：正南曰丹鳳門。丹鳳東曰望仙門，次東曰延政門。丹鳳西曰建福門，門外有百官待漏院，次西曰興安門。東面一門曰太和門，西面一門曰日營門，北面一門曰玄武門。丹鳳門内正殿曰含元殿，武后改曰大明殿，階基高平地四十餘尺，南去丹鳳門四十餘步，東西廣五百步。殿東南有翔鸞閣，西南有棲鳳閣，又有鐘樓、鼓樓。殿左右有砌道盤上，謂之龍尾道。夾道東有通乾門，西有觀象門。閣下即朝堂、肺石、登聞鼓，一如承天之制。又有金吾左右仗院。殿後有宣政門，門外東廊有齊德門，西廊有典禮門。宣政門内有宣政殿，殿東有東上閤門，殿西有西上閤門。殿前東廊曰日華門，東有門下省，省東弘文館，次東史館。館東南北街，南出含耀門。門南曰昭訓門，北曰崇明門。殿前西廊曰月華門，西有中書省，省北曰殿中内省。西有命婦院，北有親王待制院。省西南北街，南出昭慶門，南當光範門。昭慶門北曰光順門，宣政殿北曰紫宸門，内有紫宸殿，後有蓬萊殿。次東有含象殿，後有延英門，内有延英殿，殿相對思政殿待制院。蓬萊後有含涼殿，殿後有太液池，池内有太液亭子、清暉閣。綾綺殿在蓬萊殿之西，殿北珠鏡殿。環周殿在蓬萊西，承歡殿在環周南，金鑾殿在環周西北，長安殿在金鑾西南。又有金鑾御院、宣化門、武德西門。浴堂門内有浴堂殿，又有玉堂院。長安殿北有仙居殿，殿西北有麟德殿，此殿三面，南有閣，東西皆有樓。殿北相連各有障日閣，凡内宴多在于此殿東亭會慶亭。東面左銀臺門，西面右銀臺門、内侍省、右藏庫。次北翰林門，門内翰林院、學士院。又東翰林院北有少陽院、結麟殿。翰林門北曰九仙門，大福殿、拾翠殿、三清殿、含水殿、承香殿在含水殿東南。北有北閣。紫蘭殿在承香殿東北，玄武殿在紫蘭殿東北，明義殿在紫宸殿西，大角觀在珠鏡殿東北。玄武門左曰銀漢門，右曰凌霄門。宫垣之外，兩邊掖門，門内有凝霜殿、碧羽殿、紫簫殿、鬱儀閣、承雲閣、修文閣。又宫在萬年縣東北五里，今舊迹悉廢，惟複道洎含元、蓬萊殿、蓬萊山遺址略存。雍録：大明宫本太極宫之後苑東北面射殿也。高宗改名蓬萊宫，取後蓬萊池爲名。三殿皆在龍首山上。含元殿基高於平地四丈。含元北爲宣政，宣政北爲紫宸。地每退北，輒又加高，至紫宸而極。其北爲蓬萊殿，殿有池則平地矣。

興慶宮。在咸寧縣東南，唐南内也。舊唐書地理志：興慶宮在東内之南隆慶坊，本明皇在藩時宅也。自東内達南内有夾城複道，人主往來兩宮，人莫知之。長安志：朱雀街東第五街之興慶坊，本名隆慶，明皇即位改。南内興慶宮，距外郭城東垣，武后大足元年，睿宗在藩，賜爲五王子宅，明皇始居之。開元二年置宮，因本坊爲名。十四年又取永嘉、勝業坊之半增廣之，謂之舊内，置朝堂。宮之正門西向曰興慶門，南曰通陽門，北曰躍龍門。西南隅曰勤政務本樓，開元八年造，每歲千秋節酺飲樓前。其西榜曰花萼相輝樓，置宮後與申、岐、薛諸王邸第相望，環于宮側，帝時登樓，召諸王同宴。宮内正殿曰興慶殿，在通陽門北。其後曰文泰殿，前有瀛洲門，内有南薰殿，北有龍池。池東有沉香亭、躍龍門，左有芳苑門，右有麗苑門。勤政樓之北曰大同門，其内大同殿。大同門西曰金明門，内有翰林院、瀛洲門。左曰仙雲門，北曰新射殿。通陽門東曰明義門，門内曰長慶殿、睿武門。勤政樓東曰光明門，其内曰龍堂、五龍壇。宮内有義安殿、積慶殿、冷井殿、宜天門，又有同光、承雲、初陽、飛軒、玉華等門，飛仙、同光、榮光等殿。又宮在萬年縣東南五里，宮牆複道今悉存。

蘭池宮。在咸陽縣東。漢書地理志：渭城有蘭池宮。元和志：秦蘭池宮，在咸陽縣東二十五里。

望賢宮。在咸陽縣東。唐書地理志：咸陽縣有望賢宮。長安志：唐望賢宮在咸陽縣東數里。舊志：望賢宮本望賢驛，自便橋涉渭爲必由之路。明皇幸蜀，肅宗還京，皆經此。李商隱有望賢頓詩。

黄山宮。在興平縣西南。漢書地理志：槐里有黄山宮，孝惠二年起。東方朔傳：武帝建元三年微行西至黄山。水經注：渭水東北逕黄山宮南。武帝微行至黄山宮，故世謂之遊城，非也。元和志：在縣西南三十里。

仙林宮。在興平縣西。唐書地理志：興平縣西十八里有隋仙林宮。

華清宮。在臨潼縣南。元和志：華清宮在驪山上。開元十一年，初置温泉宮。天寶六載，改爲華清宮，又造長生殿，名爲集靈臺，以祀神也。長安志：十道志云，周天和四年，宇文護造皇堂石井。隋開皇三年，又修屋宇，列樹松柏千餘株。貞觀十八年，詔姜行本、閻立德營建宫殿，名湯泉宫。咸亨二年，名温泉宫。天寶六載，改華清宫。驪山上下，益治湯井爲池，臺殿環列山谷，明皇歲幸焉，即於湯所置百司及公卿邸第。華清宫北向正門曰津陽門，東面曰開陽門，西面曰望京門，南曰昭陽門。津陽門之東曰瑶光樓，其南曰飛霜殿、九龍殿、玉女殿、七聖殿、宜春亭、重明閣、四聖殿、長生殿、集靈臺、朝元閣、老君殿、鐘樓、明珠殿、筝殿、觀風樓、鬭雞殿、按歌臺、舞馬臺、毬場、羯鼓場，禄山亂後，罕復遊幸，唐末遂皆圮廢。晉天福中，改爲靈泉觀，賜道士居之。

龍躍宫。在高陵縣。寰宇記：在縣西十四里，唐高祖龍潛舊居也。武德六年置宫，德宗改爲修真觀。長安志：修真觀有神堯御容，及御井、靈柏，梁開平中廢。縣志：唐龍躍宫，亦謂之故墅。

萯陽宫。在鄠縣西。漢書宣帝紀：甘露二年，行幸萯陽宫屬玉觀。地理志：鄠縣有萯陽宫，秦文王起。又東方朔傳：武帝微行數出，倍陽、宣曲尤幸。顔師古注：「倍陽，即萯陽也，其音同耳。」水經注：萯陽宫在甘水西。元和志：秦萯陽宫在縣西南三十三里。

太平宫。在鄠縣東南草堂寺東。元和志：隋太平宫在鄠縣東南三十一里，對太平谷，因名之。

甘泉宫。在鄠縣西南。隋書地理志：鄠縣有甘泉宫。元和志：在縣南二十二里，對甘泉谷，因名之。雍録：甘泉宫有三：隋甘泉宫在鄠縣，秦甘泉宫在渭南，漢甘泉宫在雲陽縣。

萬全宫。在藍田縣東。唐書地理志：藍田縣永淳元年作萬全宫，弘道元年廢。長安志：萬全宫在縣東四十五里。開耀三年，詔新造涼宫爲萬全宫。高宗遺言萬全、芳桂、奉天、壽宫並停廢。文明元年，武后詔萬全宫置僧寺，以舊宫爲名。

望夷宫。在涇陽縣東南。史記：秦二世三年，齋於望夷宫，欲祠涇。集解：張晏曰：「望夷宫在長陵西北長平觀道東故亭處是。」元和志：在涇陽縣東南八里，北臨涇水。按：咸陽志秦望夷宫在縣北四十里畦村。蓋在今二縣接界處。

池陽宫。在涇陽縣西北三十里。漢書宣帝紀：甘露三年，自甘泉宿池陽宫。後漢書章帝紀：建初七年幸長平，御池陽宫。元和志：宫在縣西北八里。

長楊宫。在盩厔縣東南，中有射熊館。漢書地理志：盩厔有長楊宫，有射熊館，秦昭王起。三輔黄圖：長楊宫在縣東南三十里。本秦舊宫，漢修飾之以備行幸，宫中有垂楊數畝，門曰射熊館。水經注：漏水逕長楊宫東，宫有長楊樹，因名。元和志：秦長楊宫在縣東南三十里。

五柞宫。在盩厔縣東南。漢書武帝紀：後元二年，行幸盩厔五柞宫。西京雜記：五柞宫有五柞樹，皆連三抱，上枝蔭覆數十畝。其宫西有青梧觀，觀前有三梧桐樹，樹下有石麒麟二枚，刊其肋爲文字，是秦始皇驪山墓上物也。水經注：長楊宫與五柞宫相去八里，並以樹名。元和志：五柞宫在縣東南三十八里。

望仙宫。在盩厔縣東四十里。水經注：耿谷水逕望仙宫東。漢宫閣名，長安有望仙宫。

宜壽宫。在盩厔縣東南。隋書地理志：盩厔有宜壽、仙遊、文山、鳳凰等宫。元和志：隋宜壽宫在縣東南三十二里。長安志：在縣東南三十五里。舊圖經曰，隋文帝避暑處。

步高宫。在渭南縣西南，相近有步壽宫。三輔黄圖：步高宫在新豐縣，亦名市丘城。步壽宫在步高宫西。水經注：首水逕秦步高宫東，世名立市城，歷新豐原東而北逕步壽宫西。元和志：秦步高宫在縣西南二十里。縣志：步壽宫在縣西南風門東。按：步壽宫據三輔黄圖、水經注，當在今渭南縣；據元和志，當在今耀州。未知孰是，姑兩存之。

崇業宫。在渭南縣東。唐書地理志：渭南縣東十五里，有隋崇業宫。長安志：隋大業二年置。

遊龍宫。在渭南縣西。唐書地理志：渭南縣西十里有遊龍宫。長安志：在縣西十一里。兩京道里記曰，唐開元二十五年，敕兩京行宫遠近不等，宜令將作大匠康詧與州縣均融修葺，取黑龍飲渭名之。今有遺址。

永安宮。在耀州東南。唐書地理志：華原縣有永安宮，長安二年置。又有葡萄園宮，神龍元年置。州志：二宮久無知者。父老言一在西乳山，今土平無蹟；一在巳社南，有廢臺高數丈。

步壽宮。在耀州東北。漢書郊祀志：宣帝神爵二年鳳凰集祋祤，於所集處得玉寶，起步壽宮，乃下詔赦天下。元和志：宮在華原縣東北三里。州志：在州城東北一里步壽原上，原以宮名。

太極殿。在長安縣西北故城中。晉書載記：永和八年，苻健即位於太極前殿。戴延之西征記：苻秦築宮於長安城東，中有太極殿。長安志：周地圖記曰，太極殿晉愍帝之宮，在長安南門，後姚興重建。

姚萇殿。在耀州西北。寰宇記：在華原縣西北十七里。晉書：萇事苻堅爲龍驤將軍，從堅子叡討慕容泓，爲所敗。叡死，堅怒，萇懼，奔渭北，自稱秦王，此殿即萇之所造也。長安志：殿在鳳游鄉，上有御池泉水，州志謂之秦王殿。又有魏王樓，在箭幹山北，即萇兄姚襄所建，今故址存。

上林苑。在長安縣西及盩厔、鄠縣界，本秦時舊苑也。史記秦始皇本紀：諸廟及章臺、上林，皆在渭南。漢書蕭何傳：高帝十二年，何爲民請曰：「長安地陿，上林中多空地棄，願令民得入田，毋收稾爲獸食。」又東方朔傳：初，建元三年，微行始出。是後數出，上以爲道遠勞苦，又爲百姓所患，乃使大中大夫吾丘壽王，與待詔能用算者二人，舉籍阿城以南，盩厔以東，宜春以西，提封頃畝，及其賈直，欲除以爲上林苑，屬之南山。又詔中尉、左右内史表屬縣草田，欲以償鄠杜之民。壽王奏事，上稱善，如所奏云。又百官表：水衡都尉，武帝元鼎二年置，掌上林苑，屬官有上林令丞。揚雄羽獵賦：武帝廣開上林，南至宜春、鼎湖、御宿、昆吾，傍南山而西，至長楊、五柞，北繞黄山，瀕渭而東，周袤數百里。西京雜記：初修上林苑，羣臣遠方，各獻名果異樹，亦有製爲美名，以標奇麗。三輔黄圖：苑周袤三百里，離宮七十所。關中記：上林苑中，有門十二，苑三十六，宮十二，觀二十五。元和志：苑在長安縣西北十四里，周匝二百四十里。

博望苑。在長安縣北。漢書戾太子傳：太子冠就宮，帝爲立博望苑，使通賓客。又成帝紀：建始二年，罷太子博望苑。

三輔黄圖：苑在城南杜門外五里，有遺址。元和志：漢博望苑在長安縣北五里。長安志：朱雀街西第四街，從北南來第三坊曰金城坊，本漢博望苑之地。

唐禁苑。在長安縣北。唐六典：禁苑周百二十里。長安志：唐禁苑在宫城之北，隋曰大興苑，開皇元年置。東西二十七里，南北三十三里，東接灞水，西連長安故城，南連京城，北枕渭水。苑西即太倉，北距中渭橋，與長安故城相接。苑中四面皆有監，南面太樂監，北面舊宅監，東監、西監分掌宫中種植及修葺園囿等事，置苑總監領之，皆隸司農寺。苑中宫亭，凡二十四所。南面三門，中曰景耀，東曰芳林，西曰光化。東面二門，南曰光泰，北曰昭遠。西面二門，南曰延秋，北曰玄武。北面三門，中曰啓運，一曰苑北，東曰飲馬，西曰永泰。啓運門之南爲内苑，北曰重元門，東曰東雲龍門，西曰西雲龍門。苑内有南望春亭、北望春亭、坡頭亭、柳園亭、月坡、毬場亭子，有青城、龍鱗、栖雲、凝碧、上楊五橋。廣運潭、九曲宫，去宫城十二里，在左右神策軍後。宫中有殿舍山池，蠶壇亭、貞興亭、元沼亭、神皐亭、七架亭、青門亭，去宫城十三里，在長安故城之東。桃園亭，去宫城四里。臨渭亭、咸宜宫、未央宫，皆漢舊宫也。永泰門去宫城二十三里。西北角亭，南昌國亭，北昌國亭、流杯亭，在未央宫北，漢之舊址。明水園以上九所，並在漢故城内，隸舊宅監所領也。内院自玄武門外，北至重元門一里，東西與宫城齊。觀德殿在玄武門外。東内苑南北二里，與大明宫城齊，東西盡一坊之地。南即延政門，北即銀臺門，東即太和門，有龍下殿、龍首池、凝暉殿、靈符應聖院、内園小兒坊、樂殿、内教坊、東下馬橋、東頭御馬坊、毬場，還龍武軍直殿，及亭子殿、玉海。唐大内有三苑，西内苑、東内苑、禁苑也。雍録：唐太極宫北有内苑，有禁苑。太極宫居都城北，内苑又居宫北，禁苑又居内苑之北。禁苑南包漢之都城，東抵灞水，其西、南兩面出太極宫前，與承天門齊。承天門西景耀等三門，皆禁苑門也。

百孫院。在長安縣唐苑城旁。唐書十一宗諸子傳：開元後皇子既長，詔附苑城爲十王宅。又諸孫多，則於宅外更置百孫院。天子歲幸華清宫，又置十王百孫院於宫側。

韭園。在長安縣西。晉書載記：太元九年，苻堅將李辨等屯於韭園。按：舊志謂牛首池一名韭澤，韭園當在其旁。

逍遥園。在長安縣西北。晉書載記：建興初，劉聰將趙染襲長安，入外城，既而退遁逍遥園。十六國春秋：姚興時鳩摩羅什至長安，興如逍遥園，引諸沙門聽什説佛經。又起逍遥宮，殿庭左右有樓閣，高百尺，相去四十丈。水經注：沈水枝津東入逍遥園，注藕池。池中有臺觀，蓮荷被浦，秀實可翫。

梨園。在長安縣唐禁苑南。明皇雜録：天寶中，命宫女數百人爲梨園子弟，皆居宜春北苑。長安志：梨園在通化門外正北禁苑南，有文宗會昌殿、含光殿、昭德宫、櫻桃園、東西葡萄園、光啓宫、雲韶院。雍録：梨園在光化門北太極宫西禁苑之内。

芙蓉園。在咸寧縣南。唐書：貞觀七年幸芙蓉園。景龍文館記：園在京羅城東南隅，青林重複，緑水瀰漫，蓋帝城勝景也，駕時幸之。寰宇記：芙蓉園，隋文帝之離宫也。在敦化坊南，周迴七十里。東坡下有涼堂，堂東臨水亭，即曲江也。雍録：劉餗小説云，園即古曲江地，隋文帝惡其名曲，改曰芙蓉。

杏園。在咸寧縣曲江西。張禮遊城南記：杏園在慈恩寺南，唐新進士多遊宴於此。與芙蓉園皆秦宜春下苑之地。長安圖説：杏園在曲江雁塔南。縣志：在縣東南十里曲江池北，長三十里。

司竹園。在盩厔縣東南。史記貨殖傳：渭川千畝竹。漢書翟方進傳：莽下詔曰，霍鴻負倚盩厔芒竹。顔師古注：「芒竹在盩厔南界芒水之曲，而多竹林也。即今司竹園，是其地矣。」水經注：芒水北流逕盩厔縣竹圃中。隋書地理志：盩厔有司竹園。元和志：司竹園在盩厔縣東十五里，周迴百里。寰宇記：園在縣東十二里。漢官有司竹長、丞，後魏有司竹都尉，隋有司竹監及丞，唐因之，在京兆鄠、盩厔、懷州河内。今惟有鄠、盩厔一監，屬鳳翔。長安志：在縣東南三十里。縣志：宋、元皆有司竹監，明置司局大使典之。後竹漸耗，正統中募民種植，屬秦藩，後廢。

葦園。在盩厔縣東南。水經注：漏水逕葦園西。長安志：在縣東南三十二里，周二十頃。縣志：葦園在竹園東南，歷代司竹監同典之，亦明正統中廢。

上蘭觀。在長安縣西，漢上林苑。漢書元后傳：太后校獵上蘭。三輔黄圖：上林苑有上蘭觀。

平樂觀。在長安縣西。漢書：武帝元封六年，京師民觀角觝于上林平樂館。三輔黄圖：上林苑有平樂觀。又飛廉觀在上林，元封二年作，高四十丈。又繭觀、遠望觀、燕昇觀、觀象觀、便門觀、白鹿觀、三爵觀、陰德觀、鼎郊觀、樛木觀、椒唐觀、魚鳥觀、元華觀、走馬觀、柘觀、郎池觀、當路觀、椓木觀，皆在上林苑。按：漢書郊祀志，上林中又有虢氏館。

宜春觀。在鄠縣西南。水經注：澇水北逕宜春觀。又渼陂水出宜春觀北。十道志：宜春觀，漢武帝所造。縣志：觀在縣西澇、渼二水之間，或謂即秦之宜春宫，誤也。秦宜春宫在今咸寧縣界。

龍臺觀。在鄠縣東北。司馬相如上林賦：「登龍臺，掩細柳。」張揖曰：「龍臺，觀名。在豐水西北近渭。」三輔故事：龍臺高六尺，去豐水五里。漢時龍見陂中，故作此臺。縣志有龍臺坊，在縣東北三十五里，疑即觀之故址。

長平觀。在涇陽縣南。漢書元后傳：太后登長平觀，臨涇水而覽焉。顏師古注：「在長平坂。」寰宇記：長平觀在縣東南九里。

靈臺。在長安縣西接鄠縣界。詩大雅：「經始靈臺，經之營之。」左傳僖公十五年：「秦獲晉侯以歸，舍諸靈臺。」杜預注：「在京兆鄠縣，周之故臺也。」三輔黄圖：周文王靈臺在長安西北四十里，高二丈，周迴百二十步。顏師古漢書注：今長安西北界有靈臺鄉，在豐水上，即古靈臺處。括地志：文王引水爲辟雍靈沼，今悉無處所，惟靈臺孤立，其址尚存。又三輔黄圖：漢靈臺在長安西北八里，漢始曰清臺。本爲候者觀陰陽天文之變，更名曰靈臺。述征記曰，長安宫南有靈臺，高五十仞。水經注：長安縣南明堂北三百步有靈臺，是漢成帝永始四年立。長安志：朱雀街西第五街從北第一修真坊，有漢靈臺遺址，崇五尺，周一百二十步。

章臺。在長安縣故城西南隅。史記楚世家：懷王三十年，西至咸陽朝章臺。又藺相如傳：秦王坐章臺見相如。演繁露：漢章臺，即秦章臺也，在咸陽、渭南。

漸臺。在長安縣，漢未央宮西。漢書鄧通傳：文帝嘗夢欲上天不能，有黃頭郎推上天，覺而之漸臺。又元后傳：王莽爲太后置酒未央宮漸臺，大縱衆樂。水經注：沈水入城東爲倉池，在未央宮西，池中有漸臺，王莽死於此臺。按：漢建章宮太液池亦有漸臺，已見上「建章宮」下。

柏梁臺。在長安縣西北故城內。漢書武帝紀：元鼎二年，起柏梁臺。太初元年，柏梁臺災。三輔故事：臺高二十丈，以香柏爲梁，香聞十里。三輔黃圖：在長安城中北闕內。帝嘗置酒其上，詔羣臣能七言詩者乃得上。三秦記：臺上有銅鳳，亦名鳳闕。

昆明臺。在長安縣西。桓譚新論：元帝遠求方士，漢中送道士王仲都，詔問所能，對曰：「能忍寒。」乃以盛寒日令袒，載駟馬車，於昆明池上環水而馳。御者厚衣狐裘寒戰，而仲都獨無變色，卧于池臺上，曛然自若。水經注：昆明池水上承池於昆明臺，故王仲都所居也。按：昆明臺，三輔黃圖謂即豫章觀。

釣魚臺。在咸陽縣西十三里渭水濱，相傳周太公垂釣處。

章邯臺。在興平縣。元和志：在縣東南十里。

文殊臺。在鄠縣東。長安志：在縣東二十里。又新羅王子臺，在縣東南六十里。論公臺，在縣西南五里。望仙臺，在縣西三十里。

釣臺。在鄠縣南十里澇水中，中流起一洲，高二丈，爲登眺之所。

赫連臺。在涇陽縣北。長安志：在縣北宜善鄉。縣志：在今橋底鎮東，舊傳赫連勃勃駐兵所。又柳毅臺，在縣南五里，俗傳柳毅傳書處。今其地名柳家街，尚有臺址。又瀛洲臺，在縣東南二十里，俗傳唐十八學士所遊。

説經臺。在盩厔縣東。寰宇記：華陽子録記云，秦始皇好神仙，於尹喜先生樓南立老子廟，即此也。晉惠帝元康五年，更修葺，蒔木萬株，連亘七里，給户三百供灑掃。隋開皇元年復修。縣志：在縣樓觀南，亦名昇天臺，臺門外有古柏。

馬融讀書臺。在盩厔縣東北。元和志：在縣東北二十七里。宋蘇軾詩自注：仙遊潭中興寺東有玉女洞，洞南有馬融讀書石室。縣志：石室前有臺，傳爲馬融所築。

密時臺。在渭南縣西南。明統志：秦宣公作以祀青帝。今其址猶存。

胡馬臺。在富平縣東。長安志：在縣西南十二里。又樂視臺，在縣西南三十里。縣志：胡馬臺在今城東。樂視臺在縣西南十八里，俗傳漢武帝遊樂處。

望輝臺。在耀州署後。宋皇祐中，華原令楊庭以寶鑑山有光，築臺望之，上有亭。今存。

石佛臺。在寧陝廳東北八里。山頂一石，如旋螺形，廟建其上，有上下二層，石像莊嚴。明天啓二年修。

畦時。在臨潼縣東北。史記封禪書：櫟陽雨金，秦獻公自以爲得金瑞，故作畦時櫟陽而祀白帝。晉灼曰：「形如種韭畦，各一土封。」長安志：在櫟陽縣東二十里。舊志：今臨潼縣北四十里有雨金里，俗傳即秦時雨金處。

漢明堂。在長安縣西北。相近又有漢圜丘。漢書郊祀志：武帝初欲議古立明堂城南，以朝諸侯。又平帝紀：元始四年，安漢公奏立明堂、辟廱。關中記：漢明堂在長安城南安門之東，杜門之西。水經注：昆明故渠逕明堂，城南舊引水爲辟廱處，在鼎路門東南七里。其制上圓下方，九宫十二室，四嚮五色。渠南有漢故圜丘。武帝建始二年，罷雍五時，始祀昊天上帝于長安南郊。應劭曰：「天郊在長安南，即此也。」三輔黄圖：漢明堂在長安西南七里。又圜丘高二丈，周迴百二十步。括地志：漢圜丘在長安城南四里。長安志：朱雀街西普寧坊西街有漢太學餘址，次東漢辟雍，次東漢明堂，並磨滅無復餘跡。又居德坊東南隅先天寺，本漢之圜丘。

唐郊壇。在咸寧縣東。長安志：唐南郊壇在萬年縣南十五里啓夏門外。

玄都壇。在寧陝廳北子午谷中。山勢高聳，水中一石特立，刻有唐杜甫玄都壇歌寄玄逸人詩。

亳亭。在咸寧縣西南。史記秦本紀：寧公二年，遣兵伐蕩社。三年與亳戰，亳王奔戎，遂滅蕩社。封禪書：秦祠官所奉於杜亳，有三杜主之祠〔四〕。徐廣曰：「杜縣有亳亭。」

軹道亭。在咸陽縣東北。史記：秦二世三年，沛公至霸上，子嬰降軹道旁。漢書作「枳道」，蘇林曰：「亭名，在長安東十三里。」後漢書郡國志：霸陵有枳道亭。漢宮殿疏：枳道亭東去霸城觀四里。括地志：在萬年縣東北十六里苑中。

肥牛亭。在咸陽縣西北。漢書張禹傳：鴻嘉中，禹自治冢塋，起祠室，好平陵肥牛亭部處地，奏請求之，帝以賜禹，詔令平陵徙亭他所。縣志：在漢平陵南。

戲亭。在臨潼縣東北，一名幽王城。後漢書郡國志：新豐有戲亭。水經注：戲水北歷戲亭東。蘇林曰：「邑名，在新豐東南三十里。昔周幽王敗於戲水之上，身死驪山之北，故國語曰幽滅者也。」元和志：古戲亭在昭應縣東北三十里。寰宇記：昭應縣幽王城，一名幽王壘。長安志：幽王城在縣東南戲水上，高八尺，周二百八十步。

曲郵亭。在臨潼縣東七里。漢書張良傳：漢十一年，黥布反，高帝自將而東。良疾，彊起至曲郵見帝。後漢書郡國志：長安有曲郵。顏師古曰：「在新豐西，今俗謂之郵頭。」寰宇記：昭應縣曲郵亭，張良送漢高祖處也。寰宇通志：曲郵聚，在縣東二里。

甘亭。在鄠縣西南。後漢書郡國志：鄠縣有甘亭。水經注：甘亭在甘水東。昔夏啓伐有扈，作誓於是亭。馬融曰：「有扈南郊地名也。」元和志：在縣西南五里。

昆吾亭。在藍田縣東。揚雄羽獵賦序：武帝廣開上林，東南至宜春、鼎湖、御宿、昆吾。晉灼曰：「鼎湖宮，黃圖以爲在藍田。昆吾，地名，上有亭。」長安志：昆吾亭在藍田縣境，漢宣帝霍后葬亭之東。舊志：鼎湖宮、昆吾亭俱在縣西南。杜甫詩「昆吾御宿自委蛇」是也。

富公亭。在耀州治西南。宋富弼父倅耀州時，弼常隨侍。後七十年至紹聖中，湯元甫判耀州，追維古蹟，就子城築臺作亭，謂之富公亭。今其址尚存。

麻隧。在涇陽縣北。左傳成公十三年：晉師及秦師戰于麻隧。春秋地名考：在今涇陽縣西南。

漢街市。在長安縣西北故城中。三輔黄圖：長安八街九陌。有香室街、夕陰街、尚冠前街、華陽街、章臺街、藁街。又廟記云，長安市有九，各方二百六十六步。六市在道西，三市在道南，凡四里爲一市，致九州之人。在突門夾橫橋大道，市樓皆重屋。又曰旗亭樓，在杜門大道南。又有當市樓，有令署，以察商賈貨財買賣貿易之事。三輔都尉掌之。又按郡國志，長安大俠萬子夏居柳市，司馬季主卜于東市，西市在醴泉坊。又長安閭里一百六十，室屋櫛比，門巷修直，有宣明、建陽、昌陰、尚冠、修城、黄棘、北煥、南平等里。長安志：香室街在司天臺北，章臺街在建章臺下，夕陰街在右扶風南，尚冠街在夕陰街後。又有太常街、熾盛街。

直市。在富平縣。寰宇記：三秦記云，在縣西南十五里，即秦文公所創，物無二價，故以直市爲名。按：長安志謂之直市城。

雍門。在咸陽縣南。漢書外戚傳：鉤弋夫人父死長安，葬雍門。顔師古曰：「雍門在長安西北孝里西南，去長安三十里。」

棘門。在咸陽縣東北。漢書：文帝後六年，以祝茲侯徐厲爲將軍，次棘門。孟康曰：「在長安北，秦時舊宫也。」如淳曰：「三輔黄圖，棘門，在衡門外也。」元和志：棘門在縣東北八十里，本秦闕門也。

謝聚。在臨潼縣東。關中記：始皇陵北十餘里許有謝聚。

千户固。在臨潼縣西。晉書載記：苻登率衆從新平逕據新豐之千户固，去長安六十里。

韋曲。在咸寧縣南。三秦記：在皇子陂之西。張禮遊城南記：在韓鄭莊北，逍遥公讀書臺猶存。縣志：韋曲東北倚龍首，南面神禾，潏水遶其前，爲樊川第一名勝，諸韋世居於此。

杜曲。在咸寧縣南韋曲東。其南又名杜固。杜甫詩注：俚語云，城南韋杜，去天尺五。唐書杜正倫傳：正倫與城南諸杜昭穆素遠，求同譜，不許，銜之。諸杜所居號杜固，世傳其地有壯氣，故世衣冠。正倫既執政，建言鑿杜固，通水利。既鑿，閲十日川流如血，自是南杜稍不振。張禮遊城南記：杜固，謂之杜陂。所鑿之處，崖塹尚存，俗曰鳳凰嘴。雍録：樊川韋曲東十里有南杜、北杜，杜固謂之南杜，杜曲謂之北杜，皆名勝之地。

露臺鄉。在臨潼縣東南驪山。漢書文帝紀：帝欲作露臺，召匠計之，直百金。帝曰：「百金，中人十家之産也，何以臺爲。」顔師古曰：「今新豐縣南驪山之頂有露臺鄉，極爲高顯，文帝欲作臺之處。」

大澤鄉。在富平縣南。寰宇記：櫟陽縣有大澤鄉，元和初割屬富平。

瓜洲村。在咸寧縣南神禾原，相傳以爲杜牧種瓜之地。

米倉村。在咸寧縣東北，唐苑城東，相近有神麚村。舊唐書李晟傳：晟自東渭橋移軍於光泰門外米倉村，朱泚軍來戰，晟破之，使王泌等直抵苑牆神麚村。

半日村。在渭南縣東南。寰宇記：此村以山高蔽虧日影，常照其半，故名。舊志：唐郎士元爲渭南尉，構半日村别業，錢起有詩。士元又有酬王季友題半日村别業詩。

枌榆社。在臨潼縣新豐故城東北十五里。西京雜記：高祖少時，常祭枌榆之社，及移新豐，亦立焉。

董龍社。在盩厔縣。長安志：在盩厔西南三十里。舊圖經曰：董龍，盩厔人。家貧，村衆人祭社，逐出之，龍遂以泥造飯祭之。後穿地得黄金，因大富，遂名董龍社。

安幕坳。在臨潼縣東四十里。長安志：兩京道里記曰，相傳漢高帝幸新豐，安營幕于此。

華胥渚。在藍田縣北三十五里。其地有華胥溝、華胥塬及毓聖橋，皆傳爲古華胥氏遺跡。

細柳倉。在咸陽縣西南。漢書：文帝後六年，以周亞夫爲將軍，次細柳。服虔曰：「在長安西北。」如淳曰：「長安細柳倉在渭北，近石徼。」三輔故事：細柳在直城門外阿房宫西北維，今石徼是也。元和志：細柳倉在縣西南二十里，漢舊倉也。周亞夫軍次細柳，即此是也。張揖云在昆明池南，恐爲疏遠。又細柳營，在萬年縣東北三十里，相傳周亞夫屯軍處。

物定倉。在渭南縣東北。城冢記：下邽東南有物定倉城。縣志：物定，漢倉名，在下邽南渭河北岸。隋唐時亦皆於此置倉，俗訛爲「無底倉」。

錢監。在長安縣。九域志：長安錢監二，一熙寧四年置，鑄銅錢，一八年置，鑄鐵錢，皆在縣西北一里。又耀州西南有錢監，熙寧八年置。

洪池監。在涇陽縣。長安志：在縣西北五十里，掌三白渠事。縣志：有洪門監，在縣西北七十里瓠口，舊置河渠行司。

霸昌廄。在咸寧縣東北。漢書：王莽地皇三年，王尋發長安，宿霸昌廄。顔師古注：「霸昌觀之廄也。」三輔黄圖：在長安城外。括地志：在萬年縣東北四十八里。

交道廄。在咸陽西北，亦漢馬廄。漢書外戚傳：成帝許后葬延陵交道廄西。長安志：交道廄去長安六十里，近延陵。

虎圈。在咸寧縣東北。漢書張釋之傳：文帝登虎圈，問上林尉禽獸簿。又外戚傳：元帝幸虎圈，熊佚出圈欲上殿，馮倢伃直前當熊而立。水經注：霸水出逕秦虎圈東。烈士傳曰，秦昭王會魏王，魏王不行，使朱亥奉璧一雙。秦王大怒，置亥虎圈中，亥瞋目視虎，眥裂，血出濺虎，虎不敢動。即是處也。漢宫殿疏，秦故虎圈，周匝三十五步，西去長安十五里。寰宇記：秦獸圈在通化門東二十里。

鄭莊。在咸寧縣南。長安圖説：在韋曲東南，唐鄭虔之居也。舊志：其地有第五橋。杜甫詩「第五橋東流恨水」，即此。蓋與何將軍山林相近。

韓莊。在咸寧縣南。長安圖説：在韋曲之東，唐韓退之與孟郊賦詩，并其子讀書之所也。縣志：在皇子陂南。

崔氏莊。在藍田縣東南玉山下，唐博陵崔興宗宅，亦曰東山草堂。杜甫有九日藍田崔氏莊詩，又有崔氏東山草堂詩。

柳公權莊。在藍田縣東五里。又柳公權宅，在耀州西北四十里，有公權瘞筆冢。

宋曹后莊。在渭南縣南花園村，亦名御花園，俗訛以爲后故里。

王翦宅。在富平縣北頻陽故城西里許。縣志：翦故宅，地名千口，以其家有千口也。

魏王泰宅。在長安縣南。長安志：朱雀街西延康坊西明寺，本隋楊素宅，貞觀中賜濮王泰，薨後立爲寺。

孫思邈宅。在耀州東。長安志：在華原縣東五里磬玉山。今爲佛寺。

長孫無忌宅。在咸寧縣南。長安志：崇仁坊東南隅資聖寺，本無忌宅，龍朔三年立爲寺。縣志：在今神峪里，去縣十里，今改爲神峪寺。

魏徵宅。在咸寧縣東南。封演見聞録：魏徵所居，室屋卑陋，太宗欲爲營構，輒謙讓不受。洎徵寢疾，太宗將營小殿，遂撤其材爲造正室，五日而就。開元中此堂猶在。唐會要：元和四年，詔訪其故居，則質賣已更數姓。帝出内庫錢二百萬贖之，以還其家。長安志：在永興坊西門之北，本隋安平公宇文愷宅也。

李靖宅。在三原縣北。通志：清涼原折而西，乃李靖故居，有古碑斷缺。

于仲謐宅。在高陵縣西南七里。

馬周宅。在咸寧縣東南。長安志：在宣陽坊，開元中爲虢國夫人宅。

郭子儀宅。在咸寧縣東南。唐書郭子儀傳：宅在清仁里，居其地四分之一。中通永巷，家人三千，相出入，不知其居。

裴度宅。在咸寧縣東。長安志：在朱雀街東第二街永樂坊。唐實録曰，度自興元請朝覲，宰相李逢吉之徒百計讒沮。有張權輿者上疏云，度名應圖讖，宅據岡原，不召而來，其心可見。蓋嘗有人與度作讖詞。又帝城東西横亘六岡，符易象乾卦之數，度永樂里第偶當五岡，故權輿以爲詞。

白居易宅。在渭南縣東北。居易有重到渭上舊居詩。縣志：宅在故下邽縣東紫蘭村，有樂天南園在宅南，至金時爲石氏園。

寇準宅。在渭南縣下邽東北故城内。縣志：今慧照寺，相傳即其舊址。

空翠堂。在鄠縣西渼陂北岸。宋宣和四年，縣令張伋嘗修之，額曰空翠，明嘉靖中重構。山環水遶，最爲幽勝。

新食堂。在盩厔縣治内。唐貞元中建，柳宗元有記。

避世堂。在盩厔縣東南二十五里南溪之南。相近有溪陰堂，宋蘇軾、蘇轍各有詩。

湭西草堂。在渭南縣西關街，明南大吉别業。又姜泉書舍，在東關街南甘泉左，爲大吉弟逢吉講學處。

柳塘。在鄠縣南山下。元楊奂隱居教授，其徒植柳千株，有清風閣、讀書堂。

三愛圃。在三原縣西北二里，明王恕别業。栽牡丹蓮菊，取周濂溪愛蓮説之義，因號三愛圃。又有後樂亭、涵碧池，皆恕所營。

唐石經。在府學内。唐開成二年，宰臣判國子祭酒鄭覃等校刻周易、尚書、毛詩、周禮、儀禮、禮記、春秋左氏傳、公羊傳、穀梁傳、孝經、論語、爾雅，及張參五經文字三卷，唐元度九經字樣一卷。本朝康熙三年，咸寧縣知縣黄家鼎等補刻孟子七篇。

古碑。在府學及各縣。孔子廟堂碑，虞世南書。皇甫誕碑，歐陽詢書。聖教序記并心經，僧懷仁集王羲之書。道因法師碑，歐陽通書。孝經序并注，明皇御書。吴文墓銘，僧大雅集王羲之書，一名半截碑。御史臺精舍碑，梁昇卿書。大智禪師碑，史惟則書。多寶塔感應碑、顔氏家廟碑、争坐位帖，皆顔真卿書。三墳記、先塋記，並李陽冰篆書。聖母藏真律公三帖，皆僧懷素書。僧楚金碑，在多寶塔碑陰，吴通微書。玄祕塔碑銘、馮宿碑，並柳公權書。隆闡法師碑，又吏部題名石幢，及宋鄭文寶摹秦李斯嶧山碑，薛嗣昌摹隋智永真草千文，皆在今府學中。郭敬之家廟碑，顔真卿書，在布政司署中。景龍觀鐘銘，睿宗御書，在府鐘樓上。王居士磚塔銘，敬容書。梁府君墓誌，鄭莊書。並在終南山梗梓谷中。周豆盧恩碑、唐涼國公契苾明碑，殷元祚書。池州刺史馮公碑，郭謙光書。清河張氏墓誌銘，林有鄰書。寂照和尚碑，僧無可書。皆在咸陽縣。隋李淵爲子祈疾疏、唐圭峯禪師碑，裴休書，皆在鄠縣。燕國公于志寧碑，子立政書。淄川公李孝同碑，諸葛思禎書。明堂令于大猷碑、兖州都督于知微碑、贈工部尚書臧懷恪碑，顔真卿書。左金吾衛將軍臧希晏碑，韓秀弼書。劍州長史李廣業碑。皆在三原縣。清源公王忠嗣碑，王縉書，在渭南縣。臨淮王李光弼碑、張少悌書。義陽郡王苻璘碑，柳公權書。皆在富平縣。虞公温彦博碑，歐陽詢書。褒公段志元碑、國子祭酒孔穎達碑、梁公房玄齡碑，褚遂良書。芮公豆盧寬碑、尚書張後胤碑〔五〕、衛公李靖碑，王知敬書。蘭陵長公主碑、許洛仁碑、薛公阿史那忠碑、英公李勣碑，高宗御製並書。中書馬周碑，殷仲容書。申公高士廉塋兆記，趙模書。散騎常侍褚亮碑。皆在醴泉縣。其餘散見各寺觀陵墓内，宋元以後碑，不能盡載。

校勘記

〔一〕杜郵亭在縣西南三十八里　「里」，原作「步」，乾隆志卷一七九西安府古蹟（下同卷簡稱乾隆志）同，據太平寰宇記卷二六關西道雍州改。

〔二〕自此移陰槃縣於今昭應縣東三十二里泠水西戲水東司馬村故城　「泠水」，原作「冷水」，乾隆志同，據太平寰宇記卷二七關西道雍州改。

〔三〕其西則唐中　「唐中」，乾隆志作「廣中」。按，漢書郊祀志作「商中」，史記封禪書作「唐中」。清王念孫讀書雜志漢書五以「唐中」爲是，「商」乃「唐」之訛字。

〔四〕有三杜主之祠　「杜」，乾隆志同，史記封禪書作「社」。按，漢書郊祀志云「於杜、亳有五杜主之祠」，又云「杜主，故周之右將軍」，則作「杜」爲是。

〔五〕尚書張後胤碑　「胤」，原作「引」，乾隆志同，皆避清世宗諱改字也，今據寶刻叢編改回。

大清一統志卷二百二十九

西安府三

關隘

子午關。在長安縣南。元和志：在長安縣南百里，王莽通子午道，因置此關。長安志：子午鎮在縣南五十五里，宋景祐三年置。本朝嘉慶七年，移縣丞駐此。

藍田關。在藍田縣東南，本名嶢關。漢書高帝紀：秦二世三年，沛公攻武關，趙高遣將拒嶢關。沛公引兵繞嶢關踰蕢山擊秦軍，破之藍田南。應劭曰：「嶢山之關。」李奇曰：「在上洛北，藍田南，武關之西。」水經注：渥水西逕嶢關北。土地記曰，藍田縣南有嶢關，地名嶢柳，道通荆州。晉地道記曰，嶢關當上洛縣西北。括地志：藍田關在藍田縣東南九十里，即秦嶢關。寰宇記：藍田關在縣東南九十八里。周武成元年，自嶢關移置青泥故城側，改曰青泥關。建德二年，改爲藍田關。長安志：藍田關因縣爲名，隋大業元年，徙復舊所。

大昌關。在藍田縣西南。唐書：景龍中，崔湜言山南可引丹水通漕至商州，自商鑱山出石門，抵北藍田，可通輓道。中宗以湜充使開大昌關，役徒數萬，竟不能通。舊志：大昌關在石門谷之南。

駱谷關。在盩厔縣西南。隋書地理志：盩厔有關官。元和志：駱谷關在縣西南百二十里。武德七年，開駱谷道以通梁州，在今關北九里。貞觀四年，移今所。縣志：自駱谷南八十里，爲十八盤嶺，又南下十里至河底，即故駱谷關，南通洋縣。唐貞元元年，嘗禁駱谷關，不許行人出諸道。明時于十八盤嶺設關，置巡司，後裁。

金鎖關。在同官縣北三十里神水峽。明嘉靖三十年築關城，置巡司。本朝裁巡司，設都司駐守，後移駐耀州城内。

柴家關。在寧陝廳西一百二十里。明正德十六年設巡司，後裁。

五郎關。在寧陝廳南十五里。

田家營。在富平縣西十五里。元張思道屯兵處，遺址猶存。

寧陝營。在寧陝廳南十五里老關口。嘉慶十九年建城，設參將駐守。

東江口營。在寧陝廳北二百四十里。嘉慶七年移長安縣斗門鎮主簿駐此，改隸寧陝廳。嘉慶十九年設都司駐守。

岸門城。在耀州西北分水嶺上。明嘉靖二十三年築，以重三水石門之險。行者多由七里川，不經此門。

四畝地城。在寧陝廳西一百二十里。嘉慶十九年建城，設把總分防。

洵陽壩汛。在寧陝廳北一百四十里。嘉慶十九年設把總分防。

杜角鎮。在長安縣南。長安志：在長安縣南四十五里。又有西杜角，縣志謂之郭社村鎮。

三橋鎮。在長安縣西二十里。縣志：縣境又有賈里村、乾河、黄良、姜村、馬坊等鎮。

斗門鎮。在長安縣西三十里。舊設主簿，嘉慶七年移。

灞橋鎮。在咸寧縣東二十里，一名霸橋堡。明置遞運所于此。本朝乾隆二十九年，由縣城移縣丞駐此。嘉慶七年移。又有新住鎮，在縣東三十里，亦曰新築鎮。

渭橋鎮。在咸寧縣東，接高陵縣界。長安志：在萬年縣東四十里，高陵縣南十八里。即東渭橋，李晟屯兵處。

鳴犢鎮。在咸寧縣東南。長安志：在萬年縣南六十里鎮西原，下有鳴犢泉，故名。又義谷鎮，在縣南八十里，入乾祐路，俗曰谷口鎮。又莎城鎮，唐乾寧二年，由啓夏門趣南山宿莎城鎮，今廢。縣志：縣東南四十里有秋塞鎮，五十里有引駕迴鎮。又有杜曲鎮，在縣南三十里。王曲鎮在縣南三十五里。

尹家衛鎮。在咸寧縣南五十里。嘉慶七年由霸橋鎮移縣丞駐此。

高橋鎮。在咸陽縣東二十五里。又縣東三十里有窑店鎮，路通高陵縣。

零口鎮。在臨潼縣東北四十里。又曰泠口，泠水至此入渭。寰宇記：唐於零口置鴻州。金史地理志：臨潼鎮一：零口。縣志：通典昭應縣界有零口，蓋古鴻門地。又馬額鎮，在縣東南四十里。斜口鎮在縣西四十里。

櫟陽鎮。在臨潼縣北五十里，即元廢櫟陽縣治。又閻梁鎮，在縣北七十里清水北岸。

新豐鎮。在臨潼縣東北二十里，即唐天寶中所廢新豐縣治。明洪武五年置遞運所。嘉靖三十二年，創築新豐及零口、相橋、康橋、田市五堡。

交口鎮。在臨潼縣東北五十里。又相橋鎮，在縣東北六十里清水東岸。

廣陽鎮。在臨潼縣東北七十里。舊名廣陽屯，界清、沮兩河之間。明萬曆二十三年置鎮。今一名武家屯。

關山鎮。在臨潼縣東北七十五里。舊名上寨，地界臨潼、渭南、蒲城、富平四縣之交。明萬曆初改爲鎮，築城，移西安府同知駐此。後裁。本朝設縣丞駐此。又康橋鎮，在縣東北八十里。

毘沙鎮。在高陵縣西南八十里。

秦渡鎮。在鄠縣東三十里。商賈輻輳，爲邑中最盛。長安志：秦渡鎮在鄠縣東四十里。又甘泉鎮，在縣西北三十里。九域志作甘河鎮。今廢。

澇店鎮。在鄠縣北十五里。又趙王鎮，在縣東北二十五里。

焦戴鎮。在藍田縣。九域志：藍田縣有焦戴鎮。舊志：有焦戴川在縣西三十里，鎮當在其處。

永樂鎮。在涇陽縣東二十二里。一名月落鎮。

臨涇鎮。在涇陽縣南三十里涇水南，與醴泉縣接界。長安志：在涇陽縣西宜善鄉，白渠貫其中。

石橋鎮。在涇陽縣西北四十里。舊有紅花市。

王橋鎮。在涇陽縣西北四十里。一名百谷鎮。

冶峪鎮。在涇陽縣西北六十里。本朝乾隆四十二年移縣丞駐此。

雲陽鎮。在涇陽縣北三十里，即後魏改置雲陽縣地，鎮東有故城址。明洪武二年設稅課局於此，正統中廢。

孟店鎮。在涇陽縣東北三十里。長安志：在雲陽縣東北十里。縣志：舊傳唐李靖屯軍處。又名靖川鎮，久廢。

陂西鎮。在三原縣東南四十里。縣志：市廛稠密，基址廣袤，爲邑首鎮。又王店鎮，在縣東三十里。西陽鎮，在縣東北二十里。

終南鎮。在盩厔縣東三十里，即故終南縣也。縣志：縣境有亞柏、雙溪、臨川、青花等鎮。

祖菴鎮。在盩厔縣東南七十里。本朝乾隆十年移縣丞駐此。

赤水鎮。在渭南縣東二十五里。長安志：在渭南縣東赤水西十五里。又堠子鎮，在縣西南，與藍田縣接境。九域志：渭南縣有赤水西鎮。

田市鎮。在渭南縣西北三十里，與臨潼接界。其中又有大吉鎮。

下邽鎮。在渭南縣北五十里，即秦下邽縣治。本朝乾隆十年移縣丞駐此。九域志：下邽縣有來化、所市二鎮。

道賢鎮。在富平縣東北三十五里。又莊子鎮，在縣東北四十里。薛家鎮，在縣東北美原堡西三里。又長安志有棘店鎮，在縣南二十里，久廢。

醴泉鎮。在醴泉縣東三十里舊城中。又永興鎮，在縣東五十里。

叱干鎮。在醴泉縣北五十里。又坡北鎮，在縣北四十里。

甘北鎮。在醴泉縣東北十里。九域志：醴泉縣有甘北鎮。長安志：北醴泉鎮，在縣北二十里。按：今甘北鎮疑是此。

寧谷鎮〔二〕。在耀州西北。長安志：寧谷驛，在華原縣西北八十里寧谷鎮，西北至邠州二百里。州志：照金山西北爲七里川，即古寧谷鎮地。

陳鑪鎮。在同官縣東南三十里。土人陶瓦器爲業，故名。又立地鎮，在縣東南三十里。

黃堡鎮。在同官縣南。晉升平初，姚襄自杏城進據黃洛，苻生遣苻黃眉等擊敗之。長安志：黃堡鎮在縣南三十里。縣志：在縣南四十里。亦名黃堡寨，在金時爲重鎮。明嘉靖二十五年築堡城。舊有陶場，後廢。

九曲砦。在咸寧縣東北。唐書李晟傳：興元初，晟屯東渭橋，朱泚將張光晟屯九曲砦，相距十餘里。

張翼砦。在臨潼縣西南二里驪山左。府志：元末兵亂，平章張翼以縣城頹圮，築砦據守於此。

楊官砦。在高陵縣西南二十里。

南沙河砦。在鄠縣東十五里。縣志：縣東有南沙河、北沙河等十砦，縣南有麥章、宋家等十六砦，縣西有留村、石橋等五砦，縣北有韓村、青陽等八砦，皆舊時屯田之所。

智愨砦。在涇陽縣西北四十五里西成原上。縣志：唐中和中，宦者曹智愨禦黄巢處。北臨冶谷水，直長街鎮，崖高五十餘丈，西面城牆壕塹俱存。又温韜砦，在縣西北七十里百頃原。梁開平中，華原賊帥温韜據此。仲山砦，在縣西北八十里仲山巔，涇水遶其下，可屯兵，相傳漢高祖兄仲所居。

羅開山砦。在盩厔縣。長安志：在盩厔縣南六十五里。又嵷峒山砦，在縣南九十五里。解保砦，在縣東北三十里。

九龍砦。在耀州北六十里石嘴山東。山有峯，峯有泉合爲九泉，故名。

濟陽砦。在同官縣治西南濟陽山上。縣志：元末張思道遣兵據此。有土城高丈餘，有洞旁穿取水於下，近時修築得古窖，尚有藏粟。又永安砦，在縣治西山上，與濟陽爲犄角之勢，皆明嘉靖中築。

南古砦。在同官縣東北二十里。四面皆山峽，一徑僅通。其頂寬平，有池及井。又西梁堡，在縣南三十里，故址尚存。

青巖砦。在寧陜廳東四十里。又有舊關砦，在廳西一百四十里。石羊砦，在廳北三百六十里。葫蘆砦，在廳北十五里。

曲牢堡。在咸寧縣南。通鑑：晉太元十六年，苻登攻後秦京兆太守韋範于段氏堡，不克，進據曲牢。胡三省注：「曲牢在杜縣東北。」

草店堡。在咸寧縣北四十里。

河南街堡。在咸陽縣南二里。又東南坊堡，在縣西十五里。馬跑泉堡，在縣西二十五里。押枝堡，在縣西北三十里。北杜堡，在縣北二十五里。眭村堡，在縣東北四十里。俱明嘉靖二十六年築。

馬村堡。在興平縣東二十里。

郭村堡。在興平縣西南十五里。明嘉靖中，知縣劉賢築。

馬嵬堡。在興平縣西三十里，亦曰馬嵬鎮。又有劉迴堡，在縣西南。晉書載記：義熙十二年，赫連勃勃遣其子璝向長安，至渭陽，龍驤將軍沈田子退屯劉迴堡。久廢。

狗枷堡。在藍田縣西五十里。水經注：三秦記曰，白鹿原上有狗枷堡。秦襄公時有天狗來下，有賊則狗吠之，一堡無患。長安志又有尚可堡，在縣東。明市堡，在縣西南四十里。雞子堡，在縣北四十里，土坡狀如雞子，因名。黄櫨堡，在縣北三十里。

雨金堡。在富平縣。寰宇記：在富平縣東南三十里。有一泊，每天雨，水流入似金色，俗呼爲雨金堡。長安志：堡周八百步，東有雨金泊。史記：秦獻公十八年，櫟陽雨金，後因名堡。其地古櫟陽界也。又王侯堡，在縣西北四十五里。

美原堡。在富平縣東北六十里，即唐美原縣故址。明洪武三年設巡司，十五年裁。其地當宜君、白水、蒲城、富平四境之交。本朝乾隆十年移縣丞駐此。又張橋堡，在縣東南四十里。流曲堡，在縣北三十里，即故通川城處。莊里堡，在縣西北三十里。道賢堡，在縣東北三十五里。皆明嘉靖二十五年築。

順義堡。在耀州南，初名鑑山驛。北至同官縣漆水驛七十里。明洪武五年建，永樂後改名。

夏侯堡。在耀州南二十里，一名魚池堡。元末州治燬，嘗移治於此。明嘉靖二十五年復築堡城。

天活堡。在耀州西北木門山西北十里。四面石崖峻絶，上有薪水，金陝西行省李興嘗駐兵於此。堡北十五里爲玉女堡，在玉女山。又北十里爲桃兒堡，其地最爲險峻。又有小丘堡，亦在州西北四十里，明嘉靖二十五年築。

京兆驛。在府治東南，明置，長安、咸寧二縣分領之。又有秦川驛，在長安縣城西北隅，元置，明廢。又長安志有臨臯驛，在長安縣西北十里開遠門外，久廢。

大安廢驛。在咸寧縣東。長安志：在萬年縣城東草市，久廢。又滋水驛，在縣東北三十里，隋開皇十六年置。長樂驛，在縣東北十五里長樂坡下，唐聖曆元年置。

渭水驛。在咸陽縣東，明洪武四年置。按：長安志有陶化驛，在縣郭下。又温泉驛，在縣西二十里。並久廢。

店張驛。在興平縣東北三十里店張鎮。北通固原，最爲衝要。明置驛於此，初曰底張，後改名。舊有驛丞及店張遞運所，後裁。本朝乾隆二十六年移縣丞駐此。又白渠驛，在縣治北。長臨驛，在縣西四十里，與武功縣接界。今皆廢。

新豐驛。在臨潼縣治西南，明洪武初置。按：長安志有昌亭驛，在縣西南五十步。久廢。

神皐廢驛。在高陵縣。長安志：在高陵縣北百五十步。今廢。

藍橋廢驛。在藍田縣。長安志：藍橋驛在藍田縣東南四十里。又清泥驛，在縣郭下。韓公堆驛，在縣南二十五里。藿平驛，在縣南五十五里。藍田驛，在縣南二十五里。並廢。

建忠驛。在三原縣治北。縣志：舊有池陽驛，在縣治西北，明洪武三年，改設建忠驛於譙樓南白渠側。

櫻桃廢驛。在盩厔縣南，今廢。長安志：盩厔驛，在縣城内。東至鄠縣驛七十里，南至終南山櫻桃驛四十五里，櫻桃驛至三交驛五十五里，三交驛至林關驛四十五里，林關驛至洋州真符縣大望驛七十里。

豐原驛。在渭南縣東關。明初置，在南廂街北，嘉靖中移於此。按：長安志有渭南驛，在縣郭内。東陽驛，在縣東十三里，兩京道里記曰，西魏大統十四年置，在東陽谷側，因以爲名。杜化驛，在縣西十三里，亦大統十四年置，在杜化川。皆久廢。

醴泉廢驛。在醴泉縣東北舊城内。長安志：在西門内。今廢。

漆水驛。在同官縣治東北。

鴻臚館。在高陵縣。長安志：在高陵縣南十八里。今廢。

玉谿館。在藍田縣。長安志：在藍田縣東南四十五里，入商州路，俗曰磑子硡。按：縣志訛爲「玉雞館」。

津梁

渭橋。在長安縣西北故長安城北，接咸陽縣界，亦曰中渭橋。水經注：秦始皇作離宮於渭水南北，以象天宮，故三輔黃圖曰「渭水貫都，以象天漢；橫橋南度，以法牽牛」。橋廣六丈，南北二百八十步，六十八間，七百五十柱，一百二十二梁。橋之南北有堤，激立石柱，柱南京兆立之，柱北馮翊立之。有令丞，各領徒一千五百人。橋之北首，壘石水中，故謂之石柱橋也。漢書注：蘇林曰：「渭橋在長安北三里。」元和志：中渭橋在咸陽縣東南二十二里，本名橫橋，架渭水上。始皇都咸陽，渭水南有長樂宮，渭水北有咸陽宮，欲通二宮之間，故造此橋。漢末董卓燒之，魏文帝更造，劉裕入關又燬之，後魏重造，貞觀十年移於今所。玉海：秦、漢、唐時架渭者三橋，中渭橋在長樂宮北，秦造。便橋在長安西，漢武帝造。東渭橋在萬年東，不知始於何世。縣志：中渭橋在縣西北十五里。舊志：在縣西北二十五里。又唐興元初，車駕自興元還長安，李晟等謁見於三橋。通志：三橋在縣西二十里。

第五橋。在長安縣南二十里。杜甫詩：「不識南塘路，今知第五橋。」張禮遊城南記：橋在韋曲西，與沈家橋相近。

霸橋。在咸寧縣東二十五里。漢書王莽傳：莽名霸橋爲長存橋。水經注：霸水又北逕枳道，水上有橋，謂之霸橋。元和志：霸橋隋開皇三年造。唐永隆二年，因舊所創爲南北兩橋。雍録：隋時更以石爲之。唐人以送別者多于此，因亦謂之銷魂橋。縣志：橋凡十五空，長八十餘步。宋時圮，韓縝重修。元季亦嘗修葺。明成化六年，布政使余子俊增修，後因沙壅東徙，遺址僅存。本朝乾隆二十九年重建。

東渭橋。在咸寧縣東北，接臨潼縣境。史記：景帝五年，作陽陵渭橋。索隱：「渭橋有三所，在長安東北通高陵路曰東渭橋。唐書食貨志：咸亨三年，王思順運晉絳之粟於河渭，增置渭橋倉，自是歲運每由河陰太原轉運至東渭橋倉。雍録：在萬年縣東北四十里霸水入渭處。縣志：今爲渭橋渡，入高陵路。

西渭橋。在咸陽縣西南，一名便橋。漢書武帝紀：建元三年，初作便門橋。蘇林曰：「去長安四十里。」服虔曰：「在長安西北茂陵東。」三輔決録：長安城西門曰便門，門北與橋對，因號便橋。水經注：渭水與灃水會於短陰山，水上舊有便門橋。元和志：便橋在縣西南十里，架渭水上。長安志：渭河浮橋，在漢渭城縣南北兩城中間，架渭水上，即漢之便橋也。唐末廢。宋乾德四年重修，後爲暴水所壞。淳化三年，徙置孫家灘。至道二年，復修於此[二]。縣志：西渭橋在縣西南，一名咸陽橋。其地夏秋以舟渡，秋深則作橋，橋成則阻舟行，水漲而橋又廢。明嘉靖中維舟爲浮橋，至今仍之。

灃橋。在咸陽縣東南三里，跨灃水上。明弘治中架木爲之。

望斗橋。在興平縣東門外。又胡家橋、胡家渡，並在縣西南四十里。又長安志有石橋，在縣西二十里馬嵬店。今廢。

戲河橋。在臨潼縣東三十里，又東十里有零口橋，俱當大路之衝。

東陽橋。在臨潼縣北五十里櫟陽鎮之東，爲渭北要路，明萬曆三十五年重建。又黑策橋，在縣北六十里清水上。相橋，在縣東北相橋鎮西。康橋，在縣東北康橋鎮南。

郭橋。在高陵縣東十里，跨昌運渠上，渠水自此入清河。

阿石橋。在高陵縣南五里，其東八里有張橋，皆跨高望渠。

廣濟橋。在鄠縣東三十里秦渡鎮北，跨灃水上。明萬曆二十四年，知縣王九皋造木橋，長亘里許，爲百空。

太史橋。在鄠縣西門外，跨澇水上。明嘉靖二十一年，邑人王九思建石橋，長二十五丈，爲十空。

藍橋。在藍田縣東南五十里。縣志：世傳其地有仙窟，即唐裴航遇雲英處。

符家橋。在涇陽縣西北白渠上。明弘治初，居人符琚建，因名。

清河橋。在涇陽縣東北三十里，跨清川水。相近有殿下橋，在縣東北冶谷河北岸。又魯橋，在縣東北四十五里。

通濟橋。在三原縣譙樓北，元中統四年建。又東津橋，在織羅巷口。西津橋，在西花園巷口。廣濟橋，在城東門内。四橋俱在城中，跨白渠。又耀州北五里亦有通濟橋，在漆水濱，通榆林路。

賓陽橋。在三原縣東門外。又有通遠橋，在城西南，俱跨白渠。

龍橋。在三原縣北門外，跨清河。宋建隆四年，清河溢，有龍鬬於橋下，橋圮，重建因名。明萬曆中易以石，長三十有三丈，高七丈五尺，廣三丈三尺。又登高橋，在縣北，跨濁谷河。

通仙橋。在盩厔縣東三十里。

澇河橋。在盩厔縣東，跨澇河，與鄠縣分界。

陳姑坊橋。在盩厔縣西南十五里，爲往來通道。舊有木橋，本朝順治十六年易以石。

明光橋。在渭南縣東，跨明光谷水。又西陽橋、東陽橋〔三〕，俱在縣東八里，跨西陽、東陽二水。

赤水橋。在渭南縣東二十里，跨赤水。本朝乾隆十四年重修。

湭水橋。在渭南縣西門外，跨湭水。明萬曆中建石橋，長二十丈，爲十空。歲久圮。本朝順治十年重修，增長十三丈。

温河橋。在富平縣北門外，跨温泉水。

望乾橋。在醴泉縣西北。明沈夢斗記：泥河之水自乾陵流逕城西北二門，東注於泔以會於涇，橋曰望乾，以乾陵在望而名也。嘉靖中圮，萬曆十五年重建。

仲橋。在醴泉縣東北。通鑑：晉咸和四年，趙南陽王自上邽趨長安，軍於仲橋。胡三省注：「鄭國渠逕仲山，渠上有橋，謂之仲橋，在九嵕山之東。」按：今縣北城外有橋，亦曰仲橋，乃明嘉靖中建，非古仲橋也。

龍溪橋。在同官縣南，嶂山泉水所經。

蝦蟇橋。在同官縣南二十里，兔窩嶺水所經。

跨嶺橋。在寧陜廳北四十里腰嶺關下。又北一百六十里有江口橋，又北二百二十里有石羊橋。

中橋渡。在長安縣北、咸陽縣東。長安志：在長安縣北二十六里。又嘉麥渡，亦在縣北二十六里。段留渡，在縣東北二十六里。皆渭水渡。咸陽縣志：中橋渡，在縣東二十五里，即古中渭橋所，今名千家渡。又安劉渡，在縣東三十五里，一名嘉麥渡。又兩寺渡，在縣西十五里。皆渭水渡。又西閻渡，在縣西南三十里。今廢。按：長安志安劉渡在咸陽縣東三十五里，相近有嘉麥渡，與縣志異。

北澧店渡。在長安縣西。長安志：在長安縣西四十里。又南澧店渡，在縣西四十五里。皆澧水渡。

光泰門渡。在咸寧縣東。長安志：在萬年縣西二十里，入高陵、耀州路。又橫霸官渡，在縣東南二十五里，入藍田路。

龍光渡。在興平縣。長安志：在興平縣西南三十五里渭水上。縣志：又柳樹屯渡，在縣東南二十里。

北田渡。在臨潼縣西北十里。又李家渡，在縣北十里。

交口渡。在臨潼縣東北五十里。又景渡，亦在縣東北五十里，本名耿渡，或訛爲「景」。皆渭河渡也。

橋渡。在臨潼縣東北。長安志：櫟陽縣東有橋渡及粟邑渡，皆石川河渡。

新開渡。在高陵縣西南渭橋西二里。又黄家渡，在縣西南二十里楊官砦前〔四〕。

宋村渡。在涇陽縣東南三十里，路通臨潼。又花池渡，在縣南十里，路通長安。又張邨渡、修石渡，皆在縣東，路通咸陽。

畦城渡。在涇陽縣西南十里，路通咸陽。

臨涇渡。在涇陽縣西三十里。又狄道渡，在縣西北六十里。皆渡涇水。

上漲渡。在渭南縣北七里。又有下漲渡，在縣東北五里。蔡渡，在縣東北赤水北。三渡皆渭河津濟處。

涇甘渡。在醴泉縣東五十里甘水合涇處，渡因以名。長安志：在醴泉縣東北三十里。

劉醫渡。在醴泉縣北六十里。又地道渡，在縣東北五十里。

琉璃潭渡。在寧陜廳西七十里。

柴家關渡。在寧陜廳西一百二十里。

隄堰

渭水石隄。在咸陽城南門外。明嘉靖二十年築，以護城垣，長百三十餘丈。本朝乾隆六年增築五十丈。

朱章隄。在興平縣東十五里西吴村。明嘉靖中知縣朱文、章評相繼修築，故名。

義隄。在渭南縣北渭河北岸。明邑人史記事築，以障渭河。

漆水隄。在耀州東。宋熙寧七年，知耀州閻充國建。明嘉靖二十五年，因舊址作東城石隄。

沮水石隄。在耀州城西北。明嘉靖二十五年築，長六十丈。本朝乾隆二十八年，復於城西南角增築石隄三十九丈。又州城西北數里有舊河口，乾隆三十一年，築亂石壩百餘丈，以備泛溢。

護城隄。在同官縣城東。起金山東，環城東南，接嶂山之麓，明萬曆中築，以障漆、同二水。

彭城堰。在高陵縣西二十五里，亦曰彭城閘，唐縣令劉仁師建。

邢堰。在三原縣東北二十里邢村。長安圖說：邢堰在太白渠之下流，長四十餘步，不知起自何時。蓋爲白渠北限地高，涇水勢不能及，遂引清、冶二谷水，逕三原縣龍橋鎮以東至邢村，截河爲坊，堰其水以溉三原、涇陽，并渭南屯所之田。其下水分爲二渠，北曰務高渠，南曰平皐渠。中有深溝一道，蓋古白渠故道，水不敢入，故堰絶之，分灌高田，至今人名其溝曰乾溝。縣志：縣西北一里許清河南岸有古渠一道，南抵白渠。清河東岸亦有古渠一道，遶縣北關，迤邐東北而去。明宣德間遺蹟尚存。渠首之地，人亦謂之邢堰，蓋邢村堰廢之後，復作此堰，仍其舊名。後亦湮廢。

龍門堰。在富平縣南。長安志：龍門堰、石川堰，皆在縣南二十里。常平堰，在縣東南二十五里。

漕渠。在長安、咸寧二縣南，自昆明池東傍南山東至河。漢所穿，隋唐復開之。史記河渠書：元光中，鄭當時爲大農，言異時關東漕粟從渭中上，度六月而罷，而漕水道九百餘里，時有難處。引渭穿渠，起長安並南山下至河三百餘里，徑易漕，度可令三月罷，而渠下民田萬餘頃，又可得以溉。天子以爲然，令齊人水工徐伯表，發卒數萬人穿漕渠，三歲而通。以漕大便利，其後漕稍多，而渠下之民頗得以溉田。水經注：昆明故渠，上承昆明池東口，東逕河池陂北，又東合沈水，亦曰漕渠。又東逕長安縣南，東逕明堂南。又東而北屈逕青門外，與沈水支渠會，分爲二渠，一水逕楊橋下北注渭，其一渠東逕奉明縣廣成鄉之廣明苑南。又北分爲二渠，東逕虎圈南而東入霸，又漕渠絶霸右出，東逕霸城北，又東逕于楚陵北，又東逕新豐縣，右會故渠，上承霸水，東北逕霸縣故城南，又東北逕劉更始冢西，又東北逕新豐縣，又合漕渠，漢大司農鄭當時所開也。今源自昆明池南，傍山原東至於河，且田且漕，大以爲便。隋書食貨志：開皇四年，命宇文愷率水工鑿渠引渭水，自大興城東至潼關三百餘里，名曰廣通渠。唐書地理志：天寶二年，尹韓朝宗引渭水入金光門，置潭於西市以貯材木。大曆元年，尹黎幹自南山開漕渠，抵景風、延喜門入苑，以漕炭薪。又食貨志：開元中，長安令韋堅兼水陸運使，治漢隋運渠，起關門抵長安，通山東租賦，乃絶灞滻，並渭而東，至永豐倉與渭合。又於長樂坡，瀕苑牆鑿潭於望春樓下，以聚漕舟，賜其潭名廣運潭。長安志：漕河在長安縣南十五里，自萬年縣界來，逕縣界五里入渭，漢武元光六年穿。又黎幹所鑿渠，逕京兆府直東至薦福寺東街，北至國子監，正東至子城東街並逾景風、延喜門入苑。又漕渠，在渭南縣北一里，自臨潼縣來，入鄭縣界。

王渠。在府城北。漢書王嘉傳：哀帝爲董賢治大第，開門向北闕，引王渠灌園池。注：「蘇林曰：王渠，官渠也，猶今御溝。晉灼曰：渠名。在城東覆盎門外。」水經注：沈水枝渠，上承沈水於章門西，飛渠引水入城，東爲倉池。又東逕未央宫、桂宫間，謂之明渠。又東歷武庫北，又東逕長樂宫北，又東出城，分爲二渠，即漢書所謂王渠者也。逕楊橋下，側城北逕鄧艾祠西而北注渭。今無水。

清明渠。在長安縣西南，由咸寧至縣界。寰宇記：清明渠在大安坊。開皇初，引沈水西北流入城，經大社、尚食局、將作監、内侍省而入宫城。長安志：長安縣清明渠，東南自萬年縣界流入，西北流又屈而東北流，入京城。玉海：清明渠導交水自大安坊東街入城，由皇城入太極宫。

通濟渠。在長安縣西南。明成化初，知府余子俊以龍首舊渠壅塞，於丈八溝造石閘，鑿渠引交、皁二水，西流轉東，至府西入城，分爲三渠。其水清甘，民皆取給。本朝康熙六年復濬。

清渠。在長安縣西。長安志：在縣西五十里。自鄠縣界來，經縣界十里入渭。又漆渠，在縣西二十里。舊自縣之坑河分水，經縣界二十里入漕河。括地志曰，胡亥運南山之漆而開此渠。

永安渠。在長安縣西。長安志：永安渠，隋開皇三年開，在縣南。引交水西北入城，經西市入苑，坑水自南入焉。有福堰，下分爲二水，流一里，一水合交水，一水西北流爲永安瀆。玉海：永安渠，自城南導交水從大安坊西街入城，北流入苑，注於渭。

永通渠。在長安縣西北。長安志：隋開皇四年開，起縣西北渭水興城堰，初名富渠，仁壽四年改名永通。

龍首渠。在長安縣東北，由咸寧縣流入。長安志：龍首渠一名滻水渠。隋開皇三年，自東南龍首堰下分支，滻水北流至長樂坡西北，分爲二渠，東北流入苑。西渠屈而西南流，經通化門南，西流入城，經永嘉坊，又西南流經興慶宮，又西流經勝業坊、崇仁坊、景龍觀，又西入皇城，逕少府監南，屈而北流，又逕都水監、太僕寺、内坊之西，又北流出城。宋史陳堯咨傳：長安地斥鹵，無甘泉，堯咨疏龍首渠注城中，民利之。玉海：唐時導水入城之渠有三，一曰龍首渠，二曰永安渠，三曰清明渠。明史河渠志：洪武十二年，李文忠言陝西病鹹鹵，請穿渠城中，逕引龍首渠東注。從其請，甃以石。天順八年，都御史項忠以龍首渠引水七十里，修築不易，城東、西、南皁河去城一舍許，鑿令引水，與龍首渠會。咸寧縣志：龍首渠，本朝康熙六年復濬。

黄渠。在咸寧縣南。長安志：在萬年縣南通善坊。自義谷口分水入此渠，北流十里，分爲兩渠，一東北流入庫谷水，一西流入樊川，灌溉稻田，西流入坑河。縣志：黄渠在龍首渠南。

興成渠。在咸寧縣西。唐書食貨志：秦漢時，故漕興成堰，東達永豐倉。太和初，咸陽令韓遼請疏之，自咸陽抵潼關三百里。堰成，罷輓車之牛，以供農耕，關中賴其利。長安志：興成渠在縣西十八里。縣志：今堙。

成國故渠。在咸陽縣北。故道自乾州武功縣流入興平縣北，又至縣境入渭水。水經注：成國故渠，東逕郿及武功槐里縣北，又東逕茂陵縣故城南，又東逕龍泉北，又東逕姜原北，又東逕平陵縣故城南，又東逕竇嬰冢南，又東逕延陵、渭陵、義陵、安陵南，又東逕渭城北，又東逕長陵南，又東逕周勃冢南，又東逕漢景帝陵南，又東南注渭。今無水。長安志：成國渠，在興平縣北一里。西自武功縣流入縣界，凡六十里，溉田二百四十餘頃，東流入咸陽縣界。按唐李石記，咸通十三年，京兆府奏修六門堰畢，其渠合韋川、莫谷、香谷、武安四水，溉武功、興平、咸陽、高陵等縣田二萬餘頃，俗號渭白渠，言其利與涇、白相上下，又曰成國渠。魏時僕射衛臻征蜀，開以溉田。大統十三年，始築堰，置六斗門以節水。貞觀中，役九州夫匠，始就其功。永徽四年，右僕射于仲謐治之。聖曆中，稷州刺史張知謇修焉。咸通十一年，咸陽縣民薄逵等上言六門淤塞，請假錢以爲修堰費，乃詔借内藏錢以充，令本縣官專之，記役凡用萬七千緡云。今涸。

昇原渠。在興平縣南。長安志：在縣南十五里。西自武功縣流入縣界，凡六十里，溉田七十餘頃，東流入咸陽。唐垂拱初，運岐隴米，今涸。又普濟渠，在縣南十里。自武功縣流入縣界，凡六十里，溉田七十餘頃，東流入咸陽。今涸。

鄭白渠。在涇陽縣西北。鄭渠故道，自縣西北仲山下，分涇水東流，歷今三原、富平、蒲城諸縣界入於洛。久廢。白渠自鄭渠北，鑿南岸，分涇水東南歷高陵、櫟陽注於渭。自北而南，分爲太白、中白、南白三渠。宋大觀中，於白渠北鑿豐利渠。元於豐利渠北鑿石渠，名王御史渠。皆引涇水，分注涇陽、三原、醴陵、高陵、臨潼諸縣，統名涇渠。史記河渠書：韓聞秦之好興事，欲罷之，無令東伐。乃使水工鄭國間説秦，令鑿涇水，自中山西抵瓠口爲渠，並北山東注洛三百餘里，欲以溉田。中作而覺，秦欲殺鄭國，鄭國曰：「始臣爲間，然渠成，亦秦之利也。」秦以爲然，卒使就築。渠成，用注填閼之水，溉舄鹵之地四萬餘頃，收皆畝一鍾。於是關中爲沃野，無凶年，因名曰鄭國渠。漢書溝洫志：太始二年，趙中大夫白公，奏穿渠引涇水，首起谷口，尾入櫟陽注渭。中袤二百里，溉田四千五百餘頃，因名曰白渠。民得其饒，歌之曰：「田於何所？池陽谷口。鄭國在前，白渠起後。舉臿爲雲，決渠爲雨。涇水一石，其泥數斗。且溉且糞，長我禾黍。衣食京師，億萬之口。」水經注：鄭渠首上承涇水於中山西瓠口，其瀆東逕宜秋城北，又東逕中山南。又東逕捨車宮南，絶冶谷水。又東逕巀嶭山南，池陽縣故城北。又東絶清水。又東逕北原下，濁水注焉。又東逕曲陽城北。又東逕太上陵南原下，北屈逕原東，與沮水合。白渠起谷口，出於鄭渠南，東逕宜春城南。又東南逕池陽城北，枝瀆出焉。東南逕澫原下，逕鄣縣故城北，東南入渭。白渠又東，枝渠出焉，東南逕高陵縣故城北，又東逕櫟陽城北。白渠又東逕秦孝公陵北，又東南逕居陵城北、蓮芍城南，又東注金氏陂，又東南注於渭。元和志：大白渠，在涇陽縣東北十里。中白渠，首受大白渠，東流入高陵縣界。南白渠，首受中白渠，東南流亦入高陵界。唐書地理志：雲陽有古鄭白渠，又高陵有古白渠。寶曆元年，令劉仁師請更水道，渠成，名曰劉公，堰曰彭城。長安志：白渠在涇陽縣西北六十里。西自雲陽縣來，東入高陵縣界。十道志曰，大白、中白、南白，謂之三白渠也。渠上斗門四十八。三限口，在縣東北分南北三渠處。又高陵縣白渠，自涇陽縣界三限下中限爲一渠，流至彭城堰下分爲四渠。中南渠、高望渠，東西俱長三十五里。禑南渠，東西長四十里。中白渠，東西長三十里。又櫟陽縣五渠，自高陵縣北下，並入渭水。從北第一曰中白，第二曰析波，第三曰中南，第四曰高望，第五曰禑南。宋史河渠志：至道初，度支判官梁鼎、陳堯叟上鄭白渠利害，詔皇甫選、何亮經度，還言鄭渠並仲山而東，鑿斷岡阜，首尾三百餘里，連亘山足，岸壁頹壞，堙廢已久，實難致力。三白渠溉涇陽、櫟陽、高陵、雲陽、三原、富平六縣田三千八百五十餘頃，望令增築堤堰以固護之。舊設節水斗門一百七十有六，皆壞，請悉繕完。渠口舊有六石門，謂之洪門，今亦潰圮，且就近別開渠口以通水道。涇河中舊有石堰，修廣皆百步，廢壞已久，欲令自今修之。詔行之，未幾罷。景德三年，太常博士尚賓經度鄭白渠，自介公廟迴白渠洪口直東南，合舊渠以畎涇河，灌富平、櫟陽、高陵等縣，水利饒足，民獲數倍。熙寧五年，提舉常平楊蟠議修鄭白渠，詔都水丞周良孺相視，乃自石門堰涇水開新渠至三限口，以合白渠。宋侯蒙開石渠記：熙寧間，嘗自仲山旁鑿石渠，引涇水東南與小鄭泉會，下流合白渠。大觀元年，詔提舉常平趙佺董其事，明年土渠成，袤四千一百二十丈，南與故渠合。又明年石渠成，袤三千一百四十一尺，南與土渠接。又度渠之北，地勢高峻，通竇以防漲水，凡溉七縣田二萬五千九十三頃，賜名曰豐利渠。元史河渠志：自唐宋於仲山下築洪堰，改涇水入白渠分爲三，北限入三原、櫟陽、雲陽，中限入高陵，南限入涇陽，溉田七萬餘畝。元至元間，立屯田府督治之。至大元年，西臺御史王琚建言於宋豐利渠上，更開石渠五十丈。延祐元年興工，至五年渠成，改堰至新口。長安圖說：元因前代故迹，初修洪口石堰，當河中流，直抵兩岸，立石囷以壅水，東西長八百五十尺。自洪口下七十里，爲三限閘以分水，其北曰大白渠，中曰中白渠，南曰南白渠。大白之下，是爲邪堰。邪堰之上，渠分爲二，北曰務高渠，南曰平高渠。自三限閘下二十里爲彭城閘，其渠分爲四，北曰中白渠，南曰中南渠，又南曰高望渠，又南曰禑南渠。中南之下，其北分者曰析波渠，其南分者曰昌運渠。凡渠不能出水，則改而通之，立斗門以均水，總爲斗一百三十有五。舊志：明洪武八年，命耿炳文濬洪口堰，溉涇陽、三原、醴泉、高陵、臨潼田二百餘里。天順七年再濬。餘詳後「龍洞渠」。

龍洞渠。在涇陽縣西北六十里。明成化初，巡撫項忠於元時王御史石渠之北，鑿小龍山、大龍山腹里許爲洞，下屬白渠，名曰廣惠渠。功鉅費廣，歷余子俊、阮勤，幾二十年，始踵成之。正德中，巡撫蕭翀又鑿石渠四十二丈，名通濟渠。本朝順治九年、康熙八年，凡兩修。雍正五年，奉旨發帑興修，自上流開鑿龍洞，中濬三白渠，下至臨潼，重築隄堰，改設斗門。七年，又移西安通判駐王家鎮，專董其事。由是水利盡復，灌溉饒足。渠自仲山鑿龍洞，引泉東流，會篩珠洞泉，又東會瓊珠洞泉，又東會倒流泉，又東歷大小梯子崖、天元渠，又東至王御史口，又東會大小諸泉，過馬道橋，出山，就平陸。開渠灌田，首爲王屋四斗，此四斗與醴泉縣分灌，下則專灌涇陽。又東爲張房、雙槐等斗門二十三。又東爲三限閘，俗名三渠口。北限爲北白渠，從閘分水東北流，北岸斗門三，南岸斗門二，又東北流入三原縣界。中限爲中白渠，乃龍洞正支，東流，南北岸斗門六，又東爲高陵縣之彭城閘。下限爲下白渠，東南流，南岸斗門五，皆在涇陽界。其北白渠入三原界者，東流，經縣南入東關，又出城，東北逕馬家、高家等堡，至大召村而止。在高陵界者，彭城閘北爲中白渠，斗門二十二。閘南曰中南渠，斗門十四。南流五里，又分二渠，東南曰高望渠，斗門十二，西南曰禑南渠，斗門五。中南渠又南至張市里，復分二渠。北曰析波渠，今廢。南曰昌運渠，斗門三，流至縣東五里墨張村而止。凡灌涇陽、醴泉、三原、高陵四縣田七萬四千三十餘畝。

六輔渠。在涇陽縣西北及三原縣北界。漢書溝洫志：元鼎六年，兒寬爲左內史，奏請穿鑿六輔渠以益溉鄭國旁高卬之田。注：「師古曰：此於鄭國渠上流南岸，更開六道小渠，輔助灌溉耳。」元和志：初鄭國分涇水置渠，後兒寬又穿六輔渠，今雲陽與三原界水道小渠猶有存者。縣志：即今清、冶二水所分之渠。

冶清渠。在涇陽縣西北鄭白渠北。其地高卬，涇水不及，故引清、冶二水爲渠。冶谷水渠十二，始於冶谷內二里許，傍北山鑿一渠出口，曰上王公渠。稍下曰磨渠。磨渠東六七里，曰下王公渠。又東三里曰上北泗渠，又東五里曰下北泗渠，又東四里曰仙里渠，皆溉河北之田。下王公渠對岸稍東曰天津渠，東六七里曰高門渠，又東六里曰廣利渠，又東四里曰海西渠，又東四里曰海河渠，皆溉河南之田。明弘治初，知縣暢亨又於上王公渠上流分一渠，曰暢公渠。清谷水爲渠五。自耀州流入三原縣界毛坊里，始於北岸堰水，曰毛坊渠。析南流出谷口，於西岸旁清涼原開一渠，曰原成渠。自原成而下三里許，東岸曰公進渠，又下十丈許曰下五渠，又十丈許曰水漲渠。此五渠，惟毛坊專溉三原，原成專溉涇陽。其三渠，上流在涇陽，下流入三原，共溉田七萬餘畝。而下五渠斗門凡二十三，所溉尤多。

讓泉渠。在盩厔縣東二十五里，引葦源泉水溉田二千餘畝。其北有龍灣渠。又赤谷渠，在縣東南四十五里，引赤谷水溉田。東磨渠、西磨渠，皆在縣東南五十里，引耿谷水溉田。興隆渠，在縣西南三十五里，即廣濟渠支流也。

靈軹故渠。在盩厔縣北。史記河渠書：關中輔渠、靈軹引堵水。漢書地理志：盩厔有靈軹渠，武帝穿。水經注：盩厔縣北有蒙籠原，上承渭水於郿縣，東逕武功縣爲成林源。又東逕縣北，亦曰靈軹源。舊志：靈軹渠，在故上林苑中。又長安志有漆渠，在縣南五里。今俱堙。

直城渠。在富平縣西十五里。長安志：在縣西南三十里，引漆、沮河水溉田二十里。新志：直城渠引温泉水，東抵縣西北城濠。又南爲懷德渠，支分爲順城渠，又東爲圃田渠，皆引温泉、澤多二水。又有順陽渠，在縣北頻山下，本無水，每天雨，山水必暴至，引以灌田。又玉帶渠、倒迴渠，在縣北，灌田百餘里。

偃武渠。在富平縣西北。長安志：在縣西北四十五里，溉田八里。又白馬渠在縣西北四十里，長澤渠在縣西北三十里，皆溉田十五里。高望渠，在縣西北二十五里，溉田三里。相近有石水渠，溉田十里。永濟渠，溉田十二里。文昌渠，在縣西北十七里，溉田十里。陽渠，在縣西南二十八里，溉田十五里。皆引漆、沮河水。新志：富平之水，灌田最多者漆、沮也。東岸自北而南，首曰官渠，一名判官渠。次曰文昌渠，又南爲通鎮渠，又南爲永濟渠，又南爲實惠渠、自在渠、永興渠、新渠、順陽渠，又南爲石水渠，又南爲永順渠、廣濟渠、永豐渠、溢水渠、遺愛渠、千年渠。水至此自南而東流爲陽九渠，即長安志之陽渠也。在西岸者，最北曰偃武渠，又南爲中渠，皆兼引粱家泉水。又南爲小白馬渠，又南爲大白馬渠，又南爲永興渠、洞子渠。又南爲河西廣濟渠，本朝雍正三年開。又南爲永壽渠，又南爲長澤渠，並在漆、沮左右。按：長安志有高望渠，今無此。又長安圖説載石川河東岸渠七，曰判官、楊家、文相、永濟、石水、閻渠、陽九。西岸渠六，曰偃武、白馬、長澤、西長澤、東高望、陽陵保。今惟判官、永濟、石水、楊家、偃武、白馬、長澤仍舊名，餘皆異。

强公渠。在耀州西南。唐書：華原無泉，雍州司士參軍强循教民鑿渠以浸田，號强公渠。今廢。

烟霧渠。在耀州西北，沮水渠也。州志：沮水流至州境，爲堰頭河，始有烟霧渠。又南爲甘家中渠，又南爲義渠、通城渠，又南爲通潤渠、水磨渠，又南至州城西爲越城渠。又漆水至州城東南有小渠、退灘渠。

陵墓

古

華胥氏陵。在藍田縣。寰宇記：在縣西三十里。又藍田山西有尊盧氏陵，次北有女媧氏谷。

周

王季陵。在鄠縣西渼陂村。帝王世紀：王季葬鄠之南山。按：舊本作「王季墓」，列於周公、太公墓之前。考漢太上皇陵、史皇孫悼園，俱從諸陵之例。周初，太王、王季並受追尊，鳳翔府陵墓内，首載周太王陵，此不應獨異其辭。且秦之惠、武、昭襄、孝文諸王皆得稱陵，況王季乎？今改正，列於文王陵之前。

文王陵。武王陵。俱在咸陽縣北十五里，文王陵在南，武王陵在北。按：漢書劉向傳：文王、周公葬於畢。而畢原之地跨渭南北，故二陵所在，諸書互異。皇覽云，文王、武王、周公冢，皆在京兆長安鎬聚東杜中。括地志云，文王、武王墓，在萬年縣西南二十八里畢原上。顔師古劉向傳注則曰畢原在長安西北四十里，寰宇記、長安志皆云二陵在縣北十五里。以史記周本紀贊證之，當從皇覽、括地志，在今咸寧縣西南爲是。今咸寧西南遺跡無可考，而文、武、成、康四陵及歷代碑碣、本朝祀典皆在咸陽云。

成王陵。在咸陽縣文王陵西南。寰宇記：在縣西北二十里。通志：咸陽與盩厔分祭。

康王陵。在咸陽縣文王陵東南。寰宇記：在縣北十五里。通志：咸陽與鄠縣分祭。又共王陵，亦在文王陵東南。

穆王陵。寰宇記：在長安縣西南二十五里張恭村。

幽王陵。在臨潼縣東北。元和志：在昭應縣東北二十五里。

秦

惠王陵。在咸陽縣北。史記：秦惠文王葬公陵。括地志：在縣西北十四里。

武王陵。在咸陽縣北。史記：秦悼武王葬永陵。皇覽：秦武王冢在扶風安陵縣西北畢陌中大冢是，人以爲周文王冢，非也。括地志：在縣西十里。

昭襄王陵。在咸寧縣東。史記：秦昭襄王葬茝陽。索隱：芷陽也。

孝文王陵。在咸寧縣東北。史記：秦孝文王葬壽陵。正義：在萬年縣東北二十五里。

夏太后陵。在咸寧縣東南。史記吕不韋傳：孝文王后曰華陽太后，與孝文王會葬壽陵。夏太后子莊襄王葬芷陽，故夏太后獨别葬杜東，曰「東望吾子，西望吾夫，後百年，旁當有萬家邑」。正義：陵在萬年縣東南三十五里。

莊襄王陵。在臨潼縣西南。史記：秦莊襄王葬茝陽。水經注：霸水東逕子楚陵北。戰國策曰，莊王字異人，更名子楚，故世人猶以「子楚」名陵。括地志：在新豐縣西南三十五里。始皇陵在北，故亦謂之見子陵。按：長安志云，莊襄王陵即京兆府通化門外之尖冢，藍田志又云在縣西北，諸説不同，今以括地志爲據。

始皇陵。在臨潼縣東。史記：秦始皇初即位，穿治驪山。及并天下，天下徒送詣七十餘萬人，穿三泉，下錮而致椁，宮觀百官奇器珍怪徙藏滿之。令匠作機弩矢，有所穿近者輒射之。以水銀爲百川江河大海，機相灌輸，上具天文，下具地理。以人魚膏爲燭，度不滅者久之。漢書劉向傳：始皇葬驪山之阿，墳高五十餘丈，周圍五里有餘。水經注：始皇營建冢壙於麗戎之山，斬山鑿石，周迴三十餘里。項羽入關，以三十萬人運物，三十日不能窮。關東盜賊銷椁取銅，牧人尋羊，燒之，火延九十日不能滅。括地志：陵在新豐縣西南十里。元和志：在昭應縣東八里。長安志：在縣東十五里。兩京道里記曰，陵高一千二百四十尺，内院周五里，外院周十一里，俗呼當陵。

漢

太上皇陵。在臨潼縣東北。漢書高帝紀：十年，太上皇崩，葬萬年。三輔黄圖：漢太上皇葬櫟陽北原，其陵在東者太上皇，西者昭靈后也。元和志：陵在櫟陽縣東北二十五里。明統志：在縣東北七十五里。

高帝長陵。在咸陽縣東。漢書：高帝葬長陵。臣瓚曰：「陵在長安北四十里。」皇覽：漢高帝、吕后山各一所，高帝陵在西，吕后陵在東。帝王世紀：長陵山東西廣百二十步，高十三丈，在渭水北，去長安三十五里。水經注：成國故渠東逕長陵南，亦曰長山。秦名天子冢曰山，漢曰陵，故通曰山陵矣。元和志：漢長陵在縣東三十里。

惠帝安陵。在咸陽縣東北。皇覽：安陵山高三十二丈，廣袤百二十步，據地六十畝。帝王世紀：安陵去長陵十里，去長安北三十五里。元和志：在縣東北二十里。

薄太后陵。在咸寧縣東南。史記：文帝母薄太后，以景帝前二年葬南陵，近文帝霸陵。索隱：廟記云，在霸陵南十里，故謂之南陵。今在長安東滻水東原上，名曰少陵。漢舊儀：南陵亦謂南霸陵。長安志：在萬年縣東南三十五里白鹿原上。兩京道里志曰，陵高一十四丈，周圍三里六十步。

文帝霸陵。在咸寧縣東。漢書：文帝治霸陵，皆瓦器，不以金銀銅鐵爲飾，因其山不起墳。三輔黄圖：陵在長安城東七十里。史記正義：霸陵縣東南至霸陵十里。長安志：在萬年縣東三十里白鹿原上。

景帝陽陵。在咸陽縣東，高陵縣西南。漢書景帝紀：後三年葬陽陵。臣瓚曰：「在長安東北四十五里。」帝王世紀：陽陵山方百二十步，高十四丈。括地志：在縣東三十里。元和志：在縣東四十里。通志：今在高陵縣西南三十里鹿苑原上。

武帝茂陵。在興平縣東北。漢書武帝紀：後元二年葬茂陵。臣瓚曰：「在長安西北八十里。」三輔黄圖：茂陵本槐里之茂鄉，故曰茂陵，周圍三里。關中記：漢諸陵皆高十二丈，方一百二十步，惟茂陵高十四丈，方百四十步。元和志：在縣東北十七里。

思后園。在長安縣北。漢書：孝武衛皇后瘞城南桐柏，宣帝立，乃改葬，追謚曰思后，置園邑三百家，長、丞周衛奉守焉。顏師古曰：「桐柏，亭名也。改葬在杜門外大道東，以倡優雜伎千人樂園，故號千人聚。」其地在今長安城内金城坊西北隅是。長安志：金城坊西南隅匡道府，即漢思后園。

昭帝平陵。在咸陽縣東北十三里。漢書昭帝紀：元平元年葬平陵。臣瓚曰：「在長安西北七十里。」三輔黄圖：平陵去茂陵十里。水經注：成國故渠逕姜原北，有漢昭帝平陵。元和志：在縣西北二十里。寰宇記：在故平陵城北二里。

戾后園。在長安縣北。漢書戾太子傳：史良娣葬長安城南博望苑北。宣帝即位，以長安白亭東爲園，尊曰戾后。水經

注：白亭在明堂南昆明故渠北。長安志：今城坊北門有漢戾園。

史皇孫悼園。在長安縣北。漢書戾太子傳：史皇孫、皇孫妃王夫人，葬廣明郭北。宣帝即位，謚曰悼皇、悼后，以廣明成鄉爲悼園，皆改葬焉。水經注：皇孫初葬郭北，宣帝遷苑南，悼園在東都門。寰宇記：漢奉明園，宣帝悼考墓園也。

宣帝杜陵。在咸寧縣東南。漢書元帝紀：初元元年，孝宣皇帝葬杜陵。臣瓚曰：「杜陵在長安南五十里。」括地志：杜陵縣南去宣帝陵五里。元和志：杜陵在萬年縣東南二十里。長安圖說：陵在奉元城東南二十五里三趙村。陵之制正方，每方百二十步，據地六十畝，四面去陵十餘步皆有觀闕基址。其東南數十步又有一陵，形制差小，蓋皇后王氏陵也。其東陪葬數十冢，環拱森列，大小不等。

宣帝許后陵。在咸寧縣南。漢書：孝宣許皇后葬杜南，是爲杜陵南園。水經注：許后陵北去杜陵十里。長安圖說：在司馬村少陵原上，俗呼曰司馬冢。

元帝渭陵。在咸陽縣東北。漢書元帝紀：永光四年，以渭城壽陵亭部原上爲初陵，詔勿置縣邑。竟寧元年葬渭陵。臣瓚曰：「渭陵在長安北五十六里。」元和志：渭陵在縣西北七里。長安志：在縣東北十三里。明統志：陵西百步有元后陵。

成帝延陵。在咸陽縣西北。漢書成帝紀：建始二年，以渭城延陵亭部爲初陵。綏和二年葬延陵。臣瓚曰：「在扶風，去長安六十二里。」關中記：延陵在渭陵之東。成帝起延陵，城邑已成，言事者以爲不便，乃更造昌陵。在霸城東二十里，取東山土與粟同價，數年不成，谷永等議仍徙延陵。元和志：延陵在縣西北十三里。長安志：在縣西北十五里。

哀帝義陵。在咸陽縣西北。漢書哀帝紀：建平二年，以渭城西北原上永陵亭部爲初陵。元壽二年葬義陵。臣瓚曰：「在扶風，去長安四十六里。」元和志：在縣北八里。長安志：在縣西八里。明統志：漢諸陵置邑者七，渭、延、義三陵，不復置邑。

平帝康陵。在咸陽縣西北。漢書平帝紀：元始五年葬康陵。臣瓚曰：「在長安北六十里。」三輔黄圖：康陵在長安北興平原口。水經注：延陵東北五里，即平帝康陵坂也。元和志：在縣西北九里。

南北朝　魏

孝文帝長陵。在富平縣東南。縣志：在縣東南三十里中華原，延昌公主陪葬。日知録：魏書言帝孝於文明太后，乃於永固陵東北里餘營壽宮。及遷雒陽，乃自表瀍西，以爲山陵之所，而方山虚宮，號曰萬年堂云。其云方山者，代都也。瀍西者，雒陽也。孝文自代遷雒，安得葬富平哉？葬富平者，西魏之文帝，乃孝文之孫，在位十七年，葬永陵。北史文帝紀：嘗登逍遥觀，望嵯峨山，謂左右曰：「望此令人有脱屣之意。」然則富平之陵，即永陵也。上有宋碑，乃謬指爲孝文之葬，而歷代因之。按：富平人朱廷璟有魏陵辨，與日知録略同。本朝乾隆十七年，禮部議言，元魏始都平城，傳及孝文，乃遷洛陽，考其葬地，自應以在洛陽爲是。然富平之有魏孝文陵，其誤已久。考宋史載太祖開寶四年，河南鳳翔京兆府及耀州奏言，自周迄唐二十七陵，皆經開發。於是令有司造衮冕及常服各一襲，具棺槨以葬，掩坎日長吏致祭如禮。文獻通考於孝文帝及文帝陵下，皆注云在耀州富平縣。蓋自唐末之亂，殘燬所在陵寢，宋開寶中未及詳考，乃以魏孝文帝衣冠之葬，與西魏文帝並置富平。惟時孝文陵，定爲三年一祭，文帝陵，僅禁樵採。及明初以孝文陵列入祀典，文帝陵遂湮没無考，亦非竟指文帝陵爲孝文陵也。又考朱子綱目載魏宣武嗣位，初謁長陵。質實云，長陵，魏孝文帝陵也，在汝州東南大龍山嶺，則與瀍西之説又異。今據河南巡撫奏洛陽瀍西、汝州大龍山俱無故蹟可尋，富平爲宋所備孝文衣冠葬地，歷代致祭已久，明禋所格，即爲神靈憑依，應仍在富平致祭。從之。

孝武帝雲陵。在渭南縣。長安志：在縣東南二十二里廣鄉原。崇六丈，周一百二十步，石人虎尚存。

文帝陵。在富平縣。寰宇記：在縣東南二十五里。

周

文帝成陵。在富平縣北二十五里。元和志：在縣西北十五里。

唐

永康陵。在三原縣北四十里。舊唐書高祖紀：祖諱虎，武德初，追尊景皇帝，廟號太祖，陵曰永康。長安志：在縣西北十八里。

興寧陵。在咸陽縣東。舊唐書高祖紀：考諱昞，武德初，追尊元皇帝，廟號世祖，陵曰興寧〔五〕。長安志：在縣東三十五里五雲鄉，周五里。

高祖獻陵。在三原縣東北。元和志：在縣東十五里。長安志：在縣東龍池鄉朱唐村，封内二十里，下宫去陵五里。文獻通考：獻陵陪葬：楚國太妃萬氏、館陶公主、河間王孝恭、襄邑王神符、清河王誕、韓王元嘉、彭王元則、道王元慶、鄭王元懿、虢王鳳、酆王元亨、徐王元禮、滕王元嬰、鄧王元裕、魯王靈夔、霍王元軌、江王元祥、密王元曉、并州總管張綸、榮國公樊興、平原郡公王長楷、譚國公丘和、巢國公錢九隴、刑部尚書劉德威、刑部尚書沈叔安。縣志：獻陵在縣東北四十三里浮陽鄉唐村里白鹿原上。

太宗昭陵。在醴泉縣東北四十里。元和志：在縣東北二十五里九嵕山。唐書地理志：在縣西北六十里九嵕山。長安志：陵在白鹿、長樂、瑤臺三鄉界古逢蒲村，下宫去陵十八里，封内周一百二十里。陪葬諸王七：蜀王愔、趙王福、紀王慎、越王貞、嗣紀王澄、曹王明、蔣王惲。公主二十一，妃嬪八。宰相一十二：馬周、岑文本、崔敦禮、李勣、李靖、温彦博、蕭瑀、高士廉、房喬、魏徵、許敬宗、長孫無忌。丞郎三品，則唐儉、李大亮、孔穎達、褚亮、虞世南、閻立德、姜晦、杜正倫、姜皎、姚思廉、薛收、江夏王道宗等五十三人。功臣大將軍以下，則阿史那忠、尉遲敬德、秦叔寶、程知節、段志玄等六十四人。所乘六駿石像在陵後。

中宗定陵。在富平縣西北。元和志：在縣西北十五里龍泉山。長安志：下宮去陵五里。陪葬節愍太子重俊、公主五。

武后敬陵。在咸寧縣東。唐明皇武惠妃也，薨贈皇后，謚曰順貞。長安志：在萬年縣東四十里。

肅宗建陵。在醴泉縣北三十里。元和志：在縣北十八里武將山。長安志：下宮去陵五里。陪葬功臣一，汾陽王郭子儀。

齊陵。在臨潼縣東。唐明皇子慶王琮，肅宗立，進謚奉天皇帝，墓號齊陵。唐書地理志：陵在昭應縣東十六里。長安志：在縣東旌儒鄉新豐店西二里。

代宗元陵。在富平縣。元和志：在縣西北四十里檀山。唐書地理志：在縣西二十五里。長安志：在縣西北三十里檀山永潤鄉管村，下宮去陵五里。

順陵。在咸陽縣東北。唐肅宗子建寧王倓，代宗時進謚承天皇帝，葬順陵。唐書地理志：陵在咸陽原。長安志：在縣東北二十五里長陵鄉，周二里。

德宗崇陵。在涇陽縣北。唐書地理志：崇陵在雲陽縣北十五里嵯峨山。元和志：在雲陽縣東北二十里。長安志：在嵯峨鄉化青村，下宮去陵五里。

順宗豐陵。在富平縣。元和志：在縣東北三十三里甕金山。長安志：在縣東北三十五里，下宮去陵五里。

敬宗莊陵。在三原縣東北三十里。唐書地理志：在縣西北五里。長安志：在縣西北太平鄉，下宮去陵八里。陪葬悼懷太子。

文宗章陵。在富平縣。寰宇記：在縣西北二十里。長安志：在天乳山，下宮去陵三里。陪葬楊賢妃。

韋太后福陵。在咸寧縣東，武宗母也。唐書地理志：在萬年縣東二十五里。

武宗端陵。在三原縣東北三十里。唐書地理志：在縣東十里。長安志：在縣東神泉鄉，下宮去陵四里。陪葬王賢妃。

宣宗貞陵。在涇陽縣西北。唐書地理志：在雲陽縣西北四十里。長安志：在小王山谷口鄉鄧村，下宮去陵十里。明統志：陵在仲山。

晁太后慶陵。在咸寧縣東，懿宗母也。長安志：在萬年縣東二十五里。

懿宗簡陵。在富平縣。唐書地理志：在縣西北四十里。寰宇記：在縣西北四十五里。長安志：在紫金山，下宮去陵七里。縣志：在虎頭山。

王太后壽陵。在咸寧縣東北，僖宗母也。長安志：在萬年縣東北二十五里。

王太后安陵。在咸寧縣東，昭宗母也。長安志：在萬年縣東二十五里。

周

周公墓。在咸陽縣東北。尚書序：「周公薨，成王葬於畢。」傳：「使近文武之墓。」元和志：周公墓在縣北十三里。寰宇記：在縣北十里。長安志：在縣東北三十里。通志：在文王陵東。按：史記周公葬畢，畢在鎬東南杜中，當在今咸寧西南。自元和志、寰宇記以文、武陵、周公墓俱在咸陽，諸志從之，其實非也。

太公墓。在咸陽縣東北。禮記檀弓：太公封於營丘，比及五世，皆反葬於周。元和志：墓在縣東北十里。寰宇記：在縣東北二十五里。通志：在文王陵東北。

杜伯墓。在長安縣南。水經注：沈水西北流逕杜伯冢南。杜伯與其友左儒仕宣王，儒無罪見害，杜伯死之。明統志：在長安下杜城東南。

老子墓。在盩厔縣東南。水經注：就水北逕大陵西，世謂之老子陵。昔李耳爲周柱史，世衰入戎，於此有冢，事非經證。然莊周著書云，老聃死，秦失弔之，三號而出。是非不死之言，古人許以傳疑，故兩存耳。縣志：縣東南三十五里就谷西有五老洞，洞中一孔，深邃莫測，相傳即老子葬處。

扁鵲墓。在臨潼縣驪山東北麓，去縣三十里。

藺相如墓。在臨潼縣東二十五里戲水西。

荆軻墓。在藍田縣北二十里，有祠。長安志：在縣西北三十里。

秦

樗里子墓。在長安縣西北故城中。史記：樗里子名疾，秦惠王之弟。卒葬於渭南章臺之東，曰：「後百歲，是當有天子之宫夾我墓。」至漢興，長樂宫在其東，未央宫在其西，武庫正直其墓。水經注：明渠東歷武庫北，舊樗里子葬此。

太子扶蘇墓。在臨潼縣。長安志：在縣東南三十四里，崇九尺。按：扶蘇、蒙恬二墓，已於河南陳州府卷内辨正。

白起墓。在咸陽縣東五里。

王翦墓。在富平縣東四十里道賢鎮東。元和志：在縣東北三里。

蒙恬墓。在咸陽縣。寰宇記：在縣東北二十里。又鉏麑冢，在縣東北三十里。

司馬欣墓。在富平縣西北。元和志：在縣西二十五里。

漢

戚夫人墓。在咸陽縣。寰宇記：在縣西十五里。

臨江王榮墓。在藍田縣東五里。漢書：景帝栗姬生臨江王榮，死葬藍田，燕數萬銜土置冢上。長安志：在縣東八里，世名燕子冢。

李夫人墓。在興平縣北。三輔黄圖：李夫人墓，東西五十步，南北六十步，高八丈，在茂陵西北一里，俗名英陵，亦名集仙臺。寰宇記：在縣北十六里。

張耳墓。在高陵縣西。史記正義：在咸陽縣東三十三里。通志：在縣西十餘里李趙村。

蕭何墓。在咸陽縣東北三十里。東觀漢記：在長陵東司馬門道北百步。元和志：在縣東北三十七里。

曹參墓。在咸陽縣東北二十五里。元和志：在縣東北三十五里。

張良墓。在咸陽縣東。元和志：在縣東北三十六里。長安志：留侯陪葬長陵，與長陵相去五里。

韓信墓。在咸寧縣東北。長安圖説：在霸城東三十里新店。

陳平墓。在鄠縣南。長安志：在縣南十里。

周勃墓。在咸陽縣東四十里。水經注：成國渠東逕漢丞相周勃冢南，冢北有亞夫冢。

樊噲墓。在咸寧縣南。長安圖説：在神禾南原上。按：噲墓，又見商州雒南縣。

夏侯嬰墓。在咸寧縣東北。西京雜記：滕公駕至東都門，馬鳴跼不前，以足跑地。滕公使士卒掘地，入三尺所，得石槨，有銘曰：「佳城鬱鬱，三千年見白日，吁嗟滕公居此室。」後遂葬焉。水經注：故渠東北逕夏侯嬰冢西。冢在城東八里飲馬橋南四里，時人謂之馬冢。寰宇記：馬冢東臨霸水〔六〕。

紀信墓。在咸陽縣北。寰宇記：在縣北四十里。

李左車墓。在咸陽縣北。寰宇記：在縣北十五里。

婁敬墓。在咸陽縣東北三十里。

季布墓。在盩厔縣西啞柏鎮西南四里。

張敖墓。在咸陽縣東北。史記正義：魯元公主墓，在縣西北二十五里。次東有張敖冢，與公主同域。寰宇記：在安陵東三十里。冢上有五嶽之象，今人謂之五角冢。

薄昭墓。在興平縣北。水經注：澤泉水東流逕薄昭墓南，冢在北原上。寰宇記：在縣西十三里。縣志云，縣北有薄太后原，蓋即昭墓而傳訛耳。

馮唐墓。在咸陽縣東。寰宇記：在縣東北七里。

翟公墓。在渭南縣東。寰宇記：在下邽縣東三十五里，高九尺，漢廷尉翟公之墓。

李廣墓。在高陵縣西南良村原上。

董仲舒墓。在咸寧縣治南。長安志：蝦蟇陵，在萬年縣南六里，本董仲舒墓。李肇國史補曰，昔漢武帝幸宜春苑，每至此墓下馬，時人謂之下馬陵，歲月深遠，誤爲「蝦蟇」耳。縣志：墓在城内胭脂坡下。明萬曆中封其冢，繚以周垣。按：寰宇記又謂在興平縣東北二十里。

公孫弘墓。在興平縣東。元和志：在縣東北十八里。

衛青墓。在興平縣東北。漢書衛青傳：元封五年青薨，與平陽公主合葬，起冢象盧山。顏師古曰：「在茂陵東，次去病冢之西，相並者是也。」元和志：在縣東北十九里。

霍去病墓。在興平縣東北。漢書霍去病傳：元狩六年去病薨，帝發屬國玄甲，軍陳自長安至茂陵，爲冢象祁連山。顏師古曰：「在茂陵旁，冢上有竪石，冢前有石人馬者是也。」元和志：在縣東北十九里。

李陵母墓。在涇陽縣西北。寰宇記：在雲陽縣西北十五里。縣志：在仙法村。

霍光墓。在興平縣東北。漢書霍光傳：地節二年光薨，發三河卒穿復土，起冢祠堂，置園邑三百家，長丞奉守。至成帝時爲光置守冢百家，吏卒奉祀焉。縣志：在茂陵東南一里。

金日磾墓。在渭南縣北。寰宇記：在下邽縣城内東南二百步。

張安世墓。在咸寧縣南。寰宇記：在明德門南八里，俗呼張車騎冢。

丙吉墓。在咸寧縣南。寰宇記：在萬年縣南二十里三趙村。縣志：在鮑坡原南，俗呼塌冢。

蕭望之墓。在咸寧縣東南。長安志：在萬年縣東南五里古城春明門外。

梁嚴墓。在興平縣東北。水經注：成國故渠東逕槐里北，渠左有安定梁嚴冢，碑碣尚存。

玄冢。

王嘉冢。在興平縣。長安志：在縣東北一里。

揚雄墓。在咸陽縣東北。長安志：按揚雄家譜，子雲以天鳳五年卒，詔陪葬安陵坂上。弟子鉅鹿侯芭，負土作墳，號曰

吴章墓。在咸寧縣東南。西京雜記：章爲王莽所殺，弟子曹敞收葬其屍，墓在龍首山南幕嶺上。縣志：在南章村。

更始墓。在咸寧縣東。後漢書：更始死，光武詔鄧禹葬之於霸陵。寰宇記：更始墓在長樂坡。

馮衍墓。在臨潼縣東十四里。寰宇記：在昭應縣西四里。

第五倫墓。在涇陽縣東北清谷口北第五村。

馬融墓。在興平縣西南三十里，俗謌爲馬連冢。

蔡順墓。在渭南縣東南孝子村。

三國　魏

夏侯淵墓。在涇陽縣西北雲陽鎮西南，或曰漢夏侯勝墓。

晉

姚萇、姚興墓。在高陵縣東。元和志：姚興墓在縣東南十三里。寰宇記：後秦二主冢，在縣東十三里。縣志：姚萇墓在縣西北十里，姚興墓在縣東五里。

南北朝　周

于謹墓。在三原縣故城北。元和志：墓在縣北十八里。

隋

高熲墓。在醴泉縣東五十里。

皇甫誕墓。在咸寧縣鳴犢鎮。

唐

靖恭太子墓。在咸寧縣東。明皇子。長安志：在萬年縣見子西原。今霸橋近東三里有大陵鄉，俗語誤呼爲見子陵〔七〕。

恭懿太子墓。在長安縣西南。肅宗子。長安志：在高陽原。

昭靖太子墓。在咸寧縣東。代宗子。長安志：在萬年縣細柳北原。

文敬太子墓。在臨潼縣東北。德宗子。相近又有憲宗子惠昭太子墓。長安志：俱在縣東十五里旌儒鄉。通志：在新豐西一里。

莊恪太子墓。在臨潼縣東。文宗子。長安志：在驪山北原。又恭哀太子陵在縣境。

杜如晦墓。在咸寧縣南。寰宇記：在萬年縣南三十里大趙村。縣志：在縣南司馬村。

王珪墓。在咸寧縣南。寰宇記：在萬年縣南四十五里。

顏師古墓。在咸寧縣南。寰宇記：在萬年縣南二十里三趙村。

令狐德棻墓。在耀州西北三里。

李淳風墓。在盩厔縣西二里。

裴行儉墓。在寧陝廳北梗梓谷雉鳴堆。

契苾明墓。在咸陽縣北五里，有婁師德碑文。按：舊唐書，明父何力，謚曰烈，舊志誤以烈爲其子之名，且誤以武后時爲後周。

僧一行葬塔。在臨潼縣西南。長安志：在縣銅人原。

王君㚟墓。在咸寧縣東。長安志：墓在縣東界滋水驛東道北。兩京道里記曰，君㚟開元中任涼州都督，死王事，招魂葬此，張說爲之立碑。

蘇珦墓。在藍田縣北。其旁有子晉墓。

郭敬之墓。在咸寧縣南沙陵原。子儀父也。

王忠嗣墓。在渭南縣東南二十里廣鄉原北官路南。

李光弼墓。在富平縣西北三十里。寰宇記：在縣西四十里，顏魯公爲碑。縣志：旁有太尉祠，祠旁爲其弟光進墓。

賈耽墓。在長安縣南。寰宇記：在縣南二十里居安坊。

李玄通墓。在藍田縣西白鹿原之麓。

臧懷恪墓。在三原縣北原上。

段秀實墓。在臨潼縣西。寰宇記：在昭應縣西十五里。縣志：在斜口鎮窨村西南。明成化二十三年，詔令修理，立石表識。

李晟墓。在高陵縣東南。寰宇記：在縣東十里。金石文字記：西平郡王李晟碑，裴度撰，柳公權正書。碑載葬於高陵縣奉正原，鄭國夫人杜氏祔焉。

渾瑊墓。在咸寧縣西南。寰宇記：在萬年縣西南十五里西李村。縣志：在鴻固原，唐權德輿撰碑。明統志謂在臨潼縣西南十五里，非是。按：延安府宜川縣西南五十里亦有渾瑊墓，姑兩存之。

柳公綽墓。在耀州西北四十里柳家原。

柳公權墓。在藍田縣東三里。

白居易墓。在渭南縣東北紫蘭村，與弟行簡、敏中，三墓相列。

符令奇墓。在富平縣南三十里，子璘從葬。

李國貞墓。在三原縣北原上。

賀若婦墓。在藍田縣西南。長安志：在縣西南十五里。婦，縣人也，姑有疾，封股肉奉姑，疾遂愈。府縣以聞，敕旌表門閭，名其鄉爲節婦鄉。

宋

寇準墓。在渭南縣北四十里仕原麓。

楊礪墓。在鄠縣東南化羊谷。

陳漢卿墓。在咸寧縣南鴻固鄉神禾原，歐陽修有誌。

吕大防先塋。在藍田縣北五里。通志：舊有十五冢，明成化中嘗封樹焉。

趙瞻墓。在盩厔縣西南五里。

元

郝和尚墓。在三原縣北樓底原上，有祠，即天挺父也。王磐撰神道碑文。

楊恭懿墓。在高陵縣東南八里。

趙弼墓。在涇陽縣西城原。

蕭𣄩墓。在長安縣南五十里子午鎮。

劉節婦墓。在藍田縣東二里白馬坡。

明

張紞墓。在富平縣東北六十里美原堡西。

李昶墓。在涇陽縣西北龍灣原上。

王恕墓。在三原縣西二里。

邢簡墓。在咸寧縣南八里。

薛敬之墓。在渭南縣西南五里。

雍泰墓〔八〕。在咸寧縣南二十里。

周尚文墓。在長安縣西三里。

吕柟墓。在高陵縣北。

南大吉墓。在渭南縣北豐草原之麓。

馬理墓。在三原縣西五里。

許宗魯墓。在咸寧縣南十三里。

楊爵墓。在富平縣東北美原東北。

魏學曾墓。在涇陽縣西北龍灣原上。

鄒應龍墓。在咸寧縣南曲江東。

孫丕揚墓。在富平縣東北三十里。

李世達墓。在涇陽縣東南十里。

温純墓。在三原縣西北三里。

張問達墓。在涇陽縣西宋堡東北。

本朝

王平墓。在長安縣西江渡村。康熙九年賜祭葬。

張勇墓。在咸寧縣南鮑坡。康熙二十三年賜祭葬。

梁化鳳墓。在鄠縣北牛洞。賜祭葬。

殷化行墓。在咸陽縣北靳李村。

敖成墓。在長安縣西二十里。乾隆四十九年賜祭葬。

王承烈墓。在涇陽縣魯橋鎮南。賜祭葬。

胡茂正墓。在涇陽縣北昭義村。賜祭葬。

孫一鵾墓。在富平縣西五里。賜祭葬。

校勘記

〔一〕寧谷鎮　「寧」，原作「安」，據乾隆志改。下同。按，本志避清宣宗諱改字也。

〔二〕至道二年修復於此　「至道」，原作「至德」，乾隆志同，至德爲唐肅宗年號，顯然有誤，據長安志卷一三咸陽改。

〔三〕又西陽橋東陽橋　「東陽」，原作「東楊」，據乾隆志改。

〔四〕又黄家渡在縣西南二十里楊官砦前　「官」，原作「宫」，據乾隆志及雍正陝西通志卷一六關梁改。

〔五〕陵曰興寧　「寧」，原作「臨」，據乾隆志及舊唐書卷一高祖本紀改。按，本志蓋避清宣宗諱改字也。

〔六〕馬冢東臨霸水　「冢」，原作「家」，據乾隆志改。

〔七〕俗語誤呼爲見子陵　「見」，乾隆志同，宋敏求長安志卷一一、雍正陝西通志卷七〇引長安志皆作「建」。

〔八〕雍泰墓　「泰」，原作「秦」，據乾隆志改。按，明史卷一八六有雍泰傳：「字世隆，咸寧人。」即其人。本志卷一三一西安府人物亦有雍泰小傳，此字形相似訛誤也。

大清一統志卷二百三十

西安府四

祠廟

三皇廟。在藍田縣北三十里。又高陵縣東三里亦有廟。

禹王廟。在長安縣西四十里豐水上。又鄠縣東二十五里，渭南縣東北集賢里，皆有廟。

商湯祠。在興平縣西北。長安志：在縣西北二十里湯祠鄉。

周文王廟。在同官縣西四十里文王山。又武王廟，在武王山。

文武成康祠。在咸陽縣城内北街。長安志：縣有周文王廟二處，一在縣西，一在縣東，相去各十五里。又武王廟，在縣北五里。成王廟，在縣西十五里。康王廟，在縣北七里。文獻通考：周文王廟在酆，以太公配。武王廟在鎬，以周公、召公配。縣志：諸廟歲久圮廢，明嘉靖十年改建今祠，以合祀焉。

露臺祠。在臨潼縣東南三十五里。寰宇記：露臺祠，即始皇祠也。三秦記云，驪山頂有始皇祠，不齋戒而往，即風雨迷道。

漢高祖廟。在長安縣西。長安志：在縣西四里班政坊，開寶三年敕修。又通志：興平縣東南二十里樊噲城北有漢高祖祠。

漢文帝廟。在咸寧縣東。長安志：在萬年縣東陵北，去縣二十五里。又朱雀街西第四街之休祥坊，有漢顧成廟餘址。

漢景帝廟。在咸陽縣東北。長安志：在縣東北十五里。

漢武帝廟。有五。一在咸陽縣東北；一在興平縣東北，名龍淵廟；一在臨潼縣西北；一在富平縣南；一在耀州南。帝王世紀：孝武廟名龍淵，在茂陵東。魏書地形志：富平有漢武帝祠。元和志：漢龍泉廟，在興平縣東北二十四里，武帝廟號也。長安志：武帝廟在咸陽縣東北八里。又龍淵廟，在興平縣東北十七里。又櫟陽縣西南十八里，富平縣南二十里，華原縣南五里，並有漢武帝廟。

漢宣帝廟。在咸寧縣東南。長安志：在萬年縣東南陵北，去縣十里。又樂遊廟，在昇平坊東北隅，宣帝立，餘址尚存。

漢光武廟。在咸寧縣東南。寰宇記：廟在萬年縣東南勾家嘴，去縣四十里。

後魏文帝廟。在耀州西唐家原。

後周文帝廟。在富平縣西北。長安志：去縣十三里。

隋文帝廟。在盩厔縣東南。長安志：在縣東南五十里，唐天寶三年建。

唐太宗廟。在醴泉縣南。長安志：在縣西門外一里。縣志：舊在縣東三十里。宋開寶六年修，元至元中廢，遺址尚存。廟前有宋游師雄重刻昭陵圖、六駿圖二碑。明萬曆中，移建於今縣南門外。

唐肅宗廟。在醴泉縣北。長安志：在縣北三十五里，開寶敕云，去甘北巡鎮三里。

終南山神祠。在咸寧縣治南關，嘉慶八年建。御書「壽民佑正」扁額，敕封安民顯佑終南山神。

太白山神廟。在長安縣治西關。明崇禎間修。本朝乾隆二年，御書「金精靈澤」扁額，敕封昭靈普潤太白山神，並御製太白山神詩，刻石廟中。

終南山祠。在長安縣北。長安志：唐開成二年册終南山爲廣惠公，置祠宇，以季夏土王日致祭。

天齊祠。在醴泉縣東北。漢書地理志：谷口有天齊公、五牀山、仙人、五帝祠四所。縣志：祇存天齊祠，在縣東北八十里九嵕山巔，餘皆廢。

渭水神廟。在渭南縣上漲鎮。

金山神廟。在藍田縣南。長安志：在縣南十里輞谷口，金山之前。舊圖經曰，黄帝滅蚩尤之衆於此，蓋風后之祠。縣志：風后祠有四，其一在城中，即金山廟也。

胡公廟。在鄠縣西南七里胡公泉上。

太公廟。在咸陽縣西。水經注：渭水逕太公廟北，前有太公碑，文字褫缺，今無可尋。縣志：縣西釣臺側，舊有太公廟碑。又鄠縣志：縣有太公廟，在城外東北隅。

晉文公廟。在高陵縣北三里中南渠北。

老子廟。在盩厔縣樓觀南。長安志：華陽子録記，秦始皇好神仙，於尹喜先生樓南立老子廟，晉元康五年重修，蒔木萬株，南北連亘七里，給户三百供灑掃。隋開皇元年復修。又尹先生廟，在老子廟北。

晏子廟。在高陵縣西南八里，祀齊晏嬰。

鄭國廟。在涇陽縣西洪口堰，祀秦鄭國。

武安君廟。在咸陽縣東。水經注：杜郵亭中有白起祠。元和志：咸陽城中有白起祠。長安志：在縣東五里。

王翦廟。在富平縣。長安志：在縣東北三十里。又有廟在美原縣東南一百步。又頻山神廟，在美原縣西二十五里，亦祀王翦。又耀州東一里亦有王翦廟。

蒙恬廟。在咸陽縣。元和志：在縣西北十五里。

鄭侯廟。在咸陽縣西北三十五里。長安志：在縣西三十里。

張樊廟。在臨潼縣新豐鎮東門外，祀漢張良、樊噲。

四皓廟。在咸寧縣炭谷西北。寰宇記：在萬年縣南終南山下，去縣五十里。長安志：唐元和八年重建。又魏書地形志，石安縣有四皓祠。長安志：在咸陽縣東二十五里。

董子祠。在咸寧縣治東南。又董夫子廟，在渭南縣東北董村。俱祀漢董仲舒。

丁蘭廟。在興平縣北五里。又有墓在縣東北十里。

周孝侯廟。在渭南縣倒獸谷口，祀晉周處。

田氏三賢祠。在臨潼縣東郭外，祀田真兄弟。

祋祤廟。在耀州東。長安志：在州東二里。州志：蓋祀祋祤令之遺愛者，亡其名。廟南有祋祤冢，相傳即其葬處。

濟衆侯廟。在藍田縣東南。長安志：在縣東南五十里倒回谷口，其神名石門將軍。唐京兆尹第五琦、楊知至祈雨有應，乾符中，封濟衆侯。

龍王廟。在寧陝廳西一百里。有石佛十餘尊，碑文剥蝕，僅辨「大明」二字，禱雨輒應。

鹿臺祠。在高陵縣西。寰宇記：祠在鹿苑原上。百姓祈禱，水旱有感，今號爲鹿臺將軍。

李衛公廟。有二。一在鄠縣東二十里，一在三原縣城内西北，祀唐李靖。

賢相祠。在長安縣故城内，祀唐杜如晦。今廢。長安志：杜相公祠，在古城啓夏門内道東，去縣八里。咸通六年建。

魏公廟。在高陵縣西南十五里，祀唐魏徵。

馬公祠。在渭南縣東十五里，祀唐馬周。

汾陽王廟。在涇陽縣東門内，祀唐郭子儀。

顔魯公祠。在藍田縣藍橋。明天啓六年建，祀唐顔真卿。

杜工部祠。在咸寧縣南少陵原北岡下，祀唐杜甫。

忠烈祠。在臨潼縣西南十五里，祀唐段秀實，俗呼爲烈神廟。明成化、嘉靖間相繼修葺，本朝康熙四十年重修。

西平王祠。在高陵縣南渭橋北百餘步，祀唐李晟。

晉公廟。有三。一在臨潼縣零口鎮西北，一在藍田縣東三里，一在藍田縣西三十里。祀唐裴度，或云祀晉文公重耳。

裴寇二公祠。在渭南縣西關外，祀唐裴度、宋寇準。

韓文公祠。有三。一在藍田縣秦嶺，一在藍田縣城北，一在渭南縣小里村。祀唐韓愈。

白樂天祠。在渭南縣北紫蘭村，祀唐白居易。

劉公祠。在高陵縣西二十五里彭城閘南，祀唐縣令劉仁師〔一〕。

寇萊公祠。有二。一在高陵縣西十八里，一名竹林祠；一在渭南縣北下邽故城。祀宋寇準。

明道先生祠。在鄠縣治北，舊在縣治南。明弘治中建，本朝康熙中改建。

橫渠祠。在臨潼縣儒學東，祀宋張子，明萬曆二十五年建。縣志：張子卒於邑之館舍，故立祠祀之。

開平王廟。在長安縣治西。明初建，祀常遇春。今廢。

張冢宰祠。在富平縣治東北，祀明張紞。

彰德祠。在三原縣儒學西，祀明王恕。

余秦二公祠。在咸寧縣忠孝坊，祀明知府余子俊、秦紘。

呂文簡公祠。在高陵縣南，祀明呂柟。

楊忠介公祠。在富平縣治西，祀明楊爵。

魏恭襄公祠。在涇陽縣城内，祀明魏學曾。

孫尚書祠。在富平縣城内，祀明孫丕揚。

報功祠。在三原縣儒學東，祀明温純。

馮恭定公祠。在長安縣治東南，祀明馮從吾。

三公祠。在咸寧縣南郭内，明崇禎十一年建，祀總督孫傳庭、關内道李虞夔、咸寧知縣宋屺〔二〕，本朝康熙六年重修。

寺觀

莊嚴寺。在長安縣西南十二里，俗名木塔寺。長安志：永陽坊半以東爲大莊嚴寺。隋初，置爲禪定寺，建木浮圖，高三百尺。唐武德中，改爲莊嚴寺。大中六年，又改爲聖壽寺。坊半以西爲大總持寺，隋大業三年立。

實際寺。在長安縣西南潏水岸，隋建。唐改名温國，又名崇聖。金石文字記：寺有唐進法師塔銘，僧智禪正書。今剥蝕。

三會寺。在長安縣西南二十五里昆明池邊。長安志：唐景龍中，中宗幸寺。其地本蒼頡造書臺。

香積寺。在長安縣南神禾原上。長安志：開利寺在縣南三十里皇甫村，唐香積寺也。永隆二年建，宋太平興國三年改。金石文字記：寺有唐浄業法師塔銘、施燈功德經碑。今存。

洪福寺。在長安縣西門外，舊在咸寧縣南大趙村，即弘福寺。唐貞觀八年建，沙門玄奘譯經處。神龍元年，改名興福。金大定四年，改額洪福。明洪武二年徙此。

百塔寺。在長安縣南五十里，大小塔約百許，唐大曆中建。金石文字記：寺有唐梁師亮墓誌銘、尊勝陀羅尼經序碑。今存。

金勝寺。在長安縣西郭外，即崇仁寺。唐建。寺有唐檀法師塔銘、景教流行中國碑。明天順中，秦藩重修，壯麗甲於諸寺。

千福寺。在長安縣西二里，唐建，内有多寶塔，今名鐵塔寺。長安志：本章懷太子宅，咸亨四年，捨宅爲寺。大中六年，改興元寺。

燉煌寺。在長安縣北十八里，晉高僧竺曇摩羅刹譯法華經於此。隋重建，本朝順治中增葺。

廣仁寺。在長安縣西演武場。本朝康熙四十四年敕建賜額，有御製碑文。

開元寺。在咸寧縣南薰坊，唐開元四年建。

寶慶寺。在咸寧縣治西南安仁坊，隋建。明萬曆初，馮從吾嘗講學於此。金石文字記：唐楊將軍新莊像銘、虢國公楊花臺銘二碑，在寺中。

安國寺。在咸寧縣東故長樂坊，本唐睿宗舊宅，景雲元年建寺。

慈恩寺。在咸寧縣東南曲江北。長安志：在縣東南八里，隋無漏寺之地。高宗在春宮，爲文德皇后立，故以慈恩爲名。南臨黄渠，松竹森邃，爲京師最。西院浮屠七級，崇三百尺，永徽三年，沙門玄奘所立。東有翻經院。摭言：進士自神龍後，率皆期集慈恩塔下題名。金石文字記：褚遂良聖教序碑在塔下。

薦福寺。在咸寧縣南三里。長安志：開化坊大薦福寺，隋煬帝在藩舊宅。唐武德中，賜蕭瑀爲園，後爲英王宅。文明元年，立爲大獻福寺。天授元年，改爲薦福寺。自神龍後翻譯佛經，並於此寺。安仁坊西北隅，爲寺之浮圖院，院門北開，正與寺門隔街相對。景龍中，宫人率錢所立。縣志：寺有塔十四級，俗呼爲小雁塔。

興善寺。在咸寧縣南。長安志：靖善坊大興善寺，盡一坊之地。初曰遵善寺，隋文移都，先置此寺，以其本封名焉。寺殿崇廣，爲京城之最。通志：本朝順治十八年重修。

牛頭寺。在咸寧縣南二十里樊川北，唐貞元六年建。内有四季柏，形如張蓋，四時皆花。

興教寺。在咸寧縣南五十里樊川北，唐總章二年建，有唐玄奘塔。金石文字記：玄奘塔銘、基公銘二碑，今並在寺。縣志：寺有玉峯軒，宋吕大防建。

普光寺。在咸寧縣終南山仰天池上。唐爲龍池寺，明初秦愍王改建。有上下二寺，相去五里，金碧莊嚴，爲長安諸寺之冠。

善因寺。在咸陽縣北十五里。長安志：唐穆宗由複道幸咸陽，止於此寺。

寶雲寺。在臨潼縣東南。長安志：寺在零口鎮東坡上，去縣二十六里。隋開皇中置，號靈巖寺。唐會昌五年廢，咸通六年再置，名鷲嶺寺，宋太平興國六年改。

福巖寺。在臨潼縣東南驪山石魚巖下，即石甕寺。唐開元中建，宋改名。長安志：兩京道里記曰，在縣東五里南山半腹，臨石甕谷，因名石甕寺，太平興國七年改。中有玉石像，幽州所進，精巧無比，叩之如磬。餘像並楊惠之塑。紅樓在佛殿之西巖，下臨絶壁。樓有明皇題詩，王維山水兩壁。

崇皇寺。在高陵縣西南，唐建。

棲禪寺。在鄠縣東南，即姚秦之逍遥園。晉書載記：姚興如逍遥園，引諸沙門於澄玄堂，聽鳩摩羅什演說佛經。長安志：逍遥棲禪寺，在縣東南三十里。通志：寺在豐谷内，姚秦所造，本名草堂寺，唐改今名。

大定寺。在鄠縣東南雲際山，一名雲際寺。長安志：雲際山大定寺，在縣東南六十里。隋仁壽元年置，爲居賢捧日寺，宋太平興國三年改。

永福寺。在藍田縣西四十里。長安志：在縣西南三十五里，本唐神堯山莊。

清源寺。在藍田縣南輞谷口。唐書王維傳：維與弟縉，皆篤志奉佛。母亡，表輞川第爲寺。國史補：王維得宋之問輞川别業，山水勝絶，今清源寺是也。縣志：即今鹿苑寺，在縣南三十里，有王右丞祠。

崇法寺。在藍田縣東南。長安志：即唐悟真寺，在藍田縣東南二十里王順山。白居易有詩述其靈異。後改名。

法相寺。在涇陽縣北三十里，有宋游師雄題畫碑。又惠果寺，在縣治西北，有唐人書金剛經石幢。

文塔寺。在涇陽縣東南二十里，塔甚高。明刑部尚書李世達建。

金輪寺。在三原縣東北。長安志：在縣東北一里餘，唐寶應元年置。通志：在縣東北二十六里。

寶相寺。在盩厔縣東三里祁家寨。長安志：在縣東一里餘。唐元和中置爲光耀寺，宋太平興國三年改。

仙遊寺。在盩厔縣東南。長安志：在縣東南三十五里，唐咸通七年置。

靈臺寺。在渭南縣東南靈臺山，有七星塔。

廣濟寺。在醴泉縣東北二十里，有唐刻石鼓。

大十方院。在長安縣治北，一名仁王院，有唐韓擇木八分書碑。

昭惠院。在高陵縣南三里，有塔。長安志：在縣東南三里，唐大中間置。

龍陽宫。在三原縣北，有後魏正光二年石刻。元末燬，明洪武中復建。

上清太平宫。在盩厔縣東。長安志：在縣東三十里清平鎮。本北帝宫，宋建隆元年置，太平興國二年修，改今名。

重陽宫。在盩厔縣東六十里，元建。

迎祥觀。在長安縣治東，即景龍觀，唐景龍中建。

玄都觀。在長安縣南舊崇業坊，今廢。長安志：隋開皇二年，自長安故城徙通道觀於此，改名玄都，東與大興善寺相比。

雍録：觀在朱雀街西第一街，劉禹錫賦看花詩，即此處也。

唐昌觀。在咸寧縣南，唐建。舊有玉蕊花，世傳元和時有仙女降此，劉禹錫、元、白皆有詩。今廢。

白鹿觀。在臨潼縣西南。長安志：本驪山觀，唐高祖武德六年幸温泉，旁觀川原，見白鹿，遂改觀名。

靈泉觀。在臨潼縣南。即唐之華清宫，石晉天福中改名，元中統中修復。今有東西二菴。

樓觀。在盩厔縣東。元和志：在縣東三十七里，本周康王大夫尹喜宅也。穆王爲召幽逸之人，置爲道士，相承至秦漢，皆有道士居之。晉惠帝時重置。其地舊有尹先生樓，因名樓觀。唐武德初，改名宗聖觀。長安志：興國觀在縣東三十二里。本名樓觀，唐改宗聖觀，宋太平興國三年，改今名。金石文字記：唐宗聖觀記、夢真容碑、褒封四子敕、靈應頌，今皆在樓觀。

大化觀。在三原縣東三十里，内有唐乾元中御製通微道訣碑。

静明觀。在耀州東太元洞南一里，即孫思邈隱處，有手植柏存焉。亦曰昇仙臺。

太乙觀。在寧陝廳北終南山炭谷口。

名宦

漢

汲黯。濮陽人。武帝時爲主爵都尉，治務在無爲，引大體。公孫弘欲誅之以事，迺言上曰：「右内史界部中，多貴人宗室難治，非素重臣弗能任。請徙黯爲右内史。」數歲，官事不廢。

兒寬。千乘人。武帝時，遷左内史，勸農桑，緩刑罰，理獄訟，卑禮下士，務在於得人心。擇用仁厚士，推情與下，不求名聲，吏民大信愛之。寬表奏開六輔渠，定水令以廣溉田。收租税，時裁闊狹，與民相假貸，以故租多不入。後有軍發，左内史以負租課殿，當免。民聞，皆恐失之，大家牛車，小家擔負，輸租繦屬不絶，課更以最。

黄霸。陽夏人。武帝末，補左馮翊二百石卒史，馮翊使領郡錢穀計，簿書正，以廉見稱。

雋不疑。渤海人。昭帝即位，爲京兆尹，京師吏民，敬其威信。每行縣録囚徒還，其母輒問不疑活幾何人，即不疑多所平反，母喜笑爲飲食，語言異於他時。或亡所出，母怒爲之不食。故不疑爲吏，嚴而不殘。

魏相。定陶人。昭帝初，爲茂陵令。御史大夫桑弘羊客詐稱御史，止傳，丞不以時謁，客怒縛丞。相收捕案致其罪，論棄客市，茂陵大治。

胡建。河東人。昭帝時，爲渭城令，治甚有聲。上官安與蓋主私夫丁外人相善，外人驕恣，怨故京兆尹樊福，使客射殺之。客藏公主廬，建將吏卒圍捕，蓋主怒，使人上書告建侵辱長公主，大將軍霍光寢其奏。後光病，上官氏代聽事，下吏捕建，建自殺。吏民稱冤，立其祠。

趙廣漢。蠡吾人。昭帝末，遷京輔都尉，守京兆尹。新豐杜建爲京兆掾，素豪俠，賓客爲姦利，廣漢收案致法。本始二年，復爲京兆尹。爲人彊力，天性精於吏職，尤善爲鉤距以得事情。郡中盜賊，閭里輕俠，其根株窟穴所在，及吏受取請求銖兩之姦，皆知之。京兆政清，長老傳以爲自漢興以來，治京兆者莫能及。

尹翁歸。平陽人。守右扶風，選用廉平疾姦吏以爲右職，接待以禮，好惡同之。其負翁歸，罰亦必行。姦邪罪名，縣縣有名籍。盗賊發其比伍中，翁歸輒召其縣長吏，曉告以姦黠主名，教使用類推迹，無有遺脱。緩於小弱，急於豪强，京師畏其威嚴，扶風大治。

蕭望之。蘭陵人。宣帝時，爲左馮翊三年，京師稱之。

韓延壽。燕人。宣帝時，爲左馮翊。行縣至高陵，民有昆弟相與訟田，延壽曰：「幸得備位，爲郡表率，不能宣明教化，至令民有骨肉争訟，咎在馮翊，當先退。」因入卧傳舍，閉閤思過。於是訟者宗族傳相責讓，此兩昆弟深自悔，皆自髡肉袒謝，願以田相移，終死不敢復争。延壽乃起聽事。郡中歙然，莫不傳相敕厲。延壽恩信周徧二十四縣，莫敢以詞訟自言者，推其至誠，吏民不忍欺紿。

張敞。平陽人。宣帝時，守京兆尹。自趙廣漢後，比更守尹，皆不稱職，長安市偷盗尤多，百賈苦之。敞既視事，求問長安父老，偷盜酋長數人，皆召見責問，因貰其罪，令致諸偷以自贖。偷長願受署，敞皆以爲吏，遣歸休置酒。小偷悉來賀，且飲醉，偷長以赭汙其衣裾。吏坐里閭，閱出者汙赭，輒收縛之，窮治所犯，盡行法罰。繇是枹鼓稀鳴，市無偷盜。敞爲人敏疾，賞罰分明，其治京兆，略循趙廣漢之迹，以經術自輔，往往表賢顯善，不純用誅罰。

劉德。楚元王元孫。宣帝時，每行京兆尹事，多所平反。

鄭弘。剛人。元帝時以高第入爲右扶風，京師稱之。

薛宣。郯人。成帝初，爲長安令，治有名。後爲左馮翊。始高陵令楊湛、櫟陽令謝游，皆貪猾不遜，持郡短長。及宣視事，陰求其罪臟，具得所受取，移書責之，皆解印綬去。宣得郡中吏民罪名，輒召告其縣長吏，使自行罰，曉曰：「府所以不自發舉者，不欲代縣治，奪賢令長名也。」長吏莫不喜懼。宣爲吏，賞罰明，用法平而必行。所居皆有條教可紀，多仁恕愛利，吏民稱之。

王尊。高陽人。成帝初，南山羣盜傰宗等數百人，爲吏民害，歲餘不能禽。大將軍王鳳薦尊守京輔都尉，行京兆尹事。旬月間盜賊清。遷爲京兆尹，拊循貧弱，鉏耘豪强。長安大猾賈萬、楊章等，挾養姦宄，侵漁小民，更二十年莫能禽討。尊以法案誅，吏民悦服。

王章。鉅鹿人。王尊免後，代者不稱職，章以選爲京兆尹。時帝舅王鳳輔政，章爲鳳所舉，非鳳專權，不親附鳳。會日蝕，章奏封事召見，言鳳不可任用。成帝初納章言，後不忍退鳳，遂爲鳳所陷。章爲京兆二歲，死不以其罪，衆庶寃之。

王駿。皐虞人。成帝時，爲京兆尹。先是，京兆有趙廣漢、張敞、王尊、王章，至駿皆有能名。故京師稱曰：「前有趙張，後有三王。」

翟方進。上蔡人。鴻嘉中，爲京兆尹，搏擊豪强，京師畏之。

孫寶。鄢陵人。成帝時，爲京兆尹。故吏侯文，剛直不苟合，常稱疾不肯仕。寶以恩禮請文，欲爲布衣友。文求受署爲掾，以立秋日署文東部督郵。入見，敕曰：「今日鷹隼始擊，當順天氣取姦惡，掾部渠有其人乎？」文曰：「霸陵杜穉季。」寶曰：「其次？」文曰：「豺狼當道，不宜復問狐狸。」穉季聞之，遂不敢犯法。寶爲京兆尹三歲，京師稱之。

原涉。茂陵人。舉能治劇爲谷口令。谷口聞其名，不言而治。

鄭衆。開封人。永平中，遷左馮翊。政有名迹。

郅壽。西平人。肅宗擢爲京兆尹。郡多强豪，奸暴不禁，聞壽爲冀州刺史時無所容貸，皆懷震竦，各相檢敕，莫敢干犯。壽雖威嚴而能推誠下吏，皆願效死，莫有欺者。

王堂。郪人。安帝末，遷右扶風。帝西巡，阿母王聖、中常侍江京等並請屬於堂，堂不爲用。掾史固諫之，堂曰：「吾蒙國恩，豈可爲權寵阿意！」即日遣家屬歸，閉閤上病。果有誣奏堂者，會京等悉誅，堂以守正見稱。

史敞。考城人。順帝時，爲京兆尹，有能名。尤善條教，見稱三輔。

梁並。烏氏人。永嘉初，爲左馮翊。時諸羌叛，並以恩信招誘之，於是離湳、狐奴等五萬餘户詣並降，隴右復平。

陳龜。泫氏人。桓帝時，拜京兆尹。時三輔强豪之族，多侵枉小民，龜到，厲威嚴，悉平理其怨屈者，郡内大悦。

延篤。犨人。桓帝時，遷左馮翊，又徙京兆尹。其政用寬仁，憂恤民黎，擢用長者與參政事，郡中歡愛，三輔咨嗟焉。先是，陳留邊鳳爲京兆尹，亦有能名，郡人爲之語曰：「先有趙張三王，後有邊延二君。」

段熲。姑臧人。桓帝時，爲陽陵令，所在能政。

滕延。北海人。靈帝時，爲京兆尹，有理名。

劉陶。潁陰人。靈帝時，爲京兆尹。到職，當出修宫錢直千萬，陶既清貧，而恥以錢買職，稱疾不聽政。帝宿重陶才，原其罪。

賈琮。聊城人。靈帝時，爲京兆尹，有政理迹。

楊彪。華陰人。光和中，爲京兆尹。黄門令王甫，使門生於郡界辜榷官財物七千餘萬。彪發其姦，言之司隸，司隸校尉陽球因此奏誅甫，天下莫不愜心。

蓋勳。敦煌人。中平中，爲京兆尹。時長安令楊黨父爲中常侍，恃勢貪放。勳案得其臧千餘萬，貴戚咸爲之請，勳不聽，具以事聞，并連黨父。有詔窮案，威震京師。

三國　魏

鄭渾。開封人。遷左馮翊。時梁興等略吏民五千餘家爲寇鈔，渾聚吏民治城郭，爲守禦之備。發民逐賊，獲十以七賞，百姓大悦，皆願捕賊，遂斬興及其支黨。後爲京兆尹。渾以百姓新集，爲制移居之法，使兼複者與單輕者相伍，温信者與孤老者爲比，勤稼穡，明禁令。由是民安於農，而盜賊止息。

顔斐。濟北人。黄初中，爲京兆太守。令屬縣整阡陌，樹桑果。是時民多無車牛，斐又課民於閑月取車材作車，令畜猪，貴時賣以買牛。又起文學，聽吏民欲讀書者，復其小徭。於是風化大行，豐富常爲雍州十郡最。

倉慈。淮南人。黄初末，爲長安令。清約有方，吏民畏而愛之。

晉

劉霄。太康中，爲京兆太守。武帝以其有政績，賜穀千斛。

張輔。西鄂人。初補藍田令，不爲豪强所屈。時强弩將軍龐宗，西州大姓，護軍趙浚，宗婦族也，故僮僕放縱，爲百姓所患。輔繩之，殺其二奴，又奪宗田二百頃餘以給貧户，一縣稱之。

杜軫。成都人。除池陽令，爲雍州十一郡最。百姓生爲立祠，得罪者無怨言。

南北朝　魏

元範。明元帝子。太武以長安形勝之地，遷範爲長安鎮都大將。範謙恭惠下，推心撫納，百姓稱之。時秦土新罹寇賊，流亡者相繼，請崇易簡之治，帝納之。

元子推。景穆帝子。爲長安鎮都大將。性沈雅，善於綏接，秦雍之人，服其威惠。

陸真。代人。文成時，爲長安鎮將，雍州民夷莫不震服。在鎮數年，甚著威稱。

原思禮。樂都人。文成末，爲雍州刺史。清儉有惠政，善撫恤，劫盗止息。

李惠。安喜人。爲雍州刺史。長於伺察，吏人莫敢欺犯。

元雲。文成帝弟。孝文時，遷長安鎮都大將。廉謹自修，留心庶獄，挫抑豪强，劫盗止息。

江文遥。考城人。永平初，爲咸陽太守。勤於禮接，終日坐廳事，至者假之以恩顔，屏人密問。於是民所疾苦，大盗姓名，姦猾吏長，無不知悉。郡中震肅，治爲雍州諸郡之最。

崔亮。東武城人。宣武時，爲雍州刺史。城北渭水淺不通船，亮謂魏晉之日有橋，決欲營之，唯慮長柱不可得。會天大雨，山水暴至，浮出長木數百根，橋遂成立。百姓利之，名崔公橋。亮性公清，敏於決斷，三輔服其德政。

雷紹。武川鎮人。孝武時，爲京兆太守。清平理物，甚得人和。

唐永。平壽人。正光中，爲北地太守。賊將宿勤、明達等寇郡境，永擊破之。善馭下，士人競爲之用。臨陣常著帛裙襦，把角如意，以指麾處分，辭色自若。在北地四年，與賊數十戰，未嘗敗北。時人語曰：「莫陸梁，恐爾逢唐將。」永所營處，至今猶稱唐公壘。

楊儉。華陰人。孝武初，除北雍州刺史。政尚寬惠，夷夏安之。

韓褒。穎陽人。大統中，爲北雍州刺史。州帶北山，多盜賊，褒密訪，並豪右所爲。乃悉召桀黠少年素爲鄉里患者，署爲主帥，分其地界，盜發不獲，以故縱論。於是諸被署者莫不惶懼，所有徒侶皆列其姓名。褒取盜名簿藏之，因大榜州門曰：「自知行盜者，可急來首，即除其罪。」旬月之間，諸盜咸悉首盡，褒並許以自新，由是羣盜屏息。

周

蕭圓肅。梁武帝孫。保定五年，拜咸陽郡太守。寬猛相濟，甚有政績。

衛文昇。洛陽人。武帝時，領京兆尹，稱爲强濟。

樂運。淯陽人。建德二年，除萬年縣丞。抑挫豪右，號稱强直，武帝嘉之，事有不便於時者，令巨細奏聞。後超拜京兆郡丞。

隋

梁毗。烏氏人。開皇初，爲大興令，遷雍州贊治。直道而行，無所迴避。

長孫熾。洛陽人。開皇初，加諫議大夫，攝長安令。與大興令梁毗，俱爲稱職。毗以嚴正聞，熾以寬平顯，爲政不同，部内各化。尋遷雍州贊治。

房恭懿。洛陽人。開皇初，授新豐令。政爲三輔最，帝聞而嘉之。所得賜物，皆分給窮乏。時雍州諸縣令，每朔望朝謁，帝必呼恭懿至榻前，訪以理人之術。

敬肅。蒲坂人。開皇初，爲安陵令，有能名。

劉行本。沛人。文帝時，爲大興令。權貴憚其方直，請託路絶，法令清簡，吏民懷之。

高構。北海人。開皇中，爲雍州司馬，以明斷見稱。坐事左轉盩厔令，甚有治名。復拜雍州司馬。

屈突蓋。徒河人。文帝時，爲長安令，以方嚴顯。時爲語曰：「任食三斗艾〔三〕，不見屈突蓋。」

劉子翊。彭城人。仁壽中，爲新豐令，有能名。

高世衡。渤海人。大業中，爲櫟陽令。風教大洽，獄無繫囚。

唐

張行成。義豐人。高祖時，調富平主簿，有能名。

盧承慶。涿人。太宗時，歷雍州別駕。弟承業，繼爲雍州長史，有能名。

劉仁軌。尉氏人。太宗以其剛正，擢咸陽丞。貞觀十四年，校獵同州，時秋斂未訖，仁軌進諫，璽書褒納。

劉延祐。彭城人。補渭南尉。有吏能，治第一。

李晦。河間王孝恭子，以右金吾將軍檢校雍州長史。摧擿姦伏無留隱，吏下畏之。高宗將幸洛，詔晦居守，謂曰：「關中事一以屬公。法令外，苟可以利人者行之，無須以聞。」故晦治有異迹。

郎餘慶。新樂人。高宗時爲萬年令，道無拾遺。

李嗣真。柏人人。調露中，爲始平令，風化大行。

李嶠。贊皇人。高宗時，遷長安尉。時畿尉名文章者，駱賓王、劉光業，嶠最少，與等夷。

薛訥。龍門人。武后時，遷藍田令。富人倪氏，訟息錢於肅政臺，中丞來俊臣受賕，發義倉粟數千斛償之。訥曰：「義倉本備水旱，安可絶衆人之仰私一家？」報上不與。

馮元淑。安陽人。武后時，歷始平令。右善去惡，人稱神明。與奴僕日一食，馬食一秣，不挈妻子，俸餘以給貧窮。或譏其近名，元淑曰：「吾性也，不爲苦。」

李令質。中宗時，爲萬年令。有富商抵罪，令質按之，韋濯馳救〔四〕，令質不從。毀於帝，帝詔令質至，令質奏曰：「濯於賊非親非故，但以貨求耳。臣豈不懼權勢？但申陛下法，死不恨。」帝乃釋之。

宋璟。南和人。京兆人權梁山謀逆，敕河南尹王怡往按，久未決。乃命璟爲京兆留守，覆其獄。初，梁山詭稱婚集，多假貸，吏欲併坐貸人〔五〕。璟曰：「婚禮借索大同，而狂謀率然，非所防億。」平縱數百人。

裴耀卿。稷山人。睿宗時，爲長安令。舊有配户和市法，百姓苦之。耀卿一切令出儲蓄之家，豫給其直，遂絶僦欺之弊。開元中，遷京兆尹。秋雨害稼，帝將幸東都，召問所以救人者。耀卿請遣重臣分道賑給，自東都益廣漕運以實關輔。於是置河陰、集津、三門倉，引天下租由盟津泝河而西，三年積七百萬石。

强循。鳳州人。仕累雍州司士參軍。華原無泉，人畜多暍死。循教人導渠水以浸田，一方利之。

姜晦。上邽人。睿宗時，爲高陵令，治有聲。遷長安令，人畏愛之。

韋濟。陽武人。開元初，擢醴泉令。修飭政事，有治稱，遷馮翊太守。

源乾曜。臨漳人。開元中，帝東幸，乾曜以京兆尹留守京師。治尚寬簡，人安之。居三年，政如始至。仗内白鷹，因縱失之，詔京兆督捕，獲於野，絓榛死。吏懼得罪，乾曜曰：「上仁明，不以畜玩寘罪。苟其獲戾，尹專之。」遂入自劾失旨，帝不問。衆服其知體而善引咎。

盧奕。靈昌人。天寶初，爲鄠令，所治稱最。

李峴。吴王恪孫。天寶時，累遷京兆尹。明皇歲幸温湯，甸内巧供億以媚上，峴獨無所獻。帝異之。楊國忠使客擿安禄山隱事，諷京兆捕其第，得安岱、李方來等與禄山反狀，縊殺之。禄山上書自言，帝懼變，出峴爲零陵太守。峴爲政得人心，時京師米貴，百姓乃相與謡曰：「欲粟賤，追李峴。」

劉晏。南華人。肅宗時，爲京兆尹。總大體，不苛，號稱職。

蔣沇。膠水人。乾元中，歷陸渾、盩厔、咸陽、高陵四縣令，美政流行。郭子儀軍出其縣，敕麾下曰：「蔣沇賢令，供億得蔬飯足矣，毋撓其清也。」

魏少游。鉅鹿人。少游四爲京兆，雖無赫赫名，然善任人，緣飾規檢，有足稱者。

梁鎮。廣德初，爲昭應令。術士李國楨，請度昭應南山作天華上宫露臺、大地婆父祠，並三皇、道君等名爲堂皇，給百户掃除。詔從之，乃除地課工。方歲饑，人不堪命。鎮上書切諫，以爲有七不可，臣謹以便宜悉停。帝從之。

李勉。鄭惠王元懿曾孫。代宗時，爲京兆尹。魚朝恩領國子監，前尹黎幹諂事之，須其入，敕吏治數百人具以餉。至是吏請，勉不從，曰：「吾候太學，彼當見享。軍容幸過府，則修具。」朝恩銜之，亦不復至太學。

羅珣。會稽人。代宗時，遷京兆尹。請減平糴半，以常賦充之，人賴其利。

薛珏。寶鼎人。代宗時，爲昭應令。人請勒石紀德，珏固讓。

崔縱。安平人。代宗時，授藍田令，德化大行。

柳子華。華原人。代宗時，爲昭應令。宰相元載有别墅，以奴主務，自稱郎將，怙勢縱暴，租賦未嘗入官。子華收付獄，劾發宿罪，杖殺之，一邑震服。

嚴郢。華陰人。大曆末，爲京兆尹。嚴明持法，疾惡撫窮，盜賊一衰。減吏官匠丁數百人，號稱職。

陸贄。嘉興人。以書判拔萃，補渭南尉。德宗立，遣黜陟使庾何等十一人行天下，贄說使者請以五術省風俗，八計聽吏治，三科登俊乂，四賦經財實，六德保罷瘵，五要簡官事。時皆韙其言。

裴佶。耀卿孫。授藍田尉。德宗詔發畿縣民城奉天，嚴郢爲京兆，政刻急。本曹尉韋重規妻乳且疾，不敢免，佶請代役。當時稱其義。

裴向。聞喜人。德宗時，累爲櫟陽、渭南令，奏課皆第一。

顧少連。吴人。德宗時，爲京兆尹。政尚寬簡，不爲灼灼名〔六〕。先是，京畿租賦薄厚不能一，少連以法均之。

吴湊。濮陽人。貞元中，爲京兆尹。京師苦宫市强估取物，有司阿從無敢争。湊見便殿，因言中人所市不便民，宜令平價和售，以息衆歡。又言掌閑、彍騎、飛龍、内園、芙蓉園、禁兵諸司雜供役手，資課太繁，宜有蠲省。帝輒順可。初，府中易湊貴戚子，不便簿領，每有疑獄，時其將出，則遮湊取决，幸倉卒得容欺。湊叩鞍一視，凡指摘，盡中其弊，衆畏服。僚吏非大過不榜責，召至廷，詰服原去，其下傳相訓勗，舉無稽事。

馮伉。元城人。德宗時，授醴泉令。縣多嚚猾，數犯法，伉爲著諭蒙書十四篇，鄉鄉授之，使轉相教督。

李程。襄邑恭王神符五世孫。德宗時，調藍田尉。縣有滯獄十餘年，程單言輒判，京兆狀最。遷監察御史。

王播。揚州人。貞元中，補盩厔尉。善治獄。歷三原令，邑中豪强犯法，未嘗輒貸，歲終課最。憲宗時，爲京兆尹。時禁屯列畿内者，出入屬鞬佩劍，姦人冒之以剽刦。又勳戚家馳獵近郊，播請一切呵止，盜賊不能容隱，皆走出境。

李鄘。江都人。憲宗時，爲京兆尹，進尚書右丞。元和初，京師多盜賊，復拜京兆。鄘强直無私，所至稱治。

楊於陵。華陰人。憲宗時，爲京兆尹。先是，編民多竄北軍籍中，倚以横閭里。於陵請限丁制，減三丁者不得著籍。姦人無所隱賴，京兆豪右大震。

柳公綽。華原人。授渭南尉。歲歉饉，其家雖給而每飯不過一器，歲豐乃復。或問之，答曰：「四方病饑，獨能飽乎？」元和中，拜京兆尹。方赴府，有神策校乘馬不避者，即時榜死。帝怒其專殺，公綽曰：「此非獨試臣，乃輕陛下法。」帝乃解。以憂去。長慶元年，復爲京兆尹。時幽、鎮用兵，補置諸將，使驛係道。驛馬盡，乃掠奪民馬，怨嗟驚擾。公綽請著定限以息其弊。有詔中書條檢定數，由是吏得紓罪。

王正雅。晉陽人。穆宗時，京邑多盜。正雅爲萬年令，威震豪强。京兆尹柳公綽言其能，就賜緋魚。

韓愈。南陽人。長慶初，爲京兆尹兼御史大夫，六軍相戒不敢犯。

劉仁師。彭城人。長慶中，爲高陵令。初，涇水東行注渠，居上遊者壅泉而專其腴。仁師請更水道，使無棄流，無越制。新渠成，民名渠曰劉公，堰曰彭城。仍歲旱沴，而渠下田獨有秋，邑人享其長利。

韓遼。太和初，爲咸陽令。疏秦漢時故漕興成堰，自咸陽抵潼關三百里，罷挽車之牛以供農耕，關中賴其利。

孔戡。孔子三十八世孫。遷京兆尹。歲旱，文宗憂甚，戡躬祠曲江池，一夕大澍。

柳仲郢。公綽子。會昌中，爲京兆尹。置權量於東、西市，使貿易用之，禁私制者。北司吏入粟違約，仲郢殺而尸之，自是人無敢犯，政號嚴明。禁軍校劉詡毆其母，仲郢不待奏，即捕取之，死杖下。後爲河南尹，以寬惠爲政，或言不類京兆時，答曰：「輦轂之下先彈壓，郡邑之治本惠養，烏可類乎？」

薛元賞。會昌中，拜京兆尹。都市多俠少年，以黛墨鑱膚，夸詭力，剽敚坊閭。元賞到府三日，收惡少杖死三十餘輩，陳諸市，餘黨懼，爭以火滅其文。元賞長吏事，能推言時弊，件白之。禁屯怙勢擾府縣，元賞數與爭，不少縱，由是軍暴折戢，百姓賴安。

温璋。祁人。懿宗時，歷京兆尹。璋素强幹，鋤宿弊，豪右慴服。

李知柔。惠宣太子曾孫。擢京兆尹。始鄭白渠梗塞，民不得歲。知柔調三輔，治復舊道，灌浸如約，遂無旱虞。民詣闕請立石，知柔固讓得止。

林慎思。莆田人。爲萬年令。黄巢寇長安，迫以僞禄，不屈，罵賊死。

宋

陳省華。閬中人。太祖時，爲櫟陽令。縣之鄭白渠爲鄰邑强族所據，省華盡去壅遏，水利均及，民皆賴之。

崔翰。萬年人。太祖時，爲感德軍節度使。時盜賊充斥，翰誘其渠魁，誡以禍福，羣盜感悟，散歸南畝，境内肅然。

劉湜。彭城人。知耀州。富平有盜掠人子女者，既就擒，陽死，伺間逸去。捕得，復陽死，守者以報，湜趣焚其屍。

裴莊。閬中人。太平興國中，爲高陵主簿。本府召權司理掾，轉運使雷德驤以威望自任，嘗巡按至境，官屬皆出迎候。莊獨視事本局，徐謁道周，德驤稱其有守。

馬元方。鄄城人。淳化中，知萬年縣。諸將討李繼遷，關輔轉餉，踰瀚海，多失亡，獨元方所部全十九。

楊覃。浙人。田重進爲永興節度，選覃同判軍府事。重進不法，覃事多抗執。表求徙任，不許，就轉都官員外郎。

楊齊賢。冤句人。至道中，知永興軍。時閤門祇候趙贊以言事得幸，提點關中芻糧，所爲多豪橫。齊賢論列其罪，卒抵於法。

李迪。濮人。真宗時，知永興軍。城中多無賴子弟，喜犯法，迪奏取其甚者，部送闕下。

張詠。鄄城人。咸平中，知永興軍。有父老訴牛舌爲人所割，詠詰之：「爾於鄰仵誰氏最隙？」曰：「有甲氏嘗貸粟於某家，不遂，搆怨之深。」詠遽遣去，戒云：「至家徑解其牛賣之。」父老如教。翼日有百姓訴殺牛者，詠謂之曰：「爾割某氏牛舌，以償貸粟之怨，而反致訟耶？」其人遂伏罪。

陳若拙。盧龍人。真宗時，知永興軍府。時鄰郡歲饑，前政拒其市糴。若拙至，則許貿易，民賴以濟。

向敏中。開封人。景德初，知永興軍。真宗幸澶淵，賜敏中密詔，盡付西鄙，許便宜從事。敏中得詔藏之，視政如常日。會大儺，有告禁卒欲倚儺爲亂者，敏中密使麾兵被甲伏廡下幕中。明日盡召賓僚兵官，置酒縱閱，無一人豫知者。命儺入，先馳騁於中門外，後召至階。敏中振袂一揮，伏出盡擒之，果各懷短刃，即席斬焉。既屏其尸，張樂宴飲，坐客皆股慄，邊藩遂安。

周起。鄒平人。真宗時，知永興軍，所至有風烈。

陳堯佐。省華子。仁宗時，知永興軍。初，章獻太后遣宦官起浮圖京兆城中，前守姜遵盡毀古碑碣，充甎甓用。堯佐奏唐賢臣墓石今十亡七八，其未毀者，願勒州縣完護之。

陳堯咨。堯佐弟。知永興軍。長安地斥鹵無甘泉，堯咨疏龍首渠注城中，民利之。

張鼂年。知富平縣。明道初，詔增秩再任〔七〕，以其治行風告天下。

杜衍。山陰人。仁宗時，知永興軍。民有晝亡其妻者，爲設方略捕，立得殺人賊。發所瘞屍，並得賊殺他婦人屍二。寶元二年，復知永興軍。時方用軍，民苦調發。衍區處計畫，量道里遠近，寬其期會，民得次第輸官，比他州費省過半。

范雍。河南人。仁宗時，知永興軍，完永興城。或言非便，詔止其役，雍匿詔而趣成之。明年賊至，邠岐之間皆恐，而永興獨安。

晏殊。臨川人。仁宗時，知永興軍。性剛簡，奉養清儉，吏民畏之。

趙師民。臨淄人。仁宗時，知耀州。勤於吏治，政有惠愛。後又奏蠲陝西旱租。

鄭戩。吳縣人。仁宗時，知永興軍。建言軍行所須，願下有司相緩急，析爲三等，非急罷去。先是，衙吏輸木京師，浮渭泛河多漂没，至則斥不中程，往往破家不能償。戩奏歲減二十餘萬。又奏罷括糴，以勸民積粟。長安故都多豪惡，戩治之嚴，人皆惕息。

李諮。新喻人。仁宗時，知永興軍。衣冠子弟恃廕無賴者，悉杖之，境内肅然。

文彦博。介休人。仁宗時，知永興軍。起居舍人毋湜鄠人也，建言廢鐵錢，朝廷雖不從，其鄉人多知之，争以鐵錢買物，賣者不肯受，長安爲之閉肆。寮屬請禁之，彦博曰：「如此，是愈使擾也。」乃召絲絹行人，出其家縑數百匹，使賣之，日納其直，悉以鐵錢，於是衆知鐵錢不廢，市肆復安。英宗初，復判軍事。

种世衡。洛陽人。仁宗時，知涇陽縣。里胥以姦利事敗，法當徙，遁去，比郊赦輒出。世衡曰：「送府則會赦。」杖其脊而請罪於府，知府李諮奏釋之。

吳遵路。丹陽人。知永興軍，被病猶決事不輟。及卒，仁宗聞而悼之。

侯可。華陰人。韓琦薦知涇陽，説渭源羌酋輸地八千頃，因城熟羊以撫之。調華原主簿。富人有不占田籍，而質人田至萬畝，歲責其租。可馳至富家，發櫝出券歸其主。郡吏趙至誠持守以下短長，可暴其罪，言於大府誅之。

王獵。長垣人。慶曆中，范仲淹薦爲藍田主簿。府使之掌學，諸生犯法者，獵自責數，以爲教之不至，屏出之。府帥意其私，捕生下獄，獵前白曰：「此年少不率教耳。致於理，不足以益美化，恐適貽士類辱。」帥悟，即釋生而待獵加敬。

葉清臣。長洲人。仁宗時，知永興軍。浚三白渠，灌田踰六千頃。

劉敞。新喻人。仁宗時，知永興軍。大姓范偉爲姦利，冒同姓户籍五十年，持府縣長短，數犯法。敞窮治其事，偉伏罪。

程顥。河南人。仁宗時，調鄠縣主簿。民有借兄宅居者，發地得瘞錢，兄之子訴曰：「父所藏。」顥問幾何年，曰四十年。彼借居幾時，曰二十年矣。遣吏取十千視之，謂訴者曰：「今官所鑄錢，不過五六年即遍天下。此皆未藏前數十年所鑄，何也？」其人不能答。

鮮于侁。閬州人。英宗時，從何郯辟僉書永興軍判官。萬年令不任職，繫囚累百，府使往治，數日空其獄。

曾公亮。晉江人。熙寧中，判永興軍。先是，慶卒叛，既伏誅，而餘黨越佚。自陝以西皆警備，閱義勇，益邊兵，移内地租賦，人情騷然。公亮一鎮以静，次第奏罷之，專務裁抑冗費。長安豪喜造飛語，聲言營卒怨減削，謀以上元夜結外兵爲亂。邦人大恐，或勸毋出遊。公亮不爲動，張燈縱觀，與賓佐竟夕乃歸。

司馬光。夏縣人。熙寧中，知永興軍。宣撫使下令分義勇戍邊，選諸將驍勇士，募市井少年爲奇兵，調民造乾精，悉修城池樓櫓，關輔騷然。光極言公私困敝，不可舉事，京兆一路皆内郡，繕治非急。宣撫之令，皆未敢從，若乏軍興，臣請任其責。於是一路獨得免。

王舉元。真定人。神宗時，知永興軍。夏人以兵屯境上，舉元以千騎拒之，扼其要害。長安遣從事來會兵涇原，時大將竇舜卿鋭意請行，舉元止之曰：「不過三日虜去矣。」至期，夏人果退。

吴中復。永興人。神宗時，知永興軍。河北行青苗法，使者至，將先下州縣，中復檄之曰：「斂散自有期，今先事擾之，何也?」拒不聽,且以報安撫司。韓琦方疏諫青苗,録其語以上。關内大旱,民多流亡,中復請加賑䘏。執政惡之,遣使往視,謂爲不實,削一階。

李周。馮翊人。神宗時,調長安尉。歲饑,官爲粥以食餓者,民坌集不可禁,縣以屬周。周設陛梐,間老少男女,無一亂者。都巡檢趙瑜詰盜南山,諸尉皆屬焉。瑜悍急多行無禮,獨於周不敢肆。

朱光庭。偃師人。擢第,調萬年主簿,數攝邑,人以明鏡稱之。

畢仲游。雲中人。哲宗時,知耀州。歲大旱,仲游先民之未饑揭諭境内曰:「郡賑施與平糴若干萬石。」虛張其數。富室知有備,亦相勸發廩。凡民就食者十七萬九千口,無一人去其鄉。

劉絢。常山人。元祐初,韓維薦其經明行修,爲京兆府教授。

鄭驤。玉山人。徽宗時,擢京兆府等路提舉常平。驤按格爲常平總目十卷,頒之所部。時陝右大稔,驤奏乞以所部本息乘時廣糴,得米六十萬斛。

賈炎。獲鹿人。政和中,知永興軍。陝西行鐵錢久,幣益輕,蔡京設法盡斂之,更鑄夾錫錢,幣稍重。京去相,轉運使李譓、陳敦復見所斂已多,遂請罷鑄。鐵錢復行,其輕如初,自關以西皆罷市,民不聊生。炎獨一切弛禁,聽從其便。

徐處仁。穀熟人。徽宗時,知永興軍。童貫使陝西,欲平物價,處仁曰:「此令一傳,則商賈不行,而積藏者弗出,名爲平價,適以增之。」轉運使阿貫意,劾其格德音,倡議論,詔處仁赴闕。

單煦。平原人。爲清平軍使。有二盜殺人,捕治不承。煦縱之食,甲食之既,乙不下咽,執而訊之,果殺人者。

唐重。彭山人。高宗初,知京兆府兼經略制置使。六上疏,以車駕幸關中爲請,并條奏關中防河事宜。又乞選宗親充京兆牧,或置元帥府,令總管秦蜀十道兵馬,以便宜從事。俱不報。金將羅索渡河,陷韓城。時京兆餘兵皆調赴行在,重度勢不可支，以書別其父克臣，克臣報曰：「汝能以身殉國，含笑入地矣！」及金兵圍城，城中兵不滿千，外援不至，經制副使傅亮以精鋭數百奪門出降，城陷。重以親兵百人血戰，中流矢死。贈資政殿學士，謚恭愍。「羅索」舊作「婁宿」，今改。

郭忠孝。河南人。爲永興軍路提點刑獄。金兵再至京師，大軍盡出函谷，忠孝獨以蒲、解軍三千至猗氏，遇金兵破之。踰絳州，破太平砦，斬首數百級。攻平陽，入其郛。及金兵圍永興，兵寡，或勸忠孝以監司出巡，可以免禍。忠孝不答，與經略唐重分城而守。敵攻陷城東南隅，忠孝與重及副總管楊宗閔〔八〕、轉運副使桑景詢、判官曾謂、經略主管機宜文字王尚、提舉兵馬程迪俱死之。贈大中大夫。

程迪。開封人。金兵迫近，唐重以迪提舉永興路軍馬，措置民兵。金兵四面急攻，迪率諸司及統制偏裨以下東鄉會盟，誓不與敵俱生。城破，率其徒行徇於衆，憤怒大呼，口流血，士皆感奮，多所斬殺。迪冒飛矢，持短兵接戰數十合，身被創幾徧，絶而復蘇，猶厲聲叱戰不已，遂死之。麾下士舁至空室中，比屋皆燼，室獨不火。及斂，容色如生。詔贈明州觀察使，謚忠愍。

金

宋九嘉。夏津人。宣宗時，歷藍田、高陵令，咸以能稱。

李獻甫。河中人。正大中，辟長安令。京兆行臺所在，供費甚繁，獻甫處之常若有餘，縣民賴之以安。

馬百禄。三河人。明昌初，遷耀州刺史，吏民畏愛。提刑司狀聞，授韓王傅。

師夔。哀宗時，爲興平令。時辟舉法行，與咸寧令張天綱、臨潼令武天禎、三原令蕭邦傑、藍田令張德宜，皆清慎才敏，極一時之選。

王浩。哀宗時，辟涇陽令，廉白爲關輔第一。時西臺檄州縣增植棗果，督責嚴急，民甚被擾，浩獨無所問。主司將坐之，浩曰：「是縣所植已滿其數，若欲增植，必盜他人所有。取彼置此，未見其利。」浩所在有善政，於民絲毫無所犯，秦人爲立生祠。

元

許衡。河内人。世祖出王秦中，思所以化秦人，召衡爲京兆提學。秦人新脱於兵，欲學無師，聞衡來人人莫不喜幸來學。郡縣皆建學校，民大化之。

馬亨。南和人。世祖征雲南，留亨爲京兆榷課所長官。京兆，藩邸分地也，亨以寬簡治之，不事掊克。凡五年，民安而課裕。

趙炳。灤陽人。至元九年，授京兆路總管兼府尹。皇子安西王開府於秦，詔治宫室，悉聽炳裁製。王府吏卒横暴擾民者，即建白繩以法，王命之曰：「後有犯者，勿復啓請，若自處之。」自是豪猾斂戢，民賴以安。

張雄飛。臨沂人。至元中，同知京兆總管府事。宗室公主有家奴逃渭南民間爲贅婿，主適過臨潼，識之，捕其奴與妻及妻之父母，皆械繫之，盡没其家貲。雄飛與主争辨，主不得已，以奴妻及妻之父母家貲還之，惟挾其奴而去。

趙世延。雍古族人。大德十年，除安西路總管。安西，故京兆省臺所治，號稱會府，前政壅滯者三千牘。世延既至，不三月剖決殆盡。陝民饑，省臺議請於朝賑之，世延曰：「救荒如救火，願先發廩以賑。朝廷設不允，世延當傾家財若身以償。」省臺從之，所活者衆。

王琚。鄒平人。大德中，爲涇陽令。疏涇渠，起涇陽，歷三原、高陵、櫟陽。至大初，遷西臺御史，建言於豐利渠上更開石渠，民賴其利。

朱春。至正末，爲三原尹。明兵克奉元，春與其妻俱投崖死。

明

魏必興。濠梁人。洪武初，知耀州。凡州治學舍與里甲徭賦驛傳諸務，皆必興所創定。

李叔正。靖安人。洪武初，爲渭南丞。同州蒲城人争地界，累年不決，行省以委叔正。單騎至其處，剖數語立決。渭南歲輸糧二萬，豪右與猾吏爲姦，田無定額。叔正履畝丈量，立法精明，諸弊盡剔。

濮英。廬州人。洪武中，爲西安衛指揮。太祖選陝西都司衛所卒備邊，惟英所練稱勁旅。

茅大芳。泰興人。洪武中，爲秦府右長史，輔導盡職。

許訢。開封人。洪武中，知鄠縣，莅政勤，撫民有恩意。

閻翯。洪武中，知長安縣。時關中貧瘠，翯慨然以安養生息爲己任，化洽境内。帝嘉其績，褒賚甚厚。

羅以禮。桂陽人。宣德中，知西安府，所至有惠愛。

王瑩。鄞人。正統中，知西安府，以政績著。

余子俊。青神人。天順中，知西安府。歲饑，發廪十萬石賑貸，區畫以償，官不損而民濟。成化初，所司上治行當旌者，知府凡十人，子俊爲首。就擢參政。

李文祥。麻城人。弘治初，以進士上封事，謫授咸寧縣丞。既至官，上官有欲門見之者，文祥却立曰：「庭參，禮也。此非其所。」其自守如此。

暢亨。河津人。弘治初，由御史謫知涇陽縣。未期年，邑大治。增開涇水渠，民賴之。

嚴永濬。華容人。弘治中，知西安府。性剛正，爲治務去民瘼。嘗構書院，簡諸生肄業，吕柟、康海、馬汝驥、王九思諸人皆出其中。

劉麟。上元人。弘治中，知西安府，爲政清簡。時陳壽爲巡撫，何亮知咸寧，與麟號爲「三廉」。

何亮。登州衛人。弘治中，知咸寧縣。秦俗婚姻尚財，亮諭以禮。士貧弗能娶者與之娶，民貧弗能葬者與之葬。

程啓充。嘉定州人。正德初，知三原縣。妖人李午以左道惑衆，啓充逐其黨，境内肅清。

王秀。萊陽人。正德中，知長安縣。至即延見父老，問民疾苦，禁吏役出入，豪右不敢私謁。先是，賦税多逋，秀爲著令，無敢後者。有檄增甘肅糧千石，力請而止。

王科。涉縣人。嘉靖初，知藍田縣。城隘且無水，科導西山水入城，拓而廣之，遂爲望邑。毁境内之淫祠，以其材葺學宫及先賢祠宇。

馬珮。德州人。嘉靖中，知咸寧縣。省里甲，清賦税，抑强扶弱，考績爲天下最。

李希雒。太原人。嘉靖中，知渭南縣。關中地震，渭南尤甚，希雒省刑罰，蠲逋賦，築城葺舍，民不知疲。

曹璜。益都人。萬曆中，知西安府。商、洛、藍田間産葛，民不知治，璜爲求漢中治葛者教之。礦税病民，力爲調劑，民賴之。

尹伸。宜賓人。萬曆中，知西安府。公廉强直，不事媕阿。

劉兑。歙縣人。萬曆中，知富平縣。廣開渠道，爲邑永利。

滿朝薦。麻陽人。萬曆中，知咸寧縣，有廉能聲。税監中官梁永，縱其下刼諸生橐，朝薦捕治之。永遣人蠱巡按御史余懋衡，事覺，朝薦捕獲其人。永率衆擐甲入縣庭，吏卒早爲備，無所掠而去。城中數夜驚言永反，朝薦操之急，永使使入都訟朝薦，逮下詔獄，久之始釋。

王正志。祥符人。萬曆中，知富平縣。中使梁永、趙欽肆虐，正志捕其黨李英杖殺之，因極論二人不法。帝怒，逮正志繫詔獄，四年瘐死。

袁化中。武定人。萬曆中，知涇陽縣，有善政。

劉璞。莒州人。萬曆中，知鄠縣。回賊猖亂盩厔白龍溝，與鄠龐家村聲勢相應。璞申嚴保伍，選壯丁每月三日教習，餘日歸農。立社學教民子弟。社倉原額五千六百石有奇，璞經畫畢備。

史邦直。樂陵人。萬曆中，爲西安同知。回賊亂，衆議主戰，邦直堅持不可。身率兩騎馳諭之，皆感泣降伏，殲其渠魁，餘黨悉散。

路振飛。曲周人。天啓中，知涇陽縣。大吏諂魏忠賢，將建祠涇陽，振飛執不從。邑人張問達忤奄，誣坐追贓十萬，振飛緩其事，奄敗，事乃解。流賊入境，振飛力擊却之。

史可法。大興人。崇禎初，爲西安推官。賑荒恤民，戢姦弭盜，能聲大著。

陳其赤。崇仁人。崇禎中，知西安府，有吏能。

章尚絅。會稽人。崇禎末，爲秦府長史，闖賊陷西安，尚絅投印井中，趨王府端禮門，再拜自縊死。贈按察副使。時有秦藩衛旗官徐應魁，從王嗣出走，王嗣爲賊所殺，應魁絶粒死。賊踞王府，有吏丘從周大罵曰：「若一小民，僭妄若此，何能久耶！」賊怒殺之。

吴從義。山陰人。崇禎末，知長安縣。值兵荒後，多方賑恤。督師孫傳庭駐西安，徵求百出，從義不憚强禦，並令豪族均輸，民力稍寬。及城陷，望闕再拜，投井死。贈按察僉事。指揮崔爾達，亦投井死。

楊暄。高平人。崇禎末，知渭南縣。歲凶，畢力拯救，緝姦人斃杖下，民稍獲安。李自成抵渭南，暄已擢兵部主事，未行，與學官蔡某同守城。城陷，暄被縛，索印不予，詬罵死。蔡亦死之。

本朝

惠應詔。永平人。順治初，以副將管西安城守事。西安洊遭寇亂，軍實皆虛，應詔視事，漸次完具。流賊所掠子女流離道路，收問鄉貫，移郡縣使各歸故里。賀珍餘黨復圍西安，應詔悉力固守，擊賊城下，大敗之，遂遁去。

李溥。鄢陵人。順治中，知三原縣。時流賊初平，餘黨未殄，溥繕城陴，練鄉勇，捍禦甚備。九年春，賊破縣西王堡，據嵯峨山，溥率兵擣其巢，盡殲之，邑賴以安。

邵伯蔭。閩縣人。順治中，知高陵縣。性精察，姦蠹無所隱。奉檄勘田，悉蠲浮額。嘗兼攝渭南、藍田二縣，皆有惠政。

鄭崑璧。文水人。順治中，知富平縣。疏漆沮諸水溉田，多善政。

駱鍾麟。臨安人。順治中，知盩厔縣。時李中孚講學里中，鍾麟尊以師禮，人益知向學。康熙元年夏大雨，渭水南溢將及城，鍾麟率僚屬跪雨中哀禱，尋雨止，水亦退。

茹珍。山陰人。康熙初，吴三桂叛，以幹略擢西安通判。值官兵會於西安，芻稾不給，諸司憂慮。珍與諸將期三日，馳赴各州縣，遍召富室，諭以國恩當報，宜先輸草束以佐軍，約倍還其直，皆踴躍應命，於是芻茭山積。初，隴、渭間久當賊衝，堡民多受迫脅。或疑其款賊，欲屠之，以珍言獲免。審理逃人，多所平反。以疾歸。

黄家鼎。潁上人。康熙初，知咸寧縣。廉儉有惠政。擢兵部主事，士民請留復任，以勞瘁卒于官。

陳瑮。蘄水人。康熙中，知臨潼縣。值軍興，徵符四出，瑮不事敲撲而事辦。官兵駐西郊，瑮布衣徒步，手挈壺簞犒之。民聞之，芻茭器具，無不立應。擢耀州知州。

郭傳芳。大同威遠衛人。初授咸寧縣丞，攝長安篆，有聲，遷富平知縣。吴三桂叛，涼寇竊發，傳芳偵賊將入境，乘昏霧搗其巢，斬獲有功。時軍需旁午，傳芳轉輸有法，民不告勞。

張發辰。杞縣人。康熙中，知臨潼縣。聽斷明決，禁革苛斂。時軍興，往來輓運，年未老而鬚髮頓白。遷去後，念民有舊欠濱河地税，爲捐貸以清之。

林世榕。海陽人。康熙中，知藍田縣。時民多失業，世榕招集流亡，散給牛種，由是農務大興，田野多闢。讞獄多所全宥。去官日，槖中惟圖書而已。

俞漣。蕭山人。知三原縣。歲祲，煮粥給貧，全活甚衆，招徠流民數千户。巡行勸墾，不辭勞瘁，卒於官。

陳明經。綏陽人。康熙中，知咸寧縣。歲饑，賑濟有方，民無失所。大蝗，齋戒至田所祭之，蝗遂去。秦中久經兵燹，郡邑册籍無徵，明經履畝勘實，一清諸弊。

周宣暘。鄖西人。康熙中，知臨潼縣。大盜王金山嘯聚驪山，又渭北布袋賊出没櫟陽，勢甚熾。宣暘以計擒誅之，民賴以安。

蔣陳錫。常熟人。康熙中，知富平縣。甫至，值關輔大饑，流移載道。陳錫立出貲，煮粥以食飢者，全活無算。復收瘞道殣。以縣境水利久廢，躬行阡陌，疏故玉帶、直城、文昌諸渠，咸獲灌溉之利。

趙于京。歷城人。康熙中，知臨潼縣。親履隴畝，勸課農桑。催科不役吏胥，惟用滚單。訟庭清簡，獄無罪囚。力行保甲之法，修臨潼縣志。去任日，士民涕泣追送數十里外，有趙青天之稱。乾隆十二年，入祀名宦祠。

左觀瀾。永新人。乾隆中，知安定縣。嘉慶三年，署寧陝通判。教匪竄入，時無城隍可守，有説以避賊者，觀瀾不可，晝夜修輯，輒以短木補其隙缺。已而賊大至，用大礮擊之，礮裂，被擊死，而賊亦他竄。子承蔭，亦隨營堵禦。五年，遇賊於夾嶺，死之。事聞，賜世襲雲騎尉。同時有知醴泉縣陸維基、縣丞葉槐，均隨營遇賊死。署寧陝鎮總兵甘肅韓自昌，禦賊于洋縣之月亮坪，陣亡。左營守備河曲秦繼昌亦死之。

楊之震。平利人。由行伍任江口營參將。嘉慶十一年，署寧陝鎮總兵。新兵陳先倫等叛，與關口營遊擊寧夏羅全亮同遇害。事聞，賜卹。

校勘記

〔一〕祀唐縣令劉仁師　「仁師」，原倒作「師仁」，據乾隆志卷一八〇西安府祠廟（下同卷簡稱乾隆志）及雍正陝西通志卷二八祠祀乙。按，本卷名宦亦作「仁師」。

〔二〕祀總督孫傳庭關内道李虞夔咸寧知縣宋屺　按，乾隆志所列三公名除孫傳庭外，另二人不同，分别是關内道盧象昇、總兵周遇吉。蓋嘉慶後有所撤换也。

〔三〕任食三斗艾　「任」，乾隆志作「寧」。按，此志避清宣宗諱改字也。

〔四〕韋濯馳救　「濯」，原作「擢」。考新唐書卷二〇六韋温傳載李令質按富商事，蓋此條所本。濯乃温之從弟，温又有弟淯，名皆從水。乾隆志作「濯」，是也，據改。下文同。

〔五〕吏欲併坐貸人　「吏」，原脱，據新唐書卷一二四宋璟傳補。

〔六〕不爲灼灼名　下「灼」字，原作「均」，據乾隆志及新唐書卷一六二顧少連傳改。

〔七〕明道初詔增秩再任　「道」，原作「通」，據乾隆志改。按，宋無「明通」年號。

〔八〕忠孝與重及副總管楊宗閔　「總」，原脱，據乾隆志及宋史卷四四七郭忠孝傳補。

大清一統志卷二百三十一

西安府五

人物

秦

王翦。頻陽東鄉人。少好兵，事秦始皇，將兵夷六國，爲宿將。始皇師之。

漢

魏尚。槐里人。孝文時，爲雲中守。軍市租盡以給士卒。出私養錢，五日一殺牛，以饗賓客舍人軍吏。匈奴遠避，不近雲中塞。

車千秋。本姓田氏，其先齊諸田徙長陵。爲高寢郎。會衛太子爲江充所譖敗，千秋訟太子冤，帝感悟，拜爲大鴻臚。數月遂爲丞相，封富民侯。千秋謹厚有重德。昭帝時，以年老，朝見得乘小車入宫殿中，因號曰車丞相。按：西安爲漢、唐建都之地，士大夫之宦居長安者，似不必概行收入人物傳内。如杜延年已載河南南陽府人物，韋玄成已載山東兖州府人物，鄭崇已載萊州府人物，顔師古、顔真卿、顔杲卿、顔泉明已載沂州府人物，故於卷内悉爲删除，以省重複。其各本貫未經載入者，則仍依原本。謹附識於此。

趙食其。祋祤人。武帝時，以主爵都尉從衛青有功，元狩三年，賜爵關内侯。

蘇武。杜陵人。父建，以校尉從大將軍衛青擊匈奴，封平陵侯。武少以父任爲郎。天漢元年，以中郎將使匈奴，單于欲降之，武不屈，乃幽武置大窖中，絶不飲食，武齧雪與旃毛并咽之。又徙北海上無人處，使牧羝。廩食不至，掘野鼠，去草實而食之。杖漢節牧羊，卧起操持，節旄盡落。留匈奴凡十九歲，昭帝始元六年始還，拜典屬國。宣帝立，賜爵關内侯，圖畫麒麟閣。

張安世。杜陵人。父湯，爲御史大夫。安世以父任爲郎，武帝奇其才，擢爲尚書令。昭帝即位，封富平侯。與大將軍霍光尊立宣帝。光薨，拜大司馬車騎將軍，領尚書事。以謹慎周密自著。每定大政，自朝廷大臣，莫知其與議，匿名迹，遠權勢。天子内親安世，心密於光焉。薨，謚曰敬侯。子延壽嗣侯，自以身無功德，數上書讓減户邑。延壽子勃，元帝初，舉太官獻丞陳湯。湯立功西域，世以勃爲知人。勃子臨，亦謙讓。每登閣殿，常嘆曰：「桑、霍爲我戒，豈不厚哉！」自宣、元以來，爲侍中、中常侍、諸曹散騎、列校尉者十餘人，功臣之世，惟金氏、張氏親貴比於外戚。

張千秋。安世長子。與霍光子禹俱爲中郎將。將兵隨度遼將軍范明友擊烏桓，還，光問戰鬬方略，山川形勢，千秋口對兵事，畫地成圖，無所忘失。光復問禹，禹不能記。光由是賢千秋，嘆曰：「霍氏世衰，張氏興矣。」

徐福。茂陵人。初，霍氏奢侈，福上疏言宜以時抑制，無使至亡，書三上輒報聞。其後霍氏誅滅，告霍氏者皆封，人爲福上書論功，爲曲突徙薪之喻。帝賜福帛十疋，後以爲郎。

馮野王。父奉世。本潞人，徙杜陵。野王，元帝時爲隴西太守。以治行高，爲左馮翊。池陽令並素行貪污，野王部督郵掾殺栩趙都案驗，得其罪，收捕。並不首吏，都格殺。並家上書陳冤，事下廷尉，都詣吏自殺以明野王，京師稱其威信。遷大鴻臚。尚書選第中二千石，野王行能第一。帝以後宫親屬不用，然甚見器重，有名當世。弟逡舉茂材，爲美陽令，歷清河都尉。言河隄方略，遷隴西太守，治行廉平。逡弟立，通春秋。成帝時爲五原太守，徙西河、上郡，居職略與野王相似。遷東海、太原，更歷五郡，所居有迹。弟參，爲黄門給事中，宿衛十餘年，以嚴見憚，不得親近侍帷幄。綏和中，封宜鄉侯。哀帝即位，傅太后追怨參姊中山太后，陷以罪，參自殺，衆莫不憐之。

蕭育。父望之。本蘭陵人，徙杜陵。育以父任爲太子庶子。元帝時爲茂陵令，召拜司隸校尉，復爲中郎將，使匈奴。鄠名賊梁子政久不伏辜，育爲右扶風數月，盡誅子政等。哀帝時，拜南郡太守，復爲執金吾。育爲人嚴猛尚威，居官數免稀遷。弟咸，舉茂材，好畤令，歷張掖、弘農、河東太守，所居有迹。官至大司農。弟由，治郡有聲，官至中散大夫。

張山拊。平陵人。事小夏侯建，受尚書，爲博士，論石渠，官至少府。

鄭寬中。平陵人。受尚書於同縣張山拊。有雋材，以博士授太子尚書。成帝即位，賜爵關内侯，遷光禄大夫，領尚書事。

谷永。長安人。博學經書。建昭中，爲太常丞，數上疏言得失。其於天官、京氏易最密，故善言災異，前後所上四十餘事。累遷光禄大夫，終大司農。

鄭子真。谷口人。修身自保。成帝時，元舅大將軍王鳳以禮聘之，不詘，名震京師。三輔決録：子真名樸。

安丘望之。長陵人。恬静不求進宦，時號曰安丘丈人。成帝聞欲見，辭不肯。著老子章句。

許商。長安人。從周堪受尚書。善爲算，著五行論曆。四至九卿，門人知名者甚衆。

班伯。其先居樓煩，後占數長安。少受詩於師丹，誦説有法，拜中常侍。又受尚書、論語於鄭寬中、張禹。志氣慷慨，數使匈奴。出爲定襄太守，郡中稱神明。卒官水衡都尉。弟斿，博學有俊材，爲諫大夫、右曹中郎將。與劉向校秘書，帝器其能。斿弟稺，少爲黄門郎、中常侍，方直自持。王莽秉政，以延陵園郎食故禄終身。

朱博。杜陵人。以太常掾察廉，補安陵丞。成帝時，爲櫟陽令，徙雲陽、平陵。以高第入爲長安令，京師治理。遷冀州刺史，州郡畏博威嚴。徙并州，遷琅邪太守，視事數年，大改其俗。入爲左馮翊。少愛利，敢誅殺，下吏盡力。哀帝時，爲大司空，復拜御史大夫，代孔光爲丞相，封陽鄉侯。後坐事自殺。

李尋。平陵人。治尚書，與鄭寛中同師張山拊，獨好洪範災異。又學天文、月令、陰陽。哀帝初，待詔黄門，常極言災異爲母后與政亂朝，又言宜少抑外親大臣。遷黄門侍郎，拜騎都尉。

平當。祖父自下邑徙平陵。成帝時，以明經爲博士、給事中。每有災異，輒傅經術言得失。使行流民幽州，所過見稱。後以明禹貢，爲騎都尉領河隄。哀帝即位，徵爲光禄大夫，至丞相。明年，欲封當，當病篤。或謂當强起受侯印，爲子孫計。當曰：「吾已負素餐之責，今不起者，所以爲子孫也。」子晏，以明經歷位大司徒，封防鄉侯。漢世唯韋、平父子至宰相。

王嘉。平陵人。以明經射策甲科爲郎。鴻嘉中，舉敦朴，能直言。召見宣室，對政事得失，超遷大中大夫。建平三年，代平當爲丞相，封新甫侯。嘉爲人剛直嚴毅有威重。哀帝時，封董賢等，嘉切諫，不聽。後董賢益封，嘉封還詔書。因奏封事諫上，及太后，詔詣廷尉，不食嘔血死。元始四年，追謚忠侯。

馮商。陽陵人。治易，事五鹿充宗，後事劉向。以能屬文，待詔金馬門。受詔續太史公書七篇。

何並。祖父自平輿徙平陵。大司空何武舉爲長陵令，道不拾遺。遷隴西太守，徙潁川，郡中清静，名次黄霸。

云敞。平陵人。師事同縣吴章，章治尚書爲博士。王莽秉政，長子宇與章謀，夜以血塗莽第門，若鬼神之戒，冀以懼莽。事覺，章坐腰斬，弟子千餘人皆禁錮不得仕。敞時爲大司徒掾，自劾吴章弟子，收章屍葬之。

蔣詡。杜陵人。爲兗州刺史，以廉直得名。王莽居攝，以病免官歸鄉里，卧不出户，卒於家。

宋弘。長安人。父尚，成帝時至少府。哀帝立，以不附董賢抵罪。弘少而温順，哀、平間作侍中。赤眉入長安，遣使徵弘，逼迫不得已，至渭橋投水，家人救出，因佯死獲免。光武初，累遷大司空，封宣平侯。所得租俸，分贍九族，家無資産，以清行稱。所進賢士馮翊桓梁等三十餘人，或相及爲公卿者，威容德器，羣臣莫及。

竇融。平陵人。更始時，趙萌薦爲鉅鹿太守。融見東方尚擾，而祖父累世在河西，知其土俗，謂兄弟曰：「天下安危未可知。河西殷富，帶河爲固。張掖屬國精兵萬騎，一旦緩急，足以自守，此遺種處也。」乃辭鉅鹿，得爲張掖屬國都尉。既到，撫結雄傑，懷輯羌虜，河西翕然歸之。及更始敗，酒泉太守梁統等推融行河西五部大將軍事。聞光武即位，遂決策歸漢，授涼州牧。從破隗囂，封安豐侯，拜冀州牧，又遷大司空。弟友，亦封顯親侯，子穆等皆尚公主，於親戚功臣中，莫與爲比。卒，謚曰戴。

景丹。櫟陽人。更始立，爲上谷長史。與耿弇、寇恂將兵歸世祖，拜偏將軍。從擊王郎，大破之。世祖即位，拜驃騎大將軍，封櫟陽侯。

萬修。茂陵人。更始時，爲信都令。與太守任光、都尉李忠共城守，迎世祖，拜爲偏將軍。及破邯鄲，拜右將軍。從平河北，拜槐里侯。

耿弇。茂陵人，上谷太守況之子。少好學，習騎射。年二十一，奉奏詣更始。會王郎起兵邯鄲，道聞光武在盧奴，乃馳北上謁。因歸説況，使寇恂東約彭寵，發突騎及漁陽兵，合軍而南，擊斬王郎將校四百餘級，定涿郡、中山、鉅鹿、清河、河間二十二縣。遂從光武拔邯鄲，與吳漢擊破銅馬、赤眉諸賊。光武即位，拜建威大將軍，封好畤侯。遂定彭寵於漁陽，還收富平、獲索，東攻張步，平齊地。光武謂弇曰：「將軍前在南陽建此大策，常以爲落落難合，有志者事竟成也。」弇凡平郡四十六，屠城三百，未嘗挫折。卒，謚曰愍。子忠，以騎都尉擊匈奴於天山，有功。

耿舒。弇弟。光武初，爲復胡將軍，擊彭寵有功，封牟平侯。

馬援。茂陵人。援三兄況、余、員，並有才能，爲二千石。援少有大志，嘗受齊詩，意不能守章句，乃辭況欲就邊郡。況曰：「汝大才，當晚成。」王莽敗，避地涼州。建武四年，隗囂使援奉書詣洛陽，見光武，遂歸漢。光武西征囂，援於帝前聚米爲山谷，指畫形勢，開示衆軍所從道徑。遂進軍，大破囂衆，拜隴西太守。視事六年，隴右清静，徵入爲虎賁中郎將。交阯女子徵側、徵貳反，拜援伏波將軍，討平其地，封新息侯。後討武陵五溪蠻，病卒。梁松因事陷之，詔收侯印綬。建初三年，追謚忠成。

郭伋。茂陵人。少有志行。哀、平間，爲漁陽都尉。王莽時，爲并州牧。更始徵拜左馮翊。世祖即位，拜雍州牧，再轉尚書令。數納忠諫争，歷漁陽、潁川太守，盗賊消散，威信著聞。調并州牧。過京師謝恩，言選補衆職，當簡天下賢俊，不宜專用南陽人。帝納之。入州界，所過問民疾苦，聘求耆德與參政事。朝廷多舉伋可爲大司空，帝以并部尚有盧芳之警，且匈奴未安，欲使久於其事，故不召。以老病乞骸骨，徵爲太中大夫，賜宅一區，及帷帳錢穀以充其家，伋輒散與宗親九族，無所遺餘。

蘇竟。平陵人。平帝時，以明經爲博士講書祭酒。善圖緯，能通百家言。建武五年，拜侍中，病免。初，延岑護軍鄧仲況擁兵據南陽陰縣爲寇，劉龔爲其謀主。竟以書曉之，仲況與龔遂降，竟終不伐其功。

申屠剛。茂陵人。性剛直，嘗慕史鰌、汲黯之爲人。王莽時，避地河西，轉入巴蜀。建武七年，徵拜侍御史，遷尚書令。光武嘗欲出游，剛諫不見聽，遂以頭軔乘輿輪，帝遂爲止。以數切諫失旨，出爲平陰令，復拜太中大夫。

王丹。下邽人。王莽時，連徵不至，隱居養志，好施周急。每歲農時，輒載酒肴於田間，候勤者而勞之，惰者皆自厲，邑聚相率以致殷富。其輕黠游蕩廢業者，曉其父兄，使黜責之。殁則賻給，親自將護，有遭喪憂者，輒待丹爲辦。行之十餘年，其化大洽，風俗以篤。前將軍鄧禹征關中，軍乏糧，丹率宗族上麥二千斛。禹表丹領左馮翊，後徵爲太子太傅。

張湛。平陵人。矜嚴好禮，動止有則。建武初，爲左馮翊。在郡修典禮，設條教，政化大行。五年，拜光禄勳。光武臨朝，或有惰容，湛輒陳諫其失。常乘白馬，帝每見湛，輒言白馬生且復諫矣。爲太子太傅。郭后廢，因稱疾不朝。拜太中大夫，居中東門候舍，故時人號曰中東門君。

王隆。雲陽人。王莽時，避難河西。爲竇融左護軍。建武中，爲新汲令。能文章，所著詩賦銘書，凡二十六篇。

王遵。霸陵人。少豪俠有才辯。初，與隗囂舉兵爲大將軍，常有歸漢意，數勸囂遣子入侍，囂不從。遵乃與家屬東詣京師，拜太中大夫，封向義侯。

方望。平陵人。隗囂起兵，聘爲軍師，説囂急立高廟稱臣奉祠，囂從其言。更始二年，遣使徵囂，望以爲更始未可知，固止之。囂不聽，望以書辭謝而去。

班彪。伯弟穉之子。家安陵。性沉重好古，年二十餘，避難從隗囂，著王命論，欲以感之，囂終不悟。遂避地河西，爲竇融畫策事漢，以拒隗囂。光武初，舉茂才，拜徐令，以病免。彪既才高而好述作，遂專心史籍，採前史遺事，旁貫異聞，作後傳數十篇，斟酌前史，譏正得失。後辟司徒王況府〔一〕。時東宮初建，上言宜博選明儒以爲傅，帝納之。爲望都長，卒於官。

馮衍。杜陵人。野王孫。博通羣書。王莽時多薦舉之者，衍辭不仕，亡命河東。更始時，爲立漢將軍，領狼孟長，屯太原。後歸世祖，爲曲陽令。建武六年日食，上書陳八事，帝將召見，尚書令王護等譤之，不得入。西歸故郡，卒於家。所著有賦、誄、銘、説五十篇。

杜林。茂陵人。父鄴，成、哀間爲涼州刺史。林少好學，家既多書，又從外氏張竦受學，博洽多聞，時稱通儒。王莽敗，與弟成俱客河西，隗囂深相敬待，終不屈節。建武六年，成物故，囂乃聽林持喪東歸。既遣而悔，令刺客楊賢遮殺之。賢見林推鹿車載致弟喪，乃嘆曰：「我雖小人，何忍殺義士！」因亡去。光武徵拜侍御史，議定郊祀，遷大司徒司直。薦同郡范逡、趙秉、申屠剛及隴西牛邯等，皆被擢用。歷官大司空，稱爲任職相。

王況。京兆人。爲陳留太守，以德行化人。建武二十三年，遷司徒。

張純。安世六世孫。少襲富平侯。哀平間爲侍中，以敦謹守約，保全前封。建武初，先來詣闕，拜太中大夫，更封武始侯，食富平之半。純明習故事，建武初，舊章多闕，每有疑議，輒以訪純。自郊廟婚冠喪紀禮儀，多所正定，帝甚重之。二十三年，代杜林爲大司空。在位慕曹參之迹，務於無爲，選辟掾史，皆知名大儒。

丁邯。陽陵人。有高節。世祖初，舉孝廉。故事，尚書郎以令史久缺補之，世祖始改用孝廉，以邯補焉。邯稱疾不就，詔問：「實病羞爲郎乎？」對曰：「臣恥以孝廉爲令史職耳。」世祖怒，杖之數十，詔問：「欲爲郎否？」邯曰：「能殺臣者陛下，不能爲郎者臣。」詔遣出，竟不爲郎。後拜汾陰令，治有名跡。遷漢中太守，卒於官。

耿國。弇弟。建武七年，拜駙馬都尉。父况卒，國於次當嗣，讓其弟霸。歷頓丘、陽翟、上蔡令，所在吏人稱之。徵爲五官中郎將，數言邊事，帝器之。呼韓邪單于款塞稱藩，議者皆以爲不可許，國獨言宜如孝宣故事受之，帝從其議。由是烏桓、鮮卑保塞自守，中國少事。二十七年，爲大司馬。上言宜置度遼將軍，左右校尉，屯五原以防逃亡。卒後，顯宗思國言，如其議。

朱勃。茂陵人。少與馬援兄弟善。年未二十，右扶風請試守渭城宰，歷雲陽令。後援貴，嘗待以舊恩，而卑侮之，勃愈身自親。及援遇讒，諸賓客故人莫敢弔會，勃詣闕上書訟之。肅宗即位，追賜勃子穀二千斛。

龍述。京兆人。光武時爲山都長。馬援戒兄子書曰：「龍伯高敦厚周慎，口無擇言，謙約節儉，廉公有威。吾愛之重之，願汝曹效之。」帝見援書，擢述爲零陵太守。

鮑恢。扶風人。建武中，鮑永爲司隸校尉，辟恢爲都官從事。恢亢直不避彊禦，帝嘗曰：「貴戚且宜斂手，以避二鮑。」

第五倫。長陵人。其先齊諸田徙園陵者多，故以次第爲氏。倫少介然有義行。王莽末盜起，倫依險固，築營壁以拒之，銅馬、赤眉之屬，皆不能下。京兆尹閻興召爲主簿。時長安鑄錢多姦巧，乃署倫爲督鑄錢掾，領長安市。倫平權衡，正斗斛，市無阿枉，百姓悅服。建武二十七年，舉孝廉，補淮陽國醫工長。從王朝京師，得見帝，問以政事，大悅。歷會稽、蜀郡太守，多善政。肅宗初，代牟融爲司空，上疏請抑馬、竇權。奉公盡節，言事無所依違。性質慤，在位以貞白見稱。

杜篤。杜陵人。延年元孫。少博學，不修小節，以事繫獄。會大司馬吴漢薨，光武召諸儒誄之。篤於獄中爲誄，辭最高，帝美之，賜帛免刑。後仕郡文學掾。建初三年，馬防擊西羌，請爲從事中郎。戰没於射姑山。著論都賦及他文十八篇。

韋彪。賢之元孫，徙平陵。孝行純至，父母卒，哀毁三年，不出廬寢，服竟羸瘠，醫療數年乃起。好學洽聞，雅稱儒宗。建武末，舉孝廉，除郎中，以病歸教授，恬於進趣。建初中，累遷大鴻臚，言取士宜以才行爲先，不可純以閥閲。又言二千石視事久，而爲吏民所便安者，宜增秩重賞，勿妄遷徙。帝納之。彪清儉好施，禄賜分與宗族，家無餘財。著書十二篇，號曰韋卿子。

楊政。京兆人。少好學，從代郡范升受梁丘易，善説經書，教授數百人。升嘗繫獄，政乃肉袒以箭貫耳，抱升子潛伏道旁，候車駕，持章叩頭大言。武騎虎賁舉弓射之，旄頭又以戟叉政，傷胸，政猶不退。哀泣辭請，有感帝心，詔即出升。爲人不拘小節，果敢自矜，然篤於義。官至左中郎將。

竇固。融弟友之子。少尚光武女涅陽公主，爲黄門侍郎。好覽書傳，喜兵法。中元元年，襲父封顯親侯。顯宗時以固明習邊事，拜爲奉車都尉，出屯涼州。擊呼衍王，加位特進。復出玉門擊西域，遂破白山，降車師。在邊數年，羌胡服其恩信。肅宗即位，徵爲大鴻臚，累遷光禄勳、衛尉。性謙儉，愛人好施，士以此稱之。卒，謚曰文。

樂恢。長陵人。父親爲縣吏，得罪於令，收將殺之。恢年十一，俯伏寺門，晝夜號泣，令即解出親。長好經學，性廉直介立。爲本部功曹，選舉不阿，請託無所容。徵拜議郎。會竇憲出征匈奴，數上書諫争。入爲尚書僕射，刺舉無所回避，貴戚惡之。妻每諫恢，恢歎曰：「吾何忍素餐立人之朝乎？」上疏諫不省，稱疾歸鄉里。竇憲風州郡迫脅，飲藥死。竇氏誅，恢門生何融等上書陳恢忠節，除子己爲郎中。

趙牧。長安人。少知名，以公正稱。習春秋。事樂恢，恢以直諫死，牧爲陳寃得申。後舉高第，爲侍御史、會稽太守，皆有稱績。

第五訪。倫族孫。少孤貧，常傭耕以養兄嫂，有暇則學文。仕郡爲功曹，察孝廉，補新都令。歷官張掖太守，護羌校尉，皆有治績。

班固。彪子。年九歲，能屬文。及長，博貫載籍。以彪所續前史未詳，乃潛精研思，欲就其業。顯宗召除蘭臺令史。成世祖本紀，遷爲郎，典校秘書。又撰功臣、平林、新市、公孫述事，作列傳、載記二十八篇，奏之。帝復使終成前所著書。固乃探撰前記，綴集所聞，以爲漢書。起高祖，終孝平、王莽，二百三十年，凡百篇。積思二十餘年，至建初中乃成，當世甚重其書。後遷玄武司馬，天子會諸儒講論五經，作白虎通德論，令固撰集其事。竇憲出征匈奴，以固爲中護軍。憲敗，洛陽令种兢捕繫固，死獄中。

賈逵。平陵人。誼九世孫。父徽從劉歆受左氏春秋，兼習國語、周官，又受古文尚書於塗惲，學毛詩於謝曼卿，逵悉傳父業。以大夏侯尚書教授，兼通五家穀梁之説，又明左氏傳、國語，爲解詁五十一篇。顯宗重其書，寫藏秘館。拜爲郎，與班固並校秘書，應對左右。肅宗初，詔逵入講北宮白虎觀、南宮雲臺。帝善逵説，令逵自選公羊嚴、顔諸生高者，教以左氏。又選高才生，受穀梁春秋、古文尚書、毛詩，由是四經遂行於世。和帝時，爲侍中，領騎都尉，甚見信用。所著經傳義詁及論難百餘篇〔二〕，學者宗之。

班超。彪少子。爲人有志，不修細節，然内孝謹。家貧，常傭書以養母，久勞苦，嘗投筆歎曰：「大丈夫當立功異域，以取封侯，安能久事筆硯間乎！」明、章兩朝間，出征西域，歷爲軍司馬、將兵長使、西域都護，安集五十餘國，封定遠侯。在西域三十一年，以年老乞歸，徵還，拜射聲校尉。卒年七十一。

徐幹。平陵人。建初三年，班超請平西域，幹素與超同志，上疏願奮身佐超，遂以幹爲假司馬，將弛刑及義從千人就超。超遂與幹擊番辰，大破之，以幹爲軍司馬。永元中，月氏、龜茲諸國降，乃以幹爲長史。

廉范。杜陵人。父遭亂，客死蜀漢。范年十五，辭母西迎父喪。至葭萌，載船觸石破没，范抱柩俱沉溺。衆傷其義，鈎求得之，療救僅免於死。歸葬服竟，詣京師受業，事薛漢。永平初，爲鄧融功曹，後辟公府。會薛漢坐楚王事誅，范獨往收斂之，由是顯名。舉茂才。遷雲中太守，匈奴不敢向雲中。後遷蜀郡太守，百姓歌之。免歸鄉里，廣田地，積財粟，悉以賑宗族朋友，世稱其好義。

馬嚴。援兄余之子。少孤，從平原楊大伯講學，通春秋左氏。與弟敦俱居鉅下，三輔稱其義行，號「鉅下二卿」。明德皇后既立，嚴更徙北地，斷絶賓客。永平十五年，皇后敕使移居洛陽。顯宗召見，與班固等定建武注記。後拜將軍長史，屯西河美稷。肅宗即位，徵拜侍御史中丞。數薦達賢能，申解冤結，多見納用。歷官陳留太守、將作大匠。弟敦，官至虎賁中郎將。

蘇純。建六世孫，家平陵，有高名。性强切而持毁譽，士友咸憚之，至乃相謂曰：「見蘇桓公，患其教責人，不見，又思之。」三輔號爲「大人」。永平中，爲奉車都尉，隨竇固軍出擊北匈奴、車師有功，封中陵鄉侯。官至南陽太守。

張奮。純子。少好學，節儉行義。常分捐租俸，贍卹宗親，雖至傾匱，而施與不怠。永元六年，爲司空。在位清白，以病罷。子甫，官至津城門候〔三〕。甫卒，子吉嗣。自昭帝封安世，至吉，傳國八世，二百年間未嘗譴黜。

耿秉。國之子。以父任爲郎，數上言兵事。永平中，拜駙馬都尉，與竇固等出白山擊車師，降其後王安得，前王亦歸命。肅宗拜度遼將軍，徵爲執金吾，封美陽侯。秉性勇壯，而簡易於事，軍行常自被甲在前，休止不結營部，然遠斥候，明要誓，有警，軍陳立成，士卒皆樂爲死。永元二年，爲光禄勳。匈奴聞其卒，舉國號哭，或至剺面流血。謚曰桓。

耿恭。國弟廣之子。少孤。慷慨多大略，有將帥才。永平末爲戊己校尉〔四〕，屯金蒲城。匈奴來攻，恭乘城搏戰，殺傷甚衆。引兵據疏勒城，匈奴於城下擁絶澗水。恭於城中穿井十五丈，不得水，乃整衣服向井再拜。有頃，水泉奔出。吏士揚水以示虜，遂引去。後車師復叛，與匈奴共攻恭。數月食盡，乃煮鎧弩，食其筋革，士無二心。單于遣使招降，恭手殺其使，炙諸城上。單于更益兵圍恭，不能下。肅宗遣謁者王蒙發兵出塞，恭乃得歸。鮑昱奏恭節過蘇武，宜蒙爵賞，於是拜爲騎都尉。後以忤馬防免官。卒於家。

傅毅。茂陵人。少博學。建初中，召爲蘭臺令史，拜郎中，與班固、賈逵共典校書。毅追美孝明帝功德最盛，而廟頌未立，乃作顯宗頌十篇奏之，由是文雅顯於朝廷。

秦彭。茂陵人。六世祖襲爲潁川太守，與羣從同時爲二千石者五人，三輔號曰「萬石秦氏」。顯宗時，擢彭爲開陽城門候〔五〕。拜騎都尉，副駙馬都尉耿秉北征匈奴。建初元年，遷山陽太守，後轉潁川，皆有善政。

魯恭。平陵人。建武初，父爲武陵太守，卒官。時恭年十二，弟丕七歲，晝夜號踴。郡中賻贈無所受，乃歸服喪，禮過成人。十五與弟丕俱居太學，習魯詩，閉户講誦，絶人間事。恭憐丕小，欲先就其名，託疾不仕。建初初，丕舉方正，恭始爲郡吏，太傅趙熹聞而辟之。肅宗集諸儒於白虎觀，恭特以經明得與其議。拜中牟令，專以德化爲理。在事三年，州舉尤異，累拜侍御史，魯詩博士，樂安相，徵爲侍中，遷光禄勳。選舉清平，京師貴戚莫能枉其正。永元十二年，代呂蓋爲司徒，坐事免。永初元年，復爲司徒。恭再在公位，選辟高第至列卿郡守者數十人。性謙退，奏議依經，潛有補益，然終不自顯，故不以剛直爲稱。長子謙，爲隴西太守，有名績。謙子旭，獻帝時爲太僕，與王允同誅董卓，爲李傕所害。

魯丕。恭弟。性沈深好學，兼通五經，以魯詩、尚書教授，爲當時名儒。建初元年，舉賢良方正。歷青州刺史。遷趙相，就學者常百餘人，關東號之曰「五經復興魯叔陵」。歷東郡、陳留太守，中散大夫，侍中，左中郎將，再爲三老。

馬廖。援子。少以父任爲郎。肅宗初，爲衛尉。時太后躬履節儉，事從簡約，廖慮美業難終，上疏勸成德政，太后深納之。廖性質誠畏慎，不受權勢虚名。有司連據舊典奏封，廖等累讓，不得已，建初四年，受封爲順陽侯。每有賞賜，輒辭不敢當，京師以是稱之。

馬防。廖弟。肅宗初，爲城門校尉。建初二年，平定西羌，還，拜車騎將軍，封潁陽侯。拜光禄勳，數言政事，多見採用。

馮豹。衍子。事後母至孝。長好儒學，舉孝廉。拜尚書郎，忠勤不懈，每奏事未報，常俯伏省閣，或從昏至明。肅宗嘉之，使黄門持被覆豹，敕令勿驚。是時方平西域，以豹有才謀，拜爲河西副校尉。和帝初，數言邊事，奏置戊己校尉。城郭諸國，復率就職，遷武威太守，復徵入爲尚書。卒於官。

馬稜。援族孫。少孤，依從兄毅共居。毅卒無子，稜心喪三年。建初中，舉孝廉。及馬氏廢，肅宗以稜行義，徵拜謁者，遷廣陵太守。永元中，歷漢陽、丹陽、會稽太守，治皆有聲。

何敞。平陵人。性公正。元和中，辟太尉宋由府，常引大體，多所匡正。以高第拜侍御史。後拜尚書，數切諫，言諸竇罪過，憲等深忌之。出爲濟南太傅，遷汝南太守。在職以寬和爲政，百姓化之。永元中復徵，三遷五官中郎將。

梁鴻。平陵人。家貧尚節介，博覽無不通，而不爲章句。娶同縣孟氏女，共入霸陵山中，以耕織爲業，詠詩書彈琴以自娱。因東出關，過京師，作五噫之歌。肅宗求之不得，乃易姓運期，名燿，字侯光，與妻子居齊魯間。又去適吴，依大家皐伯通，居廡下，爲人賃舂。伯通異之，乃舍之於家。潛閉户著書十餘篇。及卒，葬要離冢旁。

高恢。京兆人。少好老子，隱於華陰山中。梁鴻東游，思恢作詩。恢亦高抗，終身不仕。

張仲蔚。扶風人。少與同郡魏景卿隱身不仕。明天官，博學，善詩賦。所居蓬蒿没人。

曹喜。扶風人。工篆書，與李斯少異，而亦稱善，邯鄲淳師焉。

耿夔。秉弟。少有氣誼。永元初，爲車騎都尉。從竇憲擊匈奴，出居延塞，直奔北單于廷，于金微山斬閼氏、名王已下五千餘級，盡獲其珍寶財畜，去塞五千餘里而還。自漢出師，所未嘗至也。封粟邑侯。歷官度遼將軍。後坐法免，卒於家。

蘇順。霸陵人。和、安間，以才學見稱。好養生術，隱處求道。晚乃仕，拜郎中。所著賦論雜文凡十六篇。

摯恂。京兆人。好學，善屬文。以儒術教授，隱於南山，不應徵聘，名重關西。

班勇。超少子，有父風。元初六年，匈奴與車師後部攻没長史索班，公卿以爲宜閉玉門關。勇言宜置校尉長史以扞撫諸國，絶匈奴覬覦之情。于是以勇爲西域長史，悉平車師六國，又發諸國兵擊降匈奴。是後車師無復虜跡，城郭皆安。

竇章。融元孫。少好學有文章。永初中，三輔遭羌寇，章避難外黄。居貧，蓬户蔬食，躬勤孝養，講讀不輟。太僕鄧康，薦入東觀，爲校書郎。順帝初，遷屯騎都尉，謙虚下士，甚得名譽。後爲大鴻臚。子唐，有俊才，官虎賁中郎將。

韋豹。杜陵人，玄成元孫。數辟公府，輒以事去。司徒劉愷辟之，欲薦爲御史，豹跣而起，愷追之，徑去不顧。安帝西巡，徵拜議郎。兄順，平輿令，有高名。弟義，初仕州郡。太傅桓焉辟舉理劇，爲廣都長，甘陵、陳二縣令。數上書順帝，譏切左右，貶刺竇氏。以兄順喪去官。豹子著，少以經行知名，大將軍梁冀辟之，不就。靈帝即位，拜東海相。

蘇章。純孫。少博學，能屬文。安帝時，爲議郎，數陳得失。順帝時，歷并州刺史，以摧折權豪，忤旨，坐免，隱身鄉里。後徵爲河南尹，不就。

朱寵。京兆人。初辟鄧騭府，稍遷潁川太守，治理有聲。建光中，爲大司農。痛騭無罪遇禍，乃肉袒輿櫬，上疏追訟騭兄弟忠孝。詔免官，歸田里。順帝即位，擢爲太尉，封安鄉侯。

馬續。嚴少子。七歲通論語，十三明尚書，十六治詩，博觀羣集，善九章算術。順帝時，爲護羌校尉，遷度遼將軍，所在有威恩稱。

馬融。嚴之子。有俊才。從京兆摯恂學，恂奇其才，以女妻之。初膺鄧騭召，拜郎中，校書東觀。安帝時，出爲河間王廄長史，召拜郎中，歷武都、南郡太守。後復爲議郎，重在東觀著述。融才高博洽，爲世通儒，教養諸生，常有千數。涿郡盧植、北海鄭康成，皆其徒也。善鼓琴，好吹笛。常坐高堂，施絳紗帳，前授生徒，後列女樂。弟子以次相傳，鮮有入其室者。著春秋三傳異同説，注孝經、論語、詩、易、三禮、尚書、列女傳、老子、淮南子、離騷，所著賦頌等凡二十一篇。

矯慎。茂陵人。少好黄老，隱遁山谷，因穴爲室。與馬融、蘇章，鄉里並時。融以才博顯，章以廉直稱，然皆推先於慎。年七十餘，不娶。後忽歸家，自言死日，及期果卒。

第五頡。倫少子。歷桂陽、廬江太守，所在見稱。順帝之爲太子廢也，頡爲太中大夫，與太僕來歷等，共守闕固争。帝即位，擢爲將作大匠。頡性狷介，洛陽無主人，鄉里無田宅，常客止靈臺中，或十日不炊。故舊各致禮餉，頡終不受。

宋漢。弘弟嵩之孫。嵩以剛彊孝烈著名，官至河南尹。漢以經行舉茂才，四遷西河太守。永建元年，爲東平相、度遼將軍，立名節，以威恩著稱。拜太中大夫，卒。詔書稱其清修雪白，正直無邪。子則，鄢陵令，亦有名迹。拔同郡韋著、扶風法真，稱爲知人。

宋登。漢弟。少傳歐陽尚書，教授數千人。歷官尚書僕射。順帝以登明識禮樂，使持節臨太學，奏定典律。轉拜侍中，數上封事，抑退權臣，由是出爲潁川太守。

韓康。一名恬休，霸陵人。常採藥名山，賣於長安市。後遁入霸陵山中，博士公車連徵不至。桓帝以安車聘之，康不得已，乃辭安車，自乘柴車，因道逃遁。

趙岐。長陵人。初名嘉，後避難，故自改名。少明經有才藝，娶馬融兄女，鄙融不與相見。辟司空掾，舉理劇爲皮氏長。會中常侍左悺兄勝爲太守，岐即日西歸。復爲京兆尹功曹。先是，岐與從兄襲數貶議中常侍唐衡兄玹，玹深毒恨。延熹元年，玹爲京兆尹，岐與從子戩逃避四方，因赦得出。靈帝初，復遭黨錮十餘歲。獻帝西都，拜議郎，遷太僕。遣岐宣揚國命，所到郡縣，百姓皆喜。又南説劉表遣兵詣洛陽，助修宫室，軍資委輸，前後不絶。以老病留荆州，就拜太常。年九十餘卒。著孟子章句、三輔決録，傳於時。

第五種。倫曾孫。少厲志義，爲吏冠名州郡。永壽中，以司徒掾清詔使冀州，廉察災害，奉使稱職，拜高密侯相，以能换爲衛相，遷兖州刺史。中常侍單超兄子匡爲濟陰太守，負勢貪放，種即奏匡并以劾超。超積恨，遂以事陷種，坐徙朔方。會赦出，卒於家。

竇武。融元孫。少時以經行著名關西。延熹八年，長女立爲皇后，遷越騎校尉，封槐里侯。明年拜城門校尉。在位多辟名士，清身疾惡，禮賂不通。歲儉民饑，所得兩宮賞賜，悉散與太學諸生及貧民。時內官專寵，李膺、杜密等爲黨事考逮。永康元年，武上疏諫，有詔原膺等。靈帝立，拜大將軍，更封聞喜侯。與太傅陳蕃謀誅宦官，爲曹節、王甫所害。

宋果。扶風人。性輕悍，爲郡縣所疾，郭泰訓之義方，果感悔，遂改節自敕，以烈氣聞。辟公府侍御史、荆州刺史，所在能化。

蘇不韋。章兄曾孫。父謙，官金城太守，爲司隸校尉李暠所殺。不韋謀刺暠不克，乃馳到魏郡，掘其父冢，斷其頭以祭父。暠捕求不得，憤恚死。不韋遇赦還家，乃始改葬行喪。後太傅陳蕃辟爲郡五官掾。段熲與暠素善，因收不韋害之。

馬日磾。融族子。少傳融業，以才學進，與楊彪、盧植、蔡邕等典校中書。歷位九卿，獻帝初爲太傅。

金尚。京兆人。獻帝初，爲兖州刺史。東之部，而曹操已臨兖州，遂依袁術。術僭號，欲以爲太尉，不從，爲術所害。

趙戩。長陵人。性質正多謀。初平中，爲尚書，典選舉。董卓欲有所私授，戩拒不聽，卓怒，召欲殺之。衆人悚慄，而戩辭貌自若，卓悔謝釋之。後爲平陵令。王允被害，莫敢收允尸者，惟戩棄官營喪。

士孫瑞。扶風人。有才謀。獻帝初，爲執金吾，王允引爲僕射，謀誅董卓。瑞以允自專討卓之勞，歸功不侯，所以獲免於李傕之難。後爲國三老、光禄大夫。每三公缺，楊彪、皇甫嵩皆讓位於瑞。興平二年，從駕東歸，爲亂兵所殺。天子都許，追論瑞功，封子萌爲津亭侯。萌有才學，與王粲善。

耿紀。秉元孫。少有美名，辟公府，稍遷少府。紀以曹操將篡漢，建安二十三年，與太醫令吉本、丞相司直韋晃等謀起兵誅操，不克死。

金禕。京兆人。自以世爲漢臣，自日磾以來名節累葉，覩漢祚將移，與耿紀等共謀誅曹操，死之。

鮑出。新豐人。興平中，三輔亂，母爲賊所掠，出獨追之，斫賊四五人，又殺十餘人。見其母與比舍嫗同貫相連，遂復奮擊賊，賊乃解還其母。比舍嫗遥望出哀求，出又斫賊，賊謂出曰：「已還卿母，何爲不止？」出又指嫗曰：「此吾嫂也。」賊復解還之，遂相扶侍客南陽。建安五年北歸，母不能步行，出獨自負之。鄉里士大夫嘉其孝烈，欲薦州郡，出曰：「田民不堪冠帶。」至魏青龍中，母年百有餘歲乃終。出時年七十餘，行喪如禮。

三國　漢

馬超。茂陵人。父騰，漢末爲征西將軍，屯涼州，後徵爲衛尉。超初爲偏將軍，領騰部曲，進軍至潼關，與曹操戰敗奔漢中。聞先主圍劉璋於成都，遂請降，將兵到城下，璋即稽首。累遷驃騎將軍，領涼州牧，封斄鄉侯。卒，謚曰威。從弟岱，位至平北將軍。

射援。扶風人。其先本姓謝。援少有名行，丞相亮以爲祭酒。

馬鈞。扶風人。巧思絶世。嘗作指南車，又作翻車，令童兒轉之，而灌水自覆。見諸葛亮連弩，曰：「巧矣，未盡善也。」作之可令加五倍。」

魏

脂習。京兆人。與孔融善，融被誅，許中百官先與融善者，莫敢收恤，習獨往撫而哭之。黄初中，拜中散大夫。

張既。高陵人。舉茂才，除新豐令，治爲三輔第一。爲京兆尹，招集流民，興復縣邑，百姓懷之。魏國建，出爲雍州刺史。

文帝時，復爲涼州刺史，封西鄉侯。既臨二州十餘年，政惠著聞。明帝時追謚曰肅。

杜畿。杜陵人。少孤，繼母苦之，以孝聞。舉孝廉，除漢中守丞，拜河東太守。在河東十六年，治爲天下最。文帝時，封豐樂亭侯，守司隸校尉。帝征吴，以爲尚書僕射，統留事。卒，贈太僕，謚曰戴。

隗禧。京兆人。少好學。初平中，三輔亂，禧南客荆州，擔負經書，每以採稆餘日誦習之。黄初中，爲譙王郎中。王宿聞其儒者，常虚心從之。後拜郎中。年八十餘，以老處家，就之學者甚多。禧既明經，又善星官，撰作諸經解數十萬言。

楊沛。萬年人。除新鄭長，累遷長社令，九江、東平、樂安太守，並有治迹。後又爲鄴令，歷京兆尹。身退之後，家無餘積，占河南夕陽亭部荒田二頃，起瓜牛廬，居止其中，妻子凍餓。沛亡，鄉人及故吏民爲殯葬。

賈洪。新豐人。好學有才，而特精春秋左傳。建安初，仕郡，舉計掾，應州辟。時州中自參軍事以下百餘人，惟洪與馮翊嚴苞才學最高。歷守三縣令，所在輒開除廄舍，親授諸生。晚爲陰泉長。延康中，轉白馬王相，王彪雅好文學，常師宗之。

吉茂。池陽人。好書。建安初，入武功南山隱處，精思數歲。舉茂才，除臨汾令，拜議郎。從少至長，室如懸罄，其或餽遺，一不肯受。

傅幹。泥陽人。建安十九年，曹操征孫權，幹以參軍從。諫不聽，軍遂無功。官終丞相倉曹屬。

傅嘏。幹從弟。弱冠知名，司空陳羣辟爲掾。時劉劭作考課法，嘏著論難之。爲河南尹，以德教爲本。正始中，累遷尚書。時議欲伐吴，嘏言宜明法練士，錯計於全勝之地。後吴將諸葛恪揚聲欲向青、徐，朝廷將爲之備。嘏議以爲淮海非經行之路，恪自并兵來向淮南耳。恪果圖新城，不克而歸。後以功進封陽鄉侯。

杜恕。畿子。太和中，爲散騎黄門侍郎，推誠以質，不治飾，不結交援，專心向公。每政有得失，常引綱維以正言，在朝八年，論議亢直。出爲弘農太守，歷官幽州刺史。

龐迪。扶風人。爲河南尹，以清賢稱。

韋誕。京兆人。有文才，善屬辭章。太和中，爲武都太守。以能詩補侍中，官至光禄大夫。魏氏寶器銘題，皆誕書。

杜寬。恕弟理之子。篤志博學。舉孝廉，除郎中。經傳之義，多所論駁。删集禮記及春秋左氏傳解，存於世。

晉

杜預。恕子。博學多通。起家尚書郎，歷河南尹，秦州刺史，拜度支尚書。在内七年，朝野號曰「杜武庫」。拜鎮南大將軍，都督荆州諸軍事。以平吴功，封當陽縣侯。公家之事，知無不爲，凡所興造，必考度始終，鮮有敗事。立功之後，耽思經籍，爲春秋左氏經傳集解。又參考衆家譜第，謂之釋例。又作盟會圖、春秋長曆，成一家之學。卒贈征南大將軍，謚曰成。

竇允。始平人。清尚自修。察孝廉，除浩亹長，遷謁者。泰始中，拜臨水令，遷鉅鹿太守，皆有政績。

王育。京兆人。少孤貧，爲人傭牧羊，過小學，必歔欷流涕。時有暇，即折蒲學書。同郡許子章，聞而嘉之，給其衣食，使與子同學，遂博通經史。司徒王渾辟爲掾，除南武陽令，爲政清約。遷并州都護。

摯虞。長安人。少事皇甫謐，才學博通，著述不倦。舉賢良，拜中郎。元康中，遷吴王友。荀顗撰新禮，使虞討論得失，而後施行。歷光禄勳、太常卿。時郊祀禮儀弛廢，虞考正舊典，法物粲然。撰文章志四卷，註解三輔决録。又撰古文章，類聚區分爲三十卷，名曰流別集，各爲之論。

杜錫。預子。爲太子中舍人，性亮直忠烈，屢諫愍懷太子，言辭懇切。後轉衛將軍長史，孫秀求交於錫，錫拒之。秀雖銜之，憚其名高，不敢害也。惠帝反政，遷尚書左丞。子乂，襲封當陽侯，性純和。咸康初，司空蔡謨嘗言於朝曰：「恨諸君不見杜乂也。」其爲名流所重如此。

傅玄。幹子。博學善屬文，解鐘律。性剛亮勁直，以時譽選入著作，撰集魏書。再遷弘農太守，領典農校尉，數上書陳便宜，多所匡正。累遷司隸校尉，每有奏劾，或值日暮，捧白簡，整簪帶，竦踴不寐，坐而待旦。於是貴游懾服，臺閣生風。

傅咸。玄子。剛簡有父風，好屬文論，言成規鑒。咸寧初，累遷司徒左長史，在位多所執正。後以議郎長兼司隸校尉，京都肅然，貴戚懾服。吴郡顧榮常曰：「長虞勁正忠直，按劾驚人，雖非周才，偏亮可貴也。」次子晞，有才思，卒於司徒曹屬。

傅祗。咸從父弟。性至孝，早知名，才識明練。歷遷光禄勳。齊萬年反，祗爲行安西軍司，率夏侯駿討平之。累加中書監。東海王越輔政，祗既居端右，每宣君臣謙光之道，由此上下雍穆。朝廷制度，多所經綜。子宣，位至御史中丞。

韋泓。京兆人。遇飢疫，親屬並盡。泓客游洛陽，素聞汝南應詹名，遂依托之。詹與分甘苦，情若兄弟，遂隨從積年。詹爲營伉儷，置居宅，并薦之元帝。帝即辟之，後至少府卿。詹卒，泓製朋友之服，哭止宿草，追趙氏祀程嬰、杵臼之義，祭詹終身。

吉挹。蓮勺人。祖朗，愍帝時爲御史中丞。西朝不守，朗歎曰：「吾知不能謀，勇不能死，何忍君臣相隨北面事賊乎！」乃自殺。挹少有志節。孝武帝時，苻堅陷梁益，桓豁表挹爲魏興太守。以拒堅功，拜員外散騎侍郎。堅將韋鍾攻魏興，挹屢挫其鋭。其後賊衆繼至，力不能抗，城陷，不食死。追贈益州刺史。

南北朝　宋

吉翰。池陽人。初爲龍驤將軍劉道憐參軍，復參武帝中軍事，清謹勤正，甚爲武帝所知賞。歷梁、南秦二州刺史，徙益州加督，遷徐州刺史，皆有治績。

傅弘之。祇元孫。少倜儻有大志，歷位太尉行參軍。高祖北伐，弘之與沈田子等七軍自武關入，進據藍田，招懷各部落，留爲桂陽公義真雍州治中從事史。義真東歸，赫連勃勃追躡於青泥，弘之軍敗，不屈見殺。

杜驥。預元孫。元嘉中，爲青冀二州刺史，惠化著於齊土。後徵爲左軍將軍。

梁

韋叡。杜陵人。事繼母以孝聞。武帝時，累遷豫州刺史，領歷陽太守。督諸軍侵魏，攻拔合肥。魏中山王元英圍昌義之於鍾離，詔叡會曹景宗拒之，魏軍大潰，以功進爵永昌侯。後爲雍州刺史，徵拜護軍。叡性慈愛，撫孤兄子，過於己子。歷官所得禄賜，皆散之親故，家無餘財。莅人以愛惠爲本，所居必有政績。將兵仁愛，被服必於儒者，臨陳交鋒，常緩服乘輿，執竹如意以麾進止，爲梁世名將。

康絢。藍田人。祖穆，爲姚萇河南尹。宋永初中，率鄉族三千餘家至襄陽，武帝爲置華山郡藍田縣於襄陽以居之。絢少俶儻有志氣，仕梁歷司州刺史、衛尉卿。寬和少喜懼，在朝廷，見人似不能言，號爲長厚。

韋放。叡子。大通初，爲明威將軍，總兵攻渦陽，大破魏軍，累遷北徐州刺史。弟稜，性恬素，博物彊記，當世士咸就質疑，終光禄卿。稜弟黯，位大府卿。侯景濟江，黯都督城西面諸軍晝夜苦戰，卒於城内。

韋粲。放子。少好學仗氣。大同中，爲衡州刺史。召還至廬陵，聞侯景作逆，倍道赴援。至青塘，侯景望見粲營未立，便率鋭卒來攻。軍敗，左右牽粲避賊，粲不動，遂見害。粲子尼及三弟助、警、構，從弟昂，皆戰死。詔贈護軍將軍。元帝平侯景，追謚忠貞。

魏

王洛兒。京兆人。以善騎射給事明元東宫。明元獵灅南，冰陷没馬，洛兒投水，奉帝出，殆將凍死，帝解衣賜之。天賜末，帝避難居外，洛兒晨夜侍衛不懈。元紹之逆，洛兒冒難往返京師，通問於大臣，明元還宮，社稷獲全，洛兒有功焉。拜散騎常侍，賜爵新息公。

韋閬。杜陵人。少有器望，遇慕容氏政亂，避地薊城。太武初，徵拜咸陽太守，轉武都太守，善撫納。孫儁，早孤，事祖母以孝聞。

韋珍。閬族弟。歷尚書南部郎。孝文初，蠻首桓誕歸款，令珍招慰蠻左。珍至桐柏山，窮淮源，宣揚恩澤，莫不懷附，招降七萬餘户。以功進爵霸城侯。子纘，聰敏明辨。孝文時，累遷尚書左丞。纘弟彧，爲東豫州刺史，綏懷蠻左，州境肅清。

韋崇。閬從子。孝文時，爲南潁川太守，郡中大治。遷洛後，爲司州中正，復爲河南邑中正。頻居衡品，以平直見稱。

梁祚。泥陽人。篤志好學，歷治諸經，尤善公羊春秋、鄭氏易。與幽州別駕平恒有舊，恒時請與論經史，辟秘書令。撰并陳壽三國志，名曰國統。子元吉，有父風。

毛遐。三原人。世爲酋帥。正光中，三輔騷擾，與弟鴻賓聚鄉曲豪傑，東西略地，氐羌多赴之，追擊賊帥，七柵皆平。蕭寶夤搆逆謀，遐攻破其將，寶夤走巴中。孝武入關，遷驃騎大將軍、儀同三司，卒。遐世爲豪右，貲産巨億，士流貧乏者多被賑贍，自供衣食麤敝而已。

毛鴻賓。遐弟。狀貌頗異，氐羌皆畏之。遐雖早立，而名出其下。及賊起，鄉里推爲盟主，後拜岐州刺史。明帝以鴻賓兄弟所定處多，乃改北地郡爲北雍州，鴻賓爲刺史，改三原縣爲建忠郡以旌其兄弟。孝武帝令鎮潼關，爲高歡所擒，遂憂恚卒。

王子直。杜陵人。性節儉有幹能。永安初，拜鴻臚少卿。大統初，漢熾屠各阻兵於南山，周文帝令子直率涇州步騎五千討破之，除尚書左外兵郎中。從解洛陽圍，經河橋戰。廢帝元年，拜使持節大都督行瓜州事，西土悦附。恭帝初，徵拜黄門侍郎。

北齊

韋子粲。儁子。蕭寶夤爲雍州刺史，引爲主簿，轉録事參軍。及寶夤反，子粲與弟子爽，執志不從，相率逃免。雍州平，賜爵長安子。齊天保初，封西楝縣男，卒於豫州刺史。子粲兄弟十三人，並有孝行，居父喪，毁瘠過禮，廬於墓側，負土成墳。弟榮亮，博學有文才，德行仁孝，爲時所重，歷諫議大夫、衛大將軍。

周

王羆。霸城人。魏太和中，爲雍州别駕，累拜冠軍將軍、荆州刺史。孝武西遷，除華州刺史，拜驃騎大將軍，移鎮河東，以功進爵扶風郡公，卒贈太尉。羆安於貧素，不營生業。後雖貴顯，鄉里舊宅不改衡門，當時服其清潔。

王悦。藍田人。少有氣幹。周文初定關隴，悦率募鄉里從軍，屢有戰功，歷大行臺左丞。侯景據河南來附，悦言景於高歡，分義有同魚水，今尚背德，豈肯盡節於朝廷。周文納之。景尋叛。遷大行臺尚書。孝閔踐阼，授郢州刺史，尋拜大都督，進爵河北縣公。性儉約，不營生業，家徒四壁。

韋孝寬。名叔裕，以字行，杜陵人。西魏時，累遷晉州刺史，移鎮玉壁。齊神武傾山東之衆來攻，盡其智力，孝寬咸拒破之。保定初，以孝寬立勳玉壁，置勳州，仍授勳州刺史，進爵鄖國公。武帝時，上策平齊，拜大司空，進上柱國。卒，贈太傅，謚曰襄。孝寬在邊多載，屢抗强敵，所有經略布置，人初莫解，見其成事，方乃驚服。早喪父母，事兄嫂甚謹。所得俸禄，不入私房，親族有孤遺者，必加賑贍。子揔，聰敏好學，累官京兆尹。從武帝東征，揔每率麾下先驅陷敵，遂於并州戰殁。追封河南郡公，謚曰貞。

韋敻。孝寬兄。志尚夷簡，淡於榮利。弱冠拜雍州中從事，謝疾去。前後十見徵辟，皆不應命。周文帝聞敻養高不仕，備加禮命，竟不能屈。所居之宅，枕帶林泉，敻對翫琴書，蕭然自逸。明帝爲詩以貽之，號之曰逍遥公。敻雅好名義，虚襟善誘，雖耕夫牧豎有一介可稱者，皆接引之。

竇熾。平陵人，漢大鴻臚章之後。性嚴明有謀略。少從范陽祁忻，受毛詩、左氏春秋，善騎射。魏正光末，以功拜揚烈將軍。從孝武帝西遷，出爲涇州刺史，轉原州，甚有政績。蠕蠕侵廣武，熾渡河追及，大破之。保定元年，封鄧國公。齊平，進位上柱國。隋文帝爲相國，百僚勸進，熾自以累世受恩，不肯署牋，時人皆高其節。

楊荐。寧夷人。性廉謹，喜怒不形於色。永安中討賊，封高邑縣男。文帝臨夏州，補帳内都督。魏孝武欲向關中，荐贊成其計，進爵清水縣子。閔帝踐祚，以奉使突厥稱旨，遷大將軍，進爵南安郡公。

梁昕。盩厔人。從尒朱天光征討，拜右將軍、大中大夫。文帝深賞異之，除河南郡守，遷東荆州刺史。孝閔踐祚，進驃騎大將軍，開府儀同三司。天和初，拜工部中大夫。昕性温裕，有幹能，歷官内外，咸著聲稱。

韋瑱。杜陵人。幼聰敏，有夙成之量。起家太尉府法曹參軍。周文帝爲丞相，轉行臺左丞。從戰沙苑，又從戰河橋，歷鴻臚卿、散騎常侍。除瓜州刺史，蕃夷不敢爲寇。累封平齊縣伯。

隋

杜杲。杜陵人。學涉經史，有當世幹略。周明帝時，爲司會上士。前後四使陳，嫻於占對，陳宣帝甚敬異之。累官同州刺史。開皇初，進爵義興縣公，遷兵部尚書。

竇榮定。熾兄善之子。沉深有器局。周時以功進位開府。尉遲迥初平，拜榮定爲洛州總管以鎮之。隋受禪，以佐命功拜上柱國，歷秦州總管，進爵安豐郡公。

竇毅。熾兄子。深沉有器，事親以孝聞。周時進爵神武郡公，歷蒲、金二州總管，加上柱國，入爲大司馬。開皇初，拜定州總管。累居藩鎮，咸得人和。

杜整。杜陵人。少有風槩，九歲居父憂，哀毁骨立，事母以孝聞。及長，驍勇有力，好讀孫、吴兵法。從周武帝平齊，累加上儀同。隋受禪，進封長廣郡公。開皇中密進取陳之策，上善之，於是以行軍總管鎮襄陽。尋卒。弟肅，亦有志行。開皇初，爲北地太守。

王長述。羆孫。早孤，爲祖所養。及羆薨，居喪過禮。周受禪，累遷廣州刺史，甚有威惠。歷信州總管。王謙作亂，遣使致書於長述，因執其使，上其書，又陳取謙之策。帝大悦，授行軍總管，率衆討謙，以功進柱國。開皇初，復獻平陳計，帝善其能。後以行軍總管，道病卒。

韋師。瑱子。少沉謹有至性，居喪盡禮。周宇文護引爲賓曹參軍。雅知諸蕃風俗及山川險易，夷狄朝貢，師必接對，論其國俗，如視諸掌，夷人驚服，無敢隱情。隋受禪，拜吏部侍郎，賜爵井陘侯，遷兵部尚書，奉詔爲山東河南十八州安撫大使。平陳之役，以本官領元帥掾，陳國府藏悉委於師，秋毫無犯。卒官汴州刺史。

韋世康。敻子。尚周文帝女襄樂公主。歷沔、硤二州刺史，司州總管長史，入爲司會中大夫。授絳州刺史，課最，擢禮部尚書。世康寡嗜慾，不慕勢貴，未嘗以位望矜物。聞人之善，若己有之，亦不顯人過咎以求名譽。進爵上庸郡公，轉吏部尚書。前後十餘年間，多所進拔，朝廷稱爲廉平。出拜荆州總管，卒。子福奬，通事舍人，與楊玄感戰没。

韋洸。世康兄。性剛毅有器幹。仕周，累遷開府。擊尉遲迥有功，封襄陽郡公。伐陳之役，爲行軍總管。陳平，拜江州總管。略定九江，遂進圖嶺南，至廣州，嶺表皆降，拜廣州總管。番禺夷王仲宣反，洸拒之，中流矢卒。子協，好學有雅量。歷定、息、秦三州刺史，有能名。

史萬歲。杜陵人。父静，周滄州刺史，平齊之役戰殁。萬歲少英武，善騎射，好讀兵書，兼精占候。襲爵太平縣公。從擊尉遲迥，每戰先登。迥平，拜上大將軍。平陳之役，以功加上開府。從楊素擊高智慧，踰嶺海攻破溪洞，不可勝數。諸夷叛，以萬歲爲行軍總管擊之，破其三十餘部，諸夷大懼請降。以功進柱國，後拜河州刺史。突厥達頭可汗犯塞，聞萬歲名，懼而引去。萬歲追擊破之，逐北入磧數百里。楊素害其功，譖殺之，天下莫不寃惜。萬歲爲將，不治營伍，令士卒各隨所安，敵亦不敢犯。臨陣對敵，應變無方，號爲良將。

劉方。長安人。性剛決有膽氣。開皇初，以軍功至大將軍，歷甘、瓜二州刺史。仁壽中，交州里人李佛子作亂，詔爲交州道行軍總管。方法令嚴肅，仁而愛士，進兵臨佛子，先令人諭以禍福，佛子懼而請降。尋授驩州道行軍總管，經略林邑，至其國都，刻石紀功而還。卒，贈上柱國、盧國公。

宇文愷。京兆人。博覽書記，多技藝。文帝時，領營新都副監，決渭水達河，以通運漕。煬帝時，累拜工部尚書。自永嘉之亂，明堂廢絶，愷博考羣籍，奏明堂議表，撰東都圖記二十卷、明堂圖議二卷、釋疑一卷〔六〕。

韋鼎。叡孫。博涉經史，尤善相術。遭父憂，哀毁過禮。侯景之亂，兄昂卒於京城，鼎負屍出寄於中興寺。求棺無所得，哀憤慟哭，忽見江中有物流至鼎所，乃新棺也，因以充斂。元帝聞之，以爲精誠所感。仕陳爲太府卿。陳平，授上儀同三司，歷光州刺史。

魚俱羅。下邽人。身長八尺，膂力絶人。弱冠爲親衛，累遷大都督。從平陳，以功拜開府。沈玄懀、高智慧等作亂，戰有功，封高唐縣公。楊素出靈州擊突厥，奏與同行，所當披靡。進位柱國，拜豐州總管，自是突厥不敢畜牧塞下。大業中，越嶲飛山蠻作亂，詔俱羅討平之。

李圓通。涇陽人。少給使文帝家，性嚴整，文帝以爲堪當大任，授帥府都督，委以心膂。周氏諸王圖爲不軌，賴圓通保護獲免，由是參預政事。伐陳之役，以功進位大將軍。仁壽中，進爵萬安郡公。

陶模。京兆人。性明敏有器幹。仁壽初，爲嵐州司馬。漢王諒作亂，刺史喬鍾葵將赴逆，模拒之。諒平，煬帝嘉之，拜開府，授大興令。楊玄感反，率兵從衛文昇擊之，以功進位銀青光禄大夫。

來和。長安人。少好相術，識文帝於微時。開皇末，進位開府。著相經四十卷。

臨孝恭。京兆人。明天文算術，文帝甚親遇之。每言災祥之事，未嘗不中，帝因令考定陰陽書。官至上儀同。著欹器圖、地動銅儀經、九宫五墓、遁甲録月令〔七〕、元辰經〔八〕、百怪書、録命書、九宫龜經、太乙式經〔九〕、孔子馬頭易卜等書。

張定和。萬年人。少貧賤有志節。從平陳，以功拜儀同。從李充征突厥，先登陷陣，賊刺之中頸，定和以草塞創而戰，神氣自若，敵遂敗走。進位柱國，封武安縣侯。煬帝時，拜左屯衛大將軍，從征吐谷渾，中流矢卒。

骨儀。長安人。開皇初爲侍御史，處法平當，不爲勢利所回。煬帝嗣位，遷尚書右侍郎。於時濁貨公行，凡當樞要之職，並家累金寶，而儀勵志守常，介然獨立。帝嘉其清苦，超遷京兆郡丞。唐兵至，儀與其子並死之。

張季珣。京兆人。父祥，爲并州司馬，漢王諒反，以退賊功授開府。季珣少慷慨有志節。大業末，爲鷹揚郎將，其府據箕山爲固，與洛口連接。李密、翟讓陷倉城，遣人呼之，季珣罵密極口，密怒，攻之。季珣所領不過數百人，經三年，一無離叛。糧盡，遂爲所陷，羣賊曳令拜密，季珣曰：「吾天子爪牙臣，何容拜賊也！」密壯而釋之。翟讓從之求金不得，遂殺之。弟仲炎爲上洛令，義兵起，率吏人城守，部下殺之。仲炎弟琮爲千牛左右，宇文化及之亂，遇害。

唐

屈突通。長安人。仕隋，累遷左驍衛大將軍，授關内討捕大使。高祖起，代王遣通守河東，戰久不下，高祖留兵圍之，遂濟河。通自武關援長安，誓以死報國。及聞京師平，家盡没，猶不肯降。兵敗被禽，帝以其忠臣釋之，授兵部尚書，封蔣國公。從秦王平薛仁杲，賊珍山積，諸將争得之，通獨無所取。從平王世充，論功第一，拜右僕射，鎮東都。後配饗太宗廟廷。

皇甫無逸。萬年人。父誕，隋并州總管府司馬。漢王諒反，逼之不從，見殺。煬帝嘉誕忠，特封無逸平輿侯，而贈誕弘義郡公。無逸歷右武衛將軍，與段達、元文都立越王侗。及王世充篡，斬關自歸。高祖尊遇之，拜民部尚書，封滑國公，累官益州大都督府長史。所至以廉介稱。

劉弘基。池陽人。從高祖舉兵太原，引兵先濟河，次長安，京師平，功第一。討薛舉，諸軍皆没，惟弘基力戰，矢盡，爲賊拘，不屈。仁杲平，乃克歸，累封任國公，改夔國。

殷開山。名嶠，以字行，鄠人。高祖兵起，召補大將軍掾，從攻西河。爲渭北道元帥長史，招慰關輔羣盗。與劉弘基屯故城，破衛文昇，賜爵陳郡公。歷吏部尚書。從討王世充，以功進鄖國公。

竇威。熾子。沉邃有器局，貫覽羣言。高祖入關，召補大丞相府司録參軍。時禮典湮缺，威多識朝廷故事，乃裁定制度，帝語裴寂曰：「今之叔孫通也。」武德初，授内史令，每論政事，必陳古爲諭。性儉素，家不樹産，比喪，無餘貲。

竇抗。榮定子。侍父疾，束帶五旬不弛，居喪哀癯過常。母卒，數號絶。高祖定京師，爲左武侯大將軍。從秦王平薛舉，功第一。又從征王世充，東都平，册勳於廟者九人，抗與從弟軌與焉。

李玄通。藍田人。爲隋鷹揚郎將，率所部歸高祖，拜定州總管。爲劉黑闥所破，愛其才，欲以爲將，不聽，囚之。故吏有餉飲餽者，玄通曰：「諸君見哀，吾能一醉。」遂縱飲，謂守者曰：「吾能舞劍，可借刀。」守士與之，乃潰腹死。帝擢其子伏護大將軍。

李靖。三原人。通書史。其舅韓擒虎每與論兵，歎曰：「可與語孫吴者，非斯人尚誰哉！」高祖時，拜行軍總管，平蕭銑，擒輔公祏。太宗踐祚，授刑部尚書兼檢校中書令。尋破突厥，取定襄，擒頡利，斥地自陰山北至大漠，封代國公。遷尚書右僕射，懇乞骸骨，帝嘉美聽之。吐谷渾寇邊，復起爲西海道行軍大總管，進兵殘其國，更立其王而還。改衛國公。卒，贈司徒、并州都督，謚景武。弟容師，右武衛將軍，累戰功封丹陽郡公。孫令問，明皇即位，以協贊功遷殿中少監，封宋國公。

杜如晦。杜陵人。少英爽，内負大節，臨幾輒斷。高祖時，秦王引爲府兵曹參軍，常從征伐，參帷幄機秘。累封蔡國公，進尚書右僕射。與房喬共管朝政，引賢者，下不肖，咸得職。時天下新定，臺閣制度，憲物容典，率二人討裁。如晦長於斷，而喬善謀，故能同心濟謀，以左右帝。當時語良相，必曰「房杜」。卒，贈司空，謚曰成。叔淹，材辨多聞，秦王引爲文學館學士。嘗侍宴，賦詩尤工，官至檢校吏部尚書。

李大亮。涇陽人。有文武才略。高祖入關，授土門令，招亡散，撫貧瘠，間出擊盜，所至輒平。貞觀初，都督涼州，有諷使獻名鷹者，大亮密表言之，太宗報曰：「有臣如此，朕復何憂。」以討吐谷渾功進爵武陽公，拜右衛大將軍，兼右衛率，又兼工部尚書，身三職，宿衛兩宫。房喬稱其有王陵、周勃節，可倚大事。臨終，表請罷遼東役。既卒，家無珠玉爲含，惟貯米五斛，布三十端。大亮性忠謹，外若不能言，而内剛烈不可干，廷争是非無回撓，至妻子未嘗見惰容。葬宗族無後者三十餘柩，殁後所育孤姓爲行服如所親者十餘人。兄子道裕，貞觀末爲將作匠，獨言張亮不反。帝不聽，後悔之，擢道裕爲刑部侍郎，終大理卿。

姚思廉。名簡，以字行。父察，自吴興遷京兆，遂爲萬年人。思廉少寡嗜欲，惟一於學。察嘗修梁、陳二史，未就，死以屬思廉。思廉入隋，表父遺言，有詔聽續。遷代王侍讀。高祖定京師，府僚皆奔亡，獨思廉侍王。兵將升殿，厲聲曰：「唐公起義，本安王室，若等不宜無禮。」衆卻步，聽扶王至順陽閣，泣辭去。秦王嘆曰：「思廉蒙白刃以明大節，古所難者。」太宗即位，遷著作郎、弘文館學士，與魏徵共撰梁、陳書，以卒父業。加散騎常侍。凡政事得失，盡言無所諱。

孫思邈。華原人。居太白山，不應隋文帝徵，語人曰：「後五十年有聖人出，我且助之。」太宗初，詔詣京師，歎曰有道者，欲官之，不受。顯慶中，召拜諫議大夫，固辭。思邈於陰陽、推步、醫藥無不善，嘗曰：「膽欲大而心欲小，知欲圓而行欲方。」孟詵、盧照鄰師事之。魏徵等修齊、梁、周、隋五史，屢咨所遺。

韋仁壽。萬年人。隋末爲蜀郡司法書佐。高祖遣使者徇蜀，承制擢仁壽嶲州長史。南寧州納款，朝廷歲遣使撫接，至率貪沓，邊人苦之。帝素聞仁壽治理，詔檢校南寧州都督，開地數千里，置七州十五縣，人人安悦。

公孫武達。櫟陽人。從秦王討劉武周，苦戰多功。貞觀初，爲肅州刺史，擊突厥於張掖河，斬溺略盡。封東萊郡公，終右武衛大將軍。

薛萬均。咸陽人。與弟萬徹客幽州，以才武爲羅藝所厚善。與藝歸款，授上柱國、永安郡公。竇建德寇范陽，萬均率死士百人，出他道掩擊其背，衆驚潰去。平梁師都，拜左屯衛將軍。從李靖討吐谷渾，勇蓋三軍，遷本衛大將軍。又副侯君集擊高昌，降麴智盛，進潞國公。弟萬備，有至行，母喪廬墓。以尚輦奉御從伐高麗，契苾何力爲賊所窘，萬備單馬救之獲免。仕至左衛將軍。

張儉。新豐人，高祖從外孫也。高祖起，儉以功除右衛郎將，遷朔州刺史，州賴以安。檢校代州都督，建平糴法。遷營州都督。征遼有功，累封皖城郡公。兄大師，太僕卿、華州刺史。弟延師，左衛大將軍、范陽郡公，典羽林兵三十年，未嘗有過。時號「三戟張家」。

竇静。抗子。高祖入京師，擢并州長史。突厥數爲邊患，糧道不屬，表請屯田太原，歲收粟十萬斛。又請斷石嶺以爲障塞。太宗時，改夏州都督。突厥攜貳，諸將出征者過静，爲陳敵中虚實，由是大克獲。又間其部落皆内附。再遷民部尚書，卒。

李道彦。淮安王神通子。幼孝謹。隋大業末，父亡命入鄠，被疾山谷間，累旬食盡，道彦羸服丐人間，或採野食以進。父有所分，辭以飽，乃藏弆以待。武德五年，封膠東郡王。貞觀初，例降公，爲相州都督。後以父喪解，柴毁，雖親友不復識。服除，拜岷州都督。遣入党項，諭國威靈，區落盡降。

令狐德棻。華原人。博貫文史。武德初，爲秘書丞。時載籍湮缺，德棻請購求天下遺書，置吏補録。不數年圖典略備。

又建言近代無正史，今耳目尚相及，一易世事，皆汨暗無掇拾。有詔蕭瑀等分主論撰宋、齊諸史。貞觀三年，復詔撰定，書始成，自德棻發之。遷禮部侍郎，坐事免。會修晉史，房喬奏起之，類例多所諏定。

于仲謐。高陵人。貞觀中，爲太子左庶子。太子承乾數有過，仲謐上疏極諫。太子敗，宫臣皆罪廢，獨仲謐蒙勞勉。遷侍中，進封燕國公，監修國史。永徽初，拜尚書左僕射，同中書門下三品。王皇后之廢，武后以其不右己，銜之，出爲華州刺史，卒。仲謐愛賓客，樂引後進，凡格式律令禮典，皆與論譔。修定本草并圖，合五十篇。

崔敦禮。咸陽人。涉書傳，以節義自將。武德中，官通事舍人。善辭令，嘗持節幽州。召廬江王瑗，瑗已舉兵，執之，脅問朝廷事，敦禮不爲言，太宗壯之。累拜兵部尚書，詔撫輯回紇、鐵勒部姓。敦禮通知四夷情僞，少慕蘇武爲人，故屢使突厥，允合事機。永徽中，封固安縣公，拜太子少師，同中書門下三品。

閻立德。名讓，以字行，萬年人。與弟立本，皆機巧有思。貞觀初，拜將作大匠，擢工部尚書，進爵大安縣公。弟立本，代立德爲工部尚書，咸亨中爲中書令。

唐臨。長安人。武德初，爲萬泉丞。再遷侍御史，持節按獄交州，出寃繫三千人。累遷大理卿。高宗嘗録囚，臨占對無不盡，帝善之。他日復訊，餘司斷者，輒分訴不已，獨臨所訊無一言。帝問故，答曰：「唐卿斷囚不寃，所以絶意。」帝嘆曰：「爲獄者固當如是。」累遷吏部尚書，坐事貶潮州刺史。臨儉薄寡欲，務掩人過。見妻子必正衣冠。兄皎，貞觀中官吏部侍郎。先是選集，四時補擬不爲限，皎請以冬初集，盡季春止。後遂爲法。

韋弘機。萬年人。貞觀中，爲左千牛胄曹參軍。使西突厥還，會石國叛，道梗，三年不得歸。裂裾録所過諸國風俗物産，爲西征記，比還，上其書。高宗時，擢司農少卿，主東都營田苑，宦者犯法，杖乃奏。方士朱欽遂爲武后所寵，奸贓狼藉，弘機白帝逐欽遂於邊。孫岳子，武后時爲汝州司馬、太原令，遷宋州長史，歷盧、海等州刺史，皆著風跡。終陝州刺史。景駿，歷肥鄉、貴鄉令，遷房州刺史，所至有異政。終奉天令。

韓瑗。三原人。父仲良，武德初與定律令，終刑部尚書。瑗少負節行，博學曉吏事。永徽中，官侍中。王后廢，瑗雪泣極諫，不納。褚遂良貶潭州都督，瑗上言遂良社稷臣，宜省察。不聽。貶振州刺史，復遣使即殺之。既至，瑗已死。

田仁會。長安人。擢制舉，仕累左武候中郎將。太宗時，擊薛延陀有功。永徽中，歷平州刺史、勝州都督，皆有治績。遷右金吾將軍，晝夜巡行，有奸必發，京師無貴賤舉憚之。終右衛將軍。子歸道，武后時，以左衛郎將攝司賓卿。使突厥，默啜請六胡州等地不得，大怨望，執歸道，將害之。歸道色不變，詈且讓，爲陳禍福。默啜亦悔，更以禮遣。終右金吾將軍。

權懷恩。萬年人。祖弘壽，高祖時，擢太僕卿、盧國公。懷恩以蔭累遷尚乘奉御，襲爵。馭人安畢羅爲高宗所寵，見帝戲慢不恭，懷恩奏事，適見之，退杖四十。帝嗟賞。擢萬年令，賞罰明，見惡輒取，時語曰：「縱飲三斗塵，無逢權懷恩。」其姿狀沉毅，每盛服，妻子不敢仰視。更慶、萊、衛、邢、宋五州刺史，洛州長史，所居威名赫然。終益州長史。

周智壽。同官人。永徽初，父爲族人安吉所害，智壽與弟智爽候諸塗，擊殺之，相率歸有司，争爲首，有司不能决者三年。或言弟始謀，乃論死。臨刑曰：「讎已報，死不恨。」智壽自投地委頓，身無完膚，舐智爽血盡乃已。見者傷之。

田游巖。三原人。永徽時，補太學生，罷歸，入太白山，母及妻皆有方外志。自蜀歷荆楚，愛夷陵青溪，止廬其側。長史李安期表其才，召赴京師，辭疾入箕山，居許由祠旁，自號「由東鄰」。高宗幸嵩山，至其門，游巖野服出拜。帝曰：「先生比佳否？」對曰：「臣所謂泉石膏肓，烟霞痼疾者。」拜崇文館學士，進太子洗馬。放還山，蠶衣耕食，不交當世。

王方慶。名綝，以字行。咸陽人。父弘直爲漢王友，王好畋游，上書切諫，遂被疏斥。方慶，武后時累遷廣州都督，以著善政，轉洛州長史，進同鳳閣鸞臺平章事。中宗復爲皇太子，拜左庶子，卒。方慶博學練朝章，著書二百餘篇，尤精三禮。家聚書不減秘府。方爲相時，子爲眉州司士參軍，武后曰：「君在相位，何子之遠？」對曰：「廬陵，陛下愛子，今尚在遠，臣子何敢相近？」爲庶子，嘗奏人臣於天子，未有斥太子名者，今東宮門殿名多嫌觸，請悉改之。皆人所難言者。

高叡。萬年人。隋尚書左僕射熲孫。舉明經，歷趙州刺史。聖曆初，突厥默啜入寇，叡力不能制，即自經。不得死，爲虜執，不從，見殺。贈冬官尚書，謚曰節。子仲舒，通故訓學，擢明經，爲相王府文學。開元初，宋璟、蘇頲當秉，多咨訪焉。終太子右庶子。

王孝傑。新豐人。武后時，爲武威道總管。討吐蕃，克龜茲、于闐、疏勒、碎葉等城。進夏官尚書，同鳳閣鸞臺三品。將兵討契丹李進忠，墮谷死。贈耿國公。

唐休璟。名璿，以字行，始平人。少孤，受易於馬嘉運，傳禮於賈公彦，舉明經高第。武后時，授靈州都督，陳方略，請復四鎮。聖曆中，都督涼州，大破吐蕃。中宗時，累拜太子少師，同中書門下三品。休璟以儒者號知兵，自碣石踰四鎮，其間綿地幾萬里，山川夷坦障塞之要，皆能言之，故行師料敵未嘗敗。

張仁愿。下邽人。有文武才。武后時，累遷殿中侍御史。張嘉福、王慶之請以武承嗣爲太子，邀仁愿聯章，仁愿正色拒之。神龍中，爲洛州長史，盜無敢犯。遷朔方軍總管〔一〇〕，築三受降城，自是突厥不敢踰山牧馬。景龍二年，同中書門下三品，封韓國公。

李昭德。長安人。父乾祐，貞觀初爲殿中侍御史。鄃令裴仁軌私役門卒，太宗欲斬之，乾祐諫，由是免死。母卒，廬墓側，負土成墳，帝遣使就弔，表異其閭。終司刑太常伯。昭德，强幹有父風。擢明經。如意元年，拜鳳閣侍郎，同鳳閣鸞臺平章事。洛陽人王慶之請以武承嗣爲皇太子，后遣昭德詰其故〔一一〕。昭德笞殺慶之，餘黨散走，因奏曰：「自古有姪爲天子而爲姑立廟乎？當傳之子孫，爲萬世計。」后乃止。時來俊臣、侯思止舞文法，數誅陷大臣，昭德每奏其誣罔不道狀，卒榜殺思止。俊臣誣以逆謀。既而俊臣亦下獄，同日誅，衆庶莫不寃昭德而快俊臣。

蘇珦。藍田人。中明經第，調鄠尉。鄠多訟，珦裁決明辨，自是無訟者。垂拱初，爲監察御史。武后欲殺韓、魯諸王，付珦密牒按訊。珣推之無狀，后詰之，挺議無所撓。遷右司郎中。王弘義附來俊臣爲酷，珣按奏免之。累授左肅政臺御史大夫。后營大像白司馬坂，糜用億計，珣切諫。中宗將斬韋月將，珣執據時令不可以大戮，忤三思意，改右臺。累擢户部尚書，封河内郡公。子晉舉進士，爲中書舍人。玄宗監國，所下制命，多晉屬藁。屢進讜言。後爲吏部侍郎，典二都選，當時譽之。終太子左庶子。

韋安石。孝寬曾孫。舉明經，調雍州長史。武后時，爲膳部員外郎，遷并州司馬。有善政，拜德、鄭二州刺史。久視中，以鸞臺侍郎同鳳閣鸞臺平章事，尋知納言事。時二張及武三思寵横，安石數折辱之。鳳閣侍郎陸元方自以爲不及，告人曰：「韋公真宰相。」神龍元年，遷中書令，封鄖國公。睿宗立，改封郇國。太平公主有異謀，欲引安石，拒不往。後爲姜皎所搆，貶沔州别駕，卒。

韋叔夏。安石兄。通禮家學。擢明經第，歷春官員外郎。武后拜洛，享明堂，凡所沿革，皆其所裁討，衆咨服之。中宗時，轉太常卿，累封沛郡公、國子祭酒。子縚，開元時歷太常卿，請宗廟籩豆，皆加十二，又請室加籩豆各六，又議定禘祫禮。終太子少師。

李迥秀。大亮族孫。及進士第，歷考功員外郎。武后愛其才，遷鳳閣舍人。中宗時，歷兵部尚書。迥秀母少賤，妻嘗詈媵婢，母聞不樂，迥秀即出其妻。後所居堂産芝草，犬乳鄰猫〔一一〕，中宗以爲孝感，旌大門閭。

韋湊。萬年人。永淳初，解褐歷揚州法曹，入爲相王府屬。時姚崇兼府長史，嘗曰：「韋子識遠文詳，恨晚得之。」睿宗時，授鴻臚少卿，徙太府。景雲初，作金仙等觀，湊執争之，朝廷爲減費萬計。開元初，累官河南太原尹，封彭城郡公。

韓思復。長安人。祖倫，貞觀中歷左衛率，封長山縣男。思復少孤，年十歲，母爲語亡父狀，感咽幾絶。舉秀才高第，襲祖封。永淳中，家益窘，歲饑，京兆杜瑾以百綾餉之，思復方并日食，而綾完封不發。調梁府倉曹參軍，大旱，輒開倉賑民。開元初，歷諫議大夫。山東大蝗，宰相姚崇遣使分道捕蝗瘞。思復上言：「望陛下悔過責躬，以答譴咎，驅蝗使一切宜罷。」遷御史大夫。性恬淡，不喜爲繩察。累遷吏部侍郎、太子賓客。卒，帝親題碑曰：「有唐忠孝韓長山之墓。」子朝宗，初歷左拾遺，數直諫。天寶初，累官京兆尹。喜識拔後進，嘗薦崔宗之、嚴武於朝，當世士咸歸重之。朝宗孫佽，元和初第進士。累遷桂管觀察使，豪右畏戢。

韋維。湊從祖叔謙之孫。進士對策高第，累遷户部郎中，善裁剖。時員外宋之問善詩，故時稱「户部二妙」。終太子左庶子。子虚心，舉孝廉，遷大理丞侍御史。神龍中按大獄，竇懷貞、劉幽求有所輕重，虚心據正不撓。景龍中，屬羌叛，既禽捕，有詔悉誅，虚心惟論酋長死，原活其餘。官至工部尚書。弟虚舟，歷洪、解二州刺史，入爲刑部侍郎。

安金藏。長安人。在太常工籍。睿宗爲皇嗣，公卿不復見，惟工優給使得進。有誣皇嗣異謀者，武后詔來俊臣問狀，左右畏慘楚，欲引伏，金藏大呼曰：「公不信我言，請剖心以明皇嗣不反。」引佩刀自剚腹中，腸出被地，眩而仆。武后聞大驚，輿至禁中，命高醫内腸，褫桑土紩之，閲夕而蘇。武后臨視，歎其忠，即詔停獄，睿宗乃安。神龍初，母喪，葬南闕口，營石墳，晝夜不息。地本昂燥，泉忽湧流廬側，李冬有花，犬鹿相擾。詔表闕於閭。明皇時，擢右驍衛將軍，爵代國公。卒，配享睿宗廟廷，謚曰忠。

尹思貞。長安人。弱冠以明經第。長安中，歷秋官侍郎，忤張昌宗，出爲定州刺史，召授司府少卿。神龍初，擢大理卿。雍人韋月將告武三思大逆，中宗命斬之。思貞固争，出爲青州刺史。睿宗立，召授將作大匠。竇懷貞護作金仙、玉真觀，思貞數有節損，懷貞讓之，拂衣去。帝知之，特召令視事。累遷工部尚書。前後爲刺史十三郡，皆以清最聞。

李適。萬年人。舉進士。武后時預修三教珠英。累遷工部侍郎。子季卿，亦能文，舉明經博學宏辭。肅宗時，爲中書舍人。大曆中，終右散騎常侍。在朝薦進才髦，與人交有終始。

李尚隱。萬年人。舉明經，再調下邽主簿。神龍中，左臺中丞侯令德爲關内黜陟使，尚隱佐之，以最擢左臺御史。崔湜、鄭愔，典選不平，尚隱顯劾其罪，湜等皆斥去。累遷御史大夫，進户部尚書。尚隱性剛亮，論議皆披心示誠。三入御史府，繩惡吏，不以殘鷙失名。左遷，復見用，以循吏終始云。

唐紹。臨孫。神龍時，爲太常博士。中宗始郊，祝欽明奏以皇后亞獻，安樂公主終獻，紹引正誼固争。帝又詔武后陵及諸武墓皆置守户，紹謂宜準常典。睿宗即位，數言政損益，遷給事中，兼太常少卿。

辛替否。萬年人。景龍中，爲左拾遺。時置公主府官屬，而安樂府補授尤濫。築第侈費過度，公私疲匱，替否上疏諫，不省。睿宗立，罷斜封官千餘人，俄復之。方營金仙觀，替否又切諫，不能用。稍遷右臺殿中侍御史。雍令劉少微恃權貪贓，替否按之，岑羲屢以爲請，替否曰：「我爲憲司，懼勢縱罪，謂王法何！」少微坐死。累遷潁王府長史。

李朝隱。三原人。中宗時，歷大理丞。武三思搆五王，鄭愔請誅之，朝隱獨以不鞫實，不宜輕用法。忤旨，貶嶺南。後遷吏部員外郎。時政出權倖，不關兩省，内授官但斜封其狀，付中書，即宣所司。朝隱執罷千四百員。遷長安令，宦官閭興貴有所干請，曳去之。成安公主奪民園，不酬直，朝隱取主奴杖之。由是權豪斂伏。開元初，遷吏部侍郎，銓敘明審。爲大理卿，固争裴景仙之死。母喪，召爲揚州大都督，固辭，時年已衰而致毁瘠，士人以爲難。終嶺南採訪處置使。

姚珽〔一三〕。思廉孫。兄璹，少孤，撫昆弟友愛。永徽中，舉明經第。武后時，擢文昌左丞、同鳳閣鸞臺平章事。珽，勵學有立志，擢明經，歷六州刺史，政皆有績。遷太子詹事，兼左庶子。時節愍太子稍失道，珽凡四上書諫。擢右散騎常侍，遷秘書監。睿宗立，拜户部尚書。珽曾祖察，嘗撰漢書訓纂，而後之注漢書者多竊取爲己説，珽著紹訓，以發明舊義云。

李元紘。萬年人。父道廣，武后時，同鳳閣鸞臺平章事，封金城侯。元紘早修謹。初爲雍州司户參軍，太平公主嘗與民競碾磑，元紘還之民。長史竇懷貞趣改之，元紘大署判後曰：「南山可移，判不可摇也。」開元初，爲萬年令，賦役稱平。擢京兆少尹。詔決三輔渠，時王主權家皆傍渠立磑瀦堨争利，元紘敕吏盡毁之，分溉渠下田，民賴其恩。累拜中書侍郎、同中書門下平章事。務峻涯檢，抑奔競，夸進者憚之。後終太子詹事。元紘再世宰相，有清節，其當國累年，未嘗改治第宅，僮馬敝弱。得封物，賙給親族，家無留儲。

崔沔。長安人。純謹篤孝，有文章。擢進士，歷左補闕，當官正言不詘。睿宗時，爲檢校御史中丞，請發太倉粟及減苑囿鳥獸所給，以賑貧乏，中書令張説數稱之。遷中書侍郎。沔喜論得失，凡事多所異同，説不悦，出爲魏州刺史。後歷秘書監、太子賓客。朝廷有疑議，皆咨逮取衷。

李暠。淮安王神通元孫。少孤，事母孝，張柬之見曰：「帝室千里駒。」累擢衛尉少卿。居母喪柴瘠，訖除，家人未嘗見言笑。開元初，歷汝州刺史、檢校太原以北諸軍節度使，皆有政績。累爲太子少傅。

韓休。長安人。父大智，洛州參軍。其兄大敏，仕武后爲鳳閣舍人。梁州都督李行褒爲部人告變，詔大敏鞫治。或曰：「行褒諸李近屬，后意欲去之，無列其冤，恐累公。」大敏曰：「豈顧身枉人以死乎？」至則驗出之。后怒，卒殺行褒，而大敏賜死。休舉賢良，擢左補闕。開元中，拜黃門侍郎、同中書門下平章事。休直方不務進趨，既爲相，天下翕然宜之。時政所得失，言之未嘗不盡。明皇嘗獵苑中，或大張樂，稍過差，必視左右曰：「韓休知否？」已而疏輒至。嘗引鑑默不樂，左右曰：「自韓休入朝，陛下無一日歡。何不逐去之？」帝曰：「吾雖瘠，天下肥矣。」後罷爲太子少師。卒，謚文忠。子浩，萬年主簿；洪，華州長史；渾，大理司直。安禄山盜京師，洪、渾、浩及洪四子皆爲賊所殺。肅宗以大臣子能死難，贈浩吏部郎中，洪太常卿，渾太常少卿。

韋述。弘機曾孫。性嗜書，舉進士。開元初，爲櫟陽尉，累遷起居舍人。譔武德以來國史，文約事詳。歷工部侍郎。述典掌圖書餘四十年，任史官二十年，淡榮利，爲人純厚，當世宗之。蓄書二萬卷〔一四〕，皆手校定，古草隸帖，秘書、古器圖譜，無不備。所著書二百餘篇。弟逌、迪，學業亦亞述。與逌對爲學士，與迪並禮官，縉紳高之。

韋縚。維弟。撫養宗屬孤幼無異情。舉孝廉，以母老不仕，踰二十年。乃歷長安尉，威行京師。擢監察御史，吏泗、涇、鄜三州刺史。天寶初，入爲秘書少監。明皇尚文，視其職如尚書丞郎，縚刊是圖簡，以善職稱。終陳王傅云。

韋陟。安石子。風格方整，善文辭。開元中，累遷禮部侍郎，長於鑒裁，取人無遺材。遷吏部侍郎，銓綜號爲公平，李林甫、楊國忠忌之，由是得罪。肅宗即位，授御史大夫、江東節度使，後爲吏部尚書。陟家法修整，敕子允就學，稍怠則立堂下，不與語。雖家童數十，然應門賓客，必允主之。

韋斌。陟弟。少修整，好文藝，容止嚴峭，有大臣體，與陟齊名。開元中，遷秘書丞，歷太常少卿，拜銀青光禄大夫。子況，少隱王屋山，孔述睿薦爲右拾遺，不拜。未幾，以起居郎召，半歲輒棄官去。元和初，授諫議大夫，勉諭到職，數月乞骸骨，以太子左庶子致仕。當時重其風操。

韋抗。安石從父兄子。弱冠舉明經，累官御史中丞。開元中，爲黄門侍郎，進刑部尚書，分掌吏部選。抗居職清儉，不治産，及終無貲以葬，明皇特給槥車。所表僚屬，後皆爲顯人。

韋見素。湊子。性仁厚。及進士第。天寶中，爲江西、山南、黔中、嶺南道黜陟使，繩糾吏治，所至震畏。遷文部侍郎，銓敘平允。拜武部尚書，同中書門下平章事。從帝入蜀，兼左相，封豳國公。肅宗立，持節奉傳國璽。是歲十月有星犯昴，見素言禄山之死，日月皆驗。累拜尚書右僕射，致仕。子諤，歷京兆府户曹參軍。國忠之死，軍聚不解，陳元禮請殺貴妃，帝猶豫，諤請割恩以安社稷，因叩頭流血。帝寤，賜妃死。後終給事中。

賈會。華原人。有高節，嘗稱疾不答辟署。親亡，負土成墓，廬其左，手蒔松柏，時號「關中曾子」。

賈循。會子。有大略。以功擢游擊將軍，李適之薦爲安東副大都護，安禄山表以自副。禄山反，使守幽州。顔杲卿招之以傾賊巢穴，循許可，爲向潤客等發其謀，賊縊之。建中二年，贈太尉，謚曰忠。從子隱林，爲永平兵馬使。屬朱泚難，率衆扈行在，賊圍急，隱林冒矢石死戰。已而解，拜神策統軍。

第五琦。長安人。少以吏幹進。肅宗時，拜監察御史，勾當江淮租庸使，兼諸道鹽鐵使。鹽鐵名使，乃自琦始。當軍興，隨事輒辦，不益賦而用以饒。乾元二年，進同中書門下平章事。子峯，婦鄭，皆以孝著，表闕於門。

于休烈。仲謐曾孫。機鑑融敏，善文章。開元初第進士，擢制科，累遷比部郎中。楊國忠爲相，斥不附己者，出爲中部郡太守。肅宗立，遷太常少卿，知禮儀事，兼修國史。於時史籍燔缺，休烈奏請購之。獻五代論，討著舊章，帝嘉之。代宗時，累遷工部尚書，封東海郡公，雖歷清要，不治産。性恭儉仁愛，無喜愠之容，樂賢下善，推轂士甚衆。年老，篤意經籍，嗜學不厭。

李嗣業。高陵人。膂力絶衆。開元中，從高仙芝討平勃律諸國，以功進右金吾大將軍，留爲疏勒鎮使。安禄山反，詔與郭子儀犄角，常爲先鋒。廣平王收長安，嗣業統前軍陳於香積祠北。賊精騎薄戰，王師不能陣，嗣業持長刀大呼出陣，所向無前，自日出至昃，斬首六萬級，遂平長安，略定諸州。封虢國公，兼北庭行營節度使。與子儀等圍相州，諸將無功，獨嗣業披堅數奮，中流矢卧帳中。方愈，忽聞金鼓聲，知與賊戰，大呼創潰，血流數升卒。謚曰忠勇，贈武威郡王。

李峴。吴王恪孫。世居京兆。天寶時，累遷京兆尹，出爲零陵太守。至德中，復爲京兆，封梁國公。乾元二年，以中書侍郎同中書門下平章事。時李輔國用權，制誥或不出中書，峴極言其惡，帝悟，稍加檢制，輔國由是深銜之。出爲蜀州刺史。代宗時，復拜門下侍郎，同中書門下平章事。不踰月，爲要近所譖，遂罷。峴兄峘、嶧，與峘同時爲御史大夫，俱判臺事，又合制封公。嶧至户部侍郎。

龐堅。涇陽人。四世祖玉，魁梧有力，明軍法。高祖時，爲領軍、武衛二大將軍，梁州總管。安禄山反，堅以長史守潁州，賊將悉鋭攻之，堅晝夜戰，糧盡援絶，被執不屈死。

程千里。萬年人。累官安西副都護。天寶末，兼北庭都護。討阿思布，獻俘，擢右金吾衛大將軍。禄山反，爲上黨長史。賊將蔡希德圍上黨，千里率百騎欲直擒之，幾得而救至，乃退。會橋壞馬顛，爲賊執，謂從騎曰：「爲我報諸將，可失帥不可失城。」軍中皆爲泣下。增備固守，賊不能下，乃囚千里於東都，後爲所害。

路嗣恭。三原人。以世蔭爲鄮尉，連徙蕭關、神烏、姑臧令，考績爲天下最。轉渭南令，時關畿用兵，使人係道，嗣恭儲具有素而民不擾。大曆中，爲嶺南節度使，封冀國公。討斬哥舒晃，還爲兵部尚書。子應，貞元初爲虔州刺史，累遷宣歙池觀察使〔一五〕。李錡反，發兵救湖、常二州，以故錡不能拔。

李泌。京兆人。七歲知爲文，明皇召試，賦方圓動静，張説賀帝得奇童，張九齡尤獎愛，呼爲小友。天寶中，待詔翰林，供奉東宫，楊國忠疾之，斥置蘄春郡。後謁肅宗於靈武，入議國事，出陪輿輦。拜元帥廣平王行軍司馬，帝曰：「卿侍上皇，中爲朕師，今下判廣平王行軍，朕父子資卿道義。」二京平，泌謀居多。崔圓、李輔國疾之，泌畏禍，乞隱衡山。代宗立，召還。元載忌泌，又出之。德宗時，拜中書侍郎、同中書門下平章事，累封鄴縣侯。順宗爲太子，帝有廢立意，泌執争至數十，帝悟，太子乃得安。加集賢殿、崇文館學士，卒贈太子太傅。泌出入禁中，事四君，數爲權倖所疾，常以智免。時時讜議，能寤移人主，柳玭稱其功大於魯連、范蠡云。

常衮。京兆人。天寶末，及進士第。性狷介，不妄交游。累爲中書舍人，文采贍蔚，譽重一時。魚朝恩兼國子監，衮奏成均之任，不宜以宦官領職。帝誕日，諸道争以侈麗奉獻，衮請還之。又言諸祠寺寫經造像，焚帛埋玉，所賞賚歲巨萬計，若以易芻粟，減貧民之賦，福豈有量哉。代宗嘉納。拜門下侍郎，同中書門下平章事。後爲福建觀察使，卒於官。

韋倫。京兆人。以廕補藍田尉，幹力勤濟。從明皇入蜀，爲劍南節度行軍司馬，置頓判官。中人衛卒多侵暴，倫以清儉自將，西人賴濟。乾元中，爲山南東道節度使，李輔國方恣横，倫不肯謁，憾之，中罷爲秦州刺史。代宗立，宦者吕太乙反嶺南，詔拜倫韶州刺史，爲太乙反間，斥棄十年。德宗嗣位，擢太常少卿，使吐蕃，諭天子威德，贊普入獻，進太常卿兼御史大夫。數論政得失，盧杞惡之，改太子少保。杞敗後，帝欲復用杞爲刺史，倫苦諫乃止。進太子少師、郢國公，致仕。

李勉。鄭惠王元懿曾孫。家京兆。從肅宗靈武，擢監察御史。時武臣無法度，大將管崇嗣背闕坐，笑語諠縱，勉劾不恭。帝曰：「吾有勉，乃知朝廷之尊。」擢太常少卿，欲遂柄用，而李輔國諷使下己，勉不肯，乃出爲汾州刺史。歷京兆尹，兼御史大夫，拜嶺南節度使，進工部尚書，封汧國公，歷滑、亳、汴、宋節度使。興元初，以檢校司徒同平章事。卒，贈太傅，謚貞簡。

李涵。永安王孝基曾孫。簡素忠謹，爲宗室雋。郭子儀表爲關内鹽池判官，再遷宗正少卿。寶應初，母喪，奪哀，持節宣慰河朔。所至州縣，非公事不言，蔬飯水飲，席地以瞑。使還，固請終制，代宗見其癯毁，許之。

韓滉。休子。至德中，歷吏部員外郎。性强直，明吏事，以户部侍郎判度支數年。德宗時，爲鎮海軍節度使，遣將破走李希烈，調發糧帛，以濟朝廷，當時賴之。貞元初，加檢校左僕射、同平章事、江淮轉運使，封晉國公。劉玄佐不朝，滉過汴諷之，爲辦裝犒軍，玄佐遂入朝。滉雖宰相子，性節儉，衣裘茵袵，十年一易，居處僅蔽風雨，不爲家人資產。初判度支，李晟以裨將白軍事，滉待之加禮，使其子拜之。後晟終立大功。

韓洄。滉弟。乾元中，累拜諫議大夫，數上章言得失。德宗時，擢户部侍郎判度支，積米長安、萬年二縣，各數十萬石，視年豐耗而發斂，人不艱食。終國子祭酒。

姚南仲。下邽人。乾元初，擢制科，累進右補闕。代宗詔近城爲獨孤皇后陵，以朝夕臨望。南仲上疏諫，帝嘉納，進五品階，以酬讜言。德宗時，拜義成節度使，授尚書右僕射。

崔祐甫。沔子。第進士，累遷中書舍人。性剛直，遇事不回。德宗即位，拜中書侍郎、同中書門下平章事。薦舉惟其人，不自疑畏，推至公以行。未踰年，除吏幾八百員，莫不諧允。淄青李正己畏帝威斷，表獻錢三十萬緡，祐甫請遣使勞其軍，以所獻就賜將士，正己慚服。卒，贈太傅，謚文貞。以弟之子植爲嗣。植，博通經史，爲補闕，數論得失。長慶初，拜中書侍郎、同中書門下平章事。

馮河清。京兆人。始隸郭子儀軍，拜左衛大將軍。後從馬璘充兵馬使，數遇吐蕃，多效級，名聞軍中。德宗走奉天，河清召諸將計事，東向哭，相勵以忠，衆義其爲，無敢異言。即發儲鎧完仗百餘乘獻行在，六軍大振，即拜河清涇原節度使、安定郡王。朱泚數遣諜人詸之，河清輒斬以徇。後爲田希鑑所害，贈太子太傅。

于邵。萬年人。天寶末，第進士。德宗時，累遷諫議大夫、知制誥，進禮部侍郎。朝有大典册，必出其手。後出爲杭州刺史，貶衢州別駕，徙江州，卒。邵孝弟有行，晚塗益修潔。

奚陟。京兆人。大曆末，擢進士，召授左拾遺。居親喪，毁瘠過禮。朱泚反，走間道及車駕於興元。貞元八年，遷中書舍人。江南、淮西大水，詔陟勞問循慰，所至人人便安。遷刑部侍郎。裴延齡誣劾京兆尹李充遺陸贄金帛，郎中崔元翰揣延齡指，逮繫搒掠甚急，陟白其誣，元翰恚死。尋遷吏部，銓綜平允。陟少著名節，常薦權德輿、楊於陵，後皆有名。

韋皋。萬年人。六代祖範，有功周隋間。皋起家累辟帥府。德宗時，以殿中侍御史知隴州行營留事。朱泚反，遣使以御史中丞授皋，皋殺之。泚復遣他奴拜皋鳳翔節度使，皋亦斬之。帝乃授皋隴州刺史，置奉義軍，拜節度使，寵其功。貞元初，代張延賞爲劍南西川節度使，用功進檢校司徒兼中書令、南康郡王。卒，贈太師，謚忠武。皋治蜀二十一年，凡破吐蕃四十八萬，其功烈爲西南劇。

杜佑。萬年人。父希望。開元中拜鄯州都督、知留後，破吐蕃，城鎮西軍而還。爲宦者牛仙童所誣，下遷恒州刺史。佑以蔭補濟南參軍。建中初，以户部侍郎判度支，盧杞惡之，出爲饒州刺史，遷嶺南節度使，歷淮南節度。貞元十九年，拜檢校司空、同平章事。順宗、憲宗初，兩攝冢宰，拜司徒，封岐國公，以太保致仕。佑資嗜學，雖貴，猶夜分讀書，著通典二百卷，儒者服其書約而詳。子式方，以篤行稱。官桂管觀察使。式方子悰，尚岐陽公主，出入將相，累拜司空，封邠國公。悰弟慆，咸通中爲泗州刺史。龐勛反，圍城十月，慆以忠義拊循，士皆殊死，卒完一州。賊平，遷義成軍節度使。

王紹。太原人，徙萬年。少爲顏真卿所器，字之曰德素，奏爲武康尉。包佶領租庸鹽鐵使，署判官。時李希烈阻兵，江淮輸物留梗，乃徙餉道自潁入汴。紹入關，德宗已西狩，乃督輕貨，趣間道走洋州，由是紓難。歷户部侍郎，判度支，頃之遷尚書，主計凡八年，每政事多所關訪。順宗立，出爲東都留守。元和初，爲武寧軍節度使，復拜兵部尚書，判户部。

杜黄裳。萬年人。擢進士第，又中宏辭。郭子儀辟佐朔方府，入爲侍御史，爲裴延齡所惡，十期不遷。貞元末，累遷太常卿。王叔文用事，黄裳未嘗過其門。壻韋執誼輔政，黄裳勸請太子監國，執誼不聽，即拂衣出。皇太子總軍國事，擢門下侍郎，同中書門下平章事。劉闢叛，黄裳堅請討之，因奏罷中人監軍，而專委高崇文。凡兵進退，皆自中指授。蜀平，帝目黄裳曰：「卿之功也。」始德宗務姑息，方鎮選不出朝廷。黄裳每具言宜鑒貞元之弊，整法度，朘損諸侯，則天下治。帝嘉納之。由是平夏，翦齊，滅蔡，平復兩河，赫然號中興。元和二年，爲河中晉絳節度使，封邠國公。卒贈司徒，謚宣獻。

徐申。京兆人。擢進士第。嗣曹王皋討李希烈，申以洪州長史行刺史事，皋表其能，遷韶州刺史。州民詣觀察使，以其有功於人，請爲生祠，申固讓。進嶺南節度使。劉闢反，表請發卒五千，循馬援故道，擣闢不備。詔可。加檢校禮部尚書，封東海郡公。

韋夏卿。萬年人。大曆中，與弟正卿同舉賢良方正，皆策高等，歷吏部侍郎。時從弟執誼在翰林，嘗受人金，有所干請，密以納夏卿懷中。夏卿曰：「吾與爾賴先人遺德，致位及此，顧當是哉？」執誼大慚。累官檢校工部尚書、東都留守。夏卿性通簡好古，談説多聞，人不見其喜愠。撫孤姪，恩踰己子。爲政務通理，不甚作條教。所辟士如路隋、張賈、李景儉等，至宰相達官，世稱知人。

任迪簡。萬年人。擢進士第，天德李景略表佐其軍，軍中悦其長者。景略卒，舉軍請爲帥，德宗乃授迪簡豐州刺史、天德軍使。入爲太常少卿，改易定節度使，三年，上下完充。入除工部侍郎。

竇牟。金城人。累佐節度府。晚從昭義盧從史，度不可諫，即移疾歸。從史敗，不以覺微避去自賢。位國子司業。兄常，弟羣、庠、鞏，皆工詞章，爲聯珠集行於時。

許孟容。長安人。擢進士異等。德宗時，累遷給事中。自袁高争盧杞後，凡十八年，門下無議可否者。至孟容數論駁，四方想見其風。元和中，爲京兆尹。神策軍吏李昱貸富人錢不償，孟容遣吏捕詰使償，曰：「不如期，且死。」一軍盡驚。訴於朝，憲宗詔以昱付軍治之，奏曰：「臣爲陛下抑豪强，錢未盡輸，昱不可得。」帝嘉其守正，許之，京師豪右大震。累遷尚書左丞、東都留守。

韋貫之。名純，以字行。夐八世孫。父肇，大曆中爲中書舍人，累上疏言得失，爲元載所惡。左遷久之，載曰：「肇若過我，當處以善地。」終不詣。載誅，除吏部侍郎，代宗欲相之，會卒。貫之及進士第，再遷長安丞。永貞時，爲監察御史，權倖側目。憲宗時，歷禮部侍郎，所取士，抑浮華，先實行，流競爲息。改尚書右丞，同中書門下平章事，遷中書侍郎。平淮西，服鎮州，皆如其策。以張宿姦佞，欲斥之，爲所搆罷。穆宗立，以工部尚書召，未行卒。貫之嚴身律下，以正義裁物，生平未嘗通饋遺，故家無羨財。

韋綬。貫之兄。舉孝廉，又貢進士。禮部侍郎潘炎將以爲舉首，綬以其友楊凝親老，讓之，不對策，凝遂及第。後擢明經。德宗時，以左補闕爲翰林學士，密政多所參逮。帝嘗幸其院，韋妃從，綬方寢，學士鄭絪欲馳告之，帝不許。時大寒，以妃蜀襭袍覆而去。其待遇如此。出入八年，性謹畏甚，終散騎常侍。弟纁，有精識，兄弟皆名重當時。

令狐楚。德棻之裔。五歲能爲詞章。既及第，歷桂管、太原幕。德宗每省太原奏，必能辨楚所爲，數稱之。憲宗累擢翰林學士、中書舍人。文宗時，政在宦官，數上書辭位，終山南西道節度使。楚外嚴重不可犯，而中寬厚，善撫御，治有績，人人得所宜。子綯，宣宗時爲學士，詔與論人間疾苦。帝出金鏡書曰：「太宗所著也。」綯舉其要，帝曰善。後同平章政事。

柳公綽。華原人。幼孝友，起居皆有禮法。爲吏部郎中，憲宗數出游畋，公綽奏太醫箴以諷，帝置之坐隅。拜御史中丞，後遷刑部尚書。京兆府有姑鞭婦至死者，府欲殺之，公綽曰：「尊毆卑，非鬭也。且子在，以妻而僇其母，不順。」遂減論。太和中，出鎮河東，以病乞代。授兵部尚書，疾急，忽顧左右召故吏，謂諉以家事，乃曰：「爲我白宰相，徐州專殺李聽親吏，非高瑀不能安。」因不復語。公綽居喪毀慕，三年不澡沐。事後母薛謹甚。莅官未嘗以私喜怒加人，取士皆知名。

李夷簡。鄭惠王元懿四世孫。擢進士第。憲宗時，累拜門下侍郎、同中書門下平章事，出爲淮南節度使，以直自閑。歷三鎮，家無産資，病不迎醫。將終，戒無厚葬，毋事浮屠，毋碑神道。世謂行己能有終始者。

韓皐。滉子。資質厚重，有大臣器。策賢良方正異等，累拜尚書右丞。王叔文用事，皐嫉之，謂人曰：「吾不能事新貴。」叔文怒，出爲鄂岳蘄沔觀察使。歷東都留守、忠武軍節度使，所至有績。召拜吏部尚書，進左僕射。

程异。長安人。居鄉以孝聞。第明經，累遷衛尉卿、鹽鐵轉運副使。方討蔡，异使江表調財用，不加斂，經用以饒。元和中，以工部侍郎同中書門下平章事，猶領鹽鐵。身殁，官第無留貲，世重其廉。

白居易。下邽人。貞元中，擢進士拔萃。元和初，入翰林爲學士，遷左拾遺，奏凡十餘上。後對殿中，論執强鯁，帝變色罷。拜左贊善大夫，出爲江州司馬，歷主客郎中，知制誥，轉中書舍人。以言不見聽，丐外，遷爲蘇杭二州刺史。文宗立，遷刑部侍郎。二李黨事興，居易恥緣黨人升，乃移病分司東都。會昌初，以刑部尚書致仕。卒，贈尚書右僕射，謚曰文。居易文章精切，尤工詩，多至數千篇，當時士人争傳。雞林行賈售其國相，率篇易一金。初與元微之酬詠，號元白，晚與劉禹錫齊名，號劉白。弟行簡，擢進士第，官主客郎中，敏而有辭。從祖弟敏中，官至中書令。

韋丹。孝寬六世孫。高祖琨，以洗馬事太子承乾，諫不聽。太宗才之，擢給事中，終太子詹事。丹早孤，從外祖顔真卿學，舉五經高第，歷咸陽尉。順宗爲太子，以殿中侍御史召爲舍人。詔拜司封郎中，使新羅國。故事，使外國，賜州縣十官賣以取貲，號私覿官。丹謂不足於資，宜上請，安有貿官受錢，即具疏所宜費，帝命有司與之，因著令。還爲容州刺史，以諫議大夫召，有直名。劉闢反，議者欲釋不誅，丹上疏言不可赦。憲宗褒美。累遷江南西道觀察使，卒。後宣宗讀元和實録，見丹政事卓然，乃詔觀察使紇干泉上丹功狀，命刻於碑。子宙，宣宗時爲永州刺史，多善政。後拜江西觀察使，南方以爲世官，累加檢校尚書左僕射、同中書門下平章事。弟岫，亦有名，累官福建觀察使。

韋顗。見素孫。早孤，事姊恭順。及長，身不衣帛。通陰陽象緯，博知山川風俗，議論典據。歷御史補闕，與李約、李正辭更進諷諫，數移大事。裴垍、韋貫之、李絳、崔羣、蕭俛皆布衣舊，繼爲宰相，朝廷典章，多所咨逮，嘗曰：「吾儕五人，智不及一韋公。」敬宗時，歷吏部侍郎。

韋表微。元禮七世孫。擢進士第，歷翰林學士。時學士缺人，人争薦丞相所善者，表微獨薦韋處厚，人服其公。又與處厚議增選學士，復薦路隋。處厚以諸父事表微，因曰：「隋位崇，入且翁右，奈何？」答曰：「選德進賢，初不計私也。」遷中書舍人。

文宗立，進户部侍郎。表微好春秋，病諸儒是非紛然，著三經總例。又以學者薄師道，著九經師授譜。

韋處厚。萬年人。事繼母以孝聞。中進士第。憲宗初，擢右補闕，數上書，言皆忠切。穆宗立，爲翰林侍講學士，與路隋合上六經法言。再遷中書舍人。張平叔以言利得幸，請官自鬻鹽，處厚發十難，詘其謬，遂寢。文宗時，拜中書侍郎、平章事，勸帝近君子，遠小人。又言裴度忠，可久任，帝嘉納之。處厚姿狀如甚懦者，至廷爭，嶷然不可回奪。百僚畏惕，未嘗敢及以私。性嗜學，家書讎正至萬卷。

柳公權。公綽弟。穆宗時，以侍書學士，再遷司封員外郎。帝嘗問公權用筆法，對曰：「心正則筆正。」帝改容，悟其以筆諫也。文宗時，遷中書舍人。嘗與六學士對便殿，帝舉袂曰：「此三澣矣。」學士皆賀。公權曰：「人主當進賢退不肖，納諫諍，明賞罰，若服澣衣，此小節耳。」其忠益多類此。咸通時，以太子太保致仕。公權博貫經術，其書法結體勁媚，自成一家。

柳仲郢。公綽子。嗜學工文，著尚書二十四司箴，爲韓愈咨賞。爲左諫議大夫，武宗延方士築望仙臺，累諫諄切。咸通中，終天平節度使。仲郢父子更九鎮，五爲京兆，再爲河南，皆不奏祥瑞，不度浮屠，急於摘貪吏，濟單弱。每旱潦必貸匱蠲負，里無逋家。子玭，清直有父風，官御史大夫。昭宗欲倚以相，中官譖罷之，述家訓以戒子孫，世傳爲法。

李石。襄邑王神符五世孫。元和中，擢進士第。文宗時，以户部侍郎同中書門下平章事，進中書侍郎。石以身徇國，不恤近倖，張權綱，欲强王室，收威柄。仇士良疾之，遂罷去。弟福，太和中第進士，石當國，薦福可任治人。終太子太傅。

李賀。系出鄭王。七歲能詞章。韓愈、皇甫湜過其家，使賦詩，援筆輒就，如素搆，自目曰高軒過，二人大驚，自是有名。爲詩辭，尚奇詭，絶去翰墨畦逕，當時無能效者。以父名晉肅，不肯舉進士。爲協律郎，卒年二十七。

李漢。淮陽王道玄六世孫。少事韓愈，通古學，愈以子妻之。擢進士第，累遷左拾遺。敬宗時，漢言多所補救。坐婞訐，出佐興元幕府。文宗時，官至吏部侍郎。論次憲宗實録，書宰相李吉甫事不假借，貶汾州司馬。大中時，又爲宗正少卿。

杜牧。佑孫。善屬文。第進士，歷殿中侍御史，内供奉。時劉從諫守澤潞，何進滔據魏博，驕蹇不循法度。牧追咎長慶以來，朝廷措置無術，復失山東。嫌己不當位而言，實有罪，故作罪言。後澤潞平，略如其策。累遷中書舍人。牧剛直有奇節，不爲齪齪小謹，敢論列大事，指陳利病尤切。於詩情致豪邁，人號爲小杜，以别杜甫云。弟顗，舉進士，賈餗異之。李德裕辟浙西府賓佐，德裕貴盛，賓客無敢忤，惟顗數諫正之。顗亦善屬文，與牧相上下。

李從晦。襄邑恭王神符六世孫。寶曆初，及進士第，歷常州刺史，鎮海軍、山南西道節度使，所至以風力聞。少與崔龜從、李景讓、裴休善，獎目後進，名知人。楊收方布衣進謁，從晦一見如雅識，即待以公輔，後果至宰相。

韋温。綬子。七歲日誦書數千言，十一舉兩經及第，以拔萃高等，補咸陽尉，入爲著作郎。解歸侍親疾，彌二十年，衣不弛帶。既居喪，毁瘠不支。服除，頻遷右補闕。宰相宋申錫被搆，罪不測，温率同舍伏閤切争。羣臣請上尊號，温固諫乃止。李德裕入輔，擢禮部員外郎。或言與牛僧孺厚，德裕曰：「是子堅正，可以私廢乎？」鄭注節度鳳翔，表爲副，温拒不從。再遷翰林學士，固辭。久之爲給事中，論駁王晏平、尉遲璋事，封上詔書。武宗立，擢吏部侍郎，終宣歙觀察使。

盧鈞。藍田人。舉進士中第，歷監察御史。争宋申錫獄知名，出爲華州刺史。擢嶺南節度使，南方服其德，不徼而化。以户部侍郎召判户部。會昌中，拜山南東道節度使，徙宣武、河東。大中中，以檢校司空同平章事，爲山南西道節度使。懿宗初，以太保致仕。鈞居官，必有績，大抵根仁恕至誠而施於事。位將相，没而無贏財。

韋正貫。皋弟平之子。平與皋斬朱泚使者，間走奉天上功，擢萬年尉。正貫推蔭爲單父尉。舉賢良方正異等，調華原尉。又中詳閑吏治科，歷壽州團練使。宣宗立，以治最拜京兆尹。擢嶺南節度使，人服其清。

韋澳。貫之子。第進士，復擢宏辭。方静寡欲，十年不肯調。御史中丞高元裕與其兄温善，諷澳謁己。温以告，澳曰：「恐無呈身御史。」宣宗時，累遷兵部侍郎，進學士承旨，每見帝開陳可否，未嘗不納。改京兆尹。帝舅鄭光主墅吏豪肆，積年不輸官賦，澳逮繫之。帝問可貸否，答曰：「陛下擢臣尹京邑，安可使畫一法獨行於貧下乎？」太后爲輸租，乃免，由是豪右斂迹。出爲河陽節度使。懿宗時，徙平盧，又徙邠寧。後以河南尹辭疾歸。

杜審權。如晦六世孫。第進士，舉拔萃中爲右拾遺。宣宗時，累遷翰林學士承旨。懿宗立，進同中書門下平章事，出爲鎮海軍節度使，入爲尚書左僕射、襄陽郡公，繼領河中、忠武節度，卒。審權清重寡言，性長厚，居翰林最久，終不漏禁近語。在方鎮，視事有常處，非日入，未始就内寢。坐必斂衽，常若對大賓客。與杜悰俱位將相，世謂爲小杜公。

王徽。京兆人。第進士。宣宗時，授右拾遺，書二十餘上，言無回忌。進考功員外郎。故事，考簿以朱注上下爲殿最，歲久易漫，吏輒竄易爲奸。徽始用墨，遂絶妄欺。廣明初，爲户部侍郎、同平章事。黄巢入關，僖宗西狩，徽爲賊所執，將汙以官。徽陽瘖不答，以刃脅肩，卒不動。守者懈，乃奔河中。詔拜諸道租庸供軍使，因説都監楊復光，請赦沙陀罪，令赴難，遂平京師。進檢校司空、御史大夫，權京兆尹。宦要家争治第，侵冒齊民，訟訴滿前。徽不屈勢倖，一平以法。昭宗立，授吏部尚書，進右僕射。

于琮。休烈曾孫。擢第授左拾遺，尚廣德公主。咸通中，以兵部尚書同平章事。僖宗時，拜尚書右僕射。黄巢陷京師，以病卧家，巢欲起爲相，琮辭疾。賊迫脅不止，乃曰：「吾死在旦夕。位宰相，義不受汙。」賊遂害之。

王處存。萬年人。僖宗時，累遷義武節度使。黄巢陷京師，處存號哭，不俟詔，分兵二千，間道至山南衛乘輿，外約王重榮，連盟進屯渭橋。中和二年，授京城東面都統，每痛國難未夷，語輒流涕，軍中多其義，愈爲之用。素善李克用，遣使十輩，曉譬迎勸，卒共平京師。王鐸差興復功，處存爲第一。進檢校司徒、同中書門下平章事，節度河中。

杜讓能。審權子。擢進士第，以孝聞。僖宗狩蜀，奔謁行在，爲翰林學士。讓能思精敏，凡號令行下，處事值機，無所遺算。帝走寶雞，進狩梁，間關嶮澁，讓能未嘗暫去帝側。擢兵郎侍郎、同平章事。昭宗立，封晉國公，進太尉。景福二年〔一六〕，討李茂貞，宰相崔昭緯密遣人語茂貞曰：「上不喜兵，一出太尉。」茂貞迎戰，至三橋，讓能請歸死以紓國難。帝泣下不能已，乃賜死，復贈太師。

韓偓。萬年人。擢進士第，爲翰林學士，遷中書舍人。嘗與宰相定策誅劉季述，昭宗反正，爲功臣。帝西幸，偓夜追及鄠，至鳳翔，遷兵部侍郎，進承旨。偓處可機密，率與帝意合，欲相者三四。朱全忠怒其薄己，貶濮州司馬。帝執其手，流涕曰：「我左右無人矣。」偓挈其族南依王審知而卒。

五代　唐

任圜。三原人。李嗣昭節度昭義，辟圜觀察支使。梁兵圍潞州踰年，救兵皆去，圜勸嗣昭堅守。已而莊宗攻破梁，圜由是知名。從戰胡柳有功，莊宗勞之曰：「仁者之勇也。」明宗時，拜同中書門下平章事，兼判三司。圜選辟才俊，抑絶僥倖，公私給足，天下便之。

李懌。京兆人。少好學，工文辭。唐末舉進士。天成中，累遷尚書右丞、承旨。張文寶知貢舉，所放進士，中書有覆落者，命懌作詩賦爲貢舉格，懌笑曰：「予少舉進士登科，偶然耳。假令復就禮部試，未必不落第，安能與後生英俊爲準格？」聞者多其知體。

周

王易簡。萬年人。少好學，工詩。梁乾化中，舉進士擢第。晉初，判弘文館、史館事。晉祖治求速效，易簡上漸治論以諫之，詔付史館。歷吏部侍郎、左丞，判吏部銓，號爲舉職。廣順初，遷禮部尚書，改刑部，致仕。

宋

杜漢徽。長安人。有膂力，善騎射。晉、漢、周時戍邊州，屢破遼兵。宋初，領茂州刺史，改潮州。從平李筠、李重進，録功居多。累官雄武軍使。

張保續。萬年人。由通事舍人，累遷客省使。宋初，遷衛尉卿，判四方館客省閤門事。性介直，好儉素。在閤門前後四十年，善宣贊辭令，累使藩國不辱命。

韓溥。長安人。唐相休之裔孫。周顯德初，舉進士。開寶三年，爲監察御史，歷司門郎中。博學善持論，詳練臺閣故事，多知唐朝氏族，號爲「近世肉譜」。

梁延嗣。長安人。少事高季興，頗見委任。歷事四帥，人稱其忠藎。繼沖納土，太祖授延嗣復州防禦使，撫慰之曰：「使高氏不失富貴，爾之力也。」改濠州防禦使，有善政。

崔翰。萬年人。太祖時，以功累官端州刺史。太平興國二年，授殿前都指揮使。從征太原，命總侍衛馬步諸軍，流矢中其頰，督戰益急。知定州，大破遼兵，以功擢武泰軍節度使，後移鎮安軍，卒。翰驍勇有謀，所至多立功。輕財好施，死之日家無餘貲。

楊礪。鄠人。建隆中，舉進士甲科。父喪，絶水漿數日。解褐鳳州推官，以母疾棄官。真宗尹開封，礪爲推官，真宗甚重之。累官工部侍郎、樞密副使。咸平二年卒，真宗冒雨臨其喪，礪僦舍委巷中，乘輿不能進，步至其地，嗟惘久之。

宋璫。渭南人。乾德中進士及第，擢著作佐郎，知綿州。太宗時，歷知泰州、益州，皆有善政。淳化中，改知蘇州，卒。璫性清簡，歷官三十年，未嘗問家事，惟聚書以貽子孫。

寇準。下邽人。年十九，舉進士，爲鹽鐵判官，極陳利害。擢樞密院直學士，判吏部銓。嘗奏事殿中，語不合，帝怒起，準輒引帝衣，令帝復坐，事決乃退。太宗嘉之曰：「朕得寇準，猶文皇之得魏徵也。」景德元年，同中書門下平章事。遼兵大入，中外震駭，準獨請帝親征，遂幸澶州，遼乃奉書請盟。河北罷兵，準之力也。王欽若譖之，遂罷。後復相，爲丁謂所搆，貶雷州司户參軍，卒。後贈中書令、萊國公，謚忠愍。

王凱。京兆人。曾祖全斌，本太原人。祖審鈞，爲永興軍駐泊都監，以擊賊死，遂家京兆。寇準守長安，見其狀貌，奇之，薦爲三班奉職。元昊反，徙麟州都監，歷并、代州鈐轄，屢破夏人。歷武勝軍節度使。凱治軍有紀律，善撫循士卒。平居與均飲食，至臨陣援枹鼓，毅然不少假借，故士卒畏信，戰無不力。孫詵，能詩善畫，尚蜀國長公主，官至留後。

史序。京兆人。善推步算數，知司天監事。淳化中，修儀天曆上之。又嘗纂天文曆書，爲十二卷以獻。序慎密勤職，在監三十年，未嘗有過，衆頗稱之。

李建中。京兆人。幼好學。太平興國中進士甲科，官太常博士。表陳時政利害，序王霸之略，太宗嘉賞。建中性簡静，風神雅秀，恬於榮利。前後三求掌西京御史臺。好吟咏，善書札，行草尤工。

宋湜。長安人。父温故，與弟温舒，皆有時名。湜幼警悟，早孤，與兄泌厲志篤學，事母以孝聞。太平興國進士。咸平元年，以給事中充樞密副使，從真宗北巡，卒。湜器識沖遠，美文詞，工書，善談論，又好趨人之急，當世士流，翕然宗仰之。温舒子澥，有清節。居長安不仕，與种放、魏野遊，多篇什酬唱。澥弟濤，端拱初進士，知襄城縣，以政績聞。累遷監察御史，知虢州。

李若拙。萬年人。舉進士，擢上第。又登賢良方正直言極諫科，改著作佐郎。雍熙三年，假秘書監使交州。黎桓制度踰僭，若拙戒以臣禮，由是桓聽命拜詔盡恭。燕饗日以奇貨異物列於前，若拙一不留盼，帝謂其不辱命。歷知昇、貝二州，卒。子繹，幼謹愿。第進士，歷知華、貝、延等州，所至稱治。三知鳳翔府，終右諫議大夫。繹自以久宦在外，嘗作五知先生傳，謂知時、知難、知命、知退、知足也。

甄婆兒。鄠縣人。母劉爲同里董知政擊殺，婆兒方十歲，避仇徙居赦村。後數年稍長大，寒食具酒殽，詣母墳慟哭。歸取條桑斧置袖中，往見知政，以斧斫其腦殺之。有司以其事上請，太宗嘉其能復母讐，特貸焉。

惠從順。京兆人。十世同居。太宗時，詔表門閭。

張佶。渭南人。少有志節。咸平初，擢陝西轉運副使。至延安，遇夏入寇，親督兵擊敗之。歷爲麟府、益州、邠寧鈐轄。天禧中，拜西上閤門使，復爲涇原鈐轄。佶涉獵書史，勇敢善射，有方略。其總戎護塞，以威名自任。

元守全。長安人。五世同居。真宗時旌表，仍蠲其課調。

李仕衡。成紀人，後家京兆府。進士及第，調鄠縣主簿。田重進守京兆，命仕衡鞫死囚五人，活者四人，重進即其家謂曰：「子有陰施，此門當高大之。」寇準薦其材，累遷度支副使。歷河北、陝西轉運使，知天雄軍、青州，入爲三司使。仁宗初，拜尚書左丞，前後管計事二十年，才智過人。子丕緒，累官司農卿，居官廉静。家多圖書，集歷代石刻爲數百卷。

李仲容。萬年人。祖濤，仕漢拜平章事。仲容舉進士甲科，除大理評事，知三原縣。天聖中，累遷右諫議大夫，至户部侍郎。性醇易，不與物忤，與人言未嘗及勢利。三弟早卒，字其諸孤十餘人如己子，當世稱其長者。自集制草爲冠鳳集十二卷。

趙瞻。其先亳州永城人，徙盩厔。舉進士第，歷知萬全、夏縣、永昌，皆有善政。治平初，除侍御史。英宗遣内侍爲陝西諸路鈐轄，瞻請追還，責成守臣。吕誨等諫濮議罷去，瞻乞與同貶，遂通判汾州。神宗時，爲開封府判官，言青苗法不便。王安石欲瞻助己，使其黨餌以知雜御史，瞻不應，由是不得留京師。元祐初，累官同知樞密院事。所著有春秋論、史語牴牾論、唐春秋等書。

吕大忠。其先汲郡人，後家藍田。登第爲華陰尉、晉城令，歷僉書定國軍判官。熙寧中，王安石議立緣邊封溝，大忠陳五不可。使遼，議代北地，與之力争。元豐中，爲河北轉運判官，上生財養民十二事。河決蝗災，入對極論之。元祐中，知秦州，有治聲。後以寶文閣直學士知渭、同二州。致仕。

吕大防。大忠弟。由進士第，歷監察御史裏行。英宗時，首言紀綱賞罰，未厭四方之望。議濮王稱考，謂顧私恩，違公議，章累十數上。元豐初，知永興軍。神宗以慧星求言，大防陳三説九宜，累數千言。時用兵西夏，調度百出，有不便者輒上聞，務在寬民。及兵罷，民力比他路爲饒，供億軍需，亦無乏絶。元祐初，封汲郡公，拜尚書左僕射，兼門下侍郎，與范純仁並位，同心戮力，以相王室。進退百官，不可干以私，不市恩嫁怨，以邀聲譽，八年始終如一。後爲章惇等所搆，貶死。大防自少持重，無嗜好，兄弟同居相切磋，論道考禮，冠婚喪祭，一本於古。關中言禮學者推吕氏。紹興初，贈太師、宣國公，謚正愍。

吕大鈞。大防弟。中乙科，知三原縣。後爲鄜延轉運使從事，卒。大均從張載學，能守其師説而踐履之。冠婚喪祭，一本於禮，關中化之。尤喜講明井田兵制，悉撰次爲圖籍，可見於用。載每嘆其勇爲不可及。

吕大臨。大鈞弟。學於程頤。與謝良佐、游酢、楊時，在程門號「四先生」。通六經，尤邃於禮。元祐中，爲太學博士，遷秘書省正字。范祖禹薦其好學修身如古人，可備勸學，未及用而卒。

陳求道。咸寧人。登進士第。靖康間，判都水監。二帝出郊請和，求道力争之，不聽。金人立張邦昌，下令在京官不朝者死，求道竟不往。建炎四年，高宗命爲襄鄧隨郢鎮撫，未行，自咸寧挈家就食嘉魚。值亂兵起，乃之蒲圻，寓龍堂僧寺。招撫劉忠叛，一夕數千人麇至，驅求道至茗山，具酒食，奉爲主將，南走湖湘。求道正色厲辭，賊怒，殺其妻蔡及二子符、佺，求道駡愈厲，賊斫其口，拔舌斷之。獨符子凱，竄山谷得免。

劉化源。耀州人。紹興進士。建炎初，金兵陷關陝，化源知隴州，不肯降。城陷被執，使人守之不得死，遂驅入河北。鬻蔬菓隱民間者十年，終不屈辱。

劉長孺。耀州人。博州判官。與劉豫書，備陳祖宗德澤，勸以轉禍爲福。豫怒囚之百日，終不屈。紹興中，宣諭使周聿上之朝，詔赴行在，命轉兩官奉祠。其後金復渝盟，長孺之華陰，不屈而死。

李好義。下邽人。弱冠從軍，善騎射。開禧初，爲興州正將。吴曦叛，好義與其兄謀誅之，約立長史安丙以主事。遂率李貴等七十四人入僞宫，斬曦首，馳告安丙，宣詔，軍民拜舞，撫定城中，市不改肆。好義請乘時取關外四州，丙從之。十戰至山砦高堡，七日至西和，金西和節度使完顔欽奔遁，好義遂以中軍統制知西和州。曦將王喜遣其黨毒之，遂卒，居民號慟，如喪私親。贈檢校少保，謚忠壯。

金

蕭貢。咸陽人。大定中進士，累官翰林修撰。上書言擢真才，核功能，慎名器，重守令，然後政化可行，百事可舉。又論時政五弊，言路四難，詞意切至。歷户部尚書致仕。貢好學讀書，至老不倦。有註史記一百卷。

楊達夫。三原人。泰和中進士。有才幹，嘗主鄠縣簿，事一從簡，吏民樂之。達夫亦愛其山水之勝，因家焉。會有詔徙民東入關，達夫與衆行及韶，爲游騎所執，將褫衣害之。達夫挺然直立，曰：「我金國臣子，既爲汝所執，不過一死，忍裸袒以黷天日耶？」遂見殺。

元

李邦瑞。臨潼人。幼嗜學讀書，通大義。嘗被掠，逃至太原爲金將小史。穆呼哩攻下諸城堡，金將走，邦瑞率衆來歸。復居太原，守臣惜其材，具鞍馬遣至行在所。受旨使宋，道出蘄、黄，宋遣賤者來迎，邦瑞怒，叱出之。宋改命行人，乃議如約而還。從諸王庫春經略河南，凡所歷州郡，繪圖以進。授金符宣差軍儲使。「穆呼哩」舊作「木華黎」，「庫春」舊作「闊出」，今並改。

賀仁傑。鄠人。父賁，數從軍有功。關中兵後，積尸滿野，賁買地收瘞之。嘗於毁垣中得白金七千五百兩，持五千兩獻世祖以助軍。世祖即位，賜金符，總管京兆諸軍鄂囉。仁傑從世祖南征雲南，北征納延，皆著勞績。居中事上，知無不言，多所裨益，而言不外泄，帝深愛重之。帝欲選民間童女以充後宫，及有司買物，多非其土産，山後鹽禁，久爲民害，皆奏罷之。民爲之立祠。

爲上都留守，累加中書右丞。大德中請老。仁宗時，謚忠貞，追封奉元王。「鄂囉」舊作「奥魯」，「納延」舊作「乃顔」，今並改。

蕭𣄃。奉元人。性至孝。讀書南山者三十年，博極羣書，及門受業者甚衆。世祖辟侍秦邸，以疾辭。大德末，拜太子右諭德，入覲東宫，書酒誥爲獻。疾作歸。卒，賜謚貞敏。𣄃制行甚高，真履實踐，其教人必自小學始。爲文立意精深，一以濂洛考亭爲據。關輔之士，翕然宗之，稱爲一代醇儒。

韓擇。奉元人。天資超異，信道不惑。其教學者，雖中歲以後，亦必使自小學等書始。曰：「人不知學，白首童心。且童蒙所當知，而皓首不知，可乎？」擇尤邃理學，有質問者，口講指畫無倦容。士大夫游宦過秦中，必往見擇。世祖嘗召之赴京，疾不果行。及卒，門人爲服緦麻者百餘人。

同恕。奉元人。父繼先，博學能文，同居二百口無間言。恕年十三，以書經魁鄉校。仁宗時，三召不起，領魯齋書院教事，先後來學者千數。後以太子左贊善召，入見東宫，歷陳古誼，盡開悟涵養之道。英宗初，以疾歸。其學由程朱上遡孔孟，教人曲爲開導。平居雖大暑，不去冠帶。事異母如所生，父喪哀毀至目疾。自京還，家居十三年，縉紳望之若景星麟鳳，鄉里稱爲先生而不姓。卒，贈翰林直學士，謚文貞。

楊恭懿。奉元人。力學强記，書無不讀，尤深於易象、春秋。後得朱子集註四書，歎曰：「人倫日用之常，天道性命之妙，皆萃此書矣。」父殁，水漿不入口者五日，居喪盡禮。至元中，與許衡俱被召，恭懿不至，太子下教中書聘之，乃至。尋歸田里。後召於太史院改曆，授集賢學士，兼太史院事，辭歸。

蕭道壽。興平人。家貧，鬻筬以自給。母年八十餘，道壽事養盡禮。每日候母起，夫婦親侍盥櫛。日三飯，必待母食，然後退就食。至夕，必待母寢，然後退就寢。出外必以告，母許乃敢出。母或怒，欲罰之，道壽自進杖，伏地以受。杖足，母命起，起復再拜謝違教，拱立左右，俟喜色乃退。母嘗有疾，醫累歲不能療，道壽刲股肉啖之而愈。至元八年，詔賜羊酒表其門。

第五居仁。奉元人。師蕭𣄃、同恕，博通經史，躬率子弟致力農畝，而學徒滿門。雅量能容人，嘗行田間，遇有竊桑者，居仁輒避之。鄉里高其行義，率多化服。游其門者，學明行修。及卒，門人私謚靜安先生。

侯均。奉元人。父母早亡，獨與繼母居，賣薪以給奉養。積學四十年，羣經百氏，無不淹貫，名震關中。用薦者起爲太常博士。後以上書忤時相意，即歸田里，不復仕。

賀勝。仁傑子。嘗從許衡學，通經傳大義。年十六，入宿衛，凝重寡言，世祖甚器重之。納延叛，帝親征，勝直武帳中，雖親王不得輒至。勝傳旨飭諸將詰旦合戰，矢交帳前，勝立侍不動。帝一日獵還，勝參乘，伶人蒙采毳作獅子舞以迎，駕輿象驚，奔逸不可制。勝投身當象前，後至者斷靷縱象，乘輿乃安。大德中，代父仁傑爲上都留守，民德之，爲立祠上都西門外。後爲丞相特們德爾所害。至正中，追封涇陽王，謚忠宣。子惟一，中書左丞相，監修國史。「納延」改見前。「特們德爾」舊作「鐵木迭兒」，今改。

李子敬。三原人。嫁不能嫁者五十餘人，葬不能葬者五十餘喪，焚逋券四萬餘貫。大德中旌之。

劉德。奉元人。父娶後妻何氏，德事之如所生。家貧，傭工取直，寸錢尺帛皆上之。四弟並何出，德撫愛尤篤。年五十未娶，稱貸得錢，先爲弟求婦。諸弟亦化其德，一門藹然。

明

張紞。富平人。洪武中，舉明經。歷官雲南左布政使，凡十三年，治行爲天下第一。建文時，召爲吏部尚書，所選用皆當其才。成祖即位，紞自經於吏部後堂。

李昶。涇陽人。洪武中，由鄉舉歷官户部郎中。成祖即位，命安撫北平郡縣，綏輯有恩。北京設行部，用爲侍郎。行部廢，調官户部。嘗扈從北征，轉運不絕。宣德中，進尚書，專督倉場，勤恪不懈，廉正有守，爲朝論所重。

高士文。咸寧人。永樂初，累戰功進都督僉事。從張輔征交阯，黎季犛既擒，餘黨竄七源山谷中，士文率所部圍其砦。砦垂破，賊突走，士文追與戰，中礮死。所部復追之，賊遂潰。朝廷念士文功，追封建平伯，命其子福嗣爵。

楊鼎。咸寧人。正統中，舉鄉、會試第一，殿試第二，授編修。景泰中，由中允超擢户部侍郎。成化時，進尚書。掌國計十餘年，持身廉謹。卒，贈太子太保，謚莊敏。子時暢，官侍講學士，多識典故，有用世才。時敷，廬墓被旌，官兵部司務。

王恕。三原人。正統進士，選庶吉士。知揚州府，以治行最，超遷江西右布政使。成化初，擢副都御史，巡撫荆襄，移撫雲南，劾中官錢能交通安南，直聲動天下。改掌南京都察院，參贊機務，進兵部尚書。又巡撫江西，復改南京兵部尚書。先後應詔陳言者二十一，建白者三十九，皆力阻權倖，天下傾心慕之。時爲謡曰：「兩京十二部，獨有一王恕。」由是貴近側目，遂致仕歸。孝宗立，召爲吏部尚書，益以身任國事，一時正人及賢才久廢者，拔擢恐後。弘治二十年間，衆正盈朝，號爲極盛者，恕之力也。當時稱名臣必首恕。晚年究極聖學，著石渠意見，多前賢未發。卒年九十三，贈太師，謚端毅。

姚顯。咸陽人。正統中，以鄉舉入太學。初，王振修大興隆寺，奉僧楊某爲上師，儀從侔王者。景泰時，顯上疏切諫。後爲齊東知縣，移武城，公廉剛正，用薦擢太僕丞。

邢簡。咸寧人。少力學，有志尚。登景泰進士，知真定府，治行稱最。成化中，爲順天府尹，亦有聲。終户部右侍郎。爲人廉介强明，卒之日，囊無餘貲，士大夫莫不賢之。

張漣〔一七〕。醴泉人。少孤。祖繼殁，漣年十二，每晨起詣墓所哀號，閲三年不改。負土營墳，有白鵲巢其旁，乳哺不驚。母殁，亦廬墓終喪。天順初旌。

李錦。咸寧人。受業於周蕙，獲洛、閩之學。天順中，以鄉舉入太學，爲祭酒邢讓所知，令諸子受業。及讓坐事下吏，錦率衆抗章，白其非辜。幼喪父，事母色養，執喪盡禮。巡撫余子俊欲延爲子師，錦以齊衰不入公門，固辭。所居僅蔽風雨，布衣糲食，義不妄取。成化中，授松江同知，卒於官。

駱森。涇陽人。爲諸生，親喪身營冢域，廬其旁，泣血五載。成化中旌。

薛敬之。渭南人。五歲好讀書。長從秦州周蕙游，雞鳴輒灑掃設座，跪而請教。成化初，以歲貢生入國學，與同舍陳獻章並有名。會父母相繼殁，號哭徒行大雪中，遂成足疾。母嗜韭，終不食韭。授應州知州，課績爲天下第一。弘治時，遷金華同知，致仕卒。所著有道學基統、洙泗言學録、爾雅辨音、思菴野録。

雍泰。咸寧人。成化進士，知吴縣，有治行。擢御史，歷山西按察使，浙江布政使，宣府巡撫。所至好擊强豪，恤貧弱。坐事奪職。正德初，起前官，擢南京户部尚書。太監劉瑾，泰鄉人也，怒泰不與通，甫四日，即令致仕。瑾誅，復官。泰奉身儉素，爲尚書，無緋衣。及卒，家人始製以斂。天啓中，謚端惠。

梁澤。三原人。初爲縣掾，令閲其所書牘，奇之，俾就學。成化中，成進士，以庶吉士改御史。巡按貴州、山東，彈劾無所避，爲忌者所中，謫茶陵知縣。歷浙江參政，所至以廉惠稱。

李崙。咸寧人。成化進士，知屯留縣，治行爲山西最。擢户部主事，歷郎中，積弊盡革，累遷河南左參政。崙制行高，優經濟。既殁，妻子不能自存，詔有司月給米一石。

張鼎。咸寧人。父廉，知蒲州，鼎從之任。受業於河東薛瑄，能恪守其師説。成化中，舉進士，歷刑部員外郎。見其鄉邊事日殷，水旱繼作，因陳八事，多採納。遷知太原府，大得民和，賜誥旌異。弘治初，以右僉都御史巡撫保定。鼎操行潔素，所至務惠民。以所部多盜，令屬府縣沿途築牆禦之，民久而蒙其利。終户部侍郎。

楊宏。西安左衛人。成化中，嗣世職，爲本衛指揮使。弘治初，掌衛事，練士馬，均力役，抑豪强，軍政清肅。累進總兵官，鎮成都，擒大盜鄢本恕，破方四，擊敗廖麻子、曹甫於營山、蓬州間。世宗初，督漕運，鎮淮安，多所釐正，淮人德之。終僉書南京中府。

王承裕。恕子。七歲能詩，弱冠著太極動静圖説。弘治中，舉進士。恕致政，承裕即告歸侍養。起授兵科給事中，出理山東、河南屯田，多善政。武宗立，遷吏科都給事中，以言事忤劉瑾，罰米輸塞上。嘉靖時，累官南京户部尚書，清逋税一百七十萬石，積羨銀八萬四千餘兩，帝手書「清平正直」褒之。

張璉〔一八〕。耀州人。由進士擢御史，巡按湖廣，劾治劉瑾黨總兵毛倫罪。武宗駐蹕太原，有儀賓坐殺人繫獄，賄江彬，彬矯詔赦之，璉奏論如法。歷官户部侍郎，忤張孚敬，乞休歸里居。布衣徒步，常獨行，爲執鞭者所擊，既知爲璉也，叩頭謝，璉笑而遣之。

熊玻。涇陽貢生。親喪廬墓，賊過不忍犯。弘治中旌，後官獲鹿知縣。

周尚文。西安後衛人。幼讀書，粗識大義，多謀略，善騎射。年十六，襲指揮同知，屢出塞有功，進指揮使。嘉靖時，累鎮涼州、寧夏、山西、延綏，皆有破賊功，用薦爲東官廳聽征總兵官，兼僉後府事。嚴嵩子世蕃，爲後府都事，驕蹇無狀，尚文面叱，將劾奏之。嵩亟謝得免，調世蕃治中以避尚文，銜刺骨。尋出鎮大同，與總督翁萬達等戮力封疆，規畫戰守甚備，邊民息肩者數年。累功加太保，兼太子太傅。尚文清約愛士，得士死力。善用間，知敵中曲折，故戰輒有功，威名最盛。嚴嵩父子時謀傾陷，而尚文功高，帝方向之，讒不得入。及卒，格恤典不予。穆宗立，始贈太傅，謚武襄。

吕柟。高陵人。正德初，進士第一，授修撰。劉瑾以鄉人致賀，卻之。已疏請武宗還宫，御經筵，親政事，益忤瑾，遂引疾去。瑾誅，還朝，上敬學疏，復應詔陳六事，皆切時政。以父病解職歸。世宗嗣位，首召柟，上疏勸帝勤學爲新政之助。以論大禮下詔獄，謫解州判官。累遷南京禮部右侍郎，忤夏言致仕。柟受業渭南薛敬之，接河東薛瑄之傳，學以窮理實踐爲主。官南都，與湛若水、鄒守益共主講席，東南士人多出其門。仕宦三十餘年，家無長物，終身未嘗有惰容。及卒，里中爲罷市，四方學者皆設位持心喪。後贈禮部尚書，謚文簡。

杜鸞。咸寧人。正德末進士，授大理評事。嘉靖初，争大禮，杖午門外。長沙盜李鑑行刼被獲，席書撫湖廣，劾知府宋卿故入鑑罪，逮至京。鸞會御史訊無異詞，因劾書以惡卿故爲鑑奏辨。又李福達之獄，鸞司其牘，力斥郭勛奸邪，已而桂萼等力反前獄，鸞坐除名。

馬理。三原人。從王恕游，由鄉薦入國學，名重都下。安南使者至，問關中馬理先生何在。正德中，舉進士，擢吏部主事，偕郎中張衍瑞等諫帝南巡，詔跪闕門予杖。嘉靖初，爲員外郎，争大禮，再予杖。遷考功郎。劉瑾黨人莊繹以瑾敗落職，至是求復，理力持不可。大計外吏，大學士賈詠、尚書廖紀以私憾欲去副使魏校、蕭鳴鳳、唐龍，理力争乃止。歷南京光禄卿，致仕。理學行純篤，與吕柟並爲關中所宗。隆慶初，贈右副都御史。天啓初，追謚忠憲。

張原。三原人。正德中進士。授吏科給事中，疏陳汰冗食、慎工作等六事，權倖惡之，謫新添驛丞。嘉靖初，復官。南安伯毛良殺其子，錦衣指揮朱宸等多違縱，原劾之，皆奪職。前後章數十上，不避權貴，時號敢言。尋以争大禮，伏左順門哭諫繫獄，再受杖而卒。後贈光禄少卿。

許宗魯。咸寧人。正德中進士，擢御史。巡按宣大，劾武定侯郭勛、太監蕭敬，時以爲敢言。累遷右僉都御史。巡撫保定，又撫遼東，在任多所建置。

裴紹宗。渭南人。正德中進士，知海門縣。武宗南巡，受檄知江都縣，貴倖憚之，供億大省。擢兵科給事中。疏請世宗法祖定制，并請日御便殿，親儒臣，帝嘉納之。帝欲加興獻帝皇號，紹宗力諫，尋以争大禮受杖卒。後贈光禄少卿。

盧紳。咸寧人。嘉靖初進士，知遂寧縣，有異政。歷荆南副使、貴州按察使，終南京户部尚書。居官務修實政，以孝友恭儉稱於鄉。

雒昂。三原人。嘉靖初進士。擢吏科給事中，劾大學士張孚敬，復劾左都御史汪鋐，已薦致仕尚書羅欽順、趙璜等，屢忤旨。歷右副都御史，巡撫河南。會鈞州知州陳吉發徽王過失，王自訟，帝怒，逮吉及昂，竟死杖下。隆慶初，贈户部右侍郎。

王準。世籍秦府儀衛司。嘉靖初進士，擢禮科給事中。巡視京營，劾郭勛等恣罪。又劾張璁、桂萼引用私人，璁、萼罷，準亦下吏，謫富民典史，稍遷知縣。都御史汪鋐希璁旨，以考察罷之。

楊爵。富平人。年二十始讀書，家貧燃薪代燭。從朝邑韓邦奇游，以學行名。嘉靖中，舉進士，授行人。帝方崇飾禮文，爵上言臣奉使湖廣，見民挈筐操刃，割道殍食之，假令周公制作盡復於今，何補老羸饑寒之衆。奏入，被俞旨擢御史。以母老乞歸，母喪廬墓，冬月筍生。推車糞田，妻饁於旁，見者不知其爲御史也。服闋起故官。時郭勛用事，歲頻旱，帝日夕建齋醮，經年不視朝。爵上疏極諫，帝震怒，立下詔獄搒掠，血肉狼籍，關以五木。周天佐、浦鋐以救爵先後箠死，無敢言者。歷五年得釋，抵家甫十日，復逮繫獄，又三年始還。後贈光禄卿，謚忠介。

呂潛。涇陽人。父應祥，禮科給事中。潛從學於高陵呂柟，柟甚重之。生平言行，一以柟爲法。母病革，欲識其婦面，命之娶，潛娶而不婚。嘉靖中舉於鄉，與里人郭郛講學谷口洞中，從游者甚衆。薦授國子學正，舉行柟爲祭酒時學約。遷工部司務，卒。郛，嘉靖中舉人，學以持敬爲主，官終馬湖知府。又同邑張節，從湛若水、呂柟游，柟稱其守道不歸。

魏學曾。涇陽人。嘉靖中進士，累遷右僉都御史，巡撫遼東，有治績。入歷吏部左侍郎。穆宗崩，大學士高拱被逐，學曾獨曰：「上踐祚伊始，奈何輒逐顧命大臣？」忤張居正，出爲南右都御史，被劾歸。居正歿，起南京户部右侍郎，召爲右都御史，督倉場，尋以南京户部尚書致仕。後復以兵部尚書總督陝西、延寧、甘肅軍務。布巴反，賜尚方劍督戰，檄諸將復河西諸堡，圍賊於寧夏鎮城，決黄河水灌之。功無成，被逮奪職，踰月而賊平，詔復原官致仕。「布巴」舊作「哱拜」，今改。

鄒應龍。長安人。嘉靖中進士，由行人擢御史。時嚴嵩專政久，廷臣攻之者輒得禍，皆莫敢言。應龍上疏乞斬世蕃而黜嵩，帝遂勒嵩致仕，下世蕃等詔獄，擢應龍通政參議。遷太常卿，省牲北郊，劾太監馮保僭肆。隆慶初，以副都御史總理江南、江西鹽屯。黔國公沐朝弼驕恣，改應龍兵部右侍郎巡撫雲南，至則發其罪，朝弼竟被逮。萬曆初，馮保修郤，削籍卒。尋復官。

孫丕揚。富平人。嘉靖中進士。隆慶初，歷大理丞，以嘗劾高拱，爲拱黨誣劾落職。拱罷，復官。萬曆初，擢僉都御史巡撫保定，境内大治。以忤張居正及中官馮保，引疾歸。起歷户部侍郎。河北大饑，言於帝，罷諸加派。遷刑部尚書，獄無滯囚。改五歲恤刑之制，爲歲一舉行。又條上省刑罰各三十二事，自是刑獄大減。改左都御史，拜吏部尚書。始創掣籤法，凡大選急選，悉聽其人自掣，請寄無所容。以數請起廢弗納，遂歸。帝念丕揚廉直，召起故官，黜陟咸當，而諸不得志者深銜之。所薦耆舊名臣，又不用，力求去。卒贈太保。天啓初，謚恭介。

李世達。涇陽人。嘉靖中進士，爲吏部郎中，有名。萬曆中，歷右副都御史，督漕運，遷南兵部侍郎，進尚書，參贊機務，俄召爲刑部尚書。遇事敢於執奏，出入平允。改左都御史，勸帝容納讜言，又請建儲。與吏部尚書孫鑨同主京察，斥政府私人殆盡。乞休歸。世達練於事體，直而不激，通而不隨，有古大臣風。卒，謚敏肅。

王之士。藍田人。嘉靖中舉於鄉。潛心理學，嘗爲養心圖、定氣説，書之座右，閉關不出者九年。敦行吕氏鄉約，鄉里化之。祭酒趙用賢薦於朝，授國子博士，除目下而之士已卒。

温純。三原人。嘉靖末進士，歷兵科都給事中，謇諤敢言。出爲湖廣參政。萬曆中，累遷左都御史，極諫礦税之害，請盡捕言利奸人，亟撤税監之害民者，不報，乃率諸大臣伏闕泣請。帝震怒，問誰倡者，對曰：「都御史臣純。」帝爲霽威。已而税使多激變，純又抗疏言之。以力争妖書楚藩事，與沈一貫忤，羣小攻詰不已，力求去。純清白奉公，五主南北考察，澄汰悉當。肅百僚，振風紀，時稱名臣。卒，贈少保，謚恭毅。

雒遵。涇陽人。嘉靖末進士，歷吏科都給事中。神宗初，馮保竊權，帝每御殿，保輒侍立御座，遵劾其無禮。尋以劾兵部尚書覃綸，謫浙江布政使照磨。保敗，累遷光禄卿，改僉都御史，巡撫四川。

孫瑋。渭南人。萬曆中進士，擢兵科給事中。劾中官魏朝及東廠辦事官鄭如金罪，下詔獄。又劾福建巡撫勞堪貪虐，堪免官。皆馮保黨也。歷右副都御史，巡撫保定，救荒恤民，治聲大著。三遷倉場尚書，兼攝户、兵二部事。瑋言：「臣所知大僚呂坤、劉元震等，庶僚鄒元標等，皆堪任用，何必以纍纍三印悉畀之臣。」弗聽。歷兵部尚書，掌左都御史事，予告。天啓初，召拜刑部尚書，改吏部，再掌都察院事。疾篤，上疏薦諸正人，勸帝修德。卒，贈太子太保。魏忠賢用事，追誥命。崇禎中，復還之。謚莊毅。

南企仲。渭南人。祖大吉與叔祖從吉皆進士，子孫科第相繼。企仲萬曆中進士，以祖母年高，請終養。爲張居正所惡，下撫按推問。已授刑部主事，客寓貲其家，夫婦並歿，呼其子還之。吏部尚書孫丕揚以爲賢，調爲己屬。歷文選郎，遷太僕卿。帝免礦税，釋囚，録建言貶斥諸臣，既而悔之。企仲請如詔奉行，帝大恚，詔落一官，尋削籍。天啓時，起太常卿，至南京吏部尚書致仕。李自成陷渭南，企仲時年八十三，遇害。子居業，禮部主事，亦不屈死。

張問達。涇陽人。萬曆中進士，擢給事中，累疏請停礦税。以右僉都御史巡撫湖廣，政聲甚著。召拜刑部侍郎，歷左都御史，受光宗顧命。天啓初，遷吏部尚書，連掌内外大計，悉叶公論。梃擊、紅丸、移宫三案，並經其手，持論平允，不激不隨。乞休歸。魏忠賢誣以贓私，削職下吏按問，尋卒。崇禎初，贈太保。

雒于仁。遵子。萬曆中進士，歷大理評事。疏獻酒色財氣四箴以諫，帝怒斥爲民。天啓初，贈光禄少卿。

馮從吾。長安人。萬曆中進士，改庶吉士，授御史。見帝怠於政事，抗疏進諫，被斥歸。杜門謝客，取先正格言，體驗身心，家居二十五年。光宗踐阼，起尚寶卿。天啓初，進副都御史。廷議三案，持論公正，羣小惡之。已與鄒元標共建首善書院，講學其中，給事中朱童蒙等力詆之。再疏引歸。召拜工部尚書，力辭，予致仕。魏忠賢擅國，遂削籍，尋卒。崇禎初，贈太子太保，謚恭定。從吾學宗程朱，志行純粹，立朝光明俊偉。學者稱少墟先生。

史記事。渭南人。萬曆中進士，擢御史，敢諫有聲。歷光禄少卿，以觸時忌罷歸。蕭然四壁，講學著書，諸經皆有考訂。富平田時震疏薦之，不果用而卒。

來復。三原人。萬曆中進士，歷淮揚僉事。魏忠賢建祠，復不往拜。終山西右布政使。性絶穎，詩文援筆立就。書畫之外，諸琴棋劍器、百工藝術，寓目即能。有詩集十餘卷。

王國。耀州人。萬曆中進士。爲御史，出視畿輔屯田，清成國公朱允禎等侵田九十餘頃。已極論中官馮保罪，保被斥，出爲四川副使，後巡撫保定，以剛介著。

王圖。國弟。萬曆中進士，改庶吉士，授編修。妖書事起，沈一貫欲有所羅織，圖引古誼規之。屢進詹事、吏部侍郎。時門户分争，圖爲東林推重，故黨人攻去之。天啓初，起禮部尚書。卒，謚文肅。

丘民仰。渭南人。萬曆中舉於鄉，歷知東安、新城二縣，治聲甚著。擢御史，號敢言。出爲天津副使，調大同，遷永平右參政，移督寧前兵備。以善理劇，頻移要地。擢右僉都御史，巡撫遼東。松山之敗，民仰死之，贈右副都御史。本朝乾隆四十一年，賜謚忠節。

陶爾德。咸寧人。萬曆中進士，歷任四川川北道參議。崇禎十六年，由川歸陜，途遇流賊攻長安，遂分守東城。城陷，爾德駡賊不屈死。本朝乾隆四十一年，賜謚烈愍。

祝萬齡。咸寧人。父世喬，有至行。以父遠游不歸，年十五，即獨身訪求，歷數千里，屢頻死，卒得之。後由選貢生，爲南康通判，以清慎著。萬齡從鄉人馮從吾遊，舉進士，知保定府。天啓六年，魏忠賢毁天下書院，萬齡嘆息，其黨李魯生劾之，落職歸。崇禎初，起知黄州，集諸生講學，時號「關西夫子」。遷河南按察使副使，與山西監司夾擊水峪回賊，焚其巢。尋罷歸。及流賊陷長安，萬齡趨至關中書院，哭拜先聖，投繯死。同時有懷慶通判竇光儀、儀封知縣徐方敬、芮城知縣徐芳聲、舉人宗室朱誼枲，皆里居，城破並投水死。本朝乾隆四十一年，並賜謚節愍。

張耀。三原人。萬曆中舉於鄉，知聞喜縣。崇禎中，歷官貴州布政使，所至以和厚得民。張獻忠死，其餘黨率衆攻陷貴州，執耀欲降之。耀怒詈不屈，賊殺之，并殺其家屬十三人。本朝乾隆四十一年，賜謚烈愍。

南居益。從吉曾孫。萬曆中進士，授刑部主事。歷任副都御史，巡撫福建。海外紅毛夷據澎湖爲亂，居益討平之。遷工部侍郎，總督河道。魏忠賢銜其敘功不及己，格其賞。尋削籍歸。李自成陷渭南，擁之去，加炮烙，終不屈，絶食死。本朝乾隆四十一年，賜謚烈愍。

袁養和。盩厔人。萬曆中舉於鄉，知屏山縣，歷雲南副使。後歸里，流賊徵之，不屈，絶粒死。本朝乾隆四十一年，賜謚節愍。

焦源溥。三原人。萬曆中進士，以知縣入爲御史。熹宗初，移宫議起，刑部尚書黄克纘請寬盗寶諸奄，源溥抗疏折之，語皆切至。崇禎初，分巡河東，遷寧武，數有平寇功。歷僉都御史，巡撫大同，歲饑餉缺，屢請於朝，不應，遂自劾求去。尋罷歸。李自成陷關中，被執脅降，源溥瞑目大罵，賊拔其舌，支解死。從兄源清，萬曆中進士。崇禎時，累官宣府巡撫。與源溥同被執，均抗節不食死。本朝乾隆四十一年，賜源溥謚忠節，源清謚節愍。

宋師襄。耀州人。萬曆中進士。天啓初，官御史，請罷内操。又請減上供，汰冗官，覈營造，省賞賚，羣閹不便，格不行。尋命客氏及魏忠賢等十二人世襲錦衣，師襄抗疏力諫。巡按河南，懲貪舉廉，政績甚著。忠賢恨之，貶秩歸。崇禎中，官太常卿致仕。闖賊陷州，不屈死。本朝乾隆四十一年，賜謚忠節。

王徵。涇陽人。以孝義聞。天啓中進士，歷廣平、揚州推官，皆有聲。崇禎中，爲遼海道監軍僉事，節制東江。坐事讁戍，尋釋歸。聞流賊陷京師，慟哭絶食七日卒。本朝乾隆四十一年，賜謚忠節。

李喬崑。高陵人。天啓中進士，知洪洞縣。後歸里，流賊入關，欲汚以僞職，拒不受，望闕再拜死。本朝乾隆四十一年，賜謚節愍。

武大烈。臨潼人。天啓中舉於鄉。崇禎中，知永寧縣。李自成陷永寧，執大烈，以同鄉欲活之，大烈不屈，被燔灼以死。本朝乾隆四十一年，予祀忠義祠。

田時震。富平人。天啓中進士。崇禎初，擢御史，屢忤吏部尚書王永光，出爲江西參議，歷山西參政，罷歸。流賊陷富平，欲授以僞職，不屈死。本朝乾隆四十一年，賜謚節愍。

朱崇德。富平人。子國棟，天啓中進士。爲給事中，多所彈劾。累官兵部右侍郎。崇德居鄉有厚德，嘗出積粟賑飢民。流賊陷富平，驅崇德往長安，中道稱病，僵卧不起。賊見其老，以爲果病，聽之歸。崇德曰：「始吾所以隱忍者，爲九族計耳。今得死所矣。」乃北面再拜，自縊而死。本朝乾隆四十一年，賜謚節愍。

宋緒湯。耀州人。崇禎中諸生。流賊陷城，被獲，大罵死。本朝乾隆四十一年，予祀忠義祠。

杜必殿。咸陽人。諸生。事繼母孝。讀書授徒，以名節相砥礪。崇禎間，流賊陷咸陽，併執其父，必殿設計脱之，父得免。賊奇之，逼令降，必殿不屈死之。

本朝

梁化鳳。長安人。順治初，由武進士授山西高山衛守備。從征姜瓖有功，累遷崇明總兵官，擊走海賊張名振，築沙隄以捍城。改鎮蘇州，大破鄭成功於江寧。以功進太子太保、左都督，提督江南軍務，授三等男世職。卒贈少保，謚敏壯。子鼐，由父蔭歷官浙閩總督。

梁加琦。三原人。順治初，以將材隨征，充前鋒，取太原，授游擊。大兵征蜀，以運餉勞，遷副將。率兵歸山東，擒斬僞總兵陳貴榮等。康熙初，擢四川總兵官，剿平西山賊。攻太昌賊袁宗第，搗其巢，復招降僞新化伯馮起鳳。剿賊黨於巫山，賊首劉二虎自縊。子世勳，以父廕歷官安徽巡撫、户部左侍郎。

焦之雅。三原人。明僉都御史源溥子。源溥爲李自成所害，之雅與弟之夏冒死求父尸，歸葬畢，棄家隱華山。之夏亦隱處終身。同縣諸生房廷詳，父建極，明末官兵部主事，歸里。李自成陷關中，建極入都赴難。廷詳時年十五，易道士服，從父間關避賊，走數千里，抵京畿，而京師已陷，乃輿父歸。未幾建極卒，既葬，廬墓終身。

王景。其先延川人。明末避兵，徙盩厔。康熙初，以都司出師達州，有功，洊陞雲南右鎮總兵。景忠勇出羣，剿保寧，復重慶，定滇南，皆與有功。康熙三十一年致仕。性至孝，置田宅以收族人，五服内無饑寒者。邑建書院，復捐田以助膏火。卒，祀鄉賢。

周熛。臨潼人。順治初舉於鄉，爲寧遠教諭。回賊擾河西，僞檄至，熛率諸生立碎之，諭衆堅守。以薦授知梓潼縣，撫綏流移，有惠政。遷雷州府同知，招降劇盗王之瀚等。官至鳳陽知府。弟燦，順治中進士。由刑部主事奉使安南，及還，記其山川風俗以獻。出守南康，設船以拯覆溺，修白鹿洞書院。督學四川，奏請土司子弟亦准入學。所著有願學堂集。

張炯。鄠縣諸生。順治二年，賀珍陷城，父被執，炯奮身捍衛，爲賊所殺。又諸生王先身，性耿介，好學博古。賊至，負母閻氏避難，爲賊所獲，俱遇害。

楊在陛。三原人。順治中進士，知扶溝縣，招徠流亡，誅斬巨盜。在任數年，民皆安業。

孫一鶚。富平人。舉武鄉試。順治中，累遷廣東水師總兵官。李定國犯廣東，攻圍新會，一鶚以舟師守江門。會陳奇策從海上突至，一鶚率兵大戰，衆寡不敵，遂歿於陣。贈太子太保，賜祭葬，仍月給米恤其家。

王承祖。渭南人。順治初舉於鄉，知晉江縣，捍禦海寇，邑賴以安。擢兵部主事，累遷工部侍郎〔一九〕。歲饑，罄貲賑濟，全活甚衆。

毛奇。盩厔人。明末，流賊翻山鷂等行刼至縣，奇以鄉勇應募，先登陷陣，殺賊無算。順治初，從總督孟喬芳入蜀勦寇，勇冠一時，以功授重慶都司。病免歸，卒年一百歲。

党國虎。富平人。父普寬，兄廉生，並爲族子國孝所殺，國虎幼未能報。順治九年，國虎年二十一，乃誘國孝於野，并其子撾殺之，詣縣自告。縣官欲生之，國虎曰：「父兄讐雪，吾事畢矣。」遂自經。知縣郭傳芳，以其事與唐梁悦相類，爲建孝義祠，肖象祀之。又同縣諸生唐文昭，父歿，爲後母所逐。獨居肆力於學，益盡子道，母卒悔悟，呼歸。家貧甚，鄉人重其學行，常斂粟贍之。傳芳並祀之孝義祠。

陳有虞。富平人。順治中進士，知仙游縣。海寇陷漳泉，有虞募鄉勇固守，賊來攻，屢擊敗之。城陷，率餘兵巷戰，中箭死。家人趙啓遜等十四人皆死焉。贈福建按察司僉事，賜祭葬。

邵廷儀。咸寧人。順治中舉於鄉，授清澗教諭，遷靖遠衛教授。王輔臣叛，僞檄促各官盡銷舊印，廷儀獨懷印，以死自誓。事平，擢知香山縣，有善政。

梁鋐。三原人。順治中進士，選庶吉士，改給事中，指陳得失無所避，累擢倉場侍郎。持身廉潔，歷官三十年，有勸置田宅者，輒笑謝之。丁父憂，悲泣傷目。母歿，哀毁愈甚，遂失明。子澂之，亦有孝行，以母喪哀毁卒。

劉元勳。咸陽人。七歲喪父，哀戚如成人。事祖母及母以孝聞。順治中進士，選庶吉士，以祖母年老，請歸終養。後官山西參議，有善政。

任璣。涇陽人。順治中進士。知滕縣，行保甲，清賦税，邑大治。擢兖州府通判，改運河同知，疏渠築隄，運道無阻。遷長蘆運使，鹽政多所釐剔。終直隸守道。

李念慈。涇陽人。順治中進士，知直隸新城縣。康熙十七年，舉博學宏辭。性好吟咏，喜遊覽，足迹幾徧天下。所居曰谷口，著有谷口山房集十卷。

王焯。三原人。康熙初進士。知阜城縣，行均稅法，豪民不敢匿賦。擢刑科給事中，尋掌吏科，歷僉都御史、太常卿，皆著清聲。

梁鳳翔。咸寧人。少孤，事母有孝行。康熙中進士，知孝感縣，擢知潞安府，皆有惠政。又同縣呂大猷，順治中進士，歷官兵部郎中。以母老乞歸侍養，母殁，遂不復出。居鄉清介退讓，不入城市，時稱篤行君子。

常日暄。三原人。康熙十四年，慶陽土寇作亂，犯涇原，攻馮家堡。日暄率鄉兵十八人往援，殺賊數十人，衆寡不敵，皆戰死。馮家堡獲全。

李因篤。富平人。年十一爲諸生，肆力爲古文辭，尤長於詩詞歌賦。康熙十七年，舉博學鴻詞，授翰林院檢討，纂修明史。尋以母老屢疏乞歸，母殁，遂不復仕。性敏絶，博極羣書，好汲引後學。有文集十五卷，詩集三十五卷，廣韻正四卷。

孫枝蔚。三原人。博學工詩。明末，流賊亂關中，枝蔚結鄉曲壯士討賊，不果，去客揚州。康熙中，舉博學鴻詞，以年老授内閣中書舍人歸。所著有溉堂集。同邑貢生杜恒燦，亦以詩文名。

殷化行。咸陽人。康熙中，以武進士爲火器營守備。從大將軍圖海收復川陜，積功授三屯營副將，擢臺灣總兵官。時臺灣未有城，化行令所部人致樹一株，立爲木城，并令諸營俱建，以資防衛，遂爲海外重地。移鎮襄陽，改寧夏。三十四年，領兵與大將軍費揚古出塞，擊破噶爾丹於昭木多，以功授世襲雲騎尉。尋提督廣東軍務，討平諸洞叛蠻，致仕歸。

陳嘉績。三原人。康熙中，以舉人知濬縣，有惠政。再知澄海，禦海寇有功，擢御史。官終大理寺少卿。

李顒。盩厔人。父可從，明末從總督汪喬年征流賊，戰死襄城。母彭氏，賢明有志節。顒少好學，篤信宋儒諸書，以明體達用爲主。性至孝，母殁，哀毁幾絶。服除，訪父遺骸於襄城，不獲，爲位慟哭，招魂而歸。康熙十二年，總督鄂善聘主關中書院，與諸生講明正學，先後奉詔特徵，以疾辭。四十二年，聖祖仁皇帝巡關中，召之，顒已衰老，遣子慎言詣行在陳情，并進所著二曲集、反身録，御書「操志高潔」以賜之。年七十九卒，人稱二曲先生。游其門者，多以學行聞於時。

劉曾。臨潼人。康熙中進士，知溆浦縣，擢吏部主事，遷郎中，有廉名。出知貴陽府，治行爲當時最。官至雲南按察使。

王心敬。鄠縣人。少孤，母李氏矢節教養，一言一動，必勗以古聖賢成法。年二十五，從李中孚學，根究「尊德性、道問學」宗旨，凡十年而後歸。建二曲書院，與從遊者講學其中，一以明體達用爲主。著書十六種。卒，祀鄉賢祠。

李麟。其先延安人，徙咸陽。從勇略將軍趙良棟征吴三桂，以功累擢張家口游擊，遷化林營參將。打箭爐蠻人恃險不服，麟至，列狀請討，盡平之，陞副將，就擢總兵官。大兵西討策妄阿喇卜坦，麟與諸將擊敗賊將策凌敦，西藏平，遷固原提督。雍正元年入朝，授内大臣鑾儀使。以年老乞歸。

張大齡。長安人。幼孤，事母孝。家貧業醫，母病篤，百計療之，日夕籲天，遂愈。康熙中旌。同縣柏覆皇，孝友好施。康熙三十年，歲大祲，散粟八十餘石，全活甚衆。長幼七十餘口，數世同居無間言。又有孟學、馮選、李文秀三人，及鄠縣民聶宏王賢，並以事親至孝聞。

王承烈。涇陽人。康熙中進士，選庶吉士，授檢討。雍正初，改御史，巡視東北兩城，捕巨猾置於理。轉給事中，督湖北漕，從民請就便南兑，省運費數千緡。擢江西布政使，罷斥奸吏，鈎考綜核，諸弊一清。累遷刑部侍郎。

蘭泗。耀州人。康熙中，任直隸三屯營副將。會吴三桂據長沙，調駐武昌，進剿岳州。又檄討黄金龍，戰於大冶，殲賊殆盡。歷擢荆州左路總兵，克思南，復龍泉，屢立戰功。改鎮安籠，地界滇粵，在鎮十六載，内安外撫，四境帖然。

張先志。長安人。由武舉授七里關守備。雍正二年，從征卓子等山土蕃，遇賊力戰死，贈一秩，賜祭葬，廕一子。

徐宗仁。長安人。由行伍爲陝西督標把總。雍正元年，從大兵征羅卜藏丹津，先後積戰功，累擢山西殺虎口副將。八年，從西路大兵出征，統涼州兵，分駐峩崙磯。賊大至，宗仁拒戰三晝夜，殺賊數千。轉戰至紅山峽，賊衆悉來攻，自辰至未，血戰突圍，創重而殞。敕祀忠勇祠，授世職騎都尉。又同邑李國勳，雍正元年武舉，同宗仁出西寧擊賊有功，授南古城守備。八年，調巴里坤，從征於紅山峽，戰殁，賜祭葬，給世職騎都尉。

郝振綱。富平國子生。幼孤，事母孝。母殁，廬墓三年，收恤族人，甚有恩義。雍正五年旌。同邑諸生孫文達、咸陽蕭光蘭、涇陽姜士珍，皆以孝行旌。

張文運。藍田人。八歲喪父，家貧，竭力養母。遭寇變，負母逃匿金山，采果實以食。母年近百歲始殁，文運哀毁逾禮，廬墓不忍去。雍正六年旌。

孫符。咸寧貢生。祖盛，事繼母以孝聞。符十歲喪母，悲慕不已，每至墓，哀號竟日。父病癰，吮之獲愈。同邑鄭仁，幼孤，事母盡孝。母殁，廬墓三年。俱雍正八年旌。

李天牖。涇陽人。事父母孝。母病痢，嘗糞知不起，禱天願以身代。嘗還遺金，拒奔女，焚債券，負米百里以贍其師。雍正八年旌。

陳慶門。盩厔人。雍正初進士。知廬江縣，修學宫，濬城濠，置義田，積社穀，仿北方種植，教民墾高阜地。知無爲州，取碎石，樹椿編竹，築鮑漁橋、鮀魚橋二處坦坡，民免墊溺。所至皆有政績。後知達州，其惠政尤著。著有仕學一貫録。

何宏圖。咸寧人。父疽發背，宏圖三吮瘡毒。父殁，家貧，菽水奉母，孝養備至。乾隆五年旌。同邑傅彤，長安王計、馬伯知、查繼儒、張洲，咸陽蕭宏吉、竇元正、王珂、魏成佩，臨潼王文蕙、王賜印，高陵党思睿，鄠縣屈乃伸、閻泰臨，三原李璉、楊道寅、申汝德、秦旭、任吉士，盩厔馬可法，渭南趙廷機、雷時祚、王者楝、宋世亮，富平師其禮、朱綸，醴泉張茂德，俱乾隆年間以孝行旌。

何茂榮。咸寧人。官四川督標中營千總。乾隆十五年，隨都統傅清死叛黨羅卜臧扎什之難。事聞，議卹。

韓文星。富平人。耕讀爲業，十二世同居，雍雍一堂無間言。治家勤儉，不蓄私財，鄉里稱其孝友。乾隆十六年旌。

張璘。涇陽人。七世同居，一門孝友。乾隆三十一年旌。御賜上用緞疋，並詩一章賜之。同邑劉繼業、門丕吉，俱以孝行旌。

敖成。長安人。由行伍洊擢貴州提督。從征瞻對、金川及庫車，俱有功，得「僧格巴圖魯」名號，列前五十功臣，圖像紫光閣。卒，謚勇愨，贈太子太保，給雲騎尉世職。

蔣兆奎。渭南人。乾隆中進士，由知縣洊擢山西布政使，議將山西、陝西、河南三省鹽課改歸地丁。尋授山西巡撫，引疾歸。嘉慶四年，復起爲漕運總督，旋授山東巡撫。

李培本。盩厔人。貢生。嘉慶元年，聞漢南賊警，倡衆築堡城以備之，衆不應。復邀衆於家，歷陳利害，衆不能從。作思患預防説。三年，賊大至，培本子心平、心和，擊賊死。與弟培基，衣冠坐庭中，斥以大義，賊怒，並殺其母妻。事平，里人祀其主於社。時有武生張斗南，年六十餘，避於樓上，見少婦至，斗南趨下，少婦呼之，斗南曰：「男女有別。」遂爲賊所殺。又王永盛與弟永茂，擊賊死，姪紀聚闔家男婦十八人自焚死。有曾學廣、史鍾傑二人者，賊劫之，使賺開馬召堡城，二人至城下，以嚴守告，賊怒殺之。

雷文照。渭南人。性至孝。父母既歿，文照廬墓三年，每日親身負土，隆冬手足皆裂。遇佳節，祭奠必誠，哀哭之聲聞於道路，過者皆知爲孝子雷家之塋云。嘉慶十五年旌。

呂大謨。咸寧人。乾隆五十九年舉武鄉試。父病目，舐之復明。嘉慶三年，教匪竄南山，居民逃避。大謨父抱木主守先人墓側，揮大謨速去。大謨曰：「父在此，大謨焉往？」乃持矛衛父，賊不敢逼，一村安堵。嘉慶十六年以孝行旌。

劉斌。咸寧人。任河南老岸司巡檢。嘉慶十八年，教匪李文成與林清相結謀逆，斌偵知其期以告，遂遇害。事聞，賜卹，給雲騎尉世職。

岳漢春。長安人。性至孝，親病禱神，願以身代。歿，喪葬盡禮。嘉慶十九年旌。又興平姚本務，涇陽劉丕業、張瑭，三原王基業、胡瑛，渭南趙廷翰，醴泉張永錫，俱嘉慶年間以孝行旌。

校勘記

〔一〕後辟司徒王況府　「王」，原作「玉」，乾隆志卷一八〇西安府人物(下同卷簡稱乾隆志)作「王」，皆誤，據後漢書卷四〇上班彪傳改。按，後漢書李賢注「音肅」。下文「王況」條亦作「玉」，亦據改。

〔二〕所著經傳義詁及論難百餘篇　「百餘篇」，乾隆志同，後漢書卷三六賈逵傳作「百餘萬言」。

〔三〕官至津城門候　「候」，原作「侯」，乾隆志同，據後漢書卷三五張奮傳改。

〔四〕永平末爲戊己校尉　「己」，原脱，乾隆志同，據後漢書卷一九耿恭傳補。

〔五〕擢彭爲開陽城門候　「候」，原作「侯」，乾隆志同，據後漢書卷七六秦彭傳改。

〔六〕釋疑一卷　「一」，原作「十」，乾隆志同，據隋書卷六八宇文愷傳改。

〔七〕遁甲録月令　乾隆志同。按，北史卷八九臨孝恭傳無「月令」二字，隋書卷七八本傳無「録」字。

〔八〕元辰經　乾隆志同。按，北史、隋書本傳下有「元辰厄一百九卷」，此蓋誤脱。

〔九〕太乙式經　「式」，原作「武」，據乾隆志及北史、隋書臨孝恭本傳改。

〔一〇〕遷朔方軍總管　「方」，原作「州」，乾隆志同，據新唐書卷一一一張仁愿傳改。
〔一一〕后遣昭德詰其故　「昭德」，原誤倒，據乾隆志改。
〔一二〕犬乳鄰猫　「犬」，原作「大」，據乾隆志及新唐書卷九九李迥秀傳改。
〔一三〕姚珽　「珽」，原作「班」，乾隆志同，均誤，據新唐書卷一〇二姚珽傳改。下文同。
〔一四〕蓄書二萬卷　「蓄」，原作「著」，據新唐書卷一三二韋述傳改。按，乾隆志作「藏」，舊唐書本傳作「聚」。
〔一五〕累遷宣歙池觀察使　「宣」，原作「宜」，據乾隆志及新唐書一三八路嗣恭傳改。
〔一六〕景福二年　「福」，原作「德」，乾隆志同，據新唐書卷九六杜讓能傳改。
〔一七〕張漣　「漣」，乾隆志作「璉」。按，乾隆志載其字商鼎，則似以「璉」爲是。
〔一八〕張璉　「璉」，原作「漣」。考國朝獻徵録卷三〇有户部侍郎張璉傳，事蹟與此多同。又乾隆志亦作「璉」，字汝器，則「璉」爲是，因據改。
〔一九〕累遷工部侍郎　「郎」，原作「部」，據乾隆志改。

大清一統志卷二百三十二

西安府六

列女

漢

曹世叔妻班昭。扶風人。彪女，字惠班，一名姬。博學高才，世叔早卒，有節行法度。兄固著漢書，其八表及天文志未及竟而卒，和帝詔昭踵成之。數召入宫，令皇后諸貴人師事焉，號曰大家。作女誡七篇，有助内訓。年七十餘卒，鄧太后素服舉哀。所著賦頌等凡十六篇，子婦丁氏爲撰集之，又作大家贊。昭女妹曹豐生，亦有才慧，嘗爲書以難昭，辭有可觀。

梁鴻妻孟光。扶風人。初，勢家慕鴻高節，多欲女之，鴻並絶不娶。孟亦擇對，至年三十，父母問其故，曰：「願得賢如梁伯鸞者。」鴻聞而聘之。始以裝飾入門，七日而鴻不答。乃更爲椎髻，著布衣操作而前，鴻大喜曰：「此真梁鴻妻也。」字之德曜，名孟光，乃共入霸陵山中，以耕織爲業。後至吴，居皐伯通廡下。鴻爲人賃舂，每歸，光爲具食，不敢於鴻前仰視，舉案齊眉。鴻卒，葬畢，歸扶風。

袁隗妻馬氏。扶風人。融女，字倫，少有才辨。融家世豐豪，裝遣甚盛，隗問之曰：「婦奉箕帚而已，何乃過珍麗乎？」

對曰：「君若欲慕鮑宣、梁鴻之高者，妾亦請從少君、孟光之事矣。」倫妹芝，亦有才義。少喪親，長而追感，作申情賦。

晉

杜有道妻嚴氏。京兆人。字憲。貞淑有識量。年十八嫠居，子植、女韡並孤藐，憲撫育二子，教以禮度，植遂顯名於時，韡亦有淑德。傅玄求爲繼室，憲便許之。時玄與何晏、鄧颺不穆，内外以爲憂懼。憲曰：「晏等驕侈，必當自敗。」晏等尋被誅。植從兄預爲秦州刺史，被誣徵還，憲與預書曰：諺云：「忍辱至三公。」能忍之，公是卿坐。預後果爲儀同三司。玄前妻子咸年六歲，憲曰：「此千里駒也。」以其妹之女妻之，咸後亦有名。其知人之鑒如此。

杜乂妻裴氏。杜陵人。乂無男，生成恭皇后而終。裴嫠居養后，以禮自防，甚有德音。孝武時，進封廣德縣君，百姓號曰「杜姥」。

竇滔妻蘇蕙。始平人。字若蘭，善屬文。滔苻堅時爲秦州刺史，被徙流沙。蘇氏思之，織錦爲迴文，五綵相宣，縱廣八寸，題詩二百餘首，計八百餘言，縱横反覆，皆爲文章，名曰旋璣圖，以贈滔。讀之辭甚悽惋。

唐

平陽公主。高祖女。下嫁柴紹。初，高祖兵興，紹詭道走并州，主自長安奔鄠，發家貲招募，得數百人以應帝，略地盩厔、武功、始平，下之。申法誓衆，禁剽奪，遠近咸附。帝渡河，紹以數騎來迎，主引精兵，與秦王會渭北。紹及主對置幕府，分定京師，號娘子軍。

楊慶妻王氏。新豐人。世充兄女。慶以河間王子爲郇王，守滎陽，陷於世充，故世充妻之，用爲管州刺史。太宗攻洛陽，慶謀與王歸唐，謝曰：「鄭以我奉箕帚者，綴公之心。今負恩背義，自爲身謀，可若何？至長安，則公家婢耳。願送我還東都。」慶不聽，王謂左右曰：「唐勝則鄭滅，鄭安則吾夫死。若是，生何益！」乃飲藥死。

柳公綽妻韓氏。華原人。仲郢母，韓皐女也。善訓子。故仲郢幼嗜學，嘗夜和熊胆丸，使咀咽以助勤。

楊三安妻李氏。高陵人。舅姑亡，三安又死，子幼孤窶，晝田夜紡，凡三年，葬舅姑及夫兄弟凡七喪，遠近嗟涕。太宗聞而異之，賜帛三百段，遣州縣存問，免其徭役。

于敏直妻張氏。皖城公儉女。生三歲，每遇父母病，已能晝夜省視，顔色如成人。及長，愈恭順仁孝。儉病篤，氏聞之，號泣幾絶。儉死，一慟遂卒。高宗懿其行，以其狀屬史官。

高叡妻秦氏。萬年人。叡爲趙州刺史，爲默啜所攻，州陷，叡仰藥不死。至默啜所，示以寶帶異袍，曰：「降我，賜爾官，不降自死。」叡視秦，秦曰：「君受天子恩，當以死報。賊一品官，安足榮！」自是皆瞑目不語。默啜知不可屈，乃殺之。

楚王靈龜妃上官氏。下邽人。靈龜出繼哀王後，而舅姑在，妃朝夕侍奉甚謹，凡珍美未經獻不先嘗。靈龜卒，將葬，前妃無近族，議者欲不舉，妃曰：「逝者有知，魂可無托乎？」乃備禮合葬，聞者嘉歎。喪除，兄弟共諭：「妃少，又無子，可不有行〔二〕。」泣曰：「我未能殉溝壑，尚可御糚澤、祭他胙乎？」妃將自劓刵，衆遂不敢强。

和政公主。肅宗女。章敬太后所生。生三歲，后崩，養於韋妃。性敏惠，事妃有孝稱。下嫁柳潭。安禄山陷京師，安國公主方嫠居，主奪潭馬載之，身與潭日步百里，躬爨以奉安國。初，潭兄澄之妻，楊貴妃姊也，勢幸傾朝，主未嘗干以私。及死，撫其子如所生。自兵興財用耗，主貿易取奇贏千萬贍軍。代宗以主貧，詔諸節度餉億，主一不取，親紉綻裳衣，諸子不服紈綺。

董氏女。金城人。家無兄弟，孝養不嫁。父亡，廬於墓側，凡六年。天寶中旌其門。

漢陽公主。名暢，順宗女。下嫁郭鏦。時戚近爭爲奢詡事，主獨以儉，嘗用鐵簪畫壁記田租所入。文宗尤惡世流侈，詔宫人視主衣服廣狹，徧諭諸主。嘗誨諸女曰：「先姑有言，吾與若皆帝子，驕盈貴侈，可戒不可恃。」

岐陽公主。憲宗女。下嫁杜悰，事舅姑以禮聞。悰爲澧州刺史，主與偕，從者不二十婢，乘驢不肉食，州縣供具拒不受。姑寢疾，主不解衣，藥糜不嘗不進。

廣德公主。宣宗女。下嫁于琮。琮爲黄巢所害，主泣曰：「今日誼不獨存，賊殺我。」巢不許，乃縊室中。主治家有禮法。嘗從貶韶州，侍者纔數人，卻州縣餽遺。凡内外冠昏喪祭，主皆身答勞，疏戚皆得其心。爲世聞婦。

宋

种放母。夫翊，長安主簿。翊卒，從放隱居終南山。淳化三年，放被詔，母恚曰：「常勸汝弗聚徒講學，今果爲人知。我將棄汝入窮山矣。」放稱疾不起，上嘉放志節，賜緡錢使終養。

元

張興祖妻周氏。安西人。年二十四，興祖歿，舅姑欲使再適，周氏不從，曰：「妾家祖父皆早世，妾祖母、妾母並以貞操聞。妾或中道易節，是亡故夫而辱先人也。夫忘故夫不義，辱先人不孝，不孝不義，妾不爲也。」遂嫠居三十年，奉舅姑，生事死葬無違禮。又某妻楊氏，亦西安人，少寡守志，割體療姑。

袁天祐妻焦氏。涇陽人。天祐祖父始皆從軍歿，祖母楊氏、母焦氏，並家居守志。至元二十三年，天祐復從征死甘州。妻焦氏，年少，宗族欲改嫁之。氏哭且言曰：「袁氏不幸，三世早寡。自祖姑以來，皆守節義，豈可至吾而遂廢乎？吾生爲袁氏婦，死則葬袁氏土耳，終不能改容事他人也。」衆不敢復言。

張德妻孫氏。三原人。年二十四，德亡，誓死靡他。子世享，亦早卒，妻王氏。世享子忠，亦早卒，妻劉氏。三世守義不渝，詔旌其門。

張訥妻劉氏。藍田人。訥爲監察御史，早卒，劉守志不二。河東受兵，劉氏二子衡、衍俱以事出外，度不能脱，遂與二婦孫氏、姚氏決死。盡發貲囊，分給家人，婦姑同縊焉。

李子和妻劉氏。耀州人。夫亡，年十九，誓不再適。事姑極孝。至大元年旌，名其里曰孝姑里。

明

楊楠妻劉氏。長安人。楠萬曆中諸生，嘗讓産於人以息争，劉實勸成之。楠死，劉自縊以殉。馮從吾講學於鄉，率紳士往奠焉。泰昌時旌。又同縣濮仕通妻闞氏、顔訓妻王氏、安守信妻孫氏、陳經濟妻趙氏，皆以夫亡殉節。又王敷典聘妻趙氏，字孟英，未婚夫殁，孟英從母至其家，觸棺死。

趙斌妻賀氏。咸寧人。斌舉於鄉，死京師，氏聞訃痛絶。同縣黄運煜妾杜氏、李能妻韓氏、李梁妻夏氏，均夫亡殉節。又王用相妻李氏，年十九夫死，苦節自誓。隆慶中旌。

閻伯仁妻葛氏。興平人。夫亡守節。三子後皆爲諸生，又相繼殂逝，葛率諸婦守節終身，時稱一門四節。

閻臣妻陳氏。臨潼人。臣病死，陳悉力營葬，自經從之。同縣張綸妻宋氏，夫亡年少，叔翁逼嫁之，不從，仰藥死。又王道賢妻房氏、張宗孔妻卞氏，均夫亡殉節。又史鸞妻趙氏、媳王氏、孫媳潘氏，三世貞操。冉天敘妻牟氏、冉一清妻方氏，一門雙節。

史宗直妻馮氏。鄠縣人。年十四歸直，五年夫亡，氏不食數日卒。同縣王渼妻張氏，亦夫亡殉節。

閻穊妻葛氏。藍田人。夫亡，年二十一，不食死。同縣孫振譜妻張氏，亦夫亡絶食死。

王朝妻祁氏。涇陽人。夫亡撫孤，值歲儉，家人私謂：「餬口不給，何守節爲？」祁聞之，以面觸壁幾死，家人救之，而容由是毁。同縣何瑚妻宗氏，撫遺腹子成立。均嘉靖中旌。又周仁學妻閻氏，年二十夫亡，將葬，令穿穴者大其壙，葬前一日，自經死。張紹祖妻王氏，年二十一夫亡，痛哭不食死。魏龍光妻王氏，年十九夫亡，誓以必死，舅姑密防之。值夫忌辰，自縊死。王可久妻竹氏，夫卧病十年，侍湯藥如一日。夫亡，遂絶食死。又劉居仁聘高氏女，未婚而往蜀，居仁母迎女於家以待。居仁竟客死，女守節五十餘年。又有劉從龍亦死於蜀，妻王氏，紡績葬其翁姑並翁父母，守節終身。又張倉女名四桂，惡少王宰以言挑之，不從。强之，不從，爲所殺。萬曆間祀烈女祠。

張鸞妻吕氏。三原人。鸞卒，吕年未二十，撫孤尚永，後娶常氏。尚永又早卒，婦姑雙節。常卒，子元琛廬墓三年，以節孝被旌。同縣郝緒妻崔氏，夫亡家貧，聞議婚者，泣曰：「吾能餓死，誓不他適。」逾年，竟餓而死。

馬翰如妻白氏。盩厔人。翰如爲諸生，早死，白翦髮誓守。翰如兄謀改嫁之，遂自縊死。其衣上下皆先縫紉，不見寸體，時謂之封骸節婦。同縣張附翱妾王氏、武崇義妻吉氏、何大錢妻王氏、張學詩妾劉氏，均夫亡殉節。

雷同妻較氏。渭南人。年十七，隨同客居鄜陽。同卒，一女在襁，扶櫬歸葬。叔翁受張姓賂，爲奪節計，氏破面翦髮以禦，乃止。一日自備衾木，謂女曰：「往吾不死者，以翁姑與若耳。今翁姑就窆，若又嫁，此吾報夫地下時也。」絶粒死。同縣張猷妻安氏，馬連妻杜氏，張而弛妻王氏、妾樊氏，均夫亡殉節被旌。孫玻妾張氏、南養仲妻陳氏、曹鴻妻王氏，均殉節死。

李彦章妻楊氏。富平人。年二十六夫死，家貧甚，紡績鞠其幼子。嘉靖中地震，餓累日，里中富人豔其色，謀娶者數輩，楊輒拒之。鄰婦哀之，餽之食，不受，竟與其子俱餓而死。同縣孟學孔妻惠氏、李喦妻王氏、田爾腴妻徐氏、張問德妻陳氏，均夫亡殉節。

安裕妻左氏。耀州人。年十九，裕病卒，氏即翦髮破鏡，置柩前，餓十數日死。萬曆中旌。

彭邦貴妻王氏。同官人。年二十四而寡，姑憐其少，使改適，氏翦髮自誓，奉姑盡孝。萬曆中，輸粟千石賑飢，詔立坊曰節義。同縣周儀妻，夫亡殉節，亦被旌。

馬應祥妾劉氏。西安衛人。應祥病亡，自縊死。

秦王存樞妃劉氏。崇禎末，李自成破西安，存樞爲所脅，僞授權將軍，妃死之。

葉增光妻趙氏。長安人。增光天啓初舉人，知汶縣。歸里後，流賊陷城，被執，趙聞之，即赴井死。同縣鄭夢麟妻趙氏，不食死。張元儀妻王氏，自縊死。沈伯騰妻韓氏、沈仲起妻任氏、馬健空妻朱氏、張素含妻某氏、張素謨妻宗氏、王宏祖妻晉氏與其女、朱誼奬妻晉氏、王宏宗妻袁氏、蕭起鳳妻王氏、蕭仕昌妻葛氏、李國楨女，皆投井死。

高翔妻康氏。咸寧人。流賊陷城，康方坐蓐，賊入室，欲刼之去。康佯言從之，紿賊出，即樹刀於壁，引領就之，絶喉而死。同縣劉烈女，給事中劉懋女孫也。流賊至，其母先投井，女從之。有老嫗欲引之出，授以綆，女不從，抱母屍死。同縣李光信妻雷氏，又盧應豸妻康氏，苦節二十年，均赴井死。

薛來貞妻宋氏。咸陽人。流賊陷城，罵賊死。劉國柱妻張氏，流賊寇掠村堡，氏恐遭辱，引佩刀破面，投井死。又趙子玉妻王氏，子玉偶出，惡少岳苗調之，氏忿投井死。

李廷杞女。興平人。流賊入城，女被掠不從，賊殺之城下。又諸生王謂靖妹亦被殺。中軍翟自信女赴井死。

李輔德女。臨潼人。年十七未字，流賊挾之上馬，女憤罵撲地，賊刃之，至死罵不絶口。同縣郝聲揚妻王氏、武啓哲妻吳氏、劉溢源妻孔氏、官莊里農家二女，皆罵賊死。舉人周永祚妻王氏、妾屈氏，諸生劉濬源妻袁氏及小姑與女，皆投井死。

劉光燦妻李氏。高陵人。歸中部劉光燦爲鎮撫，早歿。崇禎四年，流賊陷高陵，李年七十九矣，其家掖之走，不可，曰：

「未亡人棄此何往？」語未已，賊露刃入，李即取刀自刺，流血淋漓。賊壯其烈，與飲食，怒不受，以椀擊賊，罵曰：「吾守節四十九年，乃啜賊食耶？」遂遇害。

趙日升妻仝氏。鄠縣人。日升，崇禎時諸生。夫婦同爲流賊所擄，仝指日升紿賊曰：「此吾兄也。釋之，當從汝。」賊縱日升去，仝即大罵被殺。又同邑楊遇周妻何氏、山思廉妻閻氏、姚大璽妻閻氏、閻祚昌妻沈氏，皆罵賊死。舉人陳治衡妾王氏，投井死。

郭鳳翔妻雷氏。涇陽人。鳳翔死，雷年十九，誓以死守。流賊聞之，亦高其節，標幟於門曰：「勿犯節婦家。」賊再至，鄰人托其家者，皆得保全。守節六十年而終。同縣王生妻陳氏，生有子方晬，疾將死，以遺孤爲念。陳曰：「吾當生死以之。」崇禎八年，流賊至，陳抱子避樓上。賊燒樓，陳從樓簷躍下，母子俱不死。賊視其色麗，挾之馬上，陳躍身墜地者再。後以索縛之，行數里，陳力斷所繫，并鞍墜焉。賊知其不可奪，乃殺之。賊退，家人收其屍，子呱呱懷中，兩手堅抱如故。同縣王三有妻楊氏，爲流賊所掠，詈罵不從，賊斷其兩臂與股，剖其腹，有犬守殘骸二日。賊退葬訖，犬始去。牛象煜妻白氏，罵賊被焚。康嗣昌妻王氏、師燮元妻韓氏、楊方妻于氏、李魁吾妻楊氏、韓鼒妻茹氏、周仕連妻屈氏、王之臣妻吕氏、王三秀妻陳氏、何承怡妻某氏與女，皆罵賊被殺。王進禄妻潘氏、曹登禄妻姚氏，皆墜崖死。韓爾訥妻張氏，墜樓死。郭來輔妻羅氏、牛應麟妻齊氏，皆赴火死。樊鼒妻魏氏、王福順妻馬氏、寧一鵬妻楊氏、柴良鄉妻賈氏、王三統妻陳氏、張佐妻李氏、任盡禮女、王養心女，皆赴井死。王運昌妻何氏，自刎死。梁爾翰妻趙氏、焦希商妻李氏，皆自經死。

柴玉堂妻李氏。三原人。孀居數年，遇賊不屈，寸磔死。同縣馬朝江女，字夏姐，賊至，女年甫十四，以裙覆面，投井死。

任糖妻何氏。盩厔人。崇禎八年，何攜三歲子及乳媪歸省，遇流賊挾之馬上，恐賊戕其子，語乳媪抱兒去，乃竄身河中，水淺不得死。賊捽之起，氏乃瞑目罵，賊支解之。詔旌表立祠。同縣何興瑞妻陳氏、翟道妻穆氏、李瑁妻楊氏、燕鯤化女、霍氏女名小礽及李拱辰僕婦任氏，皆罵賊死。

李化春妻周氏。渭南人。爲流寇所掠，罵賊死。同縣方寸潔妻同氏、王家賓妻袁氏，俱匿閣上。賊初逼同，同不從，遂裂其尸以示袁，袁掩面撲地曰：「任爾斫剉。」賊又殺之。胡養正妻史氏、成王輔妻薛氏及李自升女，均不屈被殺。

陳繼才妻王氏。醴泉人。流賊逼勒上馬，氏大罵，賊怒殺之。又敬彌懷女，彌懷爲流賊所殺，女年十五，投井死。

温所知女。同官人。所知官守備，女年十三，許配劉氏子。流賊破城被獲，欲犯之，女厲聲曰：「我名門女，肯從賊求活耶！」以頭觸石，血流被面，爲賊所殺。詔旌其烈。

本朝

何器妻任氏。盩厔人。年二十五，夫亡守節，順治六年卒，壽一百三歲。明崇禎癸酉舉人何年，其孫也。又咸寧張蕭菴妻梁氏，年二十，夫亡守節。康熙三十一年卒，壽一百二十有一。又長安吕君昇妻王氏、盩厔馬復學妻梅氏、醴泉劉芳節妻邱氏，俱以年逾百歲被旌。

王有章妻辜氏。咸寧人。早寡，祇一子，未幾殤，氏哀痛不欲生。會山賊至，曰：「此吾從夫地下時也。」投崖死。又夏氏女，年十七，許字未聘。有強暴慕其色，強聘之，其家不敢卻。女度不免，從容訣父母，自縊死。又楊酉妻席氏，夫亡慟哭，三日不食，以翦刀自刺死。

陳治徵妻魏氏。鄠縣人。順治二年，賀珍寇西安，陷鄠城，氏與同縣劉於陛妻朱氏，皆被掠不從見殺。又王郢妻趙氏、郢弟鄆妻史氏，俱被掠，趙赴火，史投井。王教成妾邢氏，亦投井死。王鷺妻彭氏，墜城死。仝調鼎妻王氏，見調鼎被害，嘔血死。韓光隆妻李氏，爲山賊所掠，罵賊死。又屈崇山妻劉氏，夫亡，貧無子，姑勸之嫁，不從。康熙三十年，歲大饑，姑泣，勸氏鬻身以相活，氏不應。已度無可奈何，遂從姑命，鬻於豪家。視姑已得金，號泣登車去，入豪家，親鄰方釃酒稱賀，氏乘間入厠，自縊死。又王可吉妻王氏，年二十六夫亡，一子甫生，含哀鞠育，四歲而殤。值夫喪三年，祭畢，沐浴自經。

張慈妻王氏。藍田人。夫殁，事姑甚謹，撫二子成立，卒年九十六。順治中旌。

趙九成妻劉氏。涇陽人。明崇禎中，夫與翁繼殁。會流賊亂，流離被難，奉姑教子，室中有孤燕來巢之異。又同族趙凱繼者，妻梁氏守節，亦有燕巢之異。同縣張體仁妻袁氏，嫁時年僅十四，踰三月，夫遠出行賈，殁於雲南，氏矢志不二。所親憐其年少，且乏嗣，勸改適，氏毅然曰：「夫死當守節，未聞以有後無後異也。」以紡績自守，終身不茹葷。

任景舜妻金氏。盩厔人。順治初，山賊至，與同縣趙進善妻孫氏、吴宗聖妻劉氏、張爾立妻陳氏，俱被掠不辱，遇害。又孫文光妻費氏、劉振風妻彭氏，被掠不從，投井死。又高捷妻江氏，年十九夫亡，養姑鞠子，以節自誓。子嗣昌復殁，又訓育二孫俱成名。順治中旌。又范疇妻同氏，明末流賊入縣，疇被殺，氏投于井，賊以巨石壓之。賊去，遇救出，守節以老。

劉懿宗妻南氏。渭南人。爲賊所掠，與妾馬氏，二女静年、貞年，乳母梁氏，俱赴井死。同縣段補聖妻時氏、陳聖典妻郭氏、張惺妻李氏、甯邦舉女，俱順治初爲賊所逼，義不受辱死。

高憲妻何氏。醴泉人。夫亡無出，守節五十餘年。順治初旌。

習完初妻王氏。同官人。夫亡守志，明李寇禍，自經，繯絶而蘇，復不食，十一日不死。會寇退，乃食。順治十三年旌。

張士傑妻李氏。涇陽人。年十九，夫亡無子，苦心守節，每夜藏利刃於枕側以厲清白。嗣子早殤，復求夫伯兄子爲嗣，伯兄欲堅其操曰：「俟十年後，當以吾孫繼之。」氏冰霜益厲，卒嗣之。康熙四十四年旌。

張某妻王氏。三原人。歲大祲，民多流亡，中外無倚，乃隱身河岸土穴中。里老憫其飢，與之食，不受。問之，曰：「多翁厚意，然不可爲常，先後等死耳。」遂餓死，年二十餘。

武承堯妻紀氏。富平人。夫亡，嚴正自律，勤瘁逾初，嘗語人曰：「女德只在一謹字，守節則更須茹荼如薺。」歷五十三載，冰操如一。康熙四十三年旌。同縣竇允升妻古氏、温九鵬妻唐氏、常名顯妻王氏、王昂妻竇氏、竇公朗妻趙氏、韓養京妻劉氏、又程世武妻牛氏，守正捐軀，均康熙中旌。

黄用福妻朱氏。長安人。夫死於賊，氏迎姑避母家，扶櫬以訟夫冤。姑亡，晝夜泣血，聞者爲隕涕。同縣崔汝嵐妻孫氏，年十七適崔。夫亡，撫前妻子及己子，翦髮剺面以自誓。至老，刀痕在面。又謝天寵妻劉氏、謝天隆妻郝氏、張嘉士妻韓氏、朱存樸妻李氏，俱夫亡守節，雍正年間旌。

鄭君芳妻蘇氏。咸寧人。年二十六夫亡，二子幼，舅失明，扶持鞠養惟謹。歲饑，採草根以食，終無他志。次子文昇亦早殁，婦朱氏，撫遺孤，蘇病二十餘年，侍湯藥不懈。又徐伯齡妻程氏、高繼藩妻蓋氏、魏禮妻齊氏、崔光惠妻侯氏、牛志善妻宋氏，俱夫亡守節，均雍正年間旌。

劉元勳母李氏。咸陽人。年二十餘，夫亡，與妾羅氏，争欲身殉。羅泣曰：「死易，撫孤難。妾請從其易者。」即自縊。李撫哭盡哀，奉姑課子，始終罔懈。時稱雙節。後羅以節烈旌。又王興京妻王氏、劉曰鐸妻敬氏、楊梓妻許氏，均雍正年間旌。

于天良妻張氏。興平人。天良業農，與再從叔存娃比屋居。存娃豔氏色，潛入其室，氏取爨下刀斫之，存娃奪刀斫氏死。雍正九年旌。又吉正迪妻康氏、符玉妻陳氏，均雍正年間旌。又孟伯芝妻何氏，年十八，夫亡守節。吴某妻張氏，夫亡殉節。

朱康國妻李氏。臨潼人。年二十二，夫殁，子甫周晬。家貧，或諷之嫁，氏以死自誓。舅亡，事姑益謹，晝夜紡績，撫孤成立。又同縣王運正妻鄭氏，年二十四，鄰人李如城戲之，忿駡不從，爲所殺。均雍正年間旌。又馮璧喜妻宋氏、李師白妻劉氏，俱以苦節著。

劉文魁妻屈氏。高陵人。早寡，姑老子幼，值歲歉，奉姑就食南陽。姑殁，鬻髮扶櫬歸葬，守節四十餘年。又趙氏女名蠟梅，父早殁，與母仝氏及幼妹小娃居，鄰人阮廷議者，偵其母出，往逼之。蠟梅時方截蔬，即以刀斫其指，廷議奪還斫，小娃驚呼，并斫之，皆隕。均雍正年間旌。

王忻妻李氏。鄠縣人。年三十，夫亡，撫遺孤心敬，並養二幼姪如己子，甘於勤苦。聞盩厔李顒學術醇正，命心敬往從學，後卒有聞。守節五十餘年，雍正三年旌。同縣陳調元妻王氏、王收妻戴氏、王模妻戴氏、劉創業妻王氏，俱雍正年間旌。又魏聲一妻王氏、弟儀一妻王氏、騫炯斗妻劉氏、杜宗韓妻王氏、王永年妻陳氏，均以貞節著。又烈婦楊孟弼妻李氏，守正捐軀，雍正八年旌。

榮鳴珂繼妻張氏。藍田人。康熙三十一年鳴珂歿，明年，鳴珂前妻子袞又歿，氏與子婦韓氏各抱一孤。家素貧，敝廬數椽，不蔽風雨，隆冬寒衣，各置子懷中，背倚坐敗草上達曙。歲大疫，母子俱臥病，姑婦仰天號曰：「我二人可死，子不可死也。」翼日俱瘳。並雍正九年旌。同縣臧魁選妻靳氏、李加封妻李氏、張光宗妻康氏、韋錫疇妻李氏、韓雲燦妻王氏、尚隅妻陳氏，均雍正年間旌。

牛光璿妻李氏。涇陽人。歸未三載，璿歿，氏矢志守節。事孀姑，撫嗣子，貞操彌厲。同縣高鼎新妻岳氏、康運晟妻丁氏、溫如玉妻朱氏、李一鶚妻劉氏，均以貞節著。又韓望妾王氏，夫亡殉節。

趙思敬妻李氏。三原人。年二十二夫亡，遭明末兵荒，親屬強之嫁，即扃户引決，會救免。家貧，養翁姑，鞠幼子，勤苦終身。雍正三年旌。同縣盧星燦妻徐氏，年二十三夫亡，撫遺腹子成立。魏麟祖妻楊氏、張玳妻田氏、王大任妻來氏、顧世公妻王氏，均雍正年間旌。呂承謨妻雷氏，年二十夫亡，撫前妻子自守。父母勸之嫁，不從，因潛匿，議婚者窺之，氏覺，痛哭自縊。

趙瑞徵妻翟氏。盩厔人。年二十夫亡，斷髮自誓，教二子成立。雍正四年旌。同縣薛培生妻孫氏，夫亡，紡績課子登鄉薦。邵秉棠妻趙氏，夫歿，家極貧，事舅姑甚孝。均雍正十年旌。又郭潤妻劉氏，年二十夫亡，舅姑老，子幼，氏苦節自守。後舅姑相繼歿，或勸之嫁，氏毅然曰：「舅姑歿而勸我嫁，其以我爲貪生耶！」遂自縊。又辛九榮妻侯氏，年十八歸辛，夫貌陋而癡，家貧甚，氏織紝供養，以孝聞。歲大祲，闔户待斃，舅姑憐婦孝，託鄰嫗喻意他適，氏不從。未幾，舅姑與夫皆歿，氏營葬畢，以幼子屬劉姓，閉户絶食死。又張靈妻趙氏，年二十，翁與夫出耕，命奴歸促饁以餉。其奴見氏獨居，戲之，氏憤怒，即自刎死。

裴子煇妻李氏。渭南人。夫亡，撫孤成立，孝事舅姑，雍正三年旌。同縣郭栖鳳妻石氏、子天佑妻宜氏、譚家謨妻薛氏、李元祚妻王氏、劉懋賞妻楊氏、吴荃妻楊氏，均雍正年間旌。又孫錫光妻劉氏，以苦節著。王某妻張氏，夫亡殉節。

孫自慎妻樊氏。富平人。夫客雲南不歸，别娶婦生子，寄書令氏改適，氏堅志不從。事翁姑喪葬盡禮。雍正四年旌。同縣張鳳舉妻王氏、張瓚妻李氏、汝任妻秦氏、孫三哲妻劉氏、王祥妻樊氏、孫越妻党氏、劉世鼐妻楊氏、李源妻惠氏、惠化舉妻李氏，均雍正年間旌。又趙有御妻楊氏，以苦節著。

袁大壯妻劉氏。醴泉人。夫亡守節。一女適甯贊衛，年二十五守節，撫孤成立。同縣駱爲善妻吕氏、甯增福妻馬氏、魏姬印妻趙氏、張人傑妻郭氏、王孫瑋妻劉氏、張修詞妻王氏、于文德妻駱氏、閻繩祖妻張氏、子士恂妻南氏，均雍正年間以苦節著。

劉月桂妻成氏。耀州人。夫亡，生遺腹子，苦教成立。雍正四年旌。同州王國妾閻氏、周氏，宋金臺妻王氏，左士元妻岳氏，胡平六妻文氏，左于聖妻秦氏，俱以苦節著。

習世科妻党氏。同官人。夫病，禱於神，割股以進，病旋愈。未幾夫殁，氏自毁其容，矢志守節，與同縣馮賓明妻宋氏，並雍正年間以節著。

郭宏毅妻韓氏。長安人。雍正中，宏毅舉武鄉試，計上，殁於旅次，氏年二十二，甘貧守節，訓撫二子成立。次子永固，領壬申鄉薦。同縣李汝棖妻陳氏、趙嗣位妻張氏、許渤妻陳氏、許湛妻蔡氏、李忠梅妻曹氏、孫振基妻李氏、黄鼎妻陸氏、宋國佐妻任氏、吴宗德妻余氏、陳孝妻劉氏、李之琇妻胡氏、屈俊妻郭氏、烏湛妻陸氏、張德植妻馮氏、鄭廷譓妻何氏、賈成謨妻王氏、李瑮妻洪氏、楊光鴻妻孫氏、周嘉言妻張氏、楊毓秀妻曹氏、王瓚妻張氏、桑大士妻陳氏、賈龍妻梁氏、張霖妻姬氏、朱之錕妻張氏、楊希福妻王氏、樊必達妻張氏、王珍妻王氏、吴保柱妻王氏、薛明新妻康氏、李之瑛妻霍氏、顔超妻馮氏、王理妻朱氏、白漢貴妻何氏、韓九疇妻蕭氏、楊存儒妻李氏、周聲炯妻程氏、王永壽妻桑氏、梅韜妻桑氏、張泗士妻馬氏、王璜妻陳氏、丁文德妻姜氏、桑蔚妻盧氏、蕭諫妻楊氏、馬義妾秦氏、許元旦妻朱氏、王光輝妻鄧氏、趙運經妻史氏、王階樹妻張氏、梅江妻郭氏，貞女蔣氏，又列婦郭周翰妻陳氏、薛棟妻李氏，均乾隆年間旌。

吴永泰妻潘氏。咸寧人。年二十餘，夫亡，立誓守節。事孀姑克盡孝道，撫一子成立。乾隆元年旌。同縣王國梁妻武氏、陸湘妻蕭氏、李隱梧妻張氏、陸江妻胥氏、徐純妻田氏、范紹正妻崔氏、薛生蔚妻高氏、甯述先妻張氏、王舜民妻孫氏、李文任妻駱氏、樊應鼇妻惠氏、韓自成妻王氏、徐威妻王氏、黄紹妻曹氏、胡景元妻趙氏、胡嘉善妻岳氏、李元凱妻張氏、張訓妻呼氏、亢和妻吕氏、賀天才妻焦氏、譚恂妻吕氏、王運超妻陳氏、李生芳妻蕭氏、支宗彦妻張氏、徐思遠妻劉氏、馬宗燦妻海氏、王朝棟妻韓氏、張耀麟妻竇氏、陳瑜琳妻侯氏、傅祐妻李氏、梁喜妻杜氏、于鳴鳳妻翟氏、王者輔妻楊氏、陳典妻宋氏、王永翰妻繆氏、周丕顯妻常氏、胡國輔妻吴氏、李忠妻巫氏、葛遴妻雷氏、吕輝祖妻尚氏、靳世經妻韓氏、楊玉瑄妻管氏、白元采妻陳氏，均乾隆年間旌。

楊又綰妻宋氏。咸陽人。夫亡，上事孀姑，下撫幼子，紡績供養，乾隆四年旌。同縣許其謨妻張氏，許如璋妻趙氏，王孫璠妻吴氏，劉獲璉妻韓氏，張汝玫妻蘇氏，程峒妻郝氏，劉溥妻張氏，提督殷化行繼妻許氏、妾陳氏，吴尊聖妻員氏，竇鼎徵妻許氏，曹永茂妻高氏，邊成謀妻杜氏，王建壽妻李氏，張秦妻崔氏，王肇緒妻梁氏，林元金妻張氏，劉振玉妻張氏，張居惠妻潘氏，程特生妻解氏，杜貴妻任氏，蘇紹曾妻王氏，鄭乃温妻劉氏，竇士枝妻謝氏，怡芝妻劉氏，劉鶴飛妻李氏，張世賢妻師氏，魏士熇妻荀氏，均乾隆年間旌。

杜玉珍妻范氏。興平人。年二十四夫亡，事姑至孝，教子成立，乾隆二年旌。同縣傅溥妻陳氏、何汝江妻梁氏、段如秀妻牛氏、楊瑄妻馬氏、馮純古妻王氏、尹世明妻李氏、劉文妻葛氏、李良相妻彭氏、吴升雲妻郭氏、楊又震妻尹氏、來斌妻魏氏、魯思睿妻邊氏、竇廷柱妻南氏、王者相妻裴氏、楊思定妻吴氏，又列婦吴忠妻惠氏、張士敬妻張氏，均乾隆年間旌。

任又布妻張氏。臨潼人。年二十九，夫客死，訃至，氏痛不欲生，以翁姑勸諭，始飲勺水。祖姑老病，服事惟謹。事繼姑，克盡孝道。子大可妻張氏，亦早寡，矢志守節。均乾隆三年旌。同縣鄭文彩妻楊氏、丁普物妻馬氏、王國選妻李氏、屈必成妻咎氏、張猌妻趙氏、米棚妻傅氏、劉君恩妻盧氏、張爾瑶妻魯氏、賈漢成妻劉氏、魯天印妻王氏、王炳妻劉氏、嚴宏修妻趙氏、任爾啓妻文氏、任爾佐妻文氏、朱融妻馮氏、喬繼緯妻米氏、尤居禮妻任氏、張世澤妻田氏、薛檀妻蓋氏、劉有年妻王氏、石廷瑚妻賈氏、馮公輅妻張氏、劉光祖妻柳氏、王洽妻徐氏、蘇相宗妻劉氏、賈茂義妻喬氏、房殿掄妻張氏、戴宗賢妻傅氏、戴繼略妻楊氏、楊大業妻鄧氏、張維屏妻丁氏、王鴻儒妻張氏、邢紹周妻白氏、陳衛主妻張氏、任斯文妻王氏、房建啓妻王氏、李新濟妻王氏、左愛妻靳氏、雷希夏妻任氏、張景瞻妻師氏、雷希連妻李氏、魏允相妻吴氏、楊受生妻王氏、吴含性妻李氏、牟成功妻錢氏、王宏傑妻高氏、周開遇妻高氏、李興唐妻南氏、趙安所妻王氏、程大勛妻王氏、田浩妻李氏、紀宏緒妻米氏、李敷章妻郝氏、姚希連妻黄氏、慕吉祥妻韋氏、李含芳妻林氏、翟珠妻王氏、任璵妻王氏、張悦妻劉氏、田杰祥妻校氏、姚隨古妻魯氏、王天禄妻丁氏、吴志節妻張氏、鬲繩膠妻張氏、吴吉檜妻趙氏、劉洵妻喬氏、趙大選妻王氏、田柱妻林氏、張爾貴妻曹氏、孔傳良妻蔣氏、睢純學妻韓氏、申鴻仁妻王氏、王有文妻張氏、林文馨妻王氏、馮丕隆妻晏氏、盧文渚妻朱氏、王重妻周氏、王正名妻楊氏、趙修鼇妻王氏、姚希瑜妻李氏、羅璟妻趙氏、敬仲英妻王氏、王大和妻張氏、馬宗廣妻李氏、王承歡妻藺氏、賀顯貴妻鄭氏、王身典妻尚氏、李春妻藺氏、王尚妻曹氏、岳大武妻楊氏、張子翩妻陳氏，均乾隆年間旌。

馬世英妻李氏。高陵人。夫殁，年二十餘，織履度日，奉姑撫子。乾隆元年旌。同縣來汝林妻李氏、李藴錦妻張氏、李廷選妻趙氏、吴祐妻馬氏、凡宗璽妻李氏、張鳳翩妻王氏、張永齡妻胡氏、劉孔仰妻曹氏、吴希孔妻銀氏、張宗孔妻聶氏、馬珏妻高氏、張明建妻段氏、史君用妻吴氏、周文教妻劉氏、邸宗禹妻鞏氏、梁璋妻郝氏、劉嚴儒妻聶氏、吴居業妻郝氏、李屆馥妻翟氏、李育材妻郭氏、鬲伯信妻王氏、劉統妻史氏、韓麟生妻劉氏、喻琅妻劉氏、劉暾妻高氏、李天秀妻楊氏、雷霆妻張氏、賈臨妻尚氏、蒙禄全妻陳氏，均乾隆年間旌。

陳夏聲妻傅氏。鄠縣人。年二十二，夫亡，家貧，紡績以膳翁姑，始終如一。乾隆七年旌。同縣袁福妻楊氏、韓養基妻姚氏、仝養氣妻嚴氏、王國俊妻沈氏、劉唐妻徐氏、張守妻王氏、王民諒妻程氏、閻齊妻騫氏、趙士貞妻戈氏、楊芳妻朱氏、王文才妻郭氏、焦元沛妻張氏、劉禮昭妻王氏、屈含炎妻劉氏、傅懷璧妻賈氏、陶元章妻馬氏、熊章妻王氏、賀三仁妻施氏、邢績妻趙氏、趙魏妻王氏、姚德顯妻李氏，又烈婦閻神昌妻沈氏、馮景耀妻喬氏，均乾隆年間旌。

孫祚昌妻靳氏。藍田人。夫亡，事姑撫孤，以節孝稱。乾隆四年旌。同縣鄭繹邦妻郭氏、康繡妻劉氏、張蘭盛妻王氏、雷調鼎妻李氏、馬世功妻李氏、沈國香妻陳氏、李和妻賈氏、李含秀妻宋氏、李含瑞妻張氏、劉成賓妻賀氏，均乾隆年間旌。

劉芳烈妻虞氏。涇陽人。夫亡後，氏年少家貧，有勸令改適者，斷髮自誓。乾隆六年旌。同縣蘇子騏妻劉氏、王學孔妻雒氏、韓建勳妻王氏、趙鵬翼妻聶氏、鄧知本妻牛氏、鞏文灝妻馮氏、張紹統妻王氏、吴績德妻張氏、馮自新妻吴氏、徐生輝妻李氏、熊彦妻韓氏、强元紹妻程氏、王天璽妻段氏、王宗孔妻張氏、高枝妻李氏、張呈瑞妻李氏、張大恒妻蕭氏、張祖良妻陳氏、劉佇彲妻王氏、賈昌妻王氏、李倫妻陳氏、王璋妻汪氏、熊鈉妻吴氏、王天相妻劉氏、呂應夢妻何氏、苗浩妻鞏氏、李焕妻張氏、門及第妻張氏、門生蘭妻張氏、賈永清妻雒氏、冠長春妻茹氏、高文傑妻張氏、李得福妻朱氏、王璽妻李氏、焦居榮妻盧氏、劉震妻張氏、吴士宗妻劉氏、張士傑妻杜氏、張聖友妻章氏、駱鳳龍妻李氏、怡心浩妻宋氏、怡震先妻徐氏、李章妻王氏、袁秉禮妻任氏、亢珍妻張氏，又烈婦劉度妻李氏、安臨堂妻張氏，均乾隆年間旌。

呂應龍妻焦氏。三原人。少寡，奉舅至孝，撫幼孤成立。乾隆四年旌。同縣劉三友妻昝氏、張思清妻姚氏、陳玢妻孫氏、王洵妻田氏、王楝妻雒氏、劉應承妻李氏、晁周鼎妻孔氏、王大用妻李氏、昝大有妻郭氏、姚琯妻李氏、王奇朋妻段氏、劉璟輝妻陳氏、秦允紹妻杜氏、路三洪妻姚氏、寇良宰妻侯氏、雒廷光繼妻張氏、李守志妻仵氏、梁雲昇妻范氏、雷化蛟妻張氏、劉孔相妻馮氏、白璧妻鄧氏、段復昇妻孫氏、賈來召妻孫氏、秦永齡妻王氏、高三省妻劉氏、王聖宣妻汪氏、張廷楨妻李氏、李承德妻秦氏、穆廷杞妻楊氏、呂宣化妻李氏、王用穀妻申氏、劉永馥妻留氏、王元舉妻汪氏、李維朗妻雒氏、葉珣妻薛氏、殷雲鵠妻王氏、朱元洲妻趙氏、李奏池妻里氏、趙益琬妻李氏、杜必忠妻曹氏、劉嗣慶妻留氏、王士楚妻雷氏、劉升俊妻賈氏、李天間妻成氏、楊純修妻張氏、王燾妻張氏、孫起棟妻酆氏、李芝妻魏氏、李瑄妻常氏、任天義妻段氏、唐允文妻葉氏、蕭漢臣妻李氏、宋允楨妻王氏、宋人价妻劉氏、李漢英妻王氏、段明經妻王氏、孫嗣完妻姚氏、王琳妻李氏、張思慧妻賀氏、張鸞翙妻李氏、李琠妻崔氏、高鑑妻羅氏、劉梓妻張氏、周之宗妻昝氏、里遴妻李氏、楊傑妻房氏、王公玉妻劉氏、王宣綸妻孫氏、趙琮妻唐氏、馮德昇妻張氏、張應鍾妻章氏、段延珍妻劉氏、張克嶷妻蘇氏、張璐妻周氏、劉文驄妻李氏、劉哲妻李氏、王裕義妻李氏、李希孟妻蘇氏、彭理妻權氏、程瑞麟妻聶氏、李肇甲妻雒氏、程義妻李氏、侯思惠妻程氏、周維彩妻潘氏、李世耀妻郭氏、李友梅妻雷氏、范世文妻劉氏、程芳伯妻李氏、王丕基妻李氏、李道妻王氏、李紹統妻任氏、馬琠妻楊氏、王宮槐妻米氏、李元妻楊氏、劉采妻留氏、雒校妻李氏、張緒聖妻楊氏、雒多祈妻張氏、張琮妻雷氏、李承祖妻閻氏、謝景煜妻張氏、張世沛妻伍氏、李汲妻陳氏、李世德妻王氏、郭學智妻李氏、李昌年妻段氏、張曰懋妻馬氏、范世慶妻里氏、趙純禮妻焦氏、曹茂妻楊氏、宋建基妻屈氏、王廷宗妻張氏、周洪綸妻張氏、屈作英妻麻氏、劉沛妻蒙氏、任秉直妻袁氏、段雲鸝妻喬氏、郭君成妻蓋氏、楊蔚妻馬氏、梁廷李妻劉氏，又烈婦馬建德妻秦氏、李房學妻劉氏、馮丕卿妻梁氏，均乾隆年間旌。

李文斗妻朱氏。盩厔人。年二十五夫亡，姑老子幼，族長謀改嫁之，氏斷髮自誓。姑久病，氏祝神願以身代。姑歿，晝夜悲泣，有時物，必先薦而後食。乾隆四年旌。同縣蔣義妻王氏、張際熙妻孟氏、胡奎虞妻李氏、舉人張彤妻武氏、楊聯芳妻羊氏、張守利妻侯氏、孟粹妻田氏、霍節妻惠氏、符朝善妻周氏、李零妻王氏、王加斌妻韓氏、金生燦妻閻氏、商純年妻王氏、商欽妻楊氏、趙經妻陳氏、李大賚妻雷氏、任觀吉妻李氏、郭復妻何氏、蔣成物妻趙氏、趙相福妻陶氏、王更生妻辛氏、吕漢才妻馬氏、趙穆妻任氏、羅紳妻王氏、高帝賓妻張氏、何蘭妻王氏、王玶妻宋氏、薛樸妻李氏、孟錫妻黄氏、周希榮妻符氏、劉光緒妻郭氏、李方茂妻陳氏，又烈婦高某妻羅氏，均乾隆年間旌。

楊明基妻張氏。渭南人。夫亡守節，奉翁姑至孝。乾隆十二年旌。同縣王彦臣妻劉氏、亢運隆妻周氏、李文魁妻閔氏、党肯構妻劉氏、權文亮妻王氏、劉光奇妻楊氏、李德明妻吴氏、王啓宗妻張氏、沈養龍妻梁氏、員伍裔妻張氏、員建裔妻王氏、張洪著妻陳氏、孟明璋妻任氏、李祥斗妻劉氏、張克昌妻劉氏、張一凰妻焦氏、李紹績妻董氏、王洪珂妻高氏、史降麟妻陳氏、張經世妻牛氏、王士秀妻王氏、段世炳妻李氏、段世俊妻韓氏、揚拂璧妻陳氏、高辛統妻周氏、王永高妻潘氏、孫營武妻王氏、田廷機妻馬氏、加應龍妻張氏、王永智妻鄭氏、杜遠追妻常氏、田永潤妻同氏、王代鈞妻魏氏、曹明吉妻馬氏、馬景通妻郝氏、王復生妻張氏、裴子濠妻蔣氏、蔣宗琬妻王氏、常世基妻詹氏、趙洪璿妻王氏、惠從因妻王氏、戴廷資妻劉氏、董應奎妻曹氏、賈敏心妻劉氏、嚴繼典妻趙氏、嚴兆基妻張氏、馬宏奇妻史氏、袁武琮妻胡氏，又烈婦喬民節妻李氏、姜元宗妻劉氏，均乾隆年間旌。

張光孝妻安氏。富平人。光孝任四川大竹縣丞，氏年二十一。光孝病殁，逾年一子又死，氏躬紡績以養孀姑。姑卒，哀痛盡禮。乾隆六年旌。同縣趙思忍妻唐氏、趙之良妻唐氏、張希廉妻田氏、王令妻程氏、來廷樞妻李氏、劉源深妻翟氏、陳三界妻郭氏、任元善妻楊氏、張經魁妻馮氏、張爾禄妻强氏、王三仕妻楊氏、楊道仙妻惠氏、支元傑妻張氏、郭廷賓妻唐氏、李坤生妻齊氏、李應昌妻仵氏、高君禮妻寇氏、楊景榮妻秦氏、周旋妻張氏、張洽沾妻喬氏、師大受妻郭氏、楊滿生妻唐氏、胡盡召妻孫氏、魏有年妻范氏、梁一先妻傅氏、楊秉彝妻唐氏、郭大訓妻董氏、張我積妻趙氏、竇作康妻趙氏、韋必泰妻彭氏、石成收妻楊氏、王之翰妻朱氏、劉商妻高氏、王際世妻徐氏、馮文純妻曾氏、楊元滋妻同氏、王廷相妻蕭氏、王經妻羅氏、劉志信妻由氏、董迪妻陳氏、董繩武妻賀氏、董崇吉妻王氏、王大楷妻韓氏、王大模妻周氏、劉漢妻魏氏、何功漢妻王氏、韓景黎妻馮氏、唐命峯妻韋氏、唐虞雲妻黄氏、曹天祐妻董氏、唐命岳妻程氏、曹三卿妻田氏、王名鼎妻焦氏、王天禄妻任氏、竇爾琢妻趙氏、李懷義妻姬氏、張自鵬妻李氏、任永錫妻士氏、謝永風妻梁氏、張音妻章氏、賀公明妻党氏、許天譚妻緱氏、劉璵妻李氏、石從堯妻吴氏、景之朝妻王氏、李浩妻王氏、張托妻石氏、喬國正妻倚氏、王大觀妻段氏、張遜妻賈氏、成彦勛妻宋氏、張惇妻師氏、仇蕤生妻劉氏、田爾宣妻褚氏、李天卿妻韓氏、孟忱妻翟氏、李忠妻趙氏、邵學增妻王氏、張宗昌妻師氏、劉重文妻强氏、王興甫妻張氏、陳光宗妻孫氏、張廣聚妻田氏、袁毓連妻任氏、師其禮妻李氏、胡焕妻王氏、曹文常妻仇氏、陳文質妻田氏、党著妻周氏、郭世耀妻張氏、竇士甲妻楊氏、張明鼎妻喬氏、石亮爵妻田氏、温雙妻張氏、路必庭妻張氏、賈遐齡妻李氏、李之廉妻張氏、邵賁然妻紀氏、張天義妻姚氏、任璠妻党氏、曹遐年妻楊氏、曹近思妻楊氏、趙國炎妻王氏、曹天祚妻李氏、支文起妻王氏、支文英妻韓氏、師聯詔妻曹氏、任永吉妻王氏、田忭妻王氏、楊之振妻徐氏、馮文彪妻鍾氏、董世珣妻温氏、鍾相成妻武氏、竇紹侃妻羅氏、張經普妻章氏、王肇得妻翟氏、支始啓妻任氏、朱尚志妻王氏、張徽妻紀氏、孟玉輝妻紀氏、張星熾妻王氏、田榮親妻李氏、王大雅妻權氏、段毓傑妻明氏、温易妻成氏、高儒珍妻樊氏、高繼成妻仇氏、馬承奇妻王氏、紀自亨妻翟氏、宋君芳妻唐氏，又烈婦張之義妻董氏，均乾隆年間旌。

孫纘妻馮氏。醴泉人。年二十，夫亡守節。子如瑜方在抱，辛勤撫育，克底成立。未幾娶婦生子，如瑜復病亡，婦唐氏，年二十一，誓與姑同守。馮語之曰：「守節難，貧家守節更難，盍熟思之？」唐泣曰：「姑爲孫氏婦，婦獨非孫氏婦乎？」乃忍死撫孤，奉養孀姑，備極辛勤。姑亡，喪葬皆氏紡績所蓄。並乾隆三年旌。同縣董民範妻龐氏、羅從新妻楊氏、張漢榮妻王氏、史文焕妻王氏、羅從右妻喬氏、曹承桂妻郭氏、陳莪妻劉氏、張濟妻章氏、南宗周妻史氏、郭沛霖妻龐氏、曹廷臣妻郭氏、張學軾妻韓氏、張良柱妻馬氏、梁國榮妻馬氏、婁從禹妻杜氏、張君信妻康氏、于綉妻范氏、周大定妻杜氏、閻連妻郝氏、雒濬妻楊氏，又烈婦相宿娃妻王氏，均乾隆年間旌。

張步仲妻支氏。耀州人。早寡，撫遺腹子，守節三十九年。乾隆二十年旌。同州張翽采妻魏氏、郭振元妻張氏、胡湛妻宋氏、郭捍妻文氏、梅汝獻妻張氏、張應麟妻吴氏，均乾隆年間旌。

寇錫裀妻楊氏。同官人。年十八夫亡，守節四十三年，撫孤成立。乾隆六年旌。同縣習佩珂妻侯氏、子湛妻劉氏、李爾鵬妻劉氏、梁鳳階妻王氏、梁進絡妻寇氏、孫正本妻馮氏、温如壐妻趙氏、馮天相妻常氏，俱乾隆年間旌。

任元臣女。三原人。字滿堂。九歲字敬四道之子品級，爲童養媳。品級殤，女年十四，叔元貞欲爲擇配。翁告之，女正色曰：「兒奉父母之命，童養到此，生死不去。兒但知從一而終。」翁泣曰：「終養固善，我死後，汝當何依？」女俯首不語。既而歸省，叔母復以改字婉諭之，女遂乘隙投井死。死五日而後殮，時當盛夏，顔色如生。嘉慶十四年旌。

楊氏女。渭南人。糾搶不從，完貞自縊。嘉慶四年旌。

羅忍妻尹氏。長安人。夫亡守節。嘉慶元年旌。同縣張純妻白氏、胡世壽妻童氏、何秉妻王氏、董裕公妻李氏、吕大才妻李氏、黄晟妻鄭氏、李之恂妻何氏、李聰妻張氏、趙廷獻妻雒氏、薛舉妻何氏、張體形妻馬氏、劉洪翠妻路氏、趙從正妻劉氏、陳君禄妻王氏、左良寶妻劉氏、王繼祖妻陳氏、焦登科妻韓氏、杜明妻席氏、汪濬妻薛氏、傅應忠妻薛氏、雷應忠妻王氏、葉中彩妻楊氏、李甡妻何氏、温秉剛妻高氏、馬名揚妻李氏、蒲武傑妻李氏，又烈婦高欽妻張氏、盧泳林妻樊氏，均嘉慶年間旌。

徐枚妻杭氏。咸寧人。夫亡守節。嘉慶元年旌。同縣徐模妻曹氏，靳名時妻王氏，李文彪妻查氏，齊奂妻椎氏，于允中妻張氏，潘經妻李氏，吕璋妻賈氏，蕭登龍妻李氏，周世昌妻張氏，陳丙寅妻劉氏，楊士元妻王氏，李廷琪妻楊氏，吕振聲妻劉氏，王朝儀妻張氏，盧景榮妻馮氏，董純尹妻柏氏，吴成德妻郭氏，董珽妻王氏，王臣倫妻劉氏，黄霈妻仲氏，張大有妻姚氏，貞女史氏，管鴻妻王氏，樊君妻張氏，劉復起妻蒙氏，葉叢林妻秦氏，鄭必鳳妻何氏，傅應詞妻蔣氏，陳現龍妻車氏，張丕業妻傅氏，侯建城妻劉氏，金玉光妻楊氏，劉琳妻楊氏，王振妻任氏，楊繩祖妻陸氏，陳志潔妻盧氏，徐應魁妻何氏，剛文章妻方氏，何貴英妻俞氏，李夢麟妻栗氏，楊家讓妻張氏，陳守成妻李氏，杜三畏妻許氏，李應科妻郭氏，又烈婦鹿振甲妻楊氏，夫亡殉節，均嘉慶年間旌。

王廷彦妻殷氏。咸陽人。夫亡守節。嘉慶五年旌。同縣劉志連妻賈氏、劉再錫妻王氏、王執圭妻張氏、郭思瑞妻許氏、賀彦妻王氏、張大有妻姚氏、劉玉興妻留氏、王士進妻劉氏、劉太平妻席氏、程鶴來妻潘氏、程步魁妻蘇氏、員大魁妻張氏、竇鳳妻李氏，均嘉慶年間旌。

梁自正妻張氏。興平人。夫亡守節。嘉慶二年旌。同縣吕學德妻趙氏、夏從仁妻解氏、陳世福妻吴氏、張宗彪妻楊氏、姬大烈妻范氏、李成蹊妻高氏、羅文徵妻雲氏、杜憲典妻李氏、梁自才妻王氏、亢君顔妻馬氏、亢君惠妻趙氏、宋奇才妻金氏、南振西妻范氏、張文明妻任氏、馬含仁妻葛氏、范星妻趙氏，均嘉慶年間旌。

王習略妻汪氏。臨潼人。夫亡守節。嘉慶元年旌。同縣楊彦妻李氏、楊所述妻王氏、韋貴業妻趙氏、張霖漢妻郭氏、任乘鳳妻陳氏、李應世妻里氏、熊景行妻李氏、魏仲琳妻闞氏、王守衷妻張氏、朱作新妻任氏、温厚妻楊氏、康積元妻張氏、董君成妻王氏、張維寬妻蒲氏、王在振妻孫氏、侯有廉妻朱氏、陳懷義妻張氏、王掄妻柏氏、任元登妻左氏、吴應順妻韓氏、王玉宗妻武氏、楊璣妻李氏、吕子俊妻程氏，烈婦趙于成妻張氏，均嘉慶年間旌。

胡友直妻牛氏。高陵人。夫亡守節。與同縣雷亨妻党氏，均嘉慶九年旌。

馮景耀妻喬氏。鄠縣人。夫亡守節。嘉慶二年旌。同縣解自薛妻王氏、張懋裕妻王氏、楊志清妻馬氏、孫瑞妻劉氏、陳永銘妻閻氏、楊士榕妻温氏、連華桂妻弋氏、楊文華妻裴氏、楊蕗妻解氏、賈經本妻劉氏、朱自榮妻孫氏、劉應魁妻戴氏、孫材妻楊氏、孫楷妻王氏、劉興忠妻薛氏、趙玉堂妻薛氏、閻慧智妻高氏、王榕妻焦氏，又烈婦沈登瀛妻劉氏，均嘉慶年間旌。

成廷瑞妻蔣氏。藍田人。夫亡守節。嘉慶八年旌。同縣潭自銘妻梁氏、黄永順妻陳氏、黄永敬妻于氏、栗作李妻王氏、陶芬妻王氏、陶成周妻邵氏、邵大魁妻張氏、邵懷清妻王氏、邵大受妻張氏、汪應植妻龔氏，又烈婦周天棟妻王氏，均嘉慶年間旌。

寇啓泰妻曹氏。涇陽人。夫亡守節。嘉慶元年旌。同縣杜廷奎妻曹氏、齊彦龍妻馬氏、雒聯發妻張氏、張念湜妻馬氏、李蔭龍妻何氏、劉延聰妻曹氏、陳敬學妻王氏、趙昉輝妻蘇氏、趙曙輝妻姚氏、熊勷妻張氏、焦文林妻姚氏、姚錫祉妻趙氏、趙連中妻張氏、謝大芳妻劉氏、吴維金妻雒氏、張鰲妻郭氏、吴天仁妻雒氏、吴彦珍妻雒氏、楊天柱妻王氏、張大紳妻李氏、翟邦彦妻王氏、張朝臣妻崔氏、翟邦傑妻任氏、張體仁妻袁氏、劉建基妻李氏、劉天林妻王氏，又烈婦樊申娃妻魏氏，均嘉慶年間旌。

李建業妻王氏。三原人。夫亡守節。嘉慶元年旌。同縣郭子鳳妻蓋氏、馮永和妻井氏、余尚朴妻魏氏、孫懋妻蓋氏、雷麓妻任氏、周烜妻李氏、岳九峯妻傅氏、趙延齡妻劉氏、馮楷妻孫氏、秦世潤妻王氏、張善妻朱氏、張毓秀妻李氏、王鵬飛妻惠氏、賀世英妻李氏、楊廷椿妻程氏、胡碧田妻陳氏、王秉規妻焦氏、馬伺妻張氏、薛滸妻周氏、王玉爣妻李氏、妾陳氏、魏碩文妻賀氏、申瓚妻李氏、周豐彩妻趙氏、里可宗妻慕氏、王廣先妻張氏、李士信妻蕭氏、張慎妻孫氏、焦彦廷妻仝氏、朱三統妻劉氏、魏時遇妻劉氏、周元德妻段氏、張秉乾妻周氏、蕭承武妻李氏、張夢鶱妻馮氏、敬景妻楊氏、申瑜妻劉氏、李鐸妻王氏、馮昆妻張氏、王成梓妻李氏、趙大智妻秦氏、程大定妻王氏、段純志妻李氏、張良炳妻李氏、梁鴻翥妻范氏、李學李妻顧氏、張培基妻李氏、葛向學妻張氏、王連妻李氏，李元芳妻劉氏，穆世懿妻侯氏，申廷琯妻李氏，王隆基妻孫氏，均嘉慶年間旌。

孫丕安妻張氏。盩厔人〔二〕。夫亡守節。嘉慶元年旌。同縣司淩雲妻何氏、張維厥妻章氏、楊良妻李氏、桑課妻何氏、張增妻陳氏、何品妻趙氏、李榮華妻張氏、張焕妻毛氏、劉廷彦妻高氏、李德榮妻王氏、張世珍妻司氏、薛鑲妻武氏、許義妻李氏、羅冀妻杜氏、蒲永臨妻馬氏、郭新基妻田氏、李芳茂妻陳氏、田久泰妻惠氏、李國州妻焦氏、符建成妻淡氏、雷廷臣妻騫氏、周希溥妻王氏、廉斯秀妻李氏、何重芳妻朱氏、王琳妻王氏，又烈婦周端妻孟氏、張晉山妻王氏，均嘉慶年間旌。

王振金妻田氏。渭南人。夫亡守節。嘉慶元年旌。同縣鄧之肖妻胡氏、沈天秩妻田氏、韓文彩妻劉氏、王際臣妻趙氏、羅正羽妻陳氏、劉希義妻姜氏、陳永祚妻田氏、陳茂安妻趙氏、趙維棠妻潘氏、師克忠妻盧氏、趙世篤妻嚴氏、劉可妻嚴氏、劉光妻王氏、武延壽妻石氏、楊登元妻馮氏、張奉宗妻李氏、魏良雲妻趙氏、詹前蒙妻屈氏、魏世忠妻楊氏、王甫夏妻李氏、蔣淩雲妻邱氏、楊君孝妻藺氏、藺捧琮妻華氏、雷翊周妻孫氏、曹廷吉妻侯氏、姜榮昌妻安氏、劉瑞遠妻藺氏、王泳受妻郭氏、魏世卿妻羅氏、張有昭妻姚氏、陳習姬妻李氏、趙之爵妻王氏、蔡秀雲妻王氏、馮靖清妻劉氏、馮棋生妻劉氏、晁坤妻王氏、田琇生妾李氏、張宏庫妻王氏、蔡宏模妻鄭氏、盧世科妻嚴氏、劉元奎妻張氏、雷起鼇妻孟氏、韓鼇妻史氏、鄧自明妻李氏、張宏懿妻馬氏、師盛世妻張氏、黄可登妻賈氏、劉萬時妻張氏、胡文純妻曹氏、嚴有祥妻藺氏、馬含才妻燕氏、華天培妻劉氏、趙永楫妻王氏、王世順妻杜氏、田乃心妻孫氏、孟克義妻徐氏、張尊維妻馬氏、趙時宗妻劉氏、張元桂妻任氏、王愛民妻陳氏、李天福妻王氏、杜延貞妻趙氏、郭維智妻剡氏、李永春妻偉氏，又烈婦張興銘妻王氏、李元杰妻李氏，均嘉慶年間旌。

劉文超妻劉氏。富平人。夫亡守節。嘉慶元年旌。同縣張爾坤妻紀氏、陳重綱妻謝氏、翟有均妻武氏、姬丕振妻張氏、宋熠妻張氏、温瑞凝妻師氏、程秉乾妻郭氏、楊天育妻李氏、馬元智妻朱氏、党遴妻張氏、劉延齡妻徐氏、楊宓妻曹氏、張玉秀妻王氏、雷得運妻王氏、田中科妻孟氏、樊滋妻王氏、程思順妻田氏、賈濱妻頓氏、景之振妻崔氏、劉儒妻趙氏、毛士進妻魏氏、孟朝棟妻楊氏、楊彦妻支氏、惠朝棟妻楊氏、楊謹妻惠氏、李定世妻周氏、党東琪妻賈氏、石宗茂妻張氏、石宗盛妻吕氏、竇士和妻陳氏、李自讓妻吴氏、張爾增妻王氏、張逢時妻章氏、藺思柱妻田氏、劉宏綬妻雷氏、許增海妻馬氏、劉漢奇妻常氏、來爾其妻成氏、朱滌意妻雷氏、趙執禮妻紀氏、華雲祥妻朱氏、張振聲妻郭氏、党建勳妻李氏、齊志超妻趙氏、楊廷蓮妻師氏、魏福長妻王氏、王清海妻史氏、竇應墨妻王氏、胡成才妻劉氏、胡康年妻劉氏、李樹茂妻劉氏、賈榮妻强氏、李占妻胡氏，王有恒妻紀氏、韓登第妻賈氏、常守本妻王氏、王思學妻惠氏、王居文妻宋氏、朱鶴皐妻姚氏、惠紀梅妻康氏、惠紀化妻任氏、趙大有妻王氏、朱必洪妻李氏、雷振漢妻李氏、李瑛妻孫氏、劉漢江妻楊氏、胡錫介妻李氏、趙居敬妻任氏、唐亮成妻劉氏、來明福妻高氏、韓汝銘妻梁氏、孫枝昌妻張氏、楊傑妻李氏、張璐妻毛氏、陳汝爲妻孫氏、韓汝賢妻翟氏、竇鸞輝妻曹氏、沈居恭妻李氏、何其英妻党氏、龐建和妻李氏、紀天成妻師氏、陳希增妻魏氏、曹永昌妻陳氏、温天佑妻來氏、陸大儒妻王氏、田九鼎妻王氏、龍箕妻徐氏、惠鶴妻蔡氏、鄒良輔妻竇氏、謝式妻李氏、高如嵩妻孟氏、竇士榮妻魯氏、白受采妻杜氏、白學詩妻楊氏、劉澤生妻姜氏、劉可俊妻樊氏、朱萬錦妻王氏、何士綱妻李氏、賈學詩妻魏氏、唐友白妻馬氏、陳學詩妻竇氏、樊承繼妻魚氏、馬忠義妻喬氏、陳其範妻劉氏、楊如柏妻尚氏，又烈婦吕子謙妻田氏、張大謀妻王氏，均嘉慶年間旌。

高詿妻王氏。醴泉人。夫亡守節。嘉慶十五年旌。同縣苟慶豐妻李氏、宋法湯妻郭氏、韓世林妻婁氏、張冠軍妻王氏、陳生彩妻董氏、張孔育妻王氏、韓振周妻張氏、薛克明妻朱氏、來仲妻張氏、楊方圓妻雷氏、敬洽霖妻周氏、高修身妻蔡氏、楊生春妻張氏，又烈婦李守杰妻李氏，均嘉慶年間旌。

安戊申妻楊氏。耀州人。夫亡殉節。嘉慶十四年旌。同州節婦古連科妻白氏、梁泰妻張氏，均嘉慶年間旌。

李元音妻段氏。同官人。夫亡守節。同縣梁宏道妻張氏，均嘉慶年間旌。

劉大信女。寧陜廳人。字雪妹。嘉慶十一年賊至，與同廳劉鴻謐妻焦氏、劉某妻徐氏，均不屈死，俱被旌。

劉某妻劉氏。寧陜廳人。守正捐軀。嘉慶十年旌。

焦盈升妻周氏。鄠縣人。年三十一，嘉慶十一年賊至，欲强污之，不從，駡不絶聲，被賊刺死。同時有李敏妻王氏，守節四十六年，賊至曲抱村，焚屋逼脅，氏駡不絶聲，投井死。楊天景妻趙氏，年三十一，遇賊逼污不從，投井死。又王文炳女，年十七，與母避難於村北河岸，適賊蜂至，持矛强脅，女恐被污，以衣襟掩面投水死。均嘉慶十三年旌。

王廷棟妻何氏。盩厔人。守節二十餘年。嘉慶三年，聞賊警，即自縊死。同縣張其正妻王氏，年十九，守節，聞警，盡以線紉衣履，投河死。田有德之妻蓋氏，夫早亡，子英欲奉之出，氏曰：「與其暴死於野，不如守義於家。」賊至，一家十人盡死之。時有節婦劉寇氏，亦與其姑先賊至死。

王紀妻范氏。盩厔人。一家婦女十人，遇賊不辱死。嘉慶十二年旌。又張高氏，張王氏，張景賢之姪婦王氏、女芝蘭，陳任氏，張氏，楊氏，安氏，張氏女聰兒、芝兒、甯兒、雪兒，均遇賊不辱，被旌。又遇賊捐軀州同陳國華妻李氏，七年旌。生員任策勳妻王楊氏〔三〕，十三年旌。生員晏文質晏閻氏等十二人〔四〕，十九年旌。均未悉何縣人，謹附記。

流寓

秦

召平。廣陵人。秦東陵侯。秦亡，爲布衣，種瓜長安城東青門外，瓜美，世謂東陵瓜。

漢

司馬季主。楚人。卜於長安東市。宋忠爲中大夫，賈誼爲博士，同日遊卜肆中。季主與弟子方辨天地之道，日月之運，陰陽吉凶之本，語數千言，莫不順理。忠、誼瞿然而悟。

司馬相如。成都人。武帝時爲郎，病免，家居茂陵。

晉

李含。狄道人。僑居始平。少有才幹，兩郡並舉孝廉，又舉秀才，爲秦國郎中令。司徒選含領始平中正〔五〕，後又爲始平令。

王嘉。隴西人。隱東陽谷，鑿穴而居，弟子受業者數百人。石虎之末，棄其徒衆至長安，潛隱終南山，結茅廬而止。門人聞而復隨之，乃遷於倒獸山。

周

顔之推。臨沂人。仕齊，歷黄門侍郎。齊亡入周，遂家京兆。有二子，長曰思魯，次曰愍楚，蓋不忘本也。

唐

啖助。趙州人，後徙關中。淹該經術。天寶末，調臨海尉、丹陽主簿，秩滿屏居，甘疏糗。善爲春秋，考三家短長，號集傳，復攝其綱條爲例統。助卒，其門人趙匡、陸淳與其子異裒録助所爲損益纂會之，號纂例。

李抱玉。本安興貴曾孫，世居河西。至德二載，上言世占涼州，恥與逆臣共宗。詔賜姓，因徙籍京兆，舉族以李爲氏。廣德中，歷兵部尚書同平章事、河西隴右副元帥。

宋

种放。洛陽人。與母俱隱終南豹林谷之東明峯，結草爲廬，以講習爲業，從學者甚衆。淳化中屢加徵聘，輒辭去。

高懌。荆南高季興四世孫。築室豹林谷，從种放受業，與同時張堯、許勃號「南山三友」。寇準聞其名薦之，不起。范雍建京兆府學，召懌講授諸生，席間嘗數十百人。命爲大理評事，懌固辭。仁宗嘉其守，號安素居士。

元

吕彧。河内人。其父佑，徙家關中。彧從許衡學，衡爲國子祭酒，舉彧爲伴讀。仁宗時，累官翰林侍讀學士。卒，追封東平郡公，謚文穆。

明

羅性。泰和人。洪武初，爲德安同知，坐事謫戍西安。四方老師宿儒在西安者，皆曰：「合吾輩所讀之書，庶幾羅先生之平耳。」

仙釋

秦

茅濛。咸陽人。字初成。始皇三十一年，於華山乘雲駕龍，白日昇天。其邑謡曰：「神仙得者茅初成，繼世而往在我盈，帝若學之臘嘉平。」始皇聞之，因改臘曰嘉平。其後濛曾孫盈，渡江隱句曲山，得仙道。

漢

劉根。長安人。成帝時，入嵩山學道，遇神人授以秘訣，遂得仙，用術濟人。潁川太守史祈以爲妖，遣吏捕根，欲戮之。至府，祈曰：「能召鬼神即至，不爾當戮。」根曰：「甚易。」借筆書符，忽見兵甲縛二囚至廳前，祈熟視乃父母也，即驚愕流涕。鬼責其子曰：「汝何得罪神仙，累親如此！」太守伏罪求赦方解，根遂不見。

鍾離權。咸陽人。號和谷子，一號正陽子，又號雲房先生。生而奇異，美髯俊目，身長八尺餘。歷仕漢及魏、晉。遇華陽真人授秘訣，遂棄世事，於縣東四十里正陽洞修煉登仙。

晉

僧涉。西域人。苻堅時，入長安，虛静服氣，不食五穀。日能行五百里，能以秘祝下神龍。每旱，堅常使之請雨，俄而龍下鉢中，天輒大雨。堅及羣臣親就鉢視之。

鳩摩羅什。天竺人。博覽五明諸論及陰陽星算，莫不畢盡。不拘小檢，以及大乘爲化。姚興迎至長安，使入西明閣及逍遥園，譯出衆經。羅什多所暗誦，於是興使沙門僧叡、僧肇等八百餘人，傳受其旨。更出經論凡三百餘卷，又爲姚興著實相論二卷。

僧肇。京兆人。鳩摩羅什集諸沙門譯經，僧肇與道彤、僧略、道恒、道禰、曇影等共相提挈，發明幽致。道彤等皆學識洽通，僧肇尤爲其最，羅什之譯經，僧肇嘗執筆定諸辭義。注維摩經，又著數論，皆有妙旨，學者宗之。本朝雍正十一年，敕封大智圓正聖僧禪師。

南北朝　周

李順興。杜陵人。乍愚乍智，入嵩山學神仙之術，言未來事，時有中者。常冠道士冠，人號爲李練。蕭寶夤反，召問曰：「朕王可幾年？」對曰：「爲天子有百年者，百日者。」及寶夤敗，裁百日也。其黨乃棒殺順興，置城隍中，頃之，起活如初。周文嘗至温泉，順興乞温泉東驪山下二畝地，周文曰：「用此何爲？」對曰：「有用。」未幾至温湯遇患，卒于其地。

强練。不知其名字，以好言未然事類李練，故亦呼爲練。歷造王公邸第，皆敬信之。大象末，以一無底囊歷長安市告乞，人以米麥遺之，隨漏於地。人問之，曰：「但欲使人見盛空耳。」隋開皇初，移都龍首山，城遂空廢。後莫知其所終。

王延。始平人。師華山真人焦曠，止石室中，餐松飲泉。後周武帝延至都下，久之請還西岳，居雲臺觀。周主詔修觀宇，以山高無土，延默告元真，忽於巖間湧出。其所居杜絶人寰，每賓客將至，有二青鳥先來報之。

唐

僧玄奘。緱氏人。姓陳。博涉經論，嘗謂翻譯者多訛謬。貞觀初，往西域廣求異本，經歷百餘國，十九年歸京師。詔將梵本六百五十七部，於弘福寺翻譯。高宗在東宫，送住慈恩寺。顯慶元年，又令于仲謐等共潤色，凡成七十五部，奏上之。

驪山老母。唐李筌好神仙之術，於嵩山虎口巖得陰符經。其本糜爛，讀之不曉其義，因至驪山，逢一老母，敝衣扶杖，神狀甚異。路傍一火燒樹，因自語曰：「火生於木，禍發必剋。」筌驚問曰：「此陰符經文，母何得言之？」母曰：「吾受此符，已三元六周甲子矣。」筌拜母，共坐石上，説陰符之義久之。母曰：「日已晡矣，吾有麥飯，相與爲食。」袖中出一瓢，令筌取水，水滿瓢，忽重百餘觔，沉泉中。及還，已失母所在，但留麥飯於石上。筌食之，後血氣不衰，入名山訪道，不知所終。

土產

玉石。漢書東方朔傳：南山出玉石。明統志：藍田縣出玉英。

磬石。舊唐書音樂志：磬石出華原。

銅鐵。漢書東方朔傳：南山出金銀銅鐵。府志：終南有銅鑛及鐵冶，金銀則未聞。宋史食貨志：鐵產耀州，有務。

紗絹。唐六典：關内道賦絹綿。唐書地理志：京兆府貢隔紗。臨潼縣志：縣境出黄白縑。

氈。唐書地理志：京兆府貢氈。

竹。史記貨殖傳：渭川千畝竹。明統志：咸寧、藍田、鄠、盩厔、渭南皆產竹。

雙皁莢。明統志：驪山出。

櫻桃。唐書地理志：京兆府貢櫻桃。

藕粉。唐書地理志：京兆府貢藕粉。寰宇記：雍州產藕粉、葛粉。

紅花。盩厔縣志：邑產以紅花爲第一。

蠟。唐書地理志：京兆府貢蠟。

藥。唐書地理志：京兆府貢酸棗仁、地骨皮。寰宇記：華原出石脂、啗馬藥〔六〕。通志：咸陽出甘遂，盩厔出澤瀉、細辛，終南山、驪山出麝香。

瓷器。宋史地理志：耀州貢。

硫磺。舊志：同官縣産。

礬。郭璞山海經注：礬，秦人名羽涅。同官縣志：土産白礬、皁礬、礬紅。按：舊志土産内載「唐書地理志：京兆府貢鞾。」今鞾則各處皆能製造，故删之。謹附記。

校勘記

〔一〕可不有行　「有」，原作「宜」，乾隆志卷一八一西安府列女（下同卷簡稱乾隆志）同，據新唐書卷二〇五列女傳改。

〔二〕孫丕安妻張氏盩厔人　「厔」，原作「屋」。考西安府無「盩屋」縣名，顯係「盩厔」之誤，今改。

〔三〕生員任策勳妻王楊氏　按，舊習妻冠夫姓，此王楊氏不應爲任氏之妻，疑「王」爲「任」之訛，或反之。

〔四〕生員晏文質晏閻氏等十二人　按，「晏文質」下疑脱「妻」字。

〔五〕司徒選含領始平中正　「含」，原作「舍」，據文意改。

〔六〕華原出石脂啗馬藥　乾隆志同。按，太平寰宇記卷三一關西道耀州以啗馬藥出同官縣，非出華原縣。

延安府圖

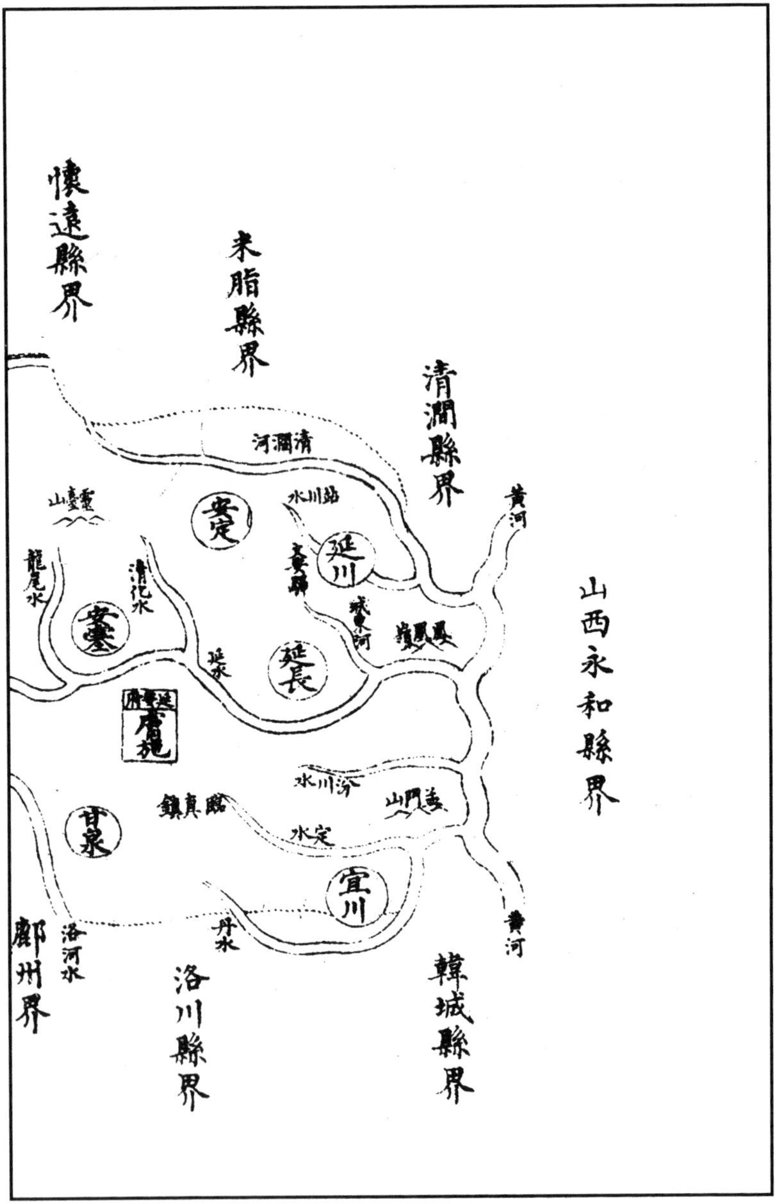
懷遠縣界
米脂縣界
清澗縣界
清澗河
靈臺山
安定
延川
龍尾水
清化水
安塞
延水
延長
延安府
膚施
山西永和縣界
黃河
汾川水
臨真鎮
孟門山
定水
甘泉
宜川
丹水
洛河水
鄜州界
洛川縣界
韓城縣界
黃河

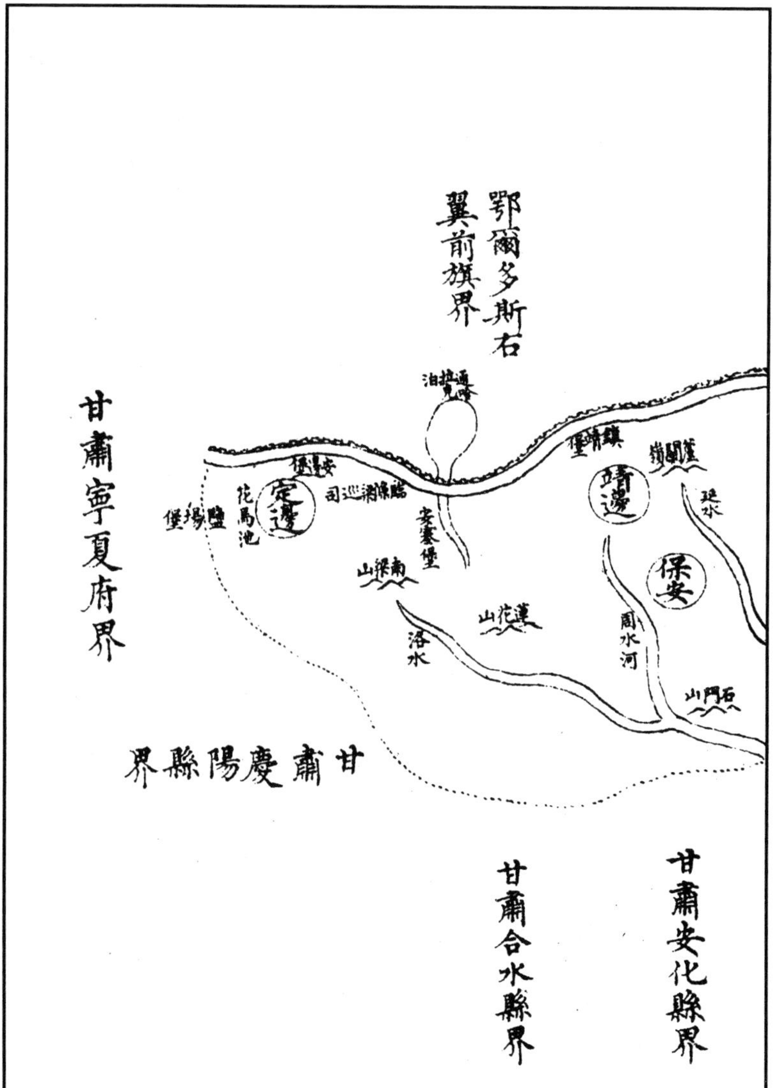
鄂爾多斯右翼前旗界
甘肅寧夏府界
甘肅慶陽縣界
甘肅合水縣界
甘肅安化縣界
定邊
靖邊
保安
花馬池
鹽場堡
安邊堡
安塞堡
鎮靖堡
南梁山
蓮花山
石門山
洛水
周水河
延水

延安府表

	延安府	膚施縣
秦	上郡地。	高奴縣屬上郡。
兩漢		高奴縣初爲翟國都，尋屬上郡。
三國		高奴縣
晉	入于羌、氐，後屬赫連氏。	廢。
南北朝	偏城郡魏太和元年置廷昌，二年兼置東夏州。西魏廢帝三年改州曰延，治廣武。	
隋	延安郡開皇三年郡廢，大業三年州廢，改置，治膚施。	膚施縣大業三年移置郡治。
唐	延州武德元年復置州，天寶元年改延安郡，乾元元年復屬關内道。	膚施縣州治。
五代	延州	膚施縣
宋金附	延安府初屬陝西路，慶曆元年分置鄜延路。元祐四年升府。金爲鄜延路治。	膚施縣慶曆七年移治。
元	延安路改路，屬陝西行省。	膚施縣路治。
明	延安府改府，屬陝西布政司。	膚施縣府治。

	安塞縣
	高奴縣地。
廣武縣 魏置郡治，又有沃野縣。	金明郡 魏太平真君十二年置，領永豐、廣洛、啓寧三縣，尋廢。
豐林縣 開皇十八年更名，大業初廢沃野縣入，屬延安郡。	金明縣 仁壽初更名，屬延安郡，大業末廢。
豐林縣 武德四年僑置雲州及雲中、榆林、龍泉三縣，八年州廢，以雲中、榆林二縣省入豐林，龍泉縣省入臨真。	金明縣 武德二年復置，兼置北武州及開遠、全義、崇德、永安、定義五縣，貞觀二年州廢，省五縣入，屬延州。
豐林縣	金明縣
熙寧五年省。	熙寧五年廢入膚施縣。
	安塞縣 初置，屬延安路。
	安塞縣 屬延安府。

續表

廣洛縣 魏太平真君十年置，屬金明郡。 上郡 魏移置，領石城、因城二縣。周廢。 因城縣 魏置，屬上郡。周廢，尋復置。
因城縣 屬延安郡。
敷政縣 武德二年改置金城縣，又置永州，領洛盤、新昌、土塠三縣。貞觀四年州徙，八年省洛盤等三縣入，屬延州。天寶初更名。 延昌縣 貞觀十年置罷交縣，天寶初更名，屬延州。
敷政縣 廢。
敷政縣 屬延安府。
至元六年省。

續表

甘泉縣	安定縣	保安縣
雕陰縣地。	陽周縣，屬上郡。	高奴縣地。
	陽周縣，後漢省入膚施、高奴二縣。	
臨真縣，魏太安中置，屬定陽郡。西魏於縣置神水郡，又置真川縣。周郡廢。		魏廣洛縣地。
洛交縣地。 臨真縣，廢真川縣入，屬延安郡。	延川縣地。	膚施縣地。
甘泉縣，武德元年置伏陸縣，屬鄜州，天寶初更名。 臨真縣，屬延州。	延川、延昌二縣地。	置永康鎮。
甘泉縣 臨真縣		
甘泉縣，屬延安府。 臨真縣，屬延安府。	置安定堡，屬延川縣。	保安軍，太平興國二年置，屬永興路。金大定十一年降縣，二十二年升州，屬鄜延路。
甘泉縣，屬延安路。 至元二年廢。	安定縣，元初升置，至元初又分置丹頭縣，四年仍省入，屬延安路。	保安縣，至元六年仍降爲縣，屬延安路。
甘泉縣，屬延安府。	安定縣，屬延安府。	保安縣，屬延安府。

宜川縣

		魏定陽邑。		
		定陽縣屬上郡。		
		定陽縣		
	苻秦置三堡鎮。	省。		
義川郡西魏大統三年置，兼置汾州。廢帝三年改州曰丹。	義川縣西魏大統三年置。周更名丹陽。	定陽郡魏太安中置，治臨戎縣。西魏郡縣俱廢。西魏置雲巖縣。		永寧縣魏置，西魏更名太平。
丹陽郡開皇三年郡廢，大業三年州廢，義寧元年改置。	義川縣開皇初復名，屬延安郡，後爲丹陽郡治。		大業初廢。	咸寧縣開皇中更名，屬延安郡。
丹州武德元年復置州，天寶元年改咸寧郡，乾元元年復屬關内道。	義川縣州治。		雲巖縣武德初復置，屬丹州。	咸寧縣屬丹州。
丹州	義川縣		雲巖縣	咸寧縣
丹州屬永興路。金屬鄜延路。	宜川縣太平興國初更名。		熙寧七年省。	太平興國初省。
廢。	宜川縣屬延安路。			
	宜川縣屬延安府。			

續表

續表

	延川縣
	高奴、膚施二縣地。
汾川縣 魏太和八年置安平縣，屬樂川郡。周更名。周置門山縣。	文安縣 西魏置，兼置文安郡。
汾川縣 屬延安郡。大業初廢。	延川縣 開皇初郡廢，改名，屬延安郡。
汾川縣 屬丹州。門山縣 武德初復置，屬丹州。廣德初屬延州。	延川縣 武德二年置基州，領義門縣，又於縣置南平州。四年廢南平及義門，五年更名北基州。貞觀八年州廢，屬延州。
汾川縣 門山縣	延川縣
熙寧三年省。門山縣	延川縣 屬延安府。
至元六年省。	延川縣 屬延安路。
	延川縣 屬延安府。

	延長縣
	高奴縣地。
	廣安縣 西魏置，又置義鄉縣。
	延安縣 仁壽初更名，大業初廢義鄉縣入，屬延安郡。後廢。
延水縣 武德二年置西和州，領安民、修文、桑源三縣。貞觀二年廢州，省修文、桑源二縣入安民，屬北基州，八年屬延州，二十三年更名弘風，神龍初又改。	延長縣 武德二年復置，又增置北連州，兼領義鄉縣。貞觀二年廢州及義鄉縣，屬延州。廣德二年更名。
延水縣	延長縣
熙寧八年省。	延長縣 屬延安府。
	延長縣 屬延安路。
	延長縣 屬延安府。

續表

續表

定邊縣	靖邊縣
北地郡馬領縣地。	北地郡地。
	闡熙郡 魏太和十二年置，領山鹿、新囚二縣。西魏置長州。
	長澤縣 開皇三年郡廢，改山鹿、新囚二縣爲長澤縣，大業初州廢，屬朔方郡。
鹽州地。	長澤縣 郡廢，屬夏州。元和十五年移宥州治此。
	長澤縣
	廢。
正統中置定邊營，屬延綏鎮。	成化中置靖邊營，屬延綏鎮。

大清一統志卷二百三十三

延安府一

在省治北七百四十里。東西距四百里，南北距三百九十里。東至山西隰州永和縣界二百二十里，西至甘肅慶陽府合水縣界一百八十里，南至鄜州界一百三十里，北至綏德州米脂縣界二百六十里，東南至同州府韓城縣界三百五十五里，西南至鄜州界一百四十里，東北至綏德州清澗縣界一百九十五里，西北至邊界三百五十里。自府治至京師二千二百里。

分野

天文井、鬼分野，鶉首之次。

建置沿革

禹貢雍州之域。春秋時白翟所居。國語：齊桓公攘白狄之地，至於西河。左傳僖公三十三年：晉郤缺獲白狄子。又呂相絶秦曰「白狄及君同州」。史記：晉文公攘戎狄，居於河西圁洛之間，號曰赤翟、白翟。杜預左傳注：白狄，狄別種，今西河郡有白部胡。括地志：延州，古白狄地。戰國初屬魏。秦置高奴縣，屬上郡。漢元年，項羽置翟國，尋屬漢，復置高奴縣，屬上郡。後漢因之。建安二十年，郡廢。晉時荒廢，後屬赫連勃勃。後魏初屬統萬鎮。太和元年，置徧城郡。延昌二年，置東夏州。西魏廢帝三年，改爲延州。隋開皇八年，郡廢。大業三年，始治膚施縣，州廢，改置延安郡。唐武德元年，復曰延州。唐書地理志：延州，中都督府。天寶元年，曰延安郡。乾元元年，復曰延州，屬關内道。唐書方鎮表：中和二年，以延州置保塞軍節度。光和元年，更曰寧塞軍，後又更名衛國軍。五代因之。五代史職方考：延州故屬保大軍節度，梁置忠義軍，唐改曰彰武。宋初曰延州，屬陝西路。慶曆元年，分置鄜延路。元祐四年，升延安府。宋史地理志：延安府，中都督府。延安郡，彰武軍節度。金亦曰延安府，爲鄜延路治。金史地理志：皇統二年，置彰武軍總管府。元爲延安路，屬陝西行省。明爲延安府，屬陝西布政司。領州三，縣十六。本朝因之，隸陝西省。雍正三年，改綏德、鄜、葭三州，直隸陝西布政司。割米脂、清澗、吴堡、洛川、中部、宜君、神木、府谷八縣分隸焉。乾隆元年，以靖邊、定邊二縣來屬。舊屬榆林府。今領縣十。

膚施縣。附郭。東西距一百里，南北距七十里。東至延長縣界六十里，西至安塞縣界四十里，南至甘泉縣界四十五里，北至安塞縣界二十五里。東南至甘泉縣界八十里，西南至甘泉縣界四十五里，東北至安定縣界一百里，西北至安塞縣界五十里。秦置高奴縣，屬上郡。漢初爲翟國都，尋屬上郡。後漢因之。晉廢。後魏爲徧城郡廣武縣地。隋大業三年，始分豐林、金明二縣地，置膚施縣，爲延安郡治。唐爲延州治。宋、金皆爲延安府治。元爲延安路治。明爲延安府治。本朝因之。

安塞縣。在府北少西四十里，東西距一百八十里，南北距一百九十五里。東至安定縣界九十里，西至保安縣界九十里，南至膚施縣界十五里，北至靖邊縣界一百八十里。東南至膚施縣界二十里，西南至甘泉縣界一百二十里，東北至安定縣界一百里，西北至保安縣界八十里。秦、漢上郡高奴縣地。後魏太平真君十年，置廣洛縣。十二年置金明郡，郡尋廢。隋仁壽元年，改縣曰金明，屬延安郡，大業末廢。唐武德二年，分膚施復置金明縣，兼置北武州。貞觀二年州廢，屬延州。五代因之。宋熙寧五年，廢入膚施。元初改置安塞縣，屬延安路。明屬延安府。本朝因之。

甘泉縣。在府南少西九十里，東西距二百二十里，南北距九十里。東至延長縣界一百五十里，西至鄜州界七十里，南至鄜州界四十五里，北至膚施縣界四十五里。東南至宜川縣界一百七十里，西南至鄜州界五十里，東北至膚施縣界四十五里，西北至安塞縣界四十里。秦、漢上郡雕陰縣地。隋爲洛交縣地。唐武德元年，分置伏陸縣，屬鄜州。天寶元年，改曰甘泉。五代因之。宋初改屬延安府。金因之。元屬延安路。明屬延安府。本朝因之。

安定縣。在府北少東一百八十里，東西距一百六十五里，南北距一百九十里。東至綏德州清澗縣界八十五里，西至靖邊縣界八十里，南至膚施縣界九十里，北至綏德州米脂縣界一百里。東南至延川縣界六十里，西南至安塞縣界五十里，東北至綏德州清澗縣界七十里，西北至榆林府懷遠縣界七十里。秦置陽周縣，屬上郡。漢因之。後漢省入膚施、高奴二縣。隋爲延川縣地。唐爲延川、延昌二縣地。宋置安定堡，屬延川縣。元憲宗五年，升爲安定縣，屬延安路。明屬延安府。本朝因之。

保安縣。在府西少北二百二十里，東西距二百里，南北距一百七十里。東至安塞縣界九十里，西至甘肅慶陽府安化縣界一百一十里，南至安塞縣界一百三十里，北至靖邊縣界四十里。東南至安塞縣界六十里，西南至慶陽府合水縣界一百五十里，東北至靖邊縣界一百里，西北至安化縣界一百三十里。秦、漢高奴縣地。後魏廣洛縣地。隋膚施縣地。唐置永康鎮。宋太平興國二年，建爲保安軍，屬永興路。金大定十一年，置保安縣。二十二年，升爲保安州，屬鄜延路。元至元六年，降州爲縣，屬延安路。明屬延安府。本朝因之。

宜川縣。在府東南二百六十里，東西距二百里，南北距二百七十里。東至山西吉州界一百十里，西至鄜州界九十里，南至鄜州洛川縣界七十里，北至延川縣界二百里，東南至同州府韓城縣界一百里，西南至洛川縣界一百里，東北至延川縣界一百九十里，西北至甘泉縣界九十里。戰國魏定陽邑。漢置定陽縣，屬上郡。後漢因之。晉省。後魏太安中，置定陽郡，治臨戎縣。西魏郡縣俱廢。大統三年，置義川縣及義川郡，又僑置汾州。廢帝三年，改州曰丹州。後周改縣曰丹陽。隋開皇初郡廢，復改縣曰義川。大業初州廢，屬延安郡。義寧元年，又於縣置丹陽郡。唐武德元年，復曰丹州，二年置總管府。貞觀元年，府罷。天寶元年，改曰咸寧郡。乾元元年，復曰丹州，屬關內道。五代因之。宋曰丹州，屬永興軍路。太平興國元年，改縣曰宜川。金曰丹州，屬鄜延路。元廢丹州，以縣屬延安路。明屬延安府。本朝因之。

延川縣。在府東少北一百五十里，東西距一百四十五里，南北距九十五里。東至山西隰州永和縣界七十里，西至延長縣界七十五里，南至宜川縣界八十里，北至綏德州清澗縣界十五里。東南至永和縣界一百里，西南至延長縣界五十里，東北至清澗縣界七十里，西北至安定縣界一百十五里。秦、漢高奴、膚施二縣地。西魏置文安縣，又置文安郡。隋開皇初郡廢，改縣曰延川，屬延安郡。唐屬延州。五代因之。宋、金屬延安府。元屬延安路。明屬延安府。本朝因之。

延長縣。在府東一百五十里，東西距一百六十里，南北距一百一十里。東至宜川縣界七十里，西至膚施縣界九十里，南至甘泉縣界六十里，北至延川縣界五十里。東南至宜川縣界九十里，西南至甘泉縣界四十里，東北至延川縣界七十里，西北至延川縣界六十里。秦、漢高奴縣地。西魏廢帝元年，置廣安縣。隋仁壽元年，改曰延安，屬延安郡。大業末廢。唐武德二年，復置延安縣，兼置北連州。貞觀二年州廢，屬延州。廣德二年，改曰延長。五代因之。宋、金屬延安府。元屬延安路。明屬延安府。本朝因之。

定邊縣。在府西北三百五十里，東西距二百里，南北距二百六十一里。東至靖邊縣界一百六十里，西至甘肅寧夏府靈州界四十里，南至甘肅慶陽府環縣界二百六十里，北至邊牆一里。東南至靖邊縣界一百七十里，西南至環縣界二百六十里，東北至邊牆一里，西北至邊牆一里。秦、漢北地郡馬領縣地。唐爲鹽州地。明正統二年，置定邊營，屬延綏鎮。本朝雍正九年，置定邊縣，屬榆林府。乾隆元年，改屬延安府。

靖邊縣。在府西北三百里，東西距二百四十里，南北距一百二十里。東至榆林府懷遠縣界一百四十里，西至定邊縣界一百里，南至保安縣界一百十里，北至邊牆十里。東南至保安縣界九十里，西南至甘肅慶陽府安化縣界一百八十里，東北至邊界一百十里，西北至邊界五十里。秦、漢北地郡地。後魏太和十二年，置闡熙郡及山鹿、新囶二縣。西魏置長州。隋開皇三年，郡廢，以山鹿、新囶改置長澤縣。大業初廢長州，縣改屬朔方郡。唐貞觀二年，郡廢，屬夏州。七年，復置長州。十三年又廢。元和十五年，移宥州來治。五代因之。宋爲西夏地。明成化十一年，置靖邊營，屬延綏鎮。本朝初，爲靖邊所。雍正二年，設同知於此。九年置縣，屬榆林府。乾隆元年，改屬延安府。

形勢

形勝之地，五路襟喉。宋史趙卨、王庶傳。其城據山，四面甚險，邊陲之地。寰宇記。西北長城，因河爲塞。洛水之交，三川所會。圖經。襟帶關陝，控制靈夏。府志。

風俗

人勤稼穡，俗尚鬼神。舊志。俗尚儉朴，不崇侈靡。善營利市，頗習程法。圖經。高尚氣力，修習戰備，以射獵爲先務。府志。

城池

延安府城。周九里有奇，門四，池深二丈。明弘治初因唐舊制增建。本朝順治十二年重建，康熙十八年修。乾隆元年、二十八年、二十九年、五十二年、嘉慶元年屢修。膚施縣附郭。

安塞縣城。周三里有奇，門三，池深一丈。元初建，明時屢修。本朝乾隆三十五年，因舊城屢被水患，增建新城，周一里有奇。五十六年重修。

甘泉縣城。周五里有奇，門三，池深一丈。唐天寶中建，明景泰中增築。本朝乾隆二十八年修。

安定縣城。周五里有奇，門四，池深一丈。明初建。相連有東關城，成化中建。本朝康熙十九年、乾隆三十一年重修。

保安縣城。周九里有奇，門四，池深一丈。明初因元舊址增建。本朝順治中修。

宜川縣城。周四里有奇，門四，東北有池，深三丈。宋建，明正統中修。本朝順治四年增築，乾隆三十一年修。

延川縣城。周四里有奇，門三。明正統中因元舊址築。本朝順治十五年、乾隆二十三年修。

延長縣城。周四里有奇，門二，南有池，深一丈。金大定中建，明嘉靖初增修。本朝乾隆三十二年重修。

定邊縣城。即舊定邊營。周四里有奇，門二。明正統二年建。本朝乾隆十二年修。

靖邊縣城。唐爲兀剌城〔一〕。明景泰四年，改建新城。成化中，改置靖邊營。周六里有奇，門二，東西北皆深溝。後又增築南關城及新軍、家丁兩營，連環共四城。本朝乾隆三十一年、嘉慶四年重修。

學校

延安府學。在府治北。明洪武十一年建。本朝順治六年修，乾隆四十年重修。入學額數十八名。

膚施縣學。在縣治東。明洪武十年建。本朝順治中修，康熙六十一年重修。入學額數十五名。

安塞縣學。在縣治南。元大德三年建，明時屢修。本朝康熙中修，乾隆二十七年重修。入學額數八名。

甘泉縣學。在縣治東。明萬曆二十二年由縣治西南遷建。本朝雍正四年、乾隆三十五年重修。入學額數七名。原額八名，嘉慶十八年裁撥西安府寧陝廳一名。

安定縣學。在縣治東。元至元四年建，明時屢修。本朝順治八年修，康熙三十八年、雍正二年重修。入學額數十二名。

保安縣學。在縣南一里。元延祐三年建，明嘉靖中修。本朝順治十五年重建。入學額數八名。

宜川縣學。在縣治東。舊在治西。元至元二年建，明嘉靖中改建於此。本朝順治十四年修，雍正三年重修。入學額數十二名。

延川縣學。在縣治西。舊在南關街東，宋時遷城中西北隅，元至治初移建於此。明洪武三年修。本朝順治九年重修。入學額數八名。

延長縣學。在縣治東。宋崇寧初建，明時屢修。本朝康熙十八年修。入學額數八名。

定邊縣學。在縣治東。雍正九年建。入學額數八名。

靖邊縣學。在縣治西北。明萬曆元年建。本朝雍正八年修。入學額數八名。
和鳴書院。在府城。嘉慶十三年建，並建育英東、西兩義學。
龍溪書院。在府城北。明弘治中建。
雲巖書院。在府城。明萬曆中建。
嘉嶺書院。在府城東南。宋康定中建，明弘治十七年修。
新樂書院。在安塞縣治西。乾隆二十七年建。
汾川書院。在安定縣治東。雍正十二年建。
文山書院。在安定縣。乾隆十四年建。
瑞泉書院。在宜川縣治西南七郎山。舊名正學書院，順治四年改今名。乾隆十七年修。
延長書院。在延長縣。乾隆十年建。
甘泉學舍。在甘泉縣治北。
保安學舍。在保安縣治南。

户口

原額人丁二萬二千九十六，今滋生民户共男婦六十三萬八千三百五十二名口。

田賦

民地一千八百二十二頃一十九畝三分二釐，額徵地丁銀一萬三千二百七十五兩三錢六釐，糧五千五百一十四石八升八合五勺。屯地二千五百七十九頃三十八畝七分，額徵地丁銀五百六十一兩九錢五分八釐，糧三千六百五十一石四斗六升三合九勺。

山川

嘉嶺山。在膚施縣東南一百八十步南河濱。形勢高峻，上有古塔。隋志膚施縣有豐林山，疑即此。

牡丹山。在膚施縣南四十里。其地多產牡丹。一名花原頭。

草場山。在膚施縣西南。山脊半入城中。

鳳凰山。在膚施縣西。城跨其上。

伏龍山。在膚施縣西北。寰宇記：在縣西北五里，形似卧龍，是上郡之名山。

碧簪山。在膚施縣北十里。形尖如簪，高可數百丈。一名虎頭山。

五龍山。在膚施縣北十二里。下有神泉。

清涼山。在膚施縣東北七十步。一名太和山。其巔最高一峯曰蓮花峯，上有尸毗巖及萬佛洞，内有石佛萬餘。山半有鷲峯泉、定甲泉及仙石洞。

琉璃山。在膚施縣東北。元和志：在豐林縣北九十五里。

天澤山。在安塞縣東五十步。上有天澤泉，不溢不竭。

三塠山。在安塞縣西南。寰宇記：在敷政縣北一里。其山土石相雜，上有三冢，遥望如塠物，因以爲名。

石門山。在安塞縣西南一百二十里。兩山壁立如門，洛水經其下。相近有墨臺山。

摩雲山。在安塞縣西六十里。

石峯山。在安塞縣北五里。巨石高險，俗名石嘴山。亦名靈臺山，以上建靈臺觀而名。

雕陰山。在甘泉縣南。漢書地理志注：應劭曰：「雕山在雕陰縣西南。」寰宇記：在縣南二十里洛水西二百步。山夾土石，爲鷹雕之所居。

温泉山。在甘泉縣南四十里。上有温泉。

太和山。在甘泉縣西南五里。洛水經其下。又有神林山，在縣西南二十里，高於諸峯，下有龍湫。

勞山。在甘泉縣北二十里，有大小二山。相傳宋狄青與夏人相拒，士卒疲困，嘗憩於此，因名。

伏陸山。在甘泉縣東北。元和志：有阿伏斤谷，其水出又潛流，隱伏川陸，故號伏陸。天寶元年，改爲甘川谷。

鵶鴿山。在安定縣南四十里。上産鵶、鴿，二鳥並居。

神木山。在安定縣南六十里。有古樹百餘株，人以爲神，樵採不敢入。

鳳翼山。在安定縣城西，爲縣右障。

堡子山。在安定縣西三十里，古築軍堡於其上。

高柏山。在安定縣北八十里，懷臨河出此。疑即漢志陽周縣南之橋山也。

滴溜山。在安定縣北一百里。古木陰翳，泉出巖石間，最稱幽勝。

三臺山。在保安縣南四十里。三峯並峙。

石樓臺山。在保安縣南七十里。奇峯突兀，峭壁陡絶，下臨重淵，土人築砦於此，又於山崖鑿窑穴居之。

候雨山。在保安縣西一里。舊名官山。旁有石室，天將雨，則室中烟霧四塞，人以爲候。

金鼎山。在保安縣西一百十里洛水中，接甘肅慶陽府安化縣界。舊時居民鑿石爲垛，穿石爲門，以避寇亂。

唐毛山。在保安縣西北，近靖邊縣之安塞堡。

九吾山。在保安縣西北。上有湫，歲旱不竭。明統志：在縣西五十里。

鳳翅山。在宜川縣東南。寰宇記：在宜川縣南，山形象鳳翅。縣廨宇在其上。明統志：在縣東南五里。

盤古山。在宜川縣東南。山勢紆迴，延亘河濱。舊志：在縣東南一百二十里。

八郎山。在宜川縣南，與同州府韓城縣接界。高峻險絶。舊志：在縣南九十里。

七郎山。在宜川縣西南。城跨其上，上有石門及山砦，相傳楊業之子七郎所築。

晉師山。在宜川縣西南一百里，與鄜州接界。

公字山。在宜川縣西北。寰宇記：在縣西北三里。山形象「公」字，因名。

庫利山。在宜川縣西北。金史地理志：宜川縣有庫利山。舊志：在縣西北一百里。

虎頭山。在宜川縣北二里。二川會於其下。

雲巖山。在宜川縣北。寰宇記：在雲巖縣東十里。山巖重疊如雲。金史地理志：宜川有雲巖山。明統志：在縣北六十里。金嘗於此置鎮。

石閣山。在宜川縣北。寰宇記：在雲巖縣東北三十五里，丹、延兩州界，形如樓閣。舊志：有高山在今縣北九十里，孤峯特峙，上有古石砦。蓋即石閣山也。

重覆山。在宜川縣東北。寰宇記：在門山縣東二十七里，山形重疊，因名。

安樂山。在宜川縣東北七十里。寰宇記：在汾川縣東南十里，相傳昔人屯軍於此。

孟門山。在宜川縣東北。寰宇記：在汾川縣東南二十里。明統志：在宜川縣東北石潭下三里黄河中流。相傳有石扼東河流，謂之石溞。延綏志：在縣東北八十里，與山西吉州接界。詳見吉州。

東峯山。在延川縣城東。一名太和山。城跨山麓。

西山。在延川縣西一里，舊爲烽堠之所。又官道山，在縣西十里，山下即孔道。

青眉山。在延川縣西北。寰宇記：在縣西北六十里。相傳後魏有吐蕃青眉家族居此。

玉皇山。在延川縣西北八十里。

錦屏山。在延長縣南延水南一里。高聳秀麗，端拱如屏。

九連山。在延長縣西十五里。九峯相連，參差競秀。

亭燧。

盤龍山。在延長縣西四十里。懸崖峭壁，下臨延水。

高奴山。在延長縣北二十里。崔嵬峻險，山頂平衍，上有古砦。

獨戰山。在延長縣東北。寰宇記：在縣北四十五里。山高險峻，一人獨戰可以當十。明統志：在縣東北六十里。

南梁山。在定邊縣東南六十里。一名冢嶺，洛水出焉。相對者爲北極山，其峯巋然聳峙。

白露山。在靖邊縣東南九十里。其東有桃林山，又南十里有紅麋山。

蓮花山。在靖邊縣西南安塞堡南十五里〔二〕。

鷹窩山。在靖邊縣西南安塞堡西南二十五里。又有駕𥕢、旗竿二山，俱在堡西南三十里把都河南，崔嵬並峙。舊立

文昌山。在靖邊縣治西北。又太白山，在縣西南。

蘆關嶺。在安塞縣西北一百五十里，接靖邊縣界。延水源出此。

泰重嶺。在安定縣西三十里。高插天半。

艾蒿嶺。在保安縣東六十里，即子午嶺別名。延亘慶、延兩府，幾數百里。

殺狗嶺。在宜川縣東北。寰宇記：在汾川縣西。

禪梯嶺。在延川縣西七十里。爲入府之要口。

鳳凰嶺。在延長縣東三十里。延水經其下。

黄羊嶺。在定邊縣東南九十里甎井堡南，爲要地。其西又有鐫天嶺。

箭杆嶺。在靖邊縣東龍州堡東南。

壽峯。在宜川縣東八十里。高秀奇險，爲諸峯之冠。

漱玉巖。在延長縣治東。中可容百人，泉出如練。

野猪峽。在甘泉縣北。舊唐書：武德二年，梁師都寇延州，與突厥之衆數千騎，營於野猪嶺。舊志：野猪峽，在縣北四十五里，接膚施縣界。山峽險窄，縣當鄜、延二州中，爲咽喉之所，而野猪峽尤當其要。俗訛爲亞支山。

灌清峪。在安定縣東三十里。水清可以灌溉。

牛頭坡。在靖邊縣東南九十里。杏子河經此。

飲馬坡。在靖邊縣西南四十里。

清化水。在膚施縣東，即谿谷水。水經注：谿谷水西出奚川，東南流入淯水。寰宇記：清化水在豐林縣東北四十三里，出自嘉泉，東流入濯筋河。嘉泉者，耆老云水湧出飛流一丈，似團碾可嘉，因名。又烏耶谷水，亦在豐林縣東北，源出本縣界，南入濯筋水。府志：清化河在膚施縣東四十里，上流即潘陵川，在安定縣南八十里，發源鴉鴿嶺，南流爲清化河，入延水。

南河水。在膚施縣南門外，一名杏子河。源出甘泉縣界野猪峽，北流至城東入延水。又有小河在縣南七里，源出牡丹山，一名牡丹川，東南流入杏子河。水經注：三湖水出南山三湖谷，東北流入清水。疑即此。

龍尾水。在安塞縣西，流至膚施縣界入清水。水經注：龍尾水，出北地神泉鄣北山龍尾谿，東南流注清水。寰宇記：金明縣有金明川水，自縣北蕃部來，一十五里過縣西南，流入膚施縣界。又渾州川水，在縣西二十里，自閤門府東至縣西，前合濯筋水。府志有西川水，自保安縣黄花城東南流入。又小平泉水，自保安縣艾蒿嶺下與西川水會。舊志：西川水至縣東南二十里，會小平川，入膚施縣界合延水。通志：保安縣東八十里有園林川，一名杏子河，又名東川，源出牛頭坡，至縣東六十里爲響崖川，又南入安塞縣界，即西川水之上源也。

清水。源出安塞縣西北之蘆關嶺，東南流逕保安縣北，又東南逕縣南，又東逕膚施縣東，又東逕延長縣南，又東至延川縣東南，入黃河。一名濯筋水，今謂之延水。水經注：山海經曰，陰山西北一百七十里曰申山，區水出焉，東流注於河，世謂之清水。東流入長城，逕老人山下，又東北流至老人谷，又東得龍尾水口，又東會三湖水，又東逕高奴縣合豐林水。地理志謂之洧水，故言高奴縣有洧水，肥可爇，水上有肥，可接取用之。又有谿谷水注之，又東注於河。隋書地理志：金明縣有清水。元和志：膚施縣清水，俗名去斤水，北至金明縣界流入。鮮卑謂清水爲去斤水。斤，一作「筋」。寰宇記：濯金水，自金明縣南流入膚施縣界，至州城一十五里，入豐林縣界。耆老云，昔日尸毗王割身救鴿，身肉並盡，於此水中濯其筋骨，因名。又延川縣城南有哥基川，「哥基」者，番語「濯筋」也。明統志：延水在府城東門外，源出安塞縣西北蘆關嶺，東南流逕膚施縣境，又流逕延長縣入黃，俗稱濯筋水。按：元和志，西魏置延州，以界内延水爲名。此延水本指延川縣界之吐延水，一名秀延水者也。明志以古清水爲延水，近志多從之，其實非是。

黑水。在甘泉縣東，東南流逕宜川縣艾河，一名汾川水。水經注：黑水出定陽縣西山，二源奇發，同瀉一壑，東南流逕其縣北。又東南流，右合定水亂流，東南入於河。元和志有庫利川，在雲巖縣郭南。昔有賊居此川内，稽胡呼「奴」爲「庫利」，因名。寰宇記：庫利川在臨真縣北十五里。耆老云，土田沃壤，五穀豐饒。蕃人稱貯舊穀爲「庫利」。明統志：汾川水在宜川縣北八十里，源出甘泉縣界，東流入黃河。舊志有麻洞川，在甘泉縣東百二十里，源出麻洞，東南流入宜川界，謂之汾川水。又東流一百七十里，入於黃河，即黑水也。

清泉水。在甘泉縣東四十里，東北接板橋溝，西南流入洛水。

阿伏斤水。在甘泉縣東北三十里，細流十里合北小河，又二十里入洛。北小河即野猪峽，在縣東北四十五里，源出峽左，西南流合阿伏斤水。寰宇記：在縣南二十九里，源出大盤山東南姚險谷，流入洛水。阿伏斤者，夷人名也。

秀延水。在安定縣北，又東流逕綏德州之清澗縣，至延川縣東入河。水經注：山海經曰，辱水出於烏山，其水東流注於河，俗謂之秀延水。東流得浣水口，傍谿西轉，窮谿便即浣水之源也。又東會根水，又東南露跳水，西出露谿東流，又東北入延水，亂流注於河。元和志：延川縣吐延川，北自綏德縣流入。舊志有北河，源出安塞縣北王家掌，東流逕泰重嶺，又東逕安定縣城北，通城濠，亦名縣河。又東入清澗縣界，謂之清澗水。又自清澗縣南流，逕延川縣東北，至永臨關入黄河。又麻兒河、于岔川、黑牛川，俱在安定縣。李家川，在縣東。草班豹川、臨塞川，在縣東北。下流俱入北河。

走馬水。在安定縣東北，流經綏德州之清澗縣入州境。後漢書：建寧元年，段熲追羌出橋門，至走馬水上，聞虜在奢延澤，輕兵擊破之。水經注：走馬水出西南長城北陽周縣故城南橋山。昔段熲追羌出橋門至走馬水，即此處。門即橋山之長城門也。其水東北流入長城，又東北注奢延水。舊志：今有懷臨河，在安定縣北八十里，源出高柏山下，流入無定河，即走馬水也。又有黑水河，在縣北百里，自黑水堡東流至清澗縣，入懷臨河。

周水。在保安縣城西，源出靖邊縣飲馬坡，經縣西，又七十里入洛。流一百五十里。

州川水。在保安縣西一百里，源自沙漠，來入洛水。

丹水。在宜川縣南。水經注：丹水出丹陽山，水東北逕丹陽城東，又會白水口水，出丹山東，而西北注之丹水，又東入河〔三〕。元和志：西魏置丹州，因丹陽川爲名。寰宇記：丹陽川在宜川縣西南。縣志：丹陽水源出洛川縣界牌山，逕菩薩寺，至付曲村，與赤石川合。又繞縣城東北至虎頭山下，合銀川水，又下合仕望川，東流入河。流百七十里。又水經注有蒲水，寰宇記有蒲川水，今無考。

銀川水。在宜川縣西一里，源出鄜州晉師山，東北流繞縣城西北，又逕縣東，與南河合。

定水。在宜川縣西北。水經注：定水，俗謂之白水，西出定陽縣南山定水谷，東逕定陽故城南，東流注於黑水。舊志：定水源出洛川縣西北。通志：今有白水川，在縣東南百二十里，以水色偏白而名。東流入黄，然在丹水下流，恐非水經注之白水。

赤水。在宜川縣北。水經注：赤水出西北罷谷川東，謂之赤石川，東流入於河。元和志：丹州，唐移於赤石川口。寰宇記：赤水川，在宜川縣西北二里，闊三百步，從臨真縣界入。縣志：赤石川，今名南川水，源出神道嶺，至縣界合丹陽水，逕縣城東北，與仕望、銀川二水合。又仕望川，在縣西北四十里，源出甘泉縣東境，東流過平路堡，又東合銀川。通志據元和志、寰宇記，則赤石川在縣西北，當即今之仕望川，非南川水也。

永平川水。在延川縣西八十里，源出安定縣東南曰郝家川，東南流至縣界永平鎮爲永平川，又東流入清澗水。相近有樓兒河，亦出安定縣界曰白津川，流至縣界合永平川。

站川水。在延川縣北一里，源出禪梯嶺北，東流過文安驛，又東入清澗水。水經注：根水源出西南谿，東北注延水。疑即此。又有南河在縣南，自官道山東流入清澗水。

洛水。在定邊縣東南，又東南流逕保安縣西南，又東南逕安塞縣西，又東南逕甘泉縣西，又東南流入鄜州界。漢書地理志：洛水出上郡歸德縣北蠻夷中。水經注：洛水自獵山枝分，東派東南注於河。昔魏文侯築館洛陰，指謂是水也。寰宇記：洛河在敷政縣西七十里，穿番部來至城下。通志：洛水在縣東南一百五十里，源出冢嶺下琉璃廟石縫中，東南流逕頁水川〔四〕，入保安界。又東南逕大小石樓山合周水。又東南入安塞縣界，逕縣西南百二十里，至馬超洞，入甘泉界，折南流逕甘泉縣西百步，又南逕雕陰山入鄜州界。按：通志謂洛水發源甘肅慶陽府安化縣，以此爲別源，然安化縣初無正源也。詳見甘肅慶陽府。

三山水。在定邊縣西南一百里，源出三山兒東西二岔，合石澇池水，逕饒陽堡，饒家水東注之。又南入北蕭關合木瓜城水，黑城子水，跌角城水，沙家、掌家、梁家溝水，汝麻臺水，塔兒掌水，入紅城子，經甘肅慶陽府環縣西南，即馬嶺水上源也。

吃莫河。在保安縣西。寰宇記：吃莫河在保安軍十里，源出番部吃莫川北，南流逕軍城西十六里入洛河，不勝船筏。縣志：吃莫河在縣西六十里，一名巴都河，自靖邊縣界流入。

黄河。自綏德州清澗縣流逕延川縣東，又南逕宜川縣東，入同州府韓城縣界。水經注：河水自土軍縣，又南合契水、大坨水，又南右納辱水，又南左合信支水、石羊水。又南過上郡高奴縣東，合域谷水、谿口水，又右會區水，又南歷蒲子縣故城西，又南合黑水，又南逕北屈縣故城西，又南爲採桑津，又南過皮氏縣西，赤水東入於河。又南合蒲水，又南，丹水注之。又南，黑水注之。又南至崿谷旁，又南，洛水自獵山枝分東派東南注於河。又南出龍門口，汾水注之。元和志：黄河在延水縣東八里，又在門山縣東三十五里。又丹州汾川縣黄河在縣東七里，河岸頓狹，狀似槽形，鄉人呼爲石槽，蓋禹治水鑿石導河之處。石槽長一千步，闊三十步，懸水奔流，黿鼉魚鼈所不能游。寰宇記：黄河在汾川縣東北四十五里，從門山縣界來，經縣界七十里，又南流入鄜城縣。又丹州東至慈州界黄河岸八十里，自河岸東至慈州六十五里。通志：黄河自清澗縣，又南逕延川縣東七十里，東岸爲山西永和縣。又南逕延水關，秀延水注之。又南逕清水關，入宜川縣，濯筋河注之。又南歷石溞，逕孟門山，汾川水注之。又南逕宜川東百里，東岸爲山西隰州大寧縣及平陽府鄉寧縣，丹陽水注之。又南合白小川、河清川，入韓城界。

城東河。在延長縣東。源出漱玉巖，稍東南爲鴛鴦渚，又東南入延水。

安溝河。在延長縣南三十里。源出岔口，流逕宜川縣界入河。

莜麥河。在靖邊縣東南。通志：源出縣東南莜麥城下，北流至縣北，有紅柳河，自安塞堡流入。逕范老關西，又東北至城北，合流出邊爲大狼河。東逕鎮羅、鎮靖二堡北，又東至龍州堡，合滉忽都河。或曰滉忽都河有別源，出靖邊城西石頭溝，東北流，合城東之黑龍王溝而出邊，入鎮羅界，即此。又有海棠河，在鎮靖堡北塞外，東流至威武堡東，入滉忽都河。

杏子河。在靖邊縣南三十里。源出總管塔，南流逕牛頭坡，又逕杏子城西，入保安縣。

把都河。在靖邊縣西南九十里，一名金湯川水，又名金鼎山水。北流出邊，瀦爲通哈拉克泊。通志：源出柳樹澗，北流至安塞堡北，合倪家溝水出邊，逕安塞塘，至紅柳橋入於沙河。

河清川。在宜川縣東南。自韓城縣硃砂嶺分流入境，東北流入河。

庫碣川。在宜川縣西北。寰宇記：在縣西北二十里。從雲巖縣界入，合丹陽川。按：圖經云，川南是漢，川北是蕃，蕃漢之人，於川内共結香火，呼香火爲「庫碣」，因名。

渭牙川。在宜川縣北。寰宇記：在雲巖縣北二十五里。從延長縣界來，五十里卻入門山縣，經縣西三十里，又七十五里入黄河。川内有水木，稽胡呼水木爲「渭牙」，因名。縣志有澤經水，在縣東二十里。源出西北諸山谷，東流入河。

交口川。在延長縣東北四十里。源出縣西北境，東流逕獨戰山下，至延川縣界入黄河。

三岔溝。在保安縣北。舊志：在縣北七十里。又西陽溝水，在縣南二里。皆流入周水。紫馬溝水，在縣南四十里，水漲則注於吃莫河。

柳湖。在膚施縣南五里。延利渠水從北入城，復穿城南出，溢而爲湖，隄上多種柳，故名。宋范仲淹有詩。

上龍湫。在安塞縣西北一百二十里。又下龍湫，在縣西南一百里。皆旱禱有應。

混牛湫。在保安縣北八十里。

玉蓮池。在宜川縣北，舊丹州治内。廣數萬頃，爲一方之勝。今堙。

鹽池。在定邊縣西北鹽場堡北。元和志：鹽州五原縣鹽池四所，一烏池，二白池，三細項池，四瓦窑池。烏、白二池出鹽，今度支收糶，其瓦窑池、細項池並廢。延綏鎮志：大鹽池，在鹽場堡，原屬寧夏衛，嘉靖九年，總制王瓊改屬榆林衛。池周三里許，中有井，引水溉畦，一夕視之若積雪。此九種之一也。其東南有滂池。鹽池水鹵不可飲，滂池水可飲，堡人汲者便之。二池之西爲寧夏境。又有紅鹽池、鍋底池，俱僻在境外。按：今縣本唐鹽州地，此鹽池當即烏、白等四池之一。舊志引唐志夏州長澤縣有胡洛鹽池爲證。考元和志，胡洛池在長澤縣北五百里，在今鄂爾多斯界，近河套之北，非此池也。

五龍泉。在膚施縣城東北。石罅中湧出，匯而爲池。又有五龍泉，在延川縣東南。寰宇記：在延水縣東一里。平地湧出，石縫中有雄吼之聲，其水甘美，可濟一方。上有五龍堂，故又曰五龍泉。

黑龍泉。在安塞縣北三十五里。又有黑龍泉，在安定縣北一百七十里龍門砦。

暖泉。在甘泉縣南三里，夏涼冬温。又縣北十里有泉，其色青黑，微有臭氣，謂之臭水，人謂其下有銅礦。

甘泉。在甘泉縣西南。寰宇記：在甘泉縣南巖谷上。其泉去地一丈，飛流激下，其味甘美，隋煬帝遊此飲之，取入内。舊志：在縣西南五里，出洛水西太和山。近頗堙，惟存細流一綫入洛。

石井泉。在保安縣東四十里。又勃海泉，在縣東九十里。

三郎泉。在保安縣東南三里。

龍泉。在宜川縣東五里，旱禱有應。又甘泉，在縣西十五里。

惠民泉。在延長縣城内儒學後。自三石孔中流出，清冽甘美，流入學池灌園圃，民多汲之。

暖泉井。在膚施縣西北。元統志：在府治西。泉有七眼，冬温夏冷，味甘美。延綏志：在縣西北五十里。

石油井。在延長縣南。元統志：在延長縣南近河有鑿開石油井，其油可燃，兼治人畜疥癬。又有石油井，在延川縣西北八十里永平村，井出石油可燃燈。舊志：石油井在延長縣南錦屏山下。其在延川縣者，取其烟製墨，其光如漆，塗瘡即愈。

校勘記

〔一〕唐爲兀剌城　「唐」，乾隆志卷一八二延安府城池(下同卷簡稱乾隆志)作「舊」。按，乾隆志所謂「舊」，蓋指元時，兀剌亦不似唐地名，疑「唐」字誤。

〔二〕在靖邊縣西南安塞堡南十五里　「安」，乾隆志作「寧」。按，本志避清宣宗諱改字也。下同。

〔三〕又東入河　乾隆志同，水經注「東」下有「北」字。

〔四〕東南流逕頁水川　「水川」，原倒爲「川水」，據雍正陝西通志卷一一山川及關中勝蹟圖志卷二三地理乙。

大清一統志卷二百三十四

延安府二

古蹟

高奴故城。在膚施縣東。史記：漢元年，項羽立董翳爲翟王，都高奴。文帝三年，發邊吏騎詣高奴，帝自甘泉之高奴。水經注：清水東逕高奴縣。隋始自綏德州界移膚施縣於此。唐爲延州治。元和志：今延州理，即漢上郡高奴縣之城也，至晉陷廢。隋大業三年，分豐林、金明二縣，於此置膚施縣。沈括筆談：延州今有五城。説者謂舊有東、西二城，夾河對立，高萬興郡，始展南、北、東三關城。考杜甫塞蘆子詩云：「五城何迢迢，迢迢隔河水。」乃知天寶中已有五城矣。元統志：州城舊在延水東。宋慶曆五年，改卜水西，即今路城，與故城相值，人呼故城爲東州。明統志：延安故城，在府城東五里。

豐林故城。在膚施縣東南。魏書地形志：東夏州，延昌二年置，領偏城郡。太和元年置郡，領廣武、沃野二縣。隋書地理志：延安郡豐林，後魏置曰廣武及偏城郡。開皇初，郡廢。十八年，改爲豐林。大業初，又併沃野縣入焉。元和志：豐林縣西至延州三十里。後魏孝文帝置廣武縣，屬偏城郡，在今理東四十里。周宣帝改爲豐林，屬延州。寰宇記：縣在州東南三十里，亦高奴之地。晉立爲臨河縣，尋廢。後魏置廣武縣。後周大象元年，移於今所，改爲豐林。隋末廢。唐武德二年，復置。舊唐書地理志：豐林縣。武德四年，僑置雲州及雲中、榆林、龍泉三縣。八年廢雲州，以龍泉併入臨真，雲中、榆林併入豐林。九域志：宋神宗時，省豐林入膚施。沈括筆談：延州故豐林縣城，赫連勃勃所築，至今謂之赫連城。按：元和志、寰宇記，周改豐林，與隋志不同。

金明故城。在安塞縣北。魏書地形志：金明郡，太平真君十二年置。領廣洛縣，十一年置。元和志：金明縣東南至延州四十八里，漢高奴縣地。魏太武帝於此置廣洛縣，屬金明郡。隋開皇四年，屬延州。仁壽元年，以太子名廣，改爲金明。大業十三年，省入膚施。唐書地理志：延州金明，武德二年，析膚施置，以縣置北武州，並置開遠、全義、崇德、永定、安義五縣。貞觀二年，州廢，省五縣入金明來屬。九域志：宋神宗時，省金明爲寨，入膚施。元統志：延安路領安塞縣。本金舊堡，壬子年升爲縣。明統志：縣在府城西北四十里。本隋金明縣、宋安塞堡也。

敷政故城。在安塞縣西南。魏書地形志：東夏州領上郡，郡領石城、因城二縣。隋書地理志：延安郡領因城縣。後魏置，後周廢，尋又置。元和志：敷政縣東北至延州一百五十里，本漢高奴縣地，後魏太和初，置因城縣。隋開皇六年，於其中置金城鎮。武德二年，移縣就鎮，因改爲金城縣。天寶元年，又改敷政。唐書地理志：敷政縣，武德二年，移治金城鎮。又於東境置永州，並置洛盤、新昌、土塠三縣。貞觀四年，徙州治洛源，及州廢，徙洛盤、新昌、土塠入金城。寰宇記：縣在延州西一百二十里。元統志：敷政縣，至元六年併入安塞。府志：故城在縣西南一百二十里。明置巡司，今裁。

伏陸故城。今甘泉縣治。唐置，屬鄜州。元和志：甘泉縣南至鄜州七十五里，本漢雕陰縣地。武德元年，分洛交縣於伏陸城置縣，取城爲名。天寶元年，改爲甘泉縣。寰宇記：在延州南七十一里，以其泉甘美爲名。又元和志有雕陰城，在縣南四十里，詳見鄜州。

臨真故城。在甘泉縣東，後魏置。魏書地形志：東夏州定陽郡，領臨真縣。隋書地理志：延安郡領臨真縣，有西魏神水郡真川縣，後周郡廢。大業初，廢真川入焉。元和志：臨真縣西北至延州二百四十里，本漢高奴縣地。後魏文成帝置臨真縣，屬偏城郡。周武帝天和元年，稽胡數破郡城，遂移於今理。隋改屬延安郡。寰宇記：後魏太武置臨真縣。周天和初，移於流川。

隋大業十二年，賊張謂攻破〔一〕，又移就曷雞城權住。義寧元年，稽胡首領歸國。武德三年，又從曷雞城移就流川舊處，即今理所。舊唐書地理志：臨真縣，武德初屬東夏州。貞觀二年州廢，屬延州。九域志：在州東南一百十里。元統志：廢臨真縣，至元二年併入甘泉。明統志：在甘泉縣東一百七十里。按：臨真縣，元和志以爲後魏文成帝置，寰宇記以爲後魏太武置，二説不同。

陽周故城。在安定縣北。史記蒙恬傳：胡亥囚恬於陽周。漢書地理志：上郡領陽周縣。水經注：走馬水出長城北陽周故城南橋山。舊志：陽周故城在縣北九十里。按：自後魏僑置陽周縣，屬趙興郡，隋改羅川，唐改真寧，遂以真寧爲古陽周矣。辨見甘肅慶陽府。

安定堡故城。今安定縣治，宋置。宋史：元豐五年，种諤遣曲珍攻夏黑水安定堡。九域志：延川縣有安定堡。金史地理志：安定堡置第六正將。元史地理志：延安府領安定縣。本舊堡，壬子年升爲縣。明統志：縣在府西北一百九十里。

保安軍故城。今保安縣治。寰宇記：保安軍本延州之古栲栳城，唐咸亨中曾駐泊禁軍於此。貞元十四年，建爲神策軍，尋改爲永康鎮，屬延州，扼截蕃賊。宋太平興國二年，升爲保安軍，管二鎮十九寨。東至金明縣界七十里，西至慶州金湯鎮界三十里，南至敷政縣界一百十里，東北至宥州八十里。宋史：慶曆中，趙元昊置榷場於保安軍。九域志：保安軍東南至延州一百五十里。

定陽故城。在宜川縣西北，戰國時秦、魏界上之邑。戰國策蘇子謂齊王曰「昔魏拔邯鄲，西圍定陽」，即此。漢置定陽縣，屬上郡。應劭曰：「在定水之陽。」晉省。義熙六年，赫連勃勃攻陷定陽，執姚興將姚廣都。水經注：定水東逕定陽故城南。魏書地形志：東夏州領定陽郡。太安中改置，治臨戎。又敷城郡領定陽縣，周、隋間省。

義川故城。在宜川縣東北，西魏置。隋丹陽郡治。唐丹州治。元和志：丹州，春秋時白翟所居。秦屬上郡。晉時戎狄居之。苻、姚時爲三堡鎮。後魏大統三年，割鄜、延二州地置汾州，理三堡鎮。廢帝以河東汾州同名，改爲丹州，因丹陽川爲名，領義川、樂川郡。隋大業三年，廢丹州，於義川置延平縣。十三年，爲劉步禄所據。義寧元年，置丹陽郡。武德元年，改爲丹州。永徽二年，移於赤石川，西北至延州二百五十里義川縣郭下。後魏大統三年，置義川縣，屬義川郡，因川爲名。永徽二年，移於今理。寰宇記：義川縣，開寶九年改爲宜川。古丹州城在縣東北二十九里。元統志：至元六年，併州入宜川縣。

汾川故城。在宜川縣東北，後魏置。隋書地理志：延安郡領汾川縣。舊曰安平，後周改曰汾川。唐屬丹州。元和志：縣西南至丹州七十里。寰宇記：魏太和八年，置安平縣，在薛河川，屬北汾州，其州在河西三堡鎮東，更有南汾州。魏大統十八年省北汾州，乃取丹陽川號立汾川縣。初理高樹山南若多村，周保定二年，移就庫利川北甚寒原。隋大業十年，又移於土壁堡。開元二十二年，移於甘泉坊，今理所是也。九域志：熙寧三年，省汾川縣爲鎮，入宜川。

雲巖故城。在宜川縣西北。西魏置永平縣，尋改雲巖。隋省，唐復置，宋廢。隋書地理志：義川縣，大業初，廢雲巖縣入。元和志：雲巖縣東南至丹州七十三里。武德元年，分義川縣置，在庫利川南，有雲巖山，因以爲名。寰宇記：後魏大統二年，於今縣西薛河川置永平縣，屬義川郡。三年，改爲雲巖縣。九年，移於桑樞原。隋開皇三年，移就廢樂川縣，後廢。唐初復置於迴城堡。每逢陰雨，汲水不通。咸亨四年，移居庫利川，復爲河水衝注。開元三年，移於東南一百步〔二〕，即今理所。九域志：熙寧七年，省雲巖縣爲鎮，入宜川。

門山故城。在宜川縣東北。後周置。元和志：門山縣西至延州二百十五里，本漢定陽縣地。周大象元年，分汾川、雲巖二縣，於今縣南六里置。北有山形似門，因以爲名。武德八年，於今縣北五里宋斯堡置，屬丹州〔三〕。廣德二年，割屬延州。舊唐書地理志：縣初治宋斯堡，總章二年移治庫利川。九域志：縣在延州東南一百八十里。元統志：至元六年，省入宜川。

文安故城。在延川縣西南。隋書地理志：延安郡延川縣，西魏置曰文安，及置文安郡。開皇初郡廢，改縣爲延川。元和志：延川縣西南至延州一百五十里，本秦臨河縣地。漢不改，後漢省。後魏分安人縣，於此地置文安縣。隋文帝改爲延川，取吐延川爲名。寰宇記：縣在州東南一百七十里。隋大業十三年，改爲文州。唐武德二年，以廢城南有哥基川，遂置基州。五年，改爲北基州。貞觀八年，州廢，屬延州，爲延川縣。府志：文安城，在今縣西南三十里。按：安民縣，元和志作安人，避唐文皇諱。

延水故城。在延川縣東南，唐置。元和志：延水縣西至延州二百十五里，本秦臨河縣地，今縣理北十五里臨河故縣是也。後魏置安人縣並鎮，屬東夏州。隋文帝廢鎮，置安人戍。武德二年，重置安人縣，屬延州。貞觀二十三年，改爲延水，取吐延水爲名。唐書地理志：武德二年，以安民縣置西和州，並置修文、桑源二縣。貞觀二年，州廢，省修文、桑源入安民，隸北基州，州廢來屬。二十三年，曰弘風。神龍元年，更名延水。九域志：熙寧八年，省延水縣爲鎮，入延川。按：漢臨河縣屬朔方郡，據水經注，在北河之南，在今榆林邊外河套内。此地有臨河故城，當是晉、魏時僑置。寰宇記謂豐林本晉時臨河，其後或再置於此。元和志謂即秦漢故縣，非是。

廣安故城。在延長縣南。隋書地理志：延安郡延安縣，西魏置。元和志：延長縣東至延州一百三十里，本秦膚施縣地。後魏廢帝元年，於丘頭原置廣安縣。隋仁壽元年，以避太子名改爲延安縣。大業末廢，貞觀六年又置，移於州北去斤川，今縣是也。廣德二年，改爲延長。舊唐書地理志：延長，隋廢縣。武德二年，復於此置北連州。貞觀二年，州廢。寰宇記：延長縣，隋開皇二年移於譚信原。唐武德五年，移就濯筋川西南。後唐天成三年遭大水，移就舊縣北一百步，緣坡置。按：縣臨清水，應高奴縣地，元和志謂本膚施，非。

長澤故城。在靖邊縣東。魏書地形志：夏州有闡熙郡，太和十二年置，領山鹿、新囚二縣，後又置南夏州。周書：魏大統十五年，梁臺拜南夏州刺史。廢帝三年，改南夏爲長州。隋書地理志：朔方郡領長澤縣，西魏置闡熙郡。又有後魏大安郡，及置長州。開皇三年，郡廢，又廢山鹿、新囚二縣入焉。大業三年，州廢。元和志：縣東北至夏州一百二十里，即漢三封縣地。後魏於此置長澤縣，屬闡熙郡。隋罷郡，以縣屬夏州。闡熙故城，在今縣西南二十里。舊唐書地理志：長澤，隋縣。貞觀七年，置長州都督府。十三年，廢長州，縣還夏州。元和十五年，移宥州理長澤縣，爲吐蕃所破。長慶四年，夏州節度使李祐復置。舊志：宋景祐中，元昊居興州，左廂宥州路五萬人，以備鄜延麟府。又种諤規取橫山，議還宥州，皆即長澤故縣也。按：漢三封縣在黄河西，元和志謂長澤即三封，非是。

延昌舊縣。在安塞縣北。唐置，屬延州。元和志：縣西南至州一百七十六里，本漢高奴縣地。開皇三年，於此置朔方鎮。十年，以北有朔方鎮，遂廢。貞觀九年置罷交鎮，十年又置罷交縣，屬延州，取城北罷交谷爲名。天寶元年，改爲延昌縣。舊唐書地理志：延昌縣，武德二年置北平州。貞觀三年廢，十年於廢州置縣。

丹頭舊縣。在安定縣東。九域志：延川縣有丹頭砦。元史地理志：至元初，分安定置丹頭縣，四年併入。舊志：丹頭城在縣東六十里。

義門舊縣。在延川縣西。舊唐書地理志：延川縣，武德二年置南平州，領義門縣。四年，廢州及縣，併入延州。唐書地理志：武德二年，安撫使段德操表置義門縣，以義門置南平州。三年，析綏州之城平置魏平縣。四年，俱廢。

義鄉舊縣。在延長縣西南。隋書地理志：西魏置義鄉縣，大業中廢入延安。舊唐書地理志：武德二年，置北連州，領義鄉、齊明二縣。貞觀二年，併入延安。

三城。在膚施縣東南。晉咸和九年，北羌王薄句大等擾北地、馮翊，石弘將郭敖、石斌討之，薄句大奔馬蘭山，敖乘勝逐北，爲羌所敗，斌將餘衆保三城。義熙三年，赫連勃勃以朔方叛秦，攻秦三城以北諸戍，悉敗之。晉書地理志：赫連勃勃平劉義真，以朔方牧鎮三城。魏書地形志：廣武縣有三城。

黑城。在甘泉縣東。寰宇記：黑城在臨真縣東二十五里，庫利、東流川交口，赫連勃勃置[四]。大象二年，於此置郡。其城緣山坡，崎嶇不正，遂名黑城。延綏志：在縣東一百七十里。

石門城。在甘泉縣西六十里。宋楊廣駐兵處。

長城。在安定縣東北。史記：始皇使蒙恬將三十萬衆，北逐戎狄，收河南地，築長城，因地形用險制塞，延袤萬餘里。水經注：走馬水東北流入長城，即蒙恬所築也。

御謀城。在安定縣西北。宋史地理志：御謀城，崇寧三年進築賜名。縣志：在縣西北一百五里。又宋史地理志有制戎城，政和八年，賜鄜延路天降山新城改名。縣志：亦在今縣北界。

威戎城。在安定縣東北。宋史地理志：威戎城地本昇平塔，紹聖四年賜名。東至臨夏城四十里，西至威羌砦七十里，南至黑水堡六十里，北至黑臺七十里。

白洛城。在安定縣西北八十里。明洪武三年築。

金湯城。在保安縣西。宋史地理志：舊金湯砦，元符二年築。東至順寧砦九十里，西至慶州白豹城四十里，南至德靖砦六十里，北至通慶城六十里。金史地理志：保安縣有金湯城。府志：在今縣西北一百里。明撥屬慶陽府。

狄青城。在保安縣西南九十里。宋時築。

通慶城。在保安縣西北一百六十里，西去甘肅慶陽府鎮安城三十里。又鐵鞭城，在縣西北百餘里。皆宋時築。又北有鎖地、五谷等城，後俱廢。

丹陽城。在宜川縣西。水經注：丹陽水經治東〔五〕，俗謂之丹陽城，城之左右猶有遺銅。按：漢食貨志，金有三等，赤金爲下。孟康曰：赤金，丹陽銅也。

咸寧城。在宜川縣東北。元和志：咸寧縣西南至丹州四十五里，本秦白邦地。後魏太和十八年，於白水川置永寧縣，屬義川郡，今縣東二十里永寧故縣是也。文帝改爲太平縣，移於今所。隋開皇十八年，改太平爲咸寧，以界内有咸寧鎮爲名。舊唐書地理志：咸寧縣，隋治白水川。景龍二年，移治長松川。寰宇記：後魏大統十三年，改永寧爲太平。太平興國元年，併入宜川。通志：咸寧城在宜川縣東北一百里。

金蹄犢子殿。在安塞縣南。寰宇記：在敷政縣西三里，有古城，昔有犢子出於石縫中，金蹄銀角，化爲玻黎玉，立此廟。

城今毁。府志：在縣南香林山。

延安廢衛。在膚施縣城内。明洪武二年置，本朝順治十六年廢。

摘星樓。在膚施縣東南嘉嶺山。又鎮西樓，在縣西鳳凰山。俱宋范仲淹建。

翡翠樓。在延長縣東南六十里聖燈溝上。石臺周四百餘步，高百丈，上有樓，極目山川蒼翠。

鬬雞臺。在延長縣西二十里。

迎薰亭。在膚施縣南柳湖。其旁有禊臺、翠漪亭，皆宋韓琦建。司馬光俱有詩。

飛蓋園。在膚施縣南三十五里。宋知州龐籍遊宴處。司馬光詩：「軍中富餘暇，飛蓋城南隈。」

聖人道。在保安縣東。寰宇記：在保安軍東七十里，從蕃界末鹜族界來〔六〕。經保安軍界一百五里，入敷政縣界，即赫連勃勃自夏臺入長安時，平山谷開此，土人呼爲聖人道。

鐵錢監。在膚施縣。九域志：熙寧八年置，在延州城東。

供兵磑。在膚施縣城南。司馬光有詩。

關隘

合嶺關。在膚施縣東北。唐書地理志：豐林縣東北有合嶺關。

蘆關。在安塞縣北，與靖邊縣接界。元和志：蘆子關屬夏州，在塞門鎮北，去鎮十八里。杜甫詩：「延州秦北户，關防猶可倚。焉得一萬人，疾驅塞蘆子。」蔡夢弼注：「去延州一百八十里有土門山，兩崖峙立如門，形若葫蘆，故謂之蘆子。」圖經：蘆關，舊在塞門砦北十五里。自蘆關南入塞門，爲金明路，舊有蘆關砦，宋至道中廢。元豐四年，復爲戍守之所。明統志：在安塞縣北一百七十里，有東西二城遺址。

烏仁關。在宜川縣東北八十里。唐書地理志：汾川縣有烏仁關。金史地理志：宜川縣有烏仁關。舊志：下臨黄河，與山西平陽府吉州相對。

永寧關〔七〕。在延川縣東南。九域志：延川縣有永寧關。通志：今名延水關，在縣東南七十里吐延川口。又清水關，在縣東南一百二十里清水口，皆東臨黄河，路通山西隰州永和縣。

長城關。在定邊縣北五十步長城口。明隆慶三年，總督王崇古發寧夏兵，從花馬池長城關出邊，追擊套虜於白子城，即此。

龍城關。在靖邊縣東龍川堡東。又范老關，在縣西南一里，相傳范仲淹嘗屯兵於此。把都關，在縣西安塞堡南。皆久廢。

臨條梁巡司。在靖邊縣西北九十里。本朝乾隆二十年設。

青化鎮。在膚施縣東北。九域志：膚施有青化、豐林二鎮。府志：青化鎮在縣東北六十里；豐林鎮在縣東三十里，即古豐林縣。又金志：縣有欒盤鎮，即唐敷政郡之廢洛盤縣也。詳見古蹟。

臨真鎮。在甘泉縣東一百五十里，即古臨真縣。居民繁庶，爲縣大鎮。本朝嘉慶二十一年，移縣丞駐此。又麻作鎮，在縣南十五里。

沙家鎮。在保安縣東北五十里，爲商賈往來貿易之地。

静邊鎮。在保安縣西南一百里。金史地理志：保安縣，有静邊、永和二鎮。明統志：静邊營在縣西南，安塞營在縣西北，俱有官軍防守。通志：舊傳爲宋范仲淹守也。今有都司駐守。

雲巖鎮。在宜川縣西北八十里，即魏雲巖縣址。詳見古蹟。

秋林鎮。在宜川縣東三十里。其旁有砦。

百直鎮。在宜川縣北九十里，即汾川鎮。舊爲商賈輻輳之所。

交口鎮。在延長縣東北六十里。

神頭鎮。在延長縣東北八十里，接延川縣界，地名神頭原，舊築砦於此。一名新砦。

洪門鎮。在靖邊縣南。唐書張獻甫傳：獻甫領邠寧節度使，請復鹽州洪門及洛原鎮屯兵，詔可。寰宇記：宥州南至洪門鎮八十里爲界。

百井戍。在靖邊縣南。元和志：在長澤縣南八十里，赫連勃勃與禿髮傉檀戰處。

塞門砦。在安塞縣北一百五十里。元和志：塞門鎮，在延昌縣西北二十里。鎮本在夏州寧朔縣界，開元二年，移就蘆子關南金鎮所安置。宋史地理志：塞門砦本北蕃部舊砦，至道後與蘆關、石堡、安遠砦俱廢，元豐四年收復。東至殄羌砦五十里，南至安塞堡四十里，西至平戎砦六十里，後廢。明統志：塞門守禦百户所，洪武十二年置。

萬安砦。在安塞縣西南一百里。宋康定初，趙元昊入寇，諸將劉平與石元孫赴援，至保安。既聞賊趨金明，平倍道至延州萬安鎮。九域志：敷政縣有萬安砦。金因之。

招安砦。在安塞縣西北四十里。宋慶曆初，龐籍知延州，按金明西北有渾川，川尾有橋子谷，爲夏人出入隘道，因命狄青築招安砦於谷旁。九域志：敷政縣有招安砦。宋史地理志：元符元年，廢招安砦爲驛。金仍爲招安砦。

龍安砦。在安塞縣西四十里。高數百丈，狀如盤龍，因名。宋慶曆初，龐籍命王信築龍安砦。九域志：膚施縣有龍安砦。宋史地理志：宣和二年，改龍安曰德安。東至安定堡八十里，南至金明驛三十里，西至招安驛四十里，北至御安堡四十里。

平羌砦。在安塞縣東北。宋史地理志：平羌砦本克胡山砦，紹聖四年賜名。東至安定堡六十里，南至龍安砦五十四里，西至安塞堡四十五里，北至殄羌砦六十里。

殄羌砦。在安定縣西北七十里。宋史地理志：殄羌砦地名那娘山，元符元年進築，賜名。東至威羌砦四十里，西至塞門砦五十里。

威羌砦。在安定縣西北。宋史地理志：威羌砦地名白洛嘴，元符元年進築，賜名。東至威戎城七十里，南至安定堡七十里，西至殄羌砦四十里，北至蘆移堡七十里。

德靖砦。在保安縣西八十里。九域志：天禧元年置，建子城。天聖元年，改曰德靖砦。宋史地理志：東至保安軍八十里，南至慶州平戎鎮五十里，西至慶州荔原堡六十里，北至金湯城六十里。金因之。元廢。

順寧砦〔八〕。在保安縣北四十里。九域志：慶曆四年置。宋史地理志：東至平戎砦七十里，南至保安軍四十里，西至金湯城九十里，北至萬金砦四十里。金仍爲砦。明洪武十四年，設順寧巡司。成化中，巡撫余子俊築土城，周一里有奇。後廢。

平戎砦。在保安縣東北九十里。宋史地理志：砦本杏子河東山，紹聖四年賜名。東至塞門砦六十里，南至園林堡五十一里，西至順寧砦七十里，北至杏子堡四十里。金史地理志：保安有平戎砦。

石堡砦。在保安縣北三十里。宋史地理志：石堡砦，國初嘗置城，至道後廢。崇寧三年進築，賜名威德軍，五年復爲砦。在保安軍北兩界上。

永平砦。在延川縣西北。九域志：延川縣有永平等九寨。金史地理志：縣有永平寨。縣志：永平鎮，在縣西北九十里，有城基，相傳即永州故城。

高奴砦。在延長縣北高奴山上。元參政何遠築以屯兵，明天順中重修。

安塞堡。在安塞縣北八十里。九域志：膚施縣有安塞堡。金志：屬門山縣。府志：元置縣，取此爲名。

黑水堡。在安定縣北一百里。九域志：延川有黑水堡。宋史地理志：在威戎城南六十里。紹興中，金人以李顯忠爲蘇尾九族都巡檢使，駐兵黑水堡。明時修築。又瓦窑堡，在縣東三十里。

蘆移堡。在安定縣北。宋史地理志：堡東至屈丁堡五十里，南至威羌砦七十里，西至御謀城三十五里，北至界臺十三里。

萬安堡。在安定縣東北一百十里。宋史地理志：堡西至蘆移堡四十里，南至威羌砦四十里。金廢。

園林堡。在保安縣東八十里。九域志：慶曆五年置。宋史地理志：東至安塞堡七十里，南至招安驛七里，西至保安軍四十里，北至平戎堡五十里。金因之。元廢。

老吉堡。在宜川縣東南一百二十里。下臨黄河，與山西吉州相對。

禪梯嶺堡。在延川縣西七十里禪梯嶺，明嘉靖中築。

甎井堡。在定邊縣東四十里。東至舊安邊營四十里，北至邊界一里。明正統二年置。後余子俊以甎井難守，於迤南東海螺城改置新興堡。嘉靖三十二年，復修甎井。城在平川，周三里二百五十步，門二，爲極衝上地，今有守備駐守。又新興堡，在縣東南八十里。石澇池堡，在縣南一百里，東至新興堡四十里。三山堡，在縣西南九十里，東至石澇池六十里。饒陽水堡，在三山堡南四十里。皆明成化中置，各有城。本朝皆併入定邊營。

安邊堡。在定邊縣東一百里，亦名舊安邊營。東至柳樹澗四十里，北至邊界一里，地名深井，明正統二年置。城在平川，周四里餘，爲極衝中地。成化十一年，余子俊以其地平曠難守，移守深河兒，地名中山坡，改置新安邊營。南至慶陽府四百里，北至舊安邊營六十里。城在山坡，周四百三十五步，爲極衝中地，背山面水，險阻四塞。嘉靖三十三年，巡撫王輪以舊營切近大邊，復守之，於是新舊兩營並設。本朝乾隆四年，設延安府理事同知駐此，並設守備於舊安邊，以新安邊併入。今改設都司駐守。

柳樹澗堡。在定邊縣東一百四十里。東至安塞堡四十里，南至永濟堡三十里，北至邊界一里。地有柳樹澗，因名。明天順初置。成化中，余子俊移守永濟。嘉靖三十七年，巡撫董威修復舊堡，自永濟移守於此。城在山上，周三里有奇，門二，爲極衝中地。今有守備駐守。

鹽場堡。在定邊縣西四十里，西至花馬池二十里，北至大邊五里。明成化十三年，余子俊置。城在平川，周二里有奇，門二，爲極衝中地。舊有縣丞，嘉慶二十一年裁，設有把總分防。圖書編：榆林西路十四堡，自龍州城至鹽場堡，計五百餘里，俱平川無險阻，最爲要害。

寧塞堡。在靖邊縣西四十里。東南至保安縣一百八十里，北至邊界三里，宋栲栳城地。明成化十年，余子俊置。城在山原，周四里餘，門四，爲極衝中地。今有把總分防。

鎮羅堡。在靖邊縣東北四十里。東至鎮靖堡四十里，東南至寧塞縣三百里，北至邊界一里。本名魚口砦，明萬曆十八年增置。城在平川，周三百七丈，門三，爲極衝中地。今有把總分防。

鎮靖堡。在靖邊縣東北八十里。東至龍州堡四十里，北至邊界二里。地名白灘兒，亦名白塔澗口。明初守安塞縣塞門，成化三年，尚書王復請移於榆林莊，改名鎮靖，後又移此。城在山畔，周四里餘，門二，北臨快灘河，爲極衝中地。今有都司駐守。

龍州堡。在靖邊縣東北一百二十里。東至清平堡三十五里，北至邊界五里。明成化五年，巡撫王鋭建。城在平地，周二里二百十六步，門二，四面深溝，東西俱通邊外要路，爲極衝中地。今有把總分防。

邊牆。在靖邊、定邊二縣北。明成化八年，余子俊創築。東起清水營，西抵花馬池，延袤千七百七十餘里。皆鑿崖築牆，掘塹其下，連續不絶，每二三里置敵臺烽砦，爲巡警之所。弘治十七年，巡撫文貴以屯田多在邊外，於是修築大邊，防護屯田，而以子俊所築者爲二邊。

金明驛。在膚施縣治西北，明弘治中移此。東北至延長縣干谷驛八十里。

撫安驛。在甘泉縣治西北，明洪武初置。南至鄜州鄜城驛九十里。

園林驛。在保安縣東八十里，明成化中置。北至杏子城五十里。舊有驛丞，今裁。又杏子城，在縣東北八十里，北至靖邊縣一百二十里。

文安驛。在延川縣西三十里，明正統中置，嘉靖中築堡。北至清澗奢延驛六十里。

干谷驛。在延長縣西七十里干谷市，明洪武初置，天順中築城。東北至延川縣文安驛八十里。

津梁

延水橋。在膚施縣東門外，明弘治中建，後圮。今冬月架木爲橋，夏以舟渡。

仙人橋。在安塞縣東北五十里。

濟民橋。在安定縣東南三里。

便宜橋。在保安縣東六里。

廣濟橋。在宜川縣南一里。

通濟橋。在延川縣南一里。

通市橋。在延長縣治東。

永濟橋。在靖邊縣南莜麥河上。今廢。

馬頭關渡。在宜川縣東北二百里。又禹王坪渡，在縣東北一百七十里。並通山西隰州大寧縣。又衣巾渡、柴村渡、驃騎渡、水南渡，並在縣東北境，路通山西平陽府吉州，皆黄河津濟處。

漩窩渡。在延川縣東北六十里。又馬家河渡、清水關渡，並在縣東南九十里，路通山西大寧縣，皆黄河津濟處。

隄堰

延水石壩。在膚施縣北門外，乾隆九年築。

護城隄。在宜川縣西門外，乾隆二十二年建，長八十丈。

陵墓

唐

渾瑊墓。在宜川縣西南五十里。又見西安府咸寧縣。

宋

劉延慶墓。在保安縣北二里。

明

蕭如薰墓。在膚施縣南三里。

本朝

薛柱斗墓。在延長縣西干谷驛南山下。

黄喜林墓。在靖邊縣南八十里。雍正五年賜祭葬。

祠廟

渾忠武王祠。在宜川縣東鳳翅山，祀唐渾瑊。

韓范祠。在府城東關，祀宋韓琦、范仲淹。

五賢祠。在膚施縣西山，祀宋周、程、張、朱五子。

二賢祠。在宜川縣南門外，祀宋胡安定、張横渠。

李太尉廟。有二，一在安塞縣西五十里，一在保安縣東北九十里。亦曰順惠王廟。俱明建，祀宋將李顯忠。

髑髏山神廟。在延長縣東。寰宇記：在縣東六十里。相傳古時鬭戰，收人首十萬於此山，因置神廟。

寺觀

清涼寺。在膚施縣東北清涼山，舊傳爲尸毗遺跡。

萬佛寺。在膚施縣清涼山，有大小石佛萬餘，多金元舊碣。

香林寺。在安塞縣西洛水濱，唐開元初建。

可野寺。在宜川縣北。寰宇記：在雲巖縣北十五里，古老相傳劉薩河坐禪處。稽胡呼堡爲「可野」。四面懸絶，惟北一面可通。

白鶴觀。在宜川縣南三里，唐明皇爲老子建。

名宦

南北朝　周

高琳。高句麗人。武成初，除延州刺史，從柱國豆盧永安討稽胡郝阿保、劉桑德，破之。二年，文州氐酋反，琳率兵討平之。天和初，徙丹州刺史。

于實。洛陽人。天和二年，延州蒲川賊郝三郎等反，攻逼丹州，遣實率衆討平之，斬三郎首，獲賊畜萬餘頭，乃除延州刺史。

唐

王慶。祁人。武帝時，歷丹州刺史。爲政嚴肅，吏不敢欺。大象元年，除延州總管。

段德操。延州總管。梁師都與突厥千騎營野猪嶺，德操勒兵不戰。師都氣懈，遣兵進擊，戰酣，德操自以輕騎出其旁乘之，師都大潰，逐北二百里，俘馘甚衆。未幾以步騎五千入寇，德操又盡屠其軍。

宋

趙贊。薊人。宋初鎮延州，許以便宜行事。將及州境，乃前後分置步騎，連屬不絶，林莽之際，遠見旌旗，所部羌渾來迎，無不懾服。

王顯。開封人。淳化三年，知延州。時制沿邊糧斛不許過河西，河西清鹽不得過界販鬻，犯者不以多少論斬。顯請犯多者依法，自餘别爲科斷，以差其罪。

馬知節。薊人。真宗時，知延州，兼鄜延駐泊部署。方上元節，邊警至，知節遽命張燈啓關，累夕宴樂。寇不測，即引去。

石普。太原人。爲延州緣邊都巡檢使。羌首乜羽内寇，普追殺之。

李若谷。豐人。仁宗時，知延州。州有東西兩城，城夾河，夏秋水溢，岸輒圮，役費不可勝計。若谷乃置石版爲岸，押以巨木，後雖暴水不復壞。官倉依山而貯穀少，若谷使作露囤，囤可貯二萬斛，他郡多取法焉。

薛奎。正平人。仁宗時，知延州。趙元昊每遣使至京師，請奉予吏，因市禁物，隱關算爲奸利。奎廉得狀，請留蜀道縑帛於關中，轉致給之，以忠信結人，威令嚴明，夏人不敢入塞。

張亢。臨濮人。仁宗時，爲鄜延路都鈐轄，屯延州，奏邊機軍政十事。

夏安期。德安人。仁宗時，知延州。州東北阻山，無城郭，敵騎常乘之。安期至，即大築城，不踰月而就。元昊請畫疆界，朝廷欲遣使以問安期，安期曰：「此不足煩王人，衙校可辦也。」議遂決。

劉平。祥符人。爲鄜延路副總管。屬元昊盛兵攻保安軍，時平屯慶州，范雍以書召平，平未至，敵兵破金明，圍延州。平督騎兵晝夜倍道行，與敵遇。時大雪，敵兵涉水爲横陣，官軍並進薄之，殺數百人。敵復蔽盾爲陣，官軍又擊卻之，殺獲及溺者幾千人。會日暮，敵復以輕兵薄戰，都監黄德和率麾下走遁甘泉，衆皆潰。平遣軍校仗劍遮留士卒，得千餘人，轉鬭三日，賊退。平率餘衆保西南山，立柵自固，夜四鼓，敵騎自山四出合擊，絶官軍爲二，遂被執。德和言平降賊，朝廷命文彦博、龐籍往訊，得其實，德和坐腰斬。延州吏民詣闕訴平戰殁狀，贈朔方節度使兼侍中，謚壯武。

范仲淹。吴縣人。元昊反。延州諸砦多失守，仲淹自請行，乃兼知延州。於是大閲州兵，得萬八千人，分爲六使，各將三千，分部教之，量賊衆寡，使更出禦賊衝。時塞門、承平諸砦既廢，用种世衡策，築青澗以據賊衝。大興營田，且聽民得互市以通有無。又請建鄜城爲康定軍，修承平、永平等十二砦。招還流亡，定堡障，通斥堠，於是羌漢之民相踵歸業。

龐籍。成武人。仁宗時，知延州，兼鄜延都總管、經略安撫緣邊招討使。自元昊陷金明等砦，破五龍川，邊民焚掠殆盡。籍至，稍葺治之，戍兵十萬無壁壘，皆散處城中，畏籍莫敢犯法。使部將狄青築招安砦於橋子谷旁，數募民耕種，收粟以贍軍。又取承平、龍安等砦，悉復所侵地，築十一城。元昊既臣，召爲樞密副使。

狄青。汾州人。寶元初，爲延州指使。常爲先鋒，凡四年，前後大小二十五戰，破金湯城，略宥州，屠𡅏咩等族，燔集聚數萬，收其帳二千三百。又城橋子谷，築招安、豐林、新砦、大郎等堡，皆扼賊要害。臨敵，每帶銅面具，被髮出入賊中，皆披靡莫敢當。尹洙爲經略判官，薦於經略使范仲淹曰：「此良將材也。」後以彰德軍節度使知延州，夏人不敢犯塞。

郭遵。開封人。爲延州西路都巡檢使。元昊寇延州，遵以裨將屬劉平，馳馬入敵陣，殺傷數十人，所向披靡。會黄德和潰，敵戰益急，遵奮擊，期必死，獨出入行間，持大矟横突之。敵知不可敵，因縱遵使深入，攢兵注射之，中馬，馬踠地被殺。贈果州團練使。

王信。太原人。康定初，徙知保安軍，兼鄜延路兵馬都監。始至之夕，敵衆號數萬薄城，軍吏氣懾，信領勁兵三千，使出南門與戰，失其前鋒，因按軍不動。遲明，信潛上東山，整軍乘勢而下，擊走之，獲首級馬牛居多。

明鎬。安丘人。仁宗時，元昊寇延州，起鎬爲陝西轉運使，敵破金明砦。既去，議修復其城，帥臣擁兵不即進，鎬至，以百餘騎自督將士，一月而成。

周美。回樂人。仁宗時，爲延州兵馬都監。夏人既破金明諸砦，美請於經略使范仲淹，亟完金明城如故。數日，賊衆數萬來薄，美徙軍山北，多設疑兵，復使人各持一炬，從間道上山，益張旗幟，四面大譟。賊懼走，遂募兵築萬安城而還。

馬懷德。祥符人。爲延州南安砦主、東路巡檢，數以少擊西賊，敗其衆。范仲淹知延州，修清澗城，奏懷德爲兵馬監押。以所部兵入賊境，破遮鹿、要册二砦，親射殺其酋。又率蕃漢燒蕩賊海溝、茶山、龍柏、安化等十七砦，三百餘帳。龐籍奏爲東路都巡檢使，以兵修龍安城，賊不敢犯。

吴育。建安人。爲鄜延路經略安撫使，判延州。夏人既稱臣，而並邊種落數侵耕爲患。龐籍守并州，欲築堡備之，育謂要契未明而亟城，則羌人必争。移文河東，又遺籍手書，及疏於朝，不報。既而夏人果犯河外，陷驍將郭恩，如育所言。

程琳。博野人。以宣徽北院使判延州。嘗獲渠魁，不殺，戒遣之，夏人亦相告無捕漢民。久之，以五百户驅牛羊叩邊請降，琳拒不受，已而賊果以騎三萬臨境上，以捕降者爲辭。琳諜知之，閉壁戒諸將勿動，賊疑有備，遂引去。

程戡。陽翟人。英宗時，拜鄜延路經略安撫使，判延州。州夾河爲兩城，雉堞卑小，敵登九州臺，則下瞰城中。戡調兵夫大增築之。在邊安重習事，治不近名。

張載。郿縣人。爲雲巖令，以敦本善俗爲先。每月吉，具酒食召鄉人高年會於縣庭，親爲勸酬，使人知養老事長之義，且口諭使往告其閭里。一言之出，雖愚夫孺子，無不豫知。

景思立。普州人。熙寧中，囉兀用兵，韓絳使攝保安軍。夏人寇順寧，思立領兵赴援，諸將敗，一軍獨全。

吕大防。藍田人。熙寧四年，知延州。城河外荒堆砦，咸謂不可守。大防留戍兵修保障，有不從者斬以徇，衆遂安。

沈括。錢塘人。神宗時，知延州。至鎮，悉以别賜錢爲酒，命廛市良家子馳射角勝，有軼羣之能者，自起酌酒以勞之，邊人驩激。越歲得徹札超乘者千餘，皆補中軍義從，威聲雄他府。朝廷出宿衛之師來戍，賞賚至再，不及鎮兵。括以衛兵雖衆，而鎮兵無歲不戰，今不均若是，且召亂，乃藏敕書，而矯制賜緡錢數萬，以驛聞。

劉昌祚。真定人。元豐中，知延州。時永樂方陷，士氣不振，昌祚先修馬政，令軍中校技擊優者給馬。自義合至德靖砦，連亘七百里，昌祚度屯戍險易，地望遠近，事力强弱，立爲定式，上諸朝。夏人寇塞門，拒破之，殺其統軍葉悖麻、咩吪埋二人，圖其形以獻。

燕達。開封人。爲延州巡檢，戍懷寧砦。夏人三萬騎薄城，達所部止五百人，躍馬奮擊，所向披靡。擢鄜延都監。

陸詵。餘杭人。知延州。諒祚寇慶州，以敗還，聲言益發人騎，且出嫚詞，復攻圍大順城。詵乃留止請時服使者及歲賜，而移宥州問故。明年又乞留賜冬服，及大行遺留二使，而自以帥牒告之。諒祚始因誚謝罪，共職貢。

趙卨。邛州人。知延州，夏人屢欲款塞，每以虚聲摇邊。詔問方略，卨審計形勢，爲破敵之策以獻。檢括境内公私閒田，得七千五百餘頃，募騎兵萬七千，訓練精鋭，過於正兵。後遷龍圖閣直學士，復帥延安。知夏將入寇，檄西路將劉安、李儀曰：「夏即犯塞門，汝徑以輕兵擣其腹心。」後果來犯，安等襲洪州，俘斬甚衆，夏遂入貢。

范純粹。吴縣人。元祐中，出知延州。徽宗立，再臨延州。以課最聞。

陶節夫。鄱陽人。知延安府，招降羌有功，築石堡等四城。石堡以天澗爲隍，可趨者惟一路，夏人窖粟其間以千數，既爲宋有，其酋驚曰：「漢家取我金窟堝。」亟發鐵騎來争。節夫分部將士遮禦之，斬獲統軍以下數十百人，夏人度不可得，斂兵退。方議城銀州，諜告夏人已東，節夫料必西趨涇原，乃遣裨將耿端彦疾驅至銀州。五日城成，夏人果從涇原至，則城備已固，遂遁去。

李南公。鄭州人。知延安府。夏人犯涇原，南公出師擣其虚，夏人解去。

賈炎。獲鹿人。徽宗時，知延安府。時宣徽使童貫禁夾錫錢不得用，民以爲苦。炎表言邊甿生理蕭條，官又再變法，鄜延去敵迫近，民不安則邊不可守。又與貫論邊事不合，貫沮之，改河陽。

錢即。錢唐人。徽宗時，知延安府。時夏使由鄜延，事有小不如式者，即投檄夏國，責其失禮。夏人憚之。

郭永。元城人。徽宗時，爲丹州司法參軍。守武人，爲姦利無所忌，永數引法裁之。守盛威臨永，永不爲動，則繆爲好言薦之朝。後守欲變成獄，永力争不能得〔九〕，拂衣去。

王庶。慶陽人。高宗時，爲鄜延路經略使，兼知延安府。與金兵戰於屈泉及神水峽，皆大破之。

魏彦明。開封人。通判延安府。建炎初，金兵陷府東城，而西城猶堅守。金將併兵圍西城，彦明與權府事劉選分地而守，彦明當東壁，空家資以賞戰士。城陷，彦明坐於城樓上，金兵併其家執之，諭使速降。彦明曰：「吾家食宋禄，汝輩使吾背君乎？」

羅索怒殺之。贈中大夫。「羅索」舊作「婁宿」，今改。

金

圖克坦哈希。上京人。皇統中，爲延安尹。時關陝以西，初去兵革，百姓多失業。圖克坦哈希守之以静，民多還歸者。「圖克坦哈希」舊作「徒單合喜」，今改。

完顔哈達。興定五年，知延安府。言諸軍官以屢徙，往往不知地形險易，乞自今勿徙。夏人攻安塞堡，哈達潛軍裹糧，倍道兼進，夜襲其營，夏人大潰。追殺四十里，墜崖谷死者無算。「完顔哈達」舊作「完顔合達」，今改。

元

李德原。至正中，爲安定縣尹。興學勸農，均傜息訟，民立碑頌之。

明

張著。洪武三年，知膚施縣。邑頻年被兵，民竄匿山谷，著招諭撫循，修舉廢墜，民始安輯。有鄒二者不孝，著召諭化之，二遂改行爲孝子。

陳虯。永豐人。宣宗時，知延安府。爲政公敏，任滿當遷，軍民遮道乞留。詔加陝西右參政，給正三品俸，仍莅延安。

張庸。江寧人。宣德中，知保安縣，有政績。九年奏最當遷，民乞留，詔增秩還任。

王鑑。太原人。天順時，爲御史，以劾石亨、曹吉祥左遷知膚施縣。憲宗嗣位，所司以治行聞，擢守郡，特賜封誥。

董盡倫。合州人。萬曆中，知安定縣，有惠政。秩滿，安定人詣闕請留，詔加䈟昌同知，仍視縣事。

李懷信。大同人。萬曆中，遷定邊副總兵。布色圖、和爾啓、都哩巴顔泰等，無歲不擾，定邊居延綏西，被患尤棘。懷信勇敢有謀，寇入輒敗，故邊患雖劇，而士氣不衰。「布色圖」舊作「卜失兔」，「和爾啓」舊作「火落赤」，「都哩巴顔泰」舊作「鐵雷擺言太」，今並改。

羅爌。清源人。崇禎初，知延川縣。土寇焚劫，孤城受圍，爌訓練兵壯，誓衆死守，居北門城樓，五年不返署，邑城獲全。

蒲來舉。崇禎中，知甘泉縣。賊至，守備孫可法等擁兵不救，城陷，來舉手刃數賊而死。贈光禄少卿。

應昌士。仙居人。崇禎末，知安定縣。賊至堅守，賊環攻旬日不能克。前任知縣王垣，四川人，以攝會寧縣事，爲賊所執，至是逼之説降。垣登城朂昌士死守，賊急攻陷之，殺垣於城上，執昌士，亦不屈死。

萬代芳。遼東人。崇禎中，知延長縣，流賊至，與教諭譚恩、驛丞羅文魁協力城守，城陷皆死之。代芳妻劉氏、妾梁氏，俱從死。代芳贈光禄丞，妻妾並旌表，恩等亦賜祭。

本朝

馮如京。代州人。順治初，爲靖邊兵備副使。巨盜黄色俊聚衆來犯，如京糾民兵得數百人，登城固守，乘間出擊敗之，遂乘勝擣平其巢。

賈廷璋。山東人。順治初，知宜川縣。王永彊陷郡城，索印，廷璋不與，被害。事聞，贈廕如制。時典史方一御亦與難。

黄瑶。忠州人。順治四年，知安塞縣。王永彊之亂，瑶堅守孤城，拒戰而死。贈按察使僉事。

宋從心。杞縣人。順治五年，知延安府。王永彊據榆林，僞檄至，從心與守備萬廷貴碎其檄，誓衆死守。城陷，從心遇害，廷貴亦死於獄。

人物

宋

李繼周。金明人。祖、父皆爲金明鎮使，繼周嗣掌本族。太平興國三年，東山蕃落集衆寇清化砦，繼周率衆敗之。雍熙中，敗末藏、末腋等族於渾州。淳化五年，討李繼遷，命開治塞門、鵶兒兩路，率所部入夏州，敗蕃兵於石堡砦。磨盧家、媚咩、拽藏等族居近盧關，未嘗内順，繼周率所部往襲，焚之。大軍討西夏，命爲先鋒，入賊境，獲器甲凡六十餘萬。累官領誠州刺史。

劉紹能。保安軍人。世爲諸族巡檢。父懷忠，官閤門祗候。元昊叛，以王爵招之，懷忠毁印斬使，洎入寇，力戰以死。録紹能右班殿直，爲軍北巡檢，擊破夏兵於順寧。夏人圍大順城，紹能爲軍鋒毁其柵，至秦王川，邀擊於長城嶺。熙寧中，又敗夏人於破囉川，皆策功最。累遷鄜延兵馬都監。元豐中，命統兩軍進討，夏人設疑以間之，帝手詔云：「紹能忠勇第一。此必夏人畏忌，爲間害之計耳。」紹能捧詔感泣。守邊四十七年，大小五十戰，終簡州團練使。

劉延慶。保安軍人。雄豪有勇，數從西伐，累立戰功。徽宗時，以軍功拜保信軍節度使。靖康之難，延慶分部守京城，城陷，引秦兵萬人奪開遠門以出，至龜兒寺，爲追騎所殺。次子光世，宣和末，討河北賊有功。南渡後，累拜太尉，兼淮南、京東諸路宣撫使，封楊國公。

韓世忠。延安人。目瞬如電，鷙勇絶人。宣和中，以偏將從王淵討方臘，擒之。高宗即位，授平寇左將軍，屯淮陽。苗傅、劉正彦反，世忠以所部發平江，賊敗遁，追擒送行在誅之。帝手書「忠勇」二字，揭旗以賜，使守鎮江。烏珠分道渡江，世忠俟其歸邀擊之，烏珠絶江遁去。建炎四年，金兵與劉豫分道入侵，世忠軍次大儀，設伏二十餘所。及戰，伏兵四起，金兵大潰。授京東、淮東路宣撫處置使，置司楚州。在楚十餘年，兵僅三萬，而金兵不敢犯。秦檜收三大將權，拜樞密使，尋罷爲醴泉觀使，卒。孝宗朝，追封蘄王，謚忠武，配享高宗廟廷。世忠性勇敢忠義，事關廟社，必流涕極言。岳飛冤獄，世忠獨攖檜怒，抵排和議，觸檜尤多。持軍嚴重，器仗更精絶過人，克敵弓、連鎖甲、狻猊鍪及跳澗以習騎、洞貫以習射，皆其遺法。子彦直、彦質、彦古，皆以才見用。「烏珠」舊作「兀术」，今改。

解元。保安軍人。猿臂善射。起行伍，爲清澗都虞候，隸韓世忠麾下，擢偏將。金兵大至，元領二十騎陷陣。苗、劉之變，從世忠追至臨平，與戰，擒之。從討湖外盜，據其望樓，賊遂平。金與劉豫合兵至，元屯承州，擒金萬户、黑頭虎，追至數十里。元攻城野戰，未嘗敗衄。終保信軍節度使。

韓彦直。世忠子。六歲從世忠入見，高宗令作大字，即跪書「皇帝萬歲」四字，帝喜，拊其背曰：「他日令器也。」登進士，累遷工部郎。使於金，幾罹禍者數，抗節不屈。累遷户部尚書。嘗摭宋朝事分爲類目，名水心鏡，百六十七卷。

張宗顔。延安人。父吉，爲涇原將，解宣威城圍，死之。宗顔從張俊討賊，累遷崇信軍承宣使。劉豫入寇，宗顔自泗州爲張俊繼，遇劉猊，大破之。擢武信軍承宣使〔一〇〕，知廬州總帥事。卒，謚壯敏。

金

龐迪。延安人。少倜儻，喜讀兵書，善騎射，應募有功。嘗從百餘騎經行山谷，遇夏人數千，衆駭避，迪遂躍馬犯陣，敵皆披靡。歷臨洮、慶陽、鳳翔尹，汾陽、絳陽軍節度使，所至以治最聞。性純孝，父病刲股作羹。昆弟析家産，迪盡以與之，一無所取。官爵之廕，率先諸姪。

楊仲武。保安人。皇統中，除知寧州。關中洊饑，盜賊縱横，仲武悉平之。遷同知臨洮尹。木波寇熙河，仲武與之約，遂不敢犯塞。歷陝西路轉運使。

元

王思聰。安塞人。家貧，力田以養親。母喪盡哀，父繼娶楊氏，事之如所生。父嘗病劇，思聰拜祈於天，額膝皆成瘡，得神泉飲之愈。後復失明，思聰日舐之即能視。縣上狀，詔旌異之。

張閏。延長人，隷軍籍。八世不異爨，家人百餘口，無間言。日使諸女諸婦相聚爲女紅，畢即公貯一室，各無私藏。幼稚啼泣，諸母見者必抱哺，一婦歸省留其子，衆婦共乳，不問孰爲己兒，亦不知孰爲己母也。閏兄顯卒，即以家事付姪聚，相讓既久，卒歸於聚。縉紳之家，自謂弗如。

趙溉。甘泉人。明於經術。至正中，累官吏部尚書，清介不阿，政績最著。

明

張信。膚施人。父喪廬墓，虎狼不爲害。正統中旌。

劉友德。膚施人。早孤，事母至孝，母病，衣不解帶數月。及卒，廬墓乏水，泉忽湧出。同時有柏英者，延安衛指揮，母喪廬墓，有兔鵲馴擾之異。俱天順中旌。

李端。保安人。母喪廬墓，有泉湧出，狼不爲害。成化中旌。

趙彦。膚施人。萬曆中進士。光宗即位，以僉都御史巡撫山東，請增兵戍諸島，設鎮登州。天啓初，平妖賊徐鴻儒，撫其衆四萬七千餘人，論功進兵部尚書，加太子太保。極陳邊將剋餉、役軍、虚伍、占馬諸弊，因條列事宜，帝稱善，立下諸邊舉行。以抗疏劾魏忠賢削籍，尋追叙邊功，即家進太子太傅。

杜桐。延安衛人。萬曆時，累官延綏總兵，襲破套夷，馘其部長。徙鎮寧夏，番衆大舉入寇，桐連破之，賊遂納款。桐有將才，自偏裨至大帥，積首功至一千八百，時服其勇。

杜松。桐弟。驍勇敢戰，由舍人從軍，累官至延綏總兵。寇犯安邊、懷遠，松大破之。後鎮遼東。萬曆末，提兵援撫順，戰殁於界凡山，贈少保、左都督。本朝乾隆四十一年，賜謚忠節。

杜文焕。桐子。萬曆中，以蔭歷延綏遊擊將軍，累擢寧夏總兵官。延綏被寇，文焕赴救，大破之，遂代官秉忠鎮延綏。又敗寇於安邊、保寧、長樂。西路和爾啓、布顔大懼，相率來降。沙津數盜邊，爲文焕所敗，遂納款。官至山西提督，卒。「和爾啓」譯見前。「布顔」舊作「卜言」，「沙津」舊作「沙計」，今並改。

蕭如薰。延安衛人。歷寧夏參將，守平鹵城。布巴據寧夏，遣其黨四出略地，列城多風靡，獨如薰堅守不下。布巴養子雲最驍勇，引套夷卓哩克圖急攻，如薰伏兵南關，射雲死，又襲卓哩克圖營，獲人畜甚多，城獲全。擢副總兵，遂以都督僉事盡統延綏、甘肅、固原諸援軍，與李如松等共平賊。後歷七鎮，魏忠賢黨劾之，奪職歸。如薰爲將持重，不苟趨利，輕財愛士，所在見稱。「布巴」舊作「哱拜」，「卓哩克圖」舊作「著力兔」，今並改。

岳具仰。延安人。舉於鄉，歷瀘州知州、户部郎中。貴州亂，朝議具仰知兵，用爲監軍副使。及兵敗内莊，爲賊所拘，具仰馳蠟書於外，遂被殺。事聞，贈光禄卿，録一子。

馬登鼇。膚施人。崇禎中，以鄉舉知靈壽縣，城陷死之。從父大緯爲蠡縣訓導，亦死。本朝乾隆四十一年，予祀忠義祠。

孫仲嗣。膚施人。崇禎末，由貢生爲階州學正，當事知其才，委以城守。賊大至，盡瘁死守，城破，與妻子並死之。詔贈國子博士。本朝乾隆四十一年，賜謚節愍。

本朝

王光印。延川諸生。母病劇，醫者不審其症，光印嘗糞察之，焚香告天，願以身代，病竟愈，且享大年。後卒，光印哀毁骨立，廬墓三年。

文天爵。安塞人。由將材授廣東左翼鎮標遊擊。康熙十五年，賊孫楷宗誘之降，天爵叱之，遂被殺，沉屍於海。事聞贈卹。

石之玫。甘泉人。順治中進士，知桃源縣，有惠政。老成勤慎，諳習河務，河道總督靳輔疏薦其賢，遷知福州府。

薛之奇。延長人。事母孝，母殁，淚盡繼以血。撫幼弟之鳳成立，卒不分爨。由拔貢生選衡州府通判，歷署州縣事，以清謹稱。後因官事卒於涪州，累贈按察司副使。

黃元龍。靖邊人。由武生積功洊升至四川提標中營參將。乾隆十五年，隨都統傅清駐西藏，叛黨羅卜藏扎什糾衆肆擾，元龍死之。事聞議卹。

史纂欽。安定人。家貧，父早喪，負薪以養母，母患癰，纂欽吮之而愈。殁，廬墓三年，終身不嘗甘旨。乾隆十八年旌。同邑南昭、孫宏澤、楊鼎、張士恭、王艮一、白暠濯、趙芳勳、石誌廉、趙璞玉、楊燦，俱乾隆年間以孝行旌。

郝澄涇。保安人。事親能以色養，父母有疾，籲天願以身代。親殁，每食必獻如生前，宗黨咸稱其孝。乾隆四年旌。又延長蘇芳，延川梁永建，宜川郝尊玘、趙紀，靖邊王守官，俱乾隆年間以孝行旌。

施縉。定邊人。由營伍積功洊升貴州安義鎮總兵。嘉慶五年，川省邪匪滋事，縉統黔兵協勦，屢得勝仗。後進攻賊匪於竹子山，猝受矛傷，陣亡。事聞，加等賜卹，給騎都尉兼一雲騎尉世職。

馮種玉。安定人。嘉慶十二年，以孝行旌。

列女

宋

孟氏女。延安人。父戍永樂城，夏人攻城陷之，父死，孟氏呼號徒步入城，獲父屍，一慟而卒。夏人憐之，並其父葬焉。

韓世忠妻梁氏。延安人。苗傅、劉正彦反，世忠誓討賊，以所部發平江。時梁氏及子亮爲傅所質，朱勝非紿傅曰：「今白太后，遣二人慰撫世忠，則平江諸人益安矣。」於是召梁氏入，封安國夫人，俾迓世忠，速其勤王。梁氏疾驅出城，一日夜會世忠於秀州，進兵次臨平，敗賊擒之。焦山之戰，梁親執桴鼓，金兵終不得渡。

明

蕭如薰妻楊氏。膚施人，尚書兆之女也。如薰爲平鹵參將，城被圍，楊盡出簪珥，日具牛酒犒士，城賴以完。事平被旌。同縣陸立望妻張氏、吴著妻董氏、張如楠妻紀氏，均以守節旌。又烈婦王敏妻陳氏、楊于喬妻董氏、楊虞徵妻王氏，均夫亡殉節。

許舒妻曹氏。甘泉人。年十九而寡，守節撫孤，洪武中旌。

白光翰妻郝氏。安塞人。夫早亡，遺子白崑未週歲，歷盡艱苦，撫育成立。

李恭妻景氏。安定人。夫亡，遺腹生裕，苦教成立。同縣郝容母孫氏，年十九守節。劉漢興母石氏，年十九遺腹生子，與南征吉妻高氏並以節著。

李榮妻劉氏。保安人。年十八歸榮，甫六月，榮卒，自經於柩前。成化中旌。又靳希顔妻韓氏，以苦節著。

王紀妻張氏。延川人。年十九，夫亡，遺腹生男世寶，竭力鞠育，長就外塾，歸必親課其業。善事孀姑，採樵汲水，皆躬親之。詔旌其門。同縣張謹妻馬氏，年十八，撫遺腹子，事孀姑賀氏，以孝聞。又楊一元妻曹氏，夫亡殉節。

劉廷瑚妻郭氏。宜川人。廷瑚知盧縣，值寇破城，同小姑丁香赴井死。同縣郭景甫妻趙氏，夫亡，撫幼子維聘既長，遂縊死。又張千妻趙氏、劉永宏妻王氏、李永第妻張氏，均以苦節著。

焦子學妻李氏。延長人。夫亡守節，嘉靖中旌。同縣郭永安妻李氏，年十九守節。又董維新妻王氏、李鎧妻趙氏、馬陽妻賀氏，並青年喪夫，撫遺腹子成立。

張鏞妻周氏。鏞爲靖邊營千户，病殁，氏年十九，守節撫孤，七十餘歲卒。又舊安邊餘丁張紀妻梁氏，夫亡，誓以身殉，越三日自經死。查瑾妻袁氏，年十八，瑾以救父陣亡，氏聞，不食死。

時清妻柏氏。清爲延安衛指揮，陣亡，氏年十八，無子，守節六十一年卒。正統中旌。又沙繼勳妻常氏，繼勳早卒，年二十餘，刻木於堂，事之如生，垂四十年。又張世功妻馬氏、陶秉忠妻趙氏，均年十九夫亡，以苦節著。

劉爾甲妻楊氏。膚施人，尚書兆孫女，適中部貢生劉爾甲。崇禎末避亂，夜遇流賊，以衣蒙面投崖死。

宋薊妻高氏。安塞人。流賊起，氏自鄉入城避之，值賊至，氏大罵，賊截其耳，束之馬上，行經深谷，竦身墜崖死。

薛文炳妻白氏。安定人。崇禎末，賊大至，氏奮曰：「吾義不受賊逼。」即投井死。同時有張志道妻薛氏，自縊死。薛一㭬妻高氏，夫亡，守妾子數年，亦自縊死。郝建中妾陳氏，年十七，投井死。薛三樂子婦某氏，服毒死。王彦俊女適某氏，夫被盜殺，投冰孔死。

韓炳衡妻鄭氏。保安人。炳衡舉進士。崇禎中，流賊破城，索財物，鄭氏曰：「吾夫清官，焉取長物？」賊以白刃脅之，遂延頸受刃死。同時貢生劉善慶妻張氏，自經死。王符妻李氏，流賊至城下，氏命婢取櫛沐具，曰：「吾將見先人地下耳。」城陷賊至，氏罵不絶口，賊刃其頰，傷左耳，氏掩耳投井死。許志尚妻靳氏，年十八，其夫城守被傷將死。賊至欲掠之，氏紿之曰：「夫死在旦夕，待殁，吾掩屍從汝。」是夕夫死，氏葬之牆下，遂自投於井，賊掖之將出，復躍入死。

馬萬選妻高氏。延川人。崇禎九年，爲流賊所掠，氏厲聲罵賊，賊强挾上馬，氏奮身投崖死。

本朝

薛之光妻田氏。膚施人。事舅姑以孝聞。康熙十六年，朱龍叛，被擄，詈罵不從，遂遇害。同縣吴大年妻左氏、楊捷春妻趙氏、朱文鳳妻尉氏、李之正妻何氏，均夫亡苦節。雍正年間旌。

李天保妻王氏。安塞人。天保爲延安營卒，康熙十八年，調戍平凉，挈氏同往。後從征四川牛頭山賊，卒於軍，氏年方少，誓死不二，扶櫬歸鄉里。同縣張大美妻李氏，年十九，大美客死，氏聞之，痛絶復蘇。孝事翁姑，撫孤成立。何繼秀妻宋氏，年未笄，父患危症，割股愈之。適何而寡，撫遺腹子成立。均雍正年間旌。

强勷妻南氏。安定人。年十九，夫亡苦節。同縣王運超妻張氏、强貴妻吴氏、南苞妻石氏、任覺民妻南氏、張文藻妻石氏，均雍正年間旌。

牛紹孔妻王氏。保安人。年十七，夫亡，乞從子世禄爲嗣，辛勤鞠育，迄於成立。同縣牛重輪妻王氏，亦以守節著。均雍正年間旌。

張宗妻黑氏。宜川人。年二十，夫亡，姑以其少，欲遣去，氏嚙指自誓，姑悔之。氏承歡朝夕，白首無間，以禮法自持，守節四十七年。

劉姚舜妻梁氏。延川人。年二十，夫亡，遺一子目盲，氏日夜焚香祝天，子目復明。守節六十三年。

郭運隆妻白氏。延長人。年二十二，夫亡，晝耕夜織，苦節撫孤。每汲水採薪，負兒於背。守節四十五年。同縣朱秉寅妻羅氏、李曰福妻鄭氏、馮仕萃妻董氏、王大臣妻沙氏，均雍正年間旌。

賀麟妻郭氏。定邊人。康熙十八年，寇掠定邊，麟被掠而亡。氏年二十三，奉姑育子，歷五十餘年。同縣陶魁妻王氏，年十八，夫亡，叔俊勸令改嫁，氏翦髮刺指以誓，守節終身。賈世虎妻謝氏，年二十，夫亡，生子甫三月。家甚貧，從兄逼令改嫁，終不從。亢孝妻許氏，夫亡年二十一，苦志守節。均雍正年間旌。

趙士魁妻張氏。膚施人。年十六，夫亡，事翁姑克盡孝道，教子成立，茹貧守節三十餘年。乾隆三年旌。同縣房象乾妻趙氏、閻丕顯妻周氏、李開唐妻陳氏、趙慄妻夏氏、閻孔訓妻南氏、尉鵬圖妻賀氏、尹柱妻張氏、馮紹緒妻劉氏、高文煌妻任氏，又烈婦孫三保妻張氏，均乾隆年間旌。

閻廷選妻党氏。安塞人。夫歿，毀面截髮，誓不欲生，翁姑勉以撫孤守節，備極艱苦。乾隆三年旌。同縣馬賦吉妻閻氏、趙廷琮妻沙氏、白煒妻閻氏、宋柱妻孫氏、韓世勛妻拓氏、高如辰妻白氏、石岦妻高氏、李韠妻季氏、郭士楊妻方氏、高通妻李氏、劉基敬妻白氏，均乾隆年間旌。

李焕妻王氏。甘泉人。焕客亡長安，氏號泣不欲生，守節四十餘年。仲子枝榮，負骸歸葬，人稱母節子孝。乾隆四年旌。同縣孫汝賢妻張氏、張埸妻章氏、路維妻白氏、張星輝妻毛氏、張惟妻章氏、王人翼妻岳氏，均乾隆年間旌。

强瓅妻史氏。安定人。夫亡年二十七，事孀姑孝。姑失明，氏以舌舐復明。撫嗣子如己出，守節四十餘年。乾隆元年旌。同縣孫宏毅妻路氏、張震翶妻南氏、李禎妻党氏、强行健妻南氏、高璠璵妻張氏、楊承基妻吳氏、高愛民妻薛氏、李國藩妻張氏、宜俊妻强氏、史纂公妻薛氏、張三德妻李氏、徐尚禮妻魏氏、楊鋭妻王氏、王貴妻任氏、史纂績妻薛氏、王樑妻徐氏，又烈女趙氏，烈婦王寅妻田氏、龐世書妻魯氏，均乾隆年間旌。

王相妻宗氏。保安人。年二十四，夫亡守節五十餘年。乾隆元年旌。同縣王淡妻李氏、趙詳宗妻樊氏、李敏妻劉氏、徐本文妻王氏、鄭宗周妻侯氏、馬文林妻孟氏、何清妻楊氏、張光前妻李氏、曹一聘妻黑氏，又烈婦白仁妻徐氏，均乾隆年間旌。

李茂妻趙氏。宜川人。夫亡守節三十餘年，備嘗艱苦。乾隆三年旌。同縣張照鼎妻强氏、張寅妻劉氏、郭之漢妻吳氏、楊積元妻馮氏、劉廷賓妻張氏、楊廷標妻王氏、楊廷楹妻王氏、薛承瑄妻白氏、劉震妻張氏，均乾隆年間旌。

樊世良妻李氏。延川人。年二十四，夫殁，撫孤守節四十餘年。乾隆元年旌。同縣李文寶妻楊氏、馬雲騄妻郝氏、闞漢鼎妻劉氏、于寬妻馬氏、樊學甫妻馬氏、王有惠妻賀氏，均乾隆年間旌。

蘭國棟妻劉氏。延長人。守節五十餘年，備嘗艱苦。乾隆五年旌。同縣何毓俊妻李氏、蘭伏成妻劉氏，俱乾隆年間旌。

高孝妻陳氏。定邊人。夫亡守節，甘貧茹苦四十餘年。乾隆十九年旌。同縣趙廷璞妻張氏、張應達妻馬氏、許輝祖妻劉氏、劉洛妻余氏、崔大柱妻馮氏、鄭義妻劉氏、李世雄妻盧氏、劉汝桂妻白氏、劉成妻李氏、張峻飛妻孫氏、高晏世妻何氏，又烈婦李之民妻韓氏，均乾隆年間旌。

柴芝蘭妻張氏。靖邊人。明末歲饑，芝蘭偕長子璠負販，遇盜死。氏年三十，奔告司兵者，往求其屍不得，乃指少子國梁，謂仲子國棟曰：「此足以祀柴氏矣。吾與若往求屍，即不得則死。」哀號匍匐，果得夫及子屍以歸。傭紉自給，卒年七十八。乾隆十一年旌。同縣李禹妻石氏、張大謨妻李氏、張漢遠妻賀氏、鄭文軒妻王氏、賀異妻姬氏、鄧穎異妻張氏、劉宗景妻班氏、劉宗昌妻李氏、馮繼聖妻武氏、劉大緒妻柴氏、梁良桐妻徐氏、白士静妻陳氏、白芝妻李氏，俱夫亡守節，均乾隆年間旌。

呼存性妻岳氏。膚施人。夫亡守節。嘉慶二十一年旌。同縣袁愷妻白氏、梁紹登妻李氏、張嘉猷妻盧氏、劉作柱妻左氏，均嘉慶年間旌。

野士昇妻趙氏。安塞人。夫亡守節，嘉慶二年旌。

賈有順妻薛氏。安定人。捐軀明志，嘉慶二十四年旌。

王大德妻李氏。宜川人。夫亡守節。與同縣張登科妻楊氏，均嘉慶年間旌。

劉興貴妻雒氏。延川人。夫亡守節，嘉慶七年旌。同縣馮命新妻曹氏、郝濬妻于氏，均嘉慶年間旌。

仙釋

宋

白雲片鶴。金明人。爲道士，自稱白雲片鶴。宣和初，遊汴，見趙鼎，大呼曰：「中興名相。」他日又遇鼎，曰：「吉陽相逢。」鼎紹興五年爲相，有重名。晚竄吉陽，忽與道士相見，謂鼎曰：「憶疇昔之言乎？公將歸矣。」未幾鼎果卒。

土產

麻布。元和志：丹州、延州賦麻布。又銀州貢女稽布。

毛氈。九域志：保安軍貢。府志：保安縣出羢。

席。唐書地理志：丹州土貢龍鬚席。

蠟。唐書地理志：延州土貢蠟。宋書地理志：延安府貢黄蠟。

蜜。元和志：延州貢。

樺皮。唐書地理志：延州貢。

牡丹。宋歐陽修牡丹譜：丹州紅、延安紅，皆彼土之傑然者。通志：牡丹自延安以西尤多，土人刈以爲薪。

麝香。唐書地理志：丹州、延州貢。元和志同。

黄鼠。明統志：延川縣出。

石油。明統志：延長、延川二縣出，可燃燈療瘡。

藥。元和志：延川出秦艽香、附子、苦參。九域志：保安軍貢蓯蓉。

校勘記

〔一〕賊張謂攻破　「張謂」，乾隆志卷一八二延安府古蹟（下同卷簡稱乾隆志）同，金陵書局本、四庫全書本太平寰宇記卷三六作「張誚」。

〔二〕開元三年移於東南一百步　「開元」，乾隆志、太平寰宇記卷三五關西道丹州作「開寶」。按，王文楚先生校太平寰宇記，疑「開元」爲是。待考。

〔三〕武德八年於今縣北五里宋斯堡置屬丹州　「屬」，乾隆志同，元和郡縣志卷四關内道延州無。按，味文意，當是置丹州，以門山縣屬焉。此志表述未當。

〔四〕赫連勃勃置　「置」，原脱，乾隆志同，據太平寰宇記卷三六關西道延州補。

〔五〕丹陽水經冶東　按，戴震校水經注，以爲「冶」下脱「官」字。

〔六〕從蕃界未㫖族界來　「族」，原作「疾」，據乾隆志及太平寰宇記卷三七關西道保安軍改。

〔七〕永寧關　「寧」，原作「臨」，據乾隆志及元豐九域志卷三陝西路延川縣改。按，本志蓋避清宣宗諱改字。下同。

〔八〕順寧砦　「寧」，原作「臨」，據乾隆志及元豐九域志卷三陝西路保安軍、宋史卷八七地理志改。下文同。

〔九〕永力争不能得　「力」，原作「刀」，據乾隆志及宋史卷四四八郭永傳改。

〔一〇〕擢武信軍承宣使　「宣」，原作「信」，據乾隆志及宋史卷三六九張宗顔傳改。

鳳翔府圖

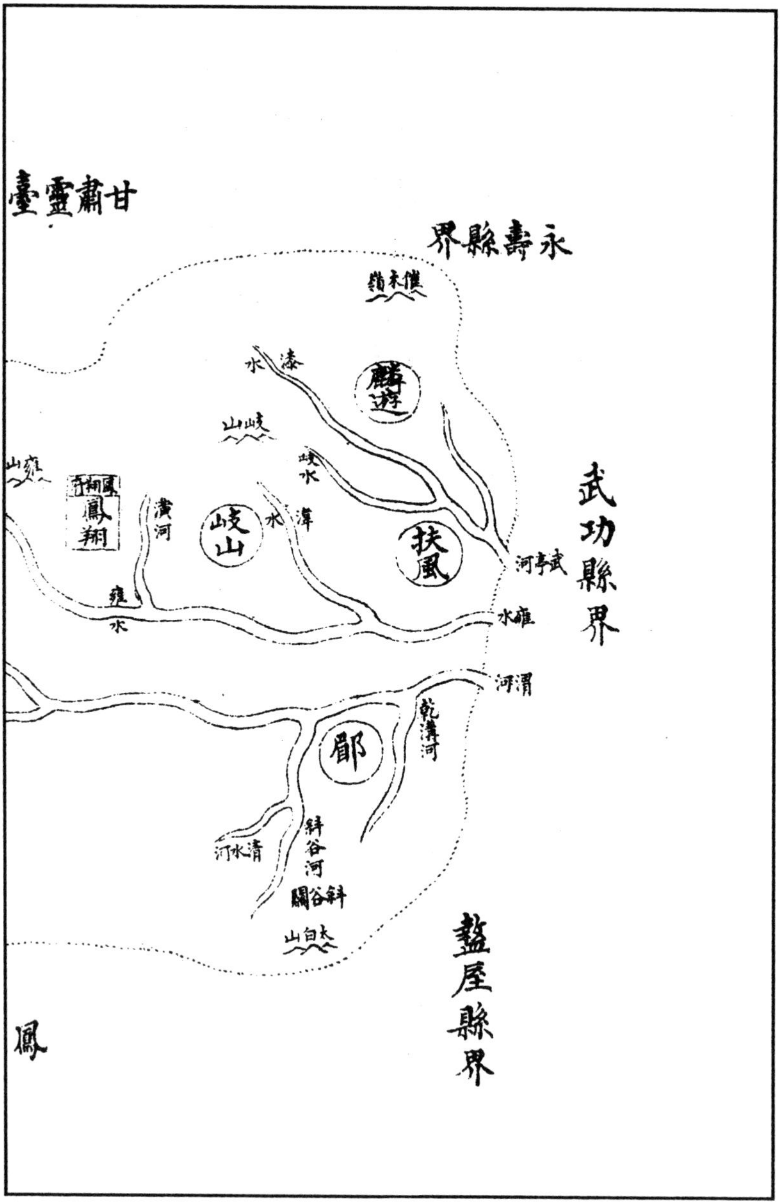
甘肅靈臺
永壽縣界
催木嶺
漆水
麟遊
岐山
岐水
雍山
鳳翔府
鳳翔
潢河
岐山
湋水
扶風
武亭河
武功縣界
雍水
雍水
渭河
乾溝河
郿
斜谷河
清水河
斜谷關
太白山
盩厔縣界
鳳

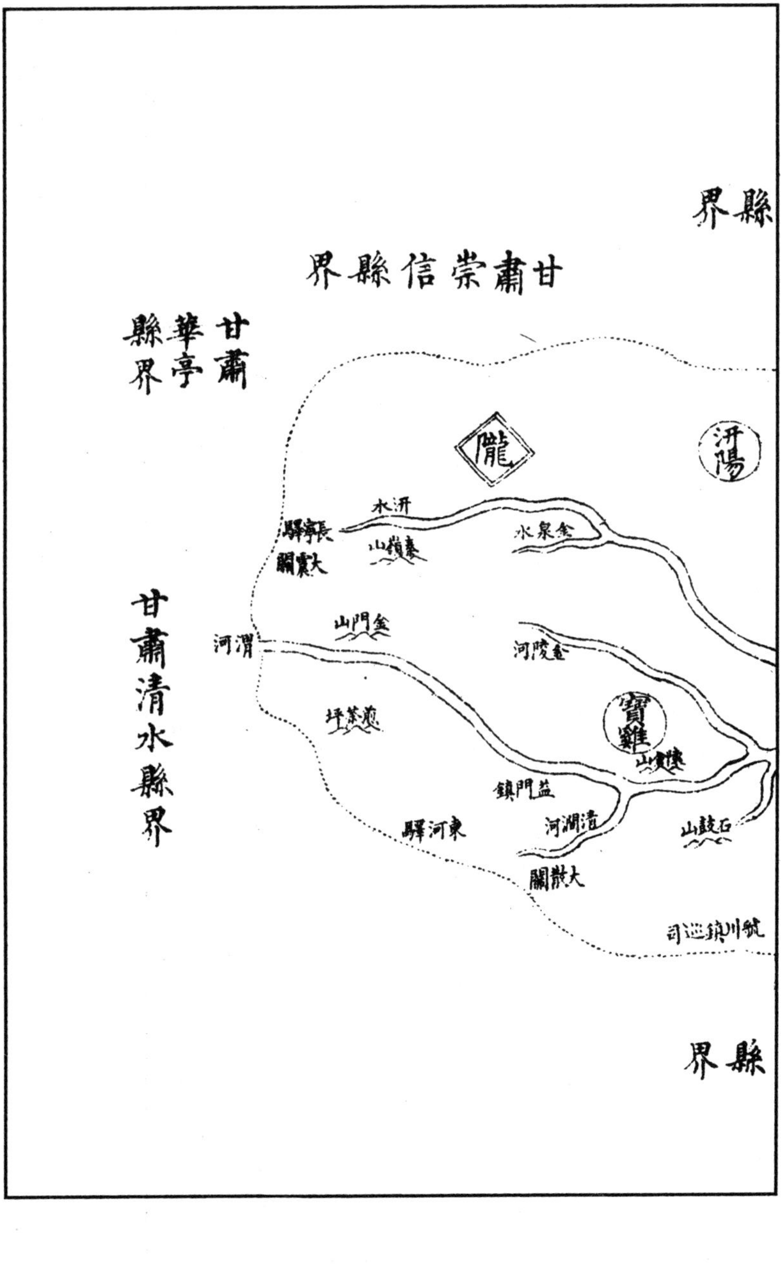
縣界
甘肅崇信縣界
甘肅華亭縣界
隴
汧陽
汧水
長寧驛
大震關
秦嶺山
金泉水
金門山
渭河
金陵河
甘肅清水縣界
葱茶坪
寶雞
益門鎮
東河驛
清澗河
石鼓山
大散關
虢川鎮巡司
縣界

鳳翔府表

	鳳翔府	鳳翔縣
秦	初爲國都，始皇時爲内史地。	
兩漢	右扶風地。	
三國	魏扶風郡地。	
晉	秦國地。	
南北朝	平秦郡魏太延二年置郡，太和十一年兼置岐州。西魏更郡曰岐山。	
隋	扶風郡開皇三年郡廢，大業三年州廢，改置。	
唐	鳳翔府武德元年復置州，天寶元年改扶風郡。至德元載改曰鳳翔，二載升府，屬關内道。	天興縣至德二載改雍縣曰鳳翔，析置天興縣。寶應元年廢鳳翔縣入，爲府治。
五代	鳳翔府	天興縣
宋金附	鳳翔府屬秦鳳路。金爲鳳翔路治。	天興縣府治。金大定十九年更名鳳翔。
元	鳳翔府屬陝西行省。	鳳翔縣
明	鳳翔府屬陝西布政司。	鳳翔縣

續表

	岐山縣	寶雞縣
雍縣 屬內史。	雍縣地。	
雍縣 屬右扶風。		
雍縣		
雍縣		
雍縣 魏州郡治。 橫水縣 魏太平真君十年置，屬平泰郡。後廢。	周城縣 魏太平真君六年置，屬平泰郡。周廢，天和四年改置三龍縣。	
雍縣 郡治。	岐山縣 開皇十六年更名，屬扶風郡。	陳倉縣 開皇十八年復置，大業十年移治，屬扶風郡。
	岐山縣 屬鳳翔府。	寶雞縣 屬鳳翔府。至德二載更名鳳翔，尋又改。
	岐山縣	寶雞縣
	岐山縣	寶雞縣
	岐山縣	寶雞縣
	岐山縣	寶雞縣

陳倉縣 屬内史。			
陳倉縣 屬右扶風。		虢縣 屬内史。	
陳倉縣		虢縣 屬右扶風。後漢省。	
陳倉縣 東晉末廢，苻姚時改置苑川縣。			崱城縣 咸寧中置，屬始平郡。後廢。
陳倉縣 西魏復名。周兼置顯州，尋州縣俱廢。	武都郡 魏太延初置。周置朔州，尋廢。		
	廢。	洛邑縣 西魏置，郡治。	
		虢縣 大業初更名，屬扶風郡。	
		虢縣 屬岐州。貞觀八年省，天授二年復。	
		虢縣	
		虢縣	
		省。	

續表

扶風縣	郿縣
美陽縣地。	
扶風縣 武德三年置漳川縣，貞觀八年更名，屬岐州，至德中屬鳳翔府。又岐陽縣，貞觀七年置，後省。	郿縣 武德初改置郿州，兼領鳳泉縣。三年州廢，移治，屬稷州。貞觀八年省鳳泉縣入。至德中屬鳳翔府。
扶風縣	郿縣
扶風縣 金初更名扶興，旋復。	郿縣 金分屬恒州。
扶風縣	郿縣 初升州，兼置柿林縣。至元初降縣，省柿林縣入，屬奉元路。
扶風縣	郿縣 屬鳳翔府。

	麟遊縣
郿縣 屬内史。	
郿縣 屬右扶風。 武功縣 屬内史。	
郿縣 武功縣 屬右扶風。後漢永平八年徙廢。	
郿縣	
平陽縣 魏初廢郿縣，太平真君六年改置，屬武都郡。西魏改名郿城。周改置周城縣，天和初置雲州，尋廢。	
郿縣 初改名渭濱，大業二年又改屬扶風郡。義寧二年置郿城郡，又析置鳳泉縣。	麟遊縣 義寧元年置，兼置鳳棲郡。二年改郡曰麟遊。
	麟遊縣 武德初郡廢，改置麟州。貞觀初州廢，移治。至德中屬鳳翔府。
	麟遊縣
	麟遊縣
	麟遊縣
	麟遊縣

續表

	汧陽縣
杜陽邑	
杜陽縣 屬右扶風。	隃麋縣 屬右扶風。後漢爲侯國。
杜陽縣	隃麋縣
廢。	省入汧縣。
	汧陽縣 周置，兼置汧陽郡，尋廢。
普潤縣 大業初置，屬扶風郡。	汧陽縣 屬扶風郡。
普潤縣 屬鳳翔府。	汧陽縣 屬隴州。
普潤縣	汧陽縣
普潤縣	汧陽縣 屬隴州。金移隴州來治。
廢。	汧陽縣 至元二年移治，屬隴州。
	汧陽縣 嘉靖中移治，屬鳳翔府。

隴州		
	汧邑 屬内史。	
	汧縣 屬右扶風。	
	汧縣	
	汧縣	
隴東郡 魏置。正光三年兼置東秦州，孝昌三年廢，永熙元年復置。西魏改州曰隴。後周天和中廢，大象二年復。	汧陰縣 魏更名，州郡治。西魏改曰杜陽。周復。	
隴東郡 開皇三年郡廢，大業三年州廢，義寧二年復置。	汧源縣 開皇五年更名，大業三年屬扶風郡。	
隴州 武德元年復置州，天寶元年改汧陽郡，乾元元年復屬關内道。	汧源縣 州治。	
隴州	汧源縣	
隴州 屬秦鳳路。金從。	汧源縣 州治。金改屬隴州。	隴安縣 開寶二年置，屬隴州。金廢，泰和八年復置，仍屬隴州。
隴州 復治，屬鞏昌路。	汧源縣 初爲州治，延祐四年省入州。	至元七年省。
隴州 屬鳳翔府。		

續表

續表

		郁夷縣 屬右扶風。後漢省。
南由縣 魏置，屬武都郡。	魏孝昌二年置長蛇縣，屬東秦州。	
南由縣 屬扶風郡。	開皇末廢入南由。	
南由縣 初置含州，旋廢，屬隴州。元和三年省。	吴山縣 改置，屬隴州，上元初更名華山，旋復。	
	吴山縣	
	吴山縣	
	至元七年省。	

大清一統志卷二百三十五

鳳翔府一

在省治西少北三百六十里。東西距四百二十里，南北距二百四十里。東至乾州武功縣界一百五十里，西至甘肅秦州清水縣界二百七十里，南至漢中府鳳縣界一百七十里，北至甘肅平涼府靈臺縣界七十里。東南至西安府盩厔縣界一百六十五里，西南至鳳縣界一百八十里，東北至乾州永壽縣界一百六十五里，西北至平涼府華亭縣界二百十里。自府治至京師三千里。

分野

天文井、鬼分野，鶉首之次。

建置沿革

禹貢雍州之域。周王畿地。春秋時爲秦國都。始皇時爲内史地。漢初屬雍國，後爲右扶風地。後漢因之。三輔黃圖：扶風在夕陰街北，光武後，出治槐里。獻帝起居注：中平六年，省扶風都尉，置漢安郡，鎮雍、隃麋、杜陽、陳倉、汧五縣。三國魏爲扶風郡地。晉爲秦國地。後魏太延二年，於雍縣置平秦郡。時扶風郡治好畤，領美陽等縣，皆非今府地。太和十一年，兼置岐州。西魏改郡曰岐山。隋開皇三年，郡廢。大業三年，州廢，改置扶風郡。唐武德元年，復曰岐州。天寶元年，復曰扶風郡。至德元載，改曰鳳翔郡。二載，升爲西京鳳翔府。上元二年罷京，隸關内道。五代因之。宋曰鳳翔府，屬秦鳳路。宋史地理志：鳳翔府，次府，扶風郡，鳳翔軍節度。金亦曰鳳翔府，爲鳳翔路治。皇統二年升爲府，軍名天興。大定十九年，更名鳳翔軍。二十七年，升總管府。元初，立鳳翔路總管府。至元九年，更爲散府，屬陝西行省。明曰鳳翔府，屬陝西布政使司。本朝因之，屬陝西省。領州一，縣七。

鳳翔縣。附郭。東西距七十五里，南北距九十里。東至岐山縣界四十里，西至汧陽縣界三十五里，南至寶雞縣界四十里，北至麟遊縣界五十里。東南至岐山縣界六十三里，西南至寶雞縣界五十里，東北至麟遊縣界九十里，西北至汧陽縣界六十五里。春秋時雍邑，爲秦都。後置雍縣，屬内史。漢屬右扶風，後漢及晉因之。後魏爲平秦郡及岐州治。隋爲扶風郡治。唐爲鳳翔府治。至德二載，改曰鳳翔縣，又析置天興縣。寶應元年省鳳翔縣，入天興。宋因之。金大定十九年，改天興縣曰鳳翔，及元、明均爲鳳翔府治。本朝因之。

岐山縣。在府東五十里。東西距四十五里，南北距八十里。東至扶風縣界三十五里，西至鳳翔縣界十里，南至郿縣界三十里，北至麟遊縣界五十里。東南至郿縣界四十里，西南至寶雞縣界四十里，東北至扶風縣界六十里，西北至鳳翔縣界七十里。秦、漢雍縣地。後魏太平真君六年，置周城縣，屬平秦郡。後周廢，天和四年改置三龍縣。隋開皇十六年，改曰岐山縣，屬扶風郡。唐屬鳳翔府。宋、金、元、明仍屬鳳翔府。本朝因之。

寶雞縣。在府西南九十里。東西距一百八十里，南北距一百七十里。東至岐山縣界九十里，西至甘肅秦州清水縣界九十里，南至漢中府鳳縣界一百三十里，北至汧陽縣界四十里。東南至岐山縣界一百里，西南至鳳縣界九十里，東北至鳳翔縣界五十里，西北至隴州界四十五里。秦置陳倉縣，屬内史。漢屬右扶風，後漢及晉因之。東晉末廢，改置苑川縣，後魏因之。西魏復曰陳倉。後周兼置顯州，尋州縣俱廢。隋開皇十八年，復置陳倉縣，仍屬扶風郡。唐屬鳳翔府。至德二載，改縣曰鳳翔，尋又改曰寶雞。五代、宋、金、元、明俱屬鳳翔府。本朝因之。

扶風縣。在府東一百十里。東西距六十五里，南北距一百里。東至乾州武功縣界四十里，西至岐山縣界二十五里，南至郿縣界三十里，北至麟遊縣界七十里。東南至武功縣界四十里，西南至郿縣界二十里，東北至乾州界四十里，西北至岐山縣界二十里。秦、漢美陽縣地。唐初爲岐山縣地，武德三年分置湋川縣，四年屬稷州。貞觀八年，改曰扶風縣，屬岐州。至德中屬鳳翔府。宋因之。金初改曰扶興，尋復故。元、明俱屬鳳翔府。本朝因之。

郿縣。在府東南一百五十里。東西距九十里，南北距六十里。東至西安府盩厔縣界六十里，西至岐山縣界三十里，南至漢中府洋縣界五十里，北至扶風縣界十里。東南至盩厔縣界六十里，西南至岐山縣界六十里，東北至扶風縣界二十五里，西北至岐山縣界十五里。周郿邑。秦置郿縣，屬内史。漢屬右扶風，爲右輔都尉治。後漢及晉因之。後魏廢。太平真君六年，改置平陽縣，屬武都郡。西魏改縣曰郿城。後周改置周城縣。天和元年，於縣置雲州。建德三年州廢。隋開皇十八年，改縣曰渭濱。大業二年，又改曰郿縣，屬扶風郡。義寧二年，於縣置郿城郡。唐武德初，改曰郇州。三年州廢，縣屬稷州。七年屬岐州。至德中，屬鳳翔府。宋因之。金貞祐四年，分屬恒州。元初升爲郿州。至元初，復爲縣，屬奉元路。明還屬鳳翔府。本朝因之。

麟遊縣。在府東北一百二十里。東西距一百七十里，南北距八十五里。東至乾州界七十里，西至汧陽縣界一百里，南至扶風縣界四十里，北至乾州永壽縣界四十五里。東南至乾州界七十里，西南至岐山縣界四十里，東北至永壽縣界四十五里，西北至甘肅平涼府靈臺縣界一百十里。秦杜陽邑。漢置杜陽縣，屬右扶風。後漢初廢，永和二年復置，仍屬右扶風。晉廢。隋大業初，改置普潤縣，屬扶風郡。義寧元年，增置麟遊縣，兼置鳳棲郡。二年，改郡曰麟遊，兼領普潤縣。唐武德元年，改郡曰麟州。貞觀元年州廢，二縣俱屬岐州。至德中，俱屬鳳翔府。宋、金因之。元廢普潤縣入麟遊，仍屬鳳翔府。明亦屬鳳翔府。本朝因之。

汧陽縣。在府西少北七十里。東西距八十里，南北距九十里。東至鳳翔縣界三十五里，西至隴州界四十五里，南至寶雞縣界二十里，北至甘肅平涼府靈臺縣界七十里。東南至寶雞縣界二十五里，西南至隴州界五十里，東北至鳳翔縣界五十里，西北至隴州界三十五里。漢置隃麋縣，屬右扶風。後漢爲隃麋侯國。晉省入汧縣。後周置汧陽縣，兼置汧陽郡，尋廢郡。隋屬扶風郡。唐屬隴州。宋因之。金移隴州來治。元仍屬隴州。明嘉靖中改屬鳳翔府。本朝因之。

隴州。在府西少北一百五十里。東西距一百六十五里，南北距二百里。東至汧陽縣界四十五里，西至甘肅秦州清水縣界一百二十里，南至寶雞縣界一百四十里，北至甘肅平涼府崇信縣界六十里。東南至寶雞縣界一百二十里，西南至秦州界二百二十里，東北至平涼府靈臺縣界六十里，西北至平涼府華亭縣界七十里。秦汧邑，屬內史。漢置汧縣，屬右扶風。後漢及晉因之。後魏置隴東郡，正光三年兼置東秦州。孝昌三年陷廢，永熙元年復置東秦州及汧陰縣。西魏廢帝三年，改州曰隴州，縣曰杜陽。後周復曰汧陰。天和五年州廢，大象二年復置。隋開皇三年郡廢，五年改縣曰汧源。大業三年州廢，屬扶風郡。義寧二年復置隴東郡。唐武德元年復曰隴州，天寶元年改爲汧陽郡，乾元元年復曰隴州，屬關內道。宋仍曰隴州，屬秦鳳路。金移州治汧陽。元初復移治汧源，屬鞏昌路。延祐四年，省汧源縣入州。明屬鳳翔府。本朝因之。

形勢

地形險阻，原田肥美。二南詩譜。右袤涇原，地平少巖阻。唐書王承元傳。南望斜谷口，三山如犬牙；西觀五丈原，鬱曲如長蛇。宋蘇軾詩。四山之中，五水之會，隴關阻其西，益門扼其南。府志。

風俗

民厚重質直，無驕惰浮靡之習。詩傳。修習戰備，高尚氣力，以射獵爲先。寰宇記。勤稼穡，務本業，俗習忠厚，士皆儒雅。府志。

城池

鳳翔府城。周十二里有奇，門四，池廣三丈。唐末建，明景泰、正德、萬曆間屢修，本朝乾隆十七年重修。鳳翔縣附郭。

岐山縣城。周五里有奇，門二，池廣三丈。元至元年間因唐舊址築，明景泰、嘉靖、萬曆間屢修，本朝順治十四年、乾隆十八年、四十四年屢修。

寶雞縣城。周二里七分，門三，池廣一丈七尺。唐至德中建，明景泰初拓修，本朝乾隆二十八年重修。

扶風縣城。周四里，門七，西北依山，東南因漳水爲池。明景泰元年土築，崇禎十一年甃甎，本朝順治十七年、康熙五十三年、乾隆十七年、嘉慶二十年屢修。

郿縣城。周三里，門三，城外有池。元至大元年土築，明萬曆初甃甎，本朝順治中修，乾隆二十七年重修。

麟遊縣城。周三里，門三。明景泰元年因舊址建，天順中增築外城，因山爲險，周九里有奇。本朝順治中修，乾隆三十一年重修。

汧陽縣城。周三里有奇，門四，池廣一丈五尺。明嘉靖中建，本朝雍正七年修。

隴州城。周五里有奇，門四，池廣一丈五尺。明景泰初因舊址改建，本朝順治十七年修，乾隆二十年重修。

學校

鳳翔府學。在府治東南，舊在治東一里許。宋慶曆中建，元末徙今所，明洪武四年修。入學額數二十名。

鳳翔縣學。在縣治東南，府學之西。明洪武中建，本朝順治十年修。入學額數十五名。

岐山縣學。在縣治東。唐武德中建，元至元中重建，明時屢修。本朝順治十四年修，康熙二十四年、乾隆四十四年重修。入學額數十二名。

寶雞縣學。在縣治西。元泰定中建，明洪武中修。入學額數十五名。

扶風縣學。在縣治東。唐大曆二年建，宋、元、明時屢修。本朝順治三年修，嘉慶十二年重修。入學額數十二名。

郿縣學。在縣治西。元至正初建，明弘治八年徙治東，嘉靖十四年仍復舊所。本朝康熙十年修，雍正十一年重修。入學額數十二名。

麟遊縣學。在縣治東。明洪武初建，本朝康熙四十二年修。入學額數八名。

汧陽縣學。在縣治東，舊在故縣内，明嘉靖中徙建今所。本朝乾隆四十五年修。入學額數十二名。

隴州學。在州治西南二里許，舊在故城内，明宣德中徙建今所。本朝順治十一年修。入學額數十二名。

岐陽書院。在府治東。又名崇正書院，本寶昌寺故址，明正德中建書院，祀周公、召公、太公，以宋儒張載配。東西廡祀名宦、鄉賢。

鳳翔書院。在鳳翔縣治南。乾隆四年建。

鳳起書院。在鳳翔縣。乾隆三十二年建。

鳳鳴書院。在岐山縣。乾隆四十四年建。

雞峯書院。在寶雞縣。乾隆八年建。

石鼓書院。在寶雞縣東。乾隆二十七年建。

多賢書院。在扶風縣南一里飛鳳山。明弘治中建。本朝乾隆二年移建小西街，四十七年修。

橫渠書院。在郿縣東五十里。本宋儒張子故居，元泰定中改建。本朝乾隆三十年重建。

岍山書院。在隴州西北五里。明弘治間建。

户口

原額人丁二十六萬二千七百三十五，今滋生民户共男婦一百三十四萬八千四百二十八名口。

田賦

民地三萬九千六百二十四頃七十一畝八分三釐，額徵地丁銀一十九萬三千九百九十四兩九錢八分六釐，糧一百一十石三合六勺。屯地三千五百八十四頃四十畝七分六釐，額徵地丁銀三千二百六兩一錢七分，糧一萬六千七百六十二石三斗五升三合五勺。更名地三百一十七頃九十六畝七分一釐，額徵地丁銀一百五十六兩七錢九分六釐，糧一千九百七十二石九斗二升八合五勺。

山川

雍山。在鳳翔縣西北。水經注：雍水出雍山。明統志：在府城西北三十里。

靈山。在鳳翔縣西北三十五里。

雞冠山。在鳳翔縣北三十里。

紫荆山。在鳳翔縣東北十五里。

杜陽山。在鳳翔縣東北。水經注：故雍縣有杜陽山，山北有杜陽谷，有地穴，北入不知所極，在天柱山南。九域志：天興縣有杜陽山。明統志：山在府東北二十五里，其麓有老君坡，杜水所出。

石樓山。在岐山縣南，西接寶雞縣界。形如樓閣，上有龍湫，禱雨輒應。

青峯山。在岐山縣南。

橋山。在岐山縣西南，與寶雞縣接界。

岐山。在岐山縣東北。禹貢：導岍及岐。詩周頌：彼徂矣，岐有夷之行。國語：内史過曰：「周之興也，鸑鷟鳴於岐山。」史記封禪書：自華以西，名山曰岐山。漢書地理志：美陽縣，禹貢岐山在西北。水經注：小横水歷周原下，水北即岐山。顔師古曰：其山兩岐，俗呼箭括嶺。括地志：岐山，亦名天柱山，在岐山縣東北十里。寰宇記：岐山，即天柱山。周鸑鷟鳴於山上，時人亦謂此山爲鳳凰堆。或云其峯高峻，迴出諸山，狀若天柱，因以爲名。胡三省曰：在鳳翔東四十里。縣志：天柱山在縣北十里，一名鳳凰山，一峯如柱。又云岐山在縣東北五十里，蓋即指箭括山也。

崛山。在岐山縣東北四十里，山多石穴。唐建耆闍寺，亦名耆闍山，皆岐山延亘而異名也。

箭括山。在岐山縣東北六十里，南去麟遊縣五十里，亦即岐山。其最高處爲箭括嶺，嶺巔有缺，故名。明統志以爲即太王所踰之粱山，誤。又有三龍山，在縣東北，後周以此名縣。

五將山。在岐山縣東北，與麟遊縣接界。晉太元十年，慕容沖攻逼長安，苻堅以讖書有云「帝出五將久長得」，遂奔五將山，爲姚萇將吴忠所執。水經注：扶風杜陽縣有五將山。元和志：山在岐山縣西北六十里。舊志：在縣東北五十里，又在麟遊縣西南五十里。

石鼓山。在寶雞縣東南。元和志：石鼓文在天興縣南二十里許。石形如鼓，其數有十，蓋紀周宣王畋獵之事，其文即史籀之跡也。明統志：石鼓山在縣東南二十里。山麓舊有石如鼓者十，今在國子監。按：諸志皆以山因石鼓而名，然劉昭郡國志註引三秦記云「陳倉縣有石鼓山，將有兵，此山則鳴」，似又不因石鼓得名也。

陳倉山。在寶雞縣東南，一名寶雞山。史記封禪書：秦文公十九年，得陳寶於陳倉北阪，其神若雄雞。水經注：陳倉縣有陳倉山，山上有寶雞鳴祠。昔秦文公感伯道之言，遊獵於陳倉，遇之於北阪，得若石焉，其色如肝，歸而寶祠之，故曰陳寶。其來也自東南，煇煌聲如雷，野雞皆鳴，故曰雞鳴神也。元和志：山在陳倉縣南十里，接梁、鳳二州界。唐書地理志：寶雞縣有寶雞山。明統志：陳倉山在縣南四十里，一名雞峯山。有三峯並峙，爲縣之勝。

石塔山。在寶雞縣東南七十里。上有石盆，歲旱禱雨於此。

益門山。在寶雞縣西南十五里。即秦嶺之北谷，古益州境由此而入，故曰益門。

煎茶坪山。在寶雞縣西南六十里。舊志：俗傳漢高帝出故道時，駐馬煎茶於此。又蛇山，在縣西南八十里。

茂陵山。在扶風縣東三十里。相傳漢末馬超居此。

飛鳳山。在扶風縣南一里。一峯孤峙，勢如鳳翥。

賢山。在扶風縣南二十里。峯巒峻秀，對眺終南，遠臨渭水。山有洞，相傳爲昔賢隱處。

美山。在扶風縣西北，接岐山縣界。山多奇石，青紺嵌空，比於靈璧，美水出此。

明月山。在扶風縣北五十里。白石燦爛，夜有光如月。山壑有清風洞，洞口徑尺許，風聲長吼，其深莫測。山之東接乾州界。

梁山。在扶風縣東北，接乾州界。詳見乾州。

終南山。在郿縣南。元和志：在縣南三十里。寰宇記：岐山縣有終南山，東連亘入京兆府界。明統志：在岐山縣南五十里。連亘扶風、鄠縣、長安、藍田界，西抵大散關。

太白山。在郿縣南，接漢中府洋縣界。即終南山別名。漢書地理志：武功縣太壹山，古文以爲終南；垂山，古文以爲惇物，皆在縣東。水經注：太白山，在武功縣南，去長安三百里。不知其高幾何，俗云：「武功太白，去天三百。」山下軍行，不得鼓角，鼓角則疾風雨至。杜彥達曰：「太白山南連武功山，於諸山最爲秀傑，冬夏積雪，望之皓然。」山上有谷春祠，山下有太白祠。元和志：太白山在郿縣東南五十里。寰宇記：周地圖記云：太白山上恒積雪，無草木。山半有横雲如瀑布，則澍雨，人常以爲候，故語曰：「南山瀑布，非朝即暮。」按唐史，天寶八載，太白山人李渾上言，有神人言金星洞内有玉版石，紀聖皇福壽之符。命御史中丞王鉷入山求獲之，於是封太白山神爲神應公，四時祭祀，改金星洞爲嘉祥洞。地理通釋：西京賦以終南、太一並列，唐六典又以終南、太一並列，明非一山，蓋終南、南山之總名，太一、太白，此山之别號。府志：太白山在縣東南四十里。鍾西方金星之秀，關中諸山莫高於此。上有湫池，雖三伏亦凝冰。道書以爲第十一洞天。縣志：太白山北有四觜山，山巒如疊障，迤邐登太白峯，俯瞰羣山若岡阜。其南爲武功山，即古垂山，俗譌爲嶅山。其西曰瓦窑山。又西曰駝羊峯，抵斜谷，接岫連麓，周五百里。

馬冢山。在郿縣西。水經注：渭水東逕馬冢北，諸葛亮與步騭書曰：馬冢在武功東十餘里，有高勢。明統志有衙嶺山，在縣西南十五里，俗呼馬鞍山。縣志：馬鞍山，一名馬嶺山。按：馬鞍山，蓋即馬冢之譌。若衙嶺山，斜水所出，在今漢中府褒城縣界，明志誤。

童山。在麟遊縣外城内北隅。山脈自甘肅平凉府靈臺縣蜿蜒至此，軒然直上，爲山脈結聚之處。

紫石山。在麟遊縣東二十里，二水合流處。山麓石皆紫色。山半有瀑布，自石腹中出，直下層崖，有龍飛鳳舞之勢。

馬鞍山。在麟遊縣東南十里。

吴雙山。在麟遊縣東南四十里，南接扶風縣界。有四峯争聳，北曰接辰，南曰聯斗，東曰萃旭，西曰落照。俗名吴重山，又名四峯山，險峻可資守禦。明崇禎十二年，賊張一明據此，月餘始平。扶風縣志：山在縣北五十里。

石臼山。在麟遊縣南少東十里。兩掖拱起如翼，中有平地數畝，有雲湫池。其絶頂石壁千尋，可望邠、乾，相傳唐太宗每幸九成宫，使徐世勣屯軍於此，營址尚存。

青蓮山。在麟遊縣西南二十里，唐九成宫之屏山也。

天台山。在麟遊縣西五里，即九成宫故墟。其陽崇巖崛起，上有蒼松古柏。

鳴鳳山。在麟遊縣西五里，與天台山相對。小石孤立，狀如島嶼，相傳嘗有鳳凰鳴於其上，亦名鳳臺山。又屏山在鳴鳳山北，蒼崖百尺，勢折如屏。巨石危懸若墜，有泉自崖半石罅中出，亦名滴水崖。

寶玉山。在麟遊縣西少北七十里。又縣西八十里有龍鳳山。

加伏山。在麟遊縣西北四十里。羣山環拱，聯絡數十里，接甘肅平涼府靈臺縣界。

龍泉山。在汧陽縣東十五里，有泉出其下。

卧虎山。在汧陽縣。明統志：在縣東二里，以形似名。縣志：今在縣城稍西。

龍盤山。在隴州東南。隋書地理志：南由縣有盤龍山。寰宇記：龍盤山在吴山縣東南七里。州志：山勢盤曲如龍，爲一州之勝。

紫埴山。在隴州南。唐書地理志：吴山縣有紫埴山。明統志：在州南四十里，色如堆紫。舊屬吴山縣。

吴山。在隴州南。周禮職方氏：雍州其山鎮曰嶽山。史記封禪書：自華以西，名山曰岳山、吴岳。漢書地理志：汧縣吴山，古文以爲汧山。後漢書郡國志：汧縣有吴嶽山，本名汧。水經注：吴山三峯霞舉，疊秀雲天，崩巒傾返，山頂相捍，望之恒有落勢，國語所謂「虞矣」。元和志：吴山在吴山縣西南五十里，秦都咸陽，以爲西岳，今爲國之西鎮山，國語謂之西吴。寰宇記：郭璞曰：「吴嶽别名開山。」州志：山在州南八十里。有峯十七，得名者五。中爲鎮西峯，卑而獨秀。鎮西之左爲大賢峯。右爲靈應峯，峯上有雷神洞，峯下崖高千丈，飛流飄漾，謂之「晴巖飛雨」。又有靈湫，歲旱鄉民禱雨於此。靈應之南爲會仙峯。大賢之左爲望輦峯，峯下有大錦屏、小錦屏，相去里許，聳峭如壁。其餘有真人洞、餐霞洞、閻王空、神岔溝、玄鶴巢、鳳凰石巢諸勝。又有筆架山，在吴山岳廟前，山勢如筆架。一名小五峯。

西秦山。在隴州西南。寰宇記：在隴安縣北二十里，山内有秦王試劍崖。舊志：在州西南六十里。

金門山。在隴州西南百里。兩山對峙如門，渭水流其中。水經：渭水東南出石門。疑即此。

秦嶺山。在隴州西南。辛氏三秦記：秦嶺西盡汧隴。寰宇記：在隴安縣西南，過渭河，接鳳州界。

岍山。在隴州西。書禹貢：導岍及岐。隋書地理志：汧源縣有汧山。括地志：山在汧源縣西四十里，東隣岐岫，西接隴岡。元和志：在汧源縣西六十里，北與隴山接，禹貢「導岍及岐」是也。按：兩漢志皆謂吴山即汧山，通典、元和志、寰宇記俱別有汧山，與吴山不相蒙，近志皆因之。然脈絡相連，在古只是一山也。

慈山。在隴州西四十里，汧水所經。

䦨山。在隴州西八十里。其山高峻，盤折而登，凡五十里始至絶頂。有分水嶺，爲秦鳳要害之地。

天井山。在隴州西百里。山頂有井，四時不涸。與䦨山皆即隴山之異名，與甘肅秦州清水縣分界。

隴山。在隴州西北，接甘肅秦州清水縣界。漢書武帝紀：元鼎五年十月，行幸雍，遂踰隴，登空同。張衡西京賦：右有隴坻之隘。水經注：汧水出汧縣西山，世謂之小隴山。巖障高嶮，不通軌轍，故張衡四愁詩曰：「我所思兮在漢陽，欲往從之隴坂長。」元和志：隴山在汧源縣西六十二里。明統志：在州西北六十里。

景福山。在隴州西北，接甘肅平涼府華亭縣界。一名龍門山。上有鳳爪、朝元、定心三峯，下有甘露泉。

大蟲嶺。在寶雞縣東北，亦名西平原，接鳳翔縣界。宋史：紹興十年，吴璘、楊政與金將薩理罕夾渭而軍。璘置軍大蟲嶺，薩理罕覘之曰：「善戰者立於不敗之地，此難與爭。」遂引去。明統志：西平原，在縣東北十里，宋吴璘與金薩理罕相持處。舊志：原去鳳翔縣三十里，蓋據高峻處，故謂之嶺。「薩理罕」舊作「撒離喝」，今改。

秦王嶺。在郿縣東十餘里。稍西曰小秦王嶺。有石表曰「東西嶺堠」，相傳唐太宗爲秦王時屯兵於此。

崔模嶺。在麟遊縣東北。寰宇記：在縣東北五十里。縣志謂之催木嶺，在縣東北四十里。隋營仁壽宫，自渭上運木經此。

箭筈嶺。在汧陽縣南十里。五代梁貞明六年，蜀將陳彦威出散關，敗岐兵於箭筈嶺，舊置關於此。又蛇兒嶺，在縣東五里，勢如長蛇。

魚塘峽。在麟遊縣南二十里。層稜如削，怪石百出。又縣西二十五里有龍窩峽。

石鼓峽。在麟遊縣北十里，澄水所經。峽凡三折，不容旋馬，飛濤激浪，聲喧若雷。

塔兒峽。在隴州東南四十里。旁有石洞數丈，可容百餘人。青山環峙，一水七折，方出峽口，峽前又有三水合流而下。

青陽峽。在隴州西北四十里。唐杜甫有詩。

五時原。在鳳翔縣南。史記秦本紀：襄公始祠上帝西時。文公十年，初爲鄜時。宣公四年，作密時。封禪書：秦文公夢黄蛇自天下屬地，其口止於鄜衍。史敦曰：「此上帝之徵。」於是作鄜時，祭白帝。宣公作密時於渭南，祭青帝。靈公作吴陽上時，祭黄帝；作下時，祭炎帝。獻公作畦時櫟陽，祭白帝。及秦并天下，諸祠唯雍西時上帝爲尊。漢二年高祖入關，曰：「吾聞天有五帝，而有四，何也？」莫知其説。於是高祖曰：「吾知之矣，乃待我而具五也。」乃立黑帝祠，命曰北時。漢書地理志：雍縣有五時。括地志：五時原在雍縣南二十里。又寰宇記有三時原，在扶風縣南二十里。舊志：原東連武功縣界。秦鄜時、密時、吴陽上時皆近此原，故名。

彭祖原。在鳳翔縣西二十五里。

周原。在岐山縣東北岐山下。詩大雅：「周原膴膴，堇荼如飴。」原之得名以此。帝王世紀：周城南有周原。水經注：小横水逕周城歷周原下。舊志：原東西横亘，地寬平而肥美，在岐山縣東四十里。

和尚原。在寶雞縣西南。宋紹興初，吴玠大敗金兵於此。文獻通考：和尚原在大散關之東，距寶雞兩驛，過此則路徑散漫，無所限隔。明統志：原在縣西南三十五里大散關之東。縣志又有八角原，在縣西二十里，其形八角。又陵原在縣治北，以金陵河逕其左，故名。其脈自吴山延亘而來，形如屏障。

五丈原。在郿縣西南，與岐山縣接界。蜀志：建興十二年，諸葛亮悉大衆由斜谷出，據武功五丈原，與司馬懿對渭南。分兵屯田，爲久住之基，耕者雜於渭濱居民之間，而百姓安堵，軍無私焉。水經注：渭水逕五丈原北，渭水南原也。又斜水逕五丈原東。諸葛亮與步騭書曰：「僕前軍在五丈原。」原在武功西十里餘。魏書地形志：平陽有五丈原。隋書地理志：郿縣有五丈原。元和志：原在縣西南二十五里。明統志：在縣西三十里。舊志：原在岐山縣南五十里。

積石原。在郿縣西北，接岐山縣界。魏志：青龍二年，諸葛亮出斜谷，田於蘭坑。時司馬宣王屯渭南，郭淮策亮必争北原，遂先據之。晉書本紀：時亮上五丈原，將北渡渭。郭淮與亮會於積石，臨原而戰，亮不得進，還五丈原。水經注渭水東逕石源，即北原也。通典：郿縣有東積石原、西積石原。元和志：原在縣西北二十五里。縣志：原在縣西南距五丈原二十五里。又馬頭原，在清湫堡南，苻登破姚萇於此。

方山原。在隴州西南。晉隆安初，武都氐屠飛、啖鐵等叛，殺秦隴東太守姚回，屯據方山原。宋紹興中，吴玠與金兵戰於此。宋會要：紹興十一年，金求商州及和尚、方山二原，許之，於是遂以大散關爲界。州志：原在州西南一百四十里。

黄花谷。在鳳翔縣北二十里。又牛鉢谷，在縣北三十里。

麥澗谷。在寶雞縣西七十里。明洪武三年，谷中産瑞麥，故名。

斜谷。在郿縣西南。史記貨殖傳：巴蜀四塞，然棧道千里，唯褒斜綰轂其口。後漢書郡國志：武功縣有斜谷。蜀志：秦宓曰：「三皇乘祇車出谷口，今之斜谷是也。」建興六年，諸葛亮、楊聲由斜谷道取郿。十二年，亮悉大衆由斜谷出。後魏紀：正始四年，開斜谷舊道。地形志：平陽縣有斜谷。元和志：褒斜道，一名石牛道。宋李文子蜀鑑：「斜谷在郿縣南，谷中皆穴山架木而行。」縣志：斜谷在縣西南三十里，入谷口二百二十里，抵鳳縣界。出連雲棧，復百五十里出谷，抵褒城，長四百七十里。舊設關尉，復移置寶雞縣之方塞，今土人猶稱曰斜谷關。又見漢中府。

沙金谷。在隴州西北十五里，亦作殺金谷，宋建炎中，諸將敗金兵於此。又水谷在州東北五里，雨暴水溢，衝齧州城爲患。

五里坡。在鳳翔縣西。宋建炎三年，熙河將張嚴追擊金兵，及鳳翔境上，至五里坡，金將羅索伏兵坡下，嚴遇伏敗死。縣志：坡在縣西，與汧陽縣接界。「羅索」舊作「婁室」，今改。

龍尾坡。在岐山縣東。晉義熙十一年，夏將赫連建入新平，後秦將姚弼與戰於龍尾堡，擒之。唐武德七年，移岐山縣治於龍尾驛城，蓋昔時嘗置堡及驛於此。中和元年，鳳翔節度使鄭畋敗黄巢兵於龍尾坡。明統志：龍尾坡在縣東二十里。

響璫坡。在郿縣西十里。人行則有聲，故名。

鍾呂坪。在郿縣東南五十里南山内。小山不甚高，而頂寬平，俗傳鍾呂傳道於此。

石墨洞。在汧陽縣東南三十里。石門遺事：洞産石墨，漢尚書令、僕、丞、郎，月給隃糜墨二枚。或即此。然墨粗不堪用。

秦王洞。在汧陽縣南二十里，與石墨洞相近。有石穴深數丈，寒冽逼人。入洞數里，聞水聲滴瀝，則寒不可入。

丹陽洞。在隴州北里許，世傳馬丹陽成仙處。中有殿階，下有柏，分十股。柏中有清泉，四時不涸。

左陽水。在鳳翔縣東。水經注：左陽水，世名之西水，北出左陽谿，南流逕岐州城西，又南流注於雍水。舊志：左陽水行十里，至西平伏不見。伏三十里，至三岔復出，東流合塔寺泉，謂之塔寺河。府志：塔寺河，在府東二里，從西來轉南，達於雍水。

東水。在鳳翔縣東。水經注：東水，俗名也。水出河桃谷南流，右會南源，世謂之返眼泉。亂流南逕岐州城東，而南合雍水。州居二水中，南則兩川之交會也。府志：返眼泉，在郡西北三十里。

橫水。在鳳翔縣東。東南流逕岐山縣南，又東南流合雍水。亦名杜水，今曰潢河。水經注：杜水出杜陽山。其水南流，謂之杜陽川。東南流，左會漆岐二水，俗謂之小橫水，亦或名米流川。逕岐山，又屈逕周城南，又歷周原下，水北即岐山。又東逕姜氏城南爲姜水。又東逕中亭川注雍水。寰宇記：岐山縣有姜泉。明統志：橫水在府城東三十里，來自杜陽川，流入渭，俗呼夜叉河。岐山縣志：潢河在縣南三里，一名水南河。東南流十里會灕河，爲交河，亦曰雙谿。又南寺溝在縣西，佛兒溝在縣西七里，源自周公廟潤德泉，俱流入潢河。

雍水。在鳳翔縣西。東南流逕岐山、扶風二縣南，又東流入乾州武功縣界。水經注：雍水出雍山，東南流歷中牢溪，世謂之中牢水，亦曰冰井水。南流逕胡城東，而左會左陽水，與東水合，世亦名之爲淬空水。東流，鄧公泉注之。自下雖會他津，猶得通稱。東逕邵亭南，世謂之樹亭川，蓋邵、樹聲相近誤耳。又東南流與杜水合，又東逕美陽縣西，又南流注於渭。寰宇記：雍水在天興縣北二里，源出縣西北平地。又雍水在扶風縣東一百步。按：今雍水在岐山者，俗名灕河，一名後河。至扶風縣合漳水，自下又通名爲漳水，亦名白水，皆即雍水之訛也。

鄧水。在鳳翔縣北。水經注：鄧公泉水出鄧艾祠北，故名鄧公泉。數源俱發於雍縣城南，東流注於雍。明統志：鄧水在府城北二十五里。通志：水在府城北十里，合塔寺河入於渭。

漳水。在岐山縣東。東南流至扶風縣西入雍水。漢書溝洫志：關中靈軹、成國、漳渠引諸川。注：如淳曰，水出韋谷。

元和志：扶風縣南漳川水。近代譌作「圍」。寰宇記：漳谷水，源出岐山縣東北六里漳谷，南流入扶風縣界。又漳水在扶風縣南三十里。按：漳水在岐山縣東，扶風縣西，今已淤塞。元和志云在扶風南，縣志亦云在縣南門外者，乃雍水也。寰宇記謂在縣南三十里，亦不合，「南」蓋「西」字之譌。

斜水。在岐山縣南。自漢中府褒城縣流逕縣南，又東北逕郿縣西入渭。今曰斜谷河，其上流名桃川。史記河渠書：褒水通沔，斜水通渭，褒之絶水至斜間百餘里。漢書地理志：武功縣斜水出衙領山，北至郿入渭。水經注：斜水出武功縣西南衙嶺山，北歷斜谷，逕五丈原東，亦謂之武功水，北流注於渭。括地志：斜水源出褒城縣西北九十八里衙嶺山，與褒水同源而分流。寰宇記：郿縣斜水出斜谷，歷邑界東入渭。縣志：桃川在縣南一百五十里。其川東西四十里，南北三里，流爲斜谷河，經太白峽斜谷關，北流入渭，一名石頭河。其水灌田，甲於他處。府志：斜谷河在郿縣西二十五里，與岐山縣接界。金明昌八年，郿令孔天監鑿南山，開渠五十里〔一〕，導斜水自斜谷北流，逕縣城東，以資汲溉，謂之孔公渠。歲久渠淤，明景泰二年，典史高瑄復開濬。郿縣志：斜谷河分導縣境者曰清水河，逕馬鞍山東北流二十里入渭。其東導一派曰磨渠河，與蒼龍谷水合，亦曰蒼谷水。其水南自蒼谷東入乾溝，以在城南，亦名南河。

金陵水。在寶雞縣東五里。源出隴州吴山，南流逕陵原，又南入渭。又清水河，在縣東南二十里。馬谷河，在縣東南四十里。

綏陽谿水。在寶雞縣東南。水經注：綏陽谿水上承斜水，水自斜谷分注綏陽谿，北屆陳倉入渭。諸葛亮與兄瑾書曰：有綏陽小谷，山崖絶重，谿水縱横，難用行軍者也。舊志：綏陽谿在縣東南五十里。按：明統志洛谷水在縣東南六十里，源出南山，北流入渭。蓋即此水，誤以斜谷爲洛谷也。

磻谿水。在寶雞縣東南。水經注：水出南山茲谷，乘高激流，注於谿中。谿中有泉，謂之茲泉。泉水潭積，自成淵渚，即呂氏春秋所謂太公釣茲泉也。今人謂之几谷。石壁深高，幽隍邃密，林障秀阻，人跡罕交。東南隅有石室，蓋太公所居也。水流次平石釣處〔二〕，即太公垂釣之所也。其投竿跽餌，兩膝遺跡尚存，是有磻谿之稱也。其水清泠神異，北流十二里注於渭。括地志：茲泉出岐山縣西南几谷。通典：虢縣有磻谿，太公釣處。明統志：磻谿在寶雞縣東南八十里。縣志：北流至岐山縣界入渭。一名璜河。

捍水。在寶雞縣西南。水經注：捍水出周道谷北，逕武都故道縣西，又東北歷大散關而入渭。縣志：今有塔河，在縣南十五里。又清澗河，在縣西南五里，源出煎茶坪，水勢洶湧，東北流入渭。流玉澗，在縣西二里，源出陵原，南流入渭。

美水。在扶風縣東。源出縣西北美山，流逕縣東十五里浪店南，入雍水，亦名浪店溝。又泰川，在縣東北二十五里，南流合美水。

赤谷水。在郿縣東南。縣志：俗名紅河。源出太白山頂太白湫，名太白峽。水自山巖噴飛而下，一名瀑布泉，山谷分三派，其逕河底注渭者，曰洪溝河，亦曰寧曲河。本朝康熙八年，知縣梅遇開全渠，引此水溉田數百頃。其逕第二坡由教坊入渭者，曰教坊河，逕馬頭原由清湫注渭者，曰清湫河。又東有黑谷水，出自滴水崖，北流入清湫河。又東有山河，發源太白湫，出潭谷口，流二十餘里爲槐芽泉，西注渭。

温泉水。在郿縣東南，一名鳳泉湯。水經注：温泉水出太一山，其水沸湧如湯，杜彦達曰可治百病，世清則疾愈，世濁則無驗。其水下合溪流北注十三里入渭。唐書地理志：郿縣有鳳泉湯。舊唐書明皇紀：開元三年，幸郿縣鳳泉湯。府志：温泉在郿縣東南五十里。泉南有魚洞，每歲穀雨，先有金鯽浮游，少焉大魚涌出，三日乃止。有鱗鬣異常者，謂之魚龍，故亦名魚龍泉。其水出碌碡崖，逕鍾吕坪，出谷口，北流二十五里注渭。以發源湯谷，故名湯谷河。

大振谷水。在郿縣東南，俗稱仙人峽水。源出縣東南燕子窩，北流二十里，與韋谷水合，名雨谷河。又北入渭。河有怪石多沙，又名沙河。北流二十里入渭。其韋谷水，俗譌爲泥谷，源出縣東南掃帚嶺，北流合大振谷水入渭。東接西安府盩厔縣界。

澄水。在麟遊縣城東。源出縣北澄名里，南流合杜水入渭，縣治居二水之中。

杜水。在麟遊縣南，東南流入乾州武功縣界。漢書地理志：杜陽縣杜水，南入渭。水經注：水發源杜陽縣大嶺側，世謂之赤泥峴，沿波歷澗〔三〕，俗名大横水。疑即杜水矣。其水東南流，東逕杜陽故城，世謂之故縣川。又東二坑水注之。水有二源，一水出西北瀆魋水，二合而東歷五將山，又合鄉谷水，水出鄉谿，東南流入杜，謂之鄉谷川。又南莢水注之。隋書元暉傳：開皇初，請決杜陽水灌三時原，溉舃鹵之地數千頃。地理志：普潤縣有杜水。寰宇記：杜水源出普潤縣東南谿澗間。縣志：杜水源出縣西五十里招賢鎮，行石澗中，東南流至九成故宮西，納西海口水，又西南納清河水。又東逕縣南，北受通濟橋、五龍泉、和尚泉等水，南受馬家溝水。又東折過峽，合澄水，逕邑之東山石壁下，復折而過慈禪寺，受石臼山史家河水〔四〕。又折至紫石山後，左受吴雙以北之水。又數折北受尉遲澗水。又數折受小花石溝水，出縣境，逕好畤下至武功，會雍水入渭。其五龍泉在縣西門外，水極清冽。旁有亭，謂之五龍泉亭。

漆水。在麟遊縣西，東南流至岐山縣界入横水。説文：漆水出杜陽縣岐山，東入渭。水經注：漆水出杜陽縣之漆溪，謂之漆渠，故徐廣曰漆水出杜陽之岐山者是也。漆渠水南流，大纍水注之，二川洋逝，俱爲一水，南與杜水合。隋書地理志：普潤縣有漆水。括地志：漆水出普潤縣東南岐山，東南入渭。縣志：漆水出縣西一百二十里舊普潤縣西，下合岐水。

岐水。在麟遊縣西。水經注：大纍水出杜陽縣西北大道川，東南流入漆，即故岐水也。淮南子曰：「岐水出石橋山東南流」。相如封禪書曰：「放龜於岐。」漢書音義曰：「岐，水名。」謂斯水矣。隋書地理志：普潤縣有岐水。寰宇記：岐水源出普潤縣，東南流入漆水。

細川谷水。在麟遊縣西。寰宇記：細川谷水在普潤縣南，北入涇州界。按：後魏永安中，高平賊帥萬俟醜奴散營於岐州之北百里細川，即此。

一水。在隴州東南。水經注：汧水東會一水。水發吴山，山下石穴廣四尺，高七尺，水溢石穴，懸波側注，發源成川，北流注於汧。州志：一水河，發源望輦峯，左旋繞廟前，東北流入汧。按：水經注稱「一水」者甚多，皆非水名。此條云汧水有二源，一水出縣西山，謂之龍魚川。又云汧水又東會一水。是二水者，皆汧水之源，非別名「一水」也。州志稱一水河，乃沿襲之訛。其水又名八渡河。

金泉水。在隴州東南四十里，一名白龍泉。水出如注，東北流入汧，資灌溉。按：水經注汧水右曰龍泉〔五〕，泉逕五尺，源流奮通，淪漪四出，東北注汧。即此。

渭水。在隴州南。自甘肅秦州清水縣入州境，逕寶雞縣治南，又東逕岐山縣南，又東逕扶風縣南、郿縣北，接乾州武功縣界，又東入西安府盩厔縣界。水經注：渭水東南出石門，度小隴山，逕南由縣南，東與楚水合。又東逕西武功北，與捍水合。又東右合南山五谿水，又東過陳倉縣西，又東與綏陽谿合，又東逕郁夷縣故城南，汧水入焉。渭水之右，磻溪水注之。又東逕石源，又逕五丈原北，又東逕郿縣故城南，又東逕武功縣，斜水自南注之。又東逕馬冢北，又逕武功縣故城北，又東逕斄縣故城南，又東雍水注之。又東逕郿塢南，洛水注之。元和志：渭水在南由縣南四十里，岐山縣南三十里。又寶雞縣在渭水北，郿縣在渭水南一里。寰宇記：渭河在隴州隴安縣西南四十五里。府志：渭河今在隴州南一百四十里，寶雞縣城南半里許，岐山縣南三十五里，扶風縣南二十里，郿縣北三里。

汧水。在隴州南，東南流經汧陽縣南，又南至寶雞縣東入渭。漢書地理志：汧縣汧水出，西北入渭。水經注：汧水出汧縣之蒲谷鄉弦中谷。爾雅曰「水決之澤爲汧」，汧之爲名，實兼斯舉。水有二源。一水出縣西小隴山，其水東北流，歷澗注以成淵。潭漲不測，出五色魚，俗以爲靈，而莫敢採捕，因謂是水爲龍魚水，自下亦通謂之龍魚川。川水東逕汧縣故城北，又東歷澤亂爲一，右曰龍泉。又東會一水，又東南逕隃麋縣故城南，又東南歷慈山，逕郁夷縣，又逕平陽故城南，又東流注於渭。舊唐書太宗紀：貞觀四年，幸隴州，校獵于魚龍川。元和志：汧水在汧陽縣南一里。州志：汧河在州城南，源出岍山，東流會北河，又東南入汧陽縣境。濱水之地，自州以西至汧陽、寶雞幾二百里，謂之汧川，雖隆冬，蔬草長青如春。又魚龍川在州城北，一名北河，源出小隴山，其流最細，東會温泉水，南入汧。其温泉在州西北十五里，隆冬不冰，一名湯池。汧陽縣志：汧水逕縣東三里玉清宫前，有石峽對鎖，每逢霖雨水發，波勢洶湧，聲如雷霆，謂之大石門。其東一里許爲小石門。世傳大禹導岍時所鑿。寶雞縣志：汧陽河在縣東三十里。

白環水。在隴州南。寰宇記：吴山縣有白環谷。注：水經云，南由縣有白環水，源出白環谷。金史地理志：汧源縣有白環水。州志：白環谷在州西，水流如環，故名。

長蛇水。在隴州西南。水經注：渭水東與楚水合，世所謂長蛇水。水出汧縣之數歷山，南流逕長蛇戍東，又南流注於渭，闞駰以是水爲汧水焉。元和志：長蛇川在南由縣西百步。州志：在故吴山縣境内，其流委曲如蛇。

汭水。在隴州西北，東北流入甘肅平涼府華亭縣界。詩大雅：「芮鞫之即。」周禮職方氏：「雍州，其川涇汭。」漢書地理志：「汧縣芮水出西北，東入涇。」詩「芮阸」，雍州川也。寰宇記：水經注芮水出小隴山，其川名汭。明統志：汭水在隴州西北。源出弦蒲藪。按：詩「芮鞫之即」，漢志作「芮阸」，顔師古曰：「韓詩作『芮阸』。」考周禮註引詩「汭泦之即」，一本作「坈」。廣韻：「曲岸水外曰阸，或作坈。」蓋泦、阸、坈本是一字，漢志作「阸」，乃「阸」字之訛。今汭水在華亭縣，不屬州境。

時溝河。在扶風縣東，西北從岐山來，南流入雍水，俗謂之漆水。

乾溝河。在郿縣東五里，源出縣西南磨石谷，東北流合井索谷、萬户谷、桐谷、駱谷之水，自西南抵東北，紆屈四十餘里入渭。旱則絶流，故名乾溝。滂時五谷皆會，故又名五谷水。

陸川。在寶雞縣西二十五里，即秦地平川盡處。

暉川。在汧陽縣西。其上流曰三澗溝，爲北山水所聚，南流入汧水。舊有橋跨其上，今廢。

弦蒲藪。在隴州西。周禮職方氏：雍州其澤藪曰弦蒲。爾雅：「秦有楊陓。」注：「在今扶風汧陽縣西。」疏：「周禮弦蒲，即楊陓也。」水經注：汧水出汧縣之蒲谷鄉弦中谷，決爲弦蒲藪。明統志：藪在隴州西四十里。

隃麋澤。在汧陽縣東八里，漢以此名縣。其地近水宜秔稻，今湮。

草辟谷溪。在汧陽縣西三十里。其西有石魚溝，舊有石魚神廟。相傳溝内有石，取者虔禱剖石，則兩片皆魚形，否則不全。

尉遲澗。在麟遊縣東三十里。兩山險阻，中横一澗，相傳唐尉遲敬德所開。

魯班溝。在岐山縣東十里。又龍尾溝，在縣東二十里。麻葉溝，在縣東二十五里。俱南流入交河。

白玉溝。在岐山縣南五十里，渭南小水也。源出五丈原西涼廬山下，北流入渭。

天池溝。在汧陽縣東十里。水流不竭，近旁有長渠，引水入城，民資其利。今廢。

神岔溝。在隴州南吴山下分流，一入五峯山壑，一入一水河，即宋吴玠設伏敗金兵處。

東湖。在鳳翔縣東門外。舊志：即宋蘇軾詩鳳翔八觀之一也。岐州水苦鹽濁，獨此水味絶甘美，多芰荷修竹，爲郡中遊覽之勝。

玉女潭。有二。一在寶雞縣西南二十五里，五代時，蜀將安思謙敗漢兵處。一在麟遊縣西南十五里魚塘峽内，其水自永安宫前流入此潭，從半山飛下，聲振巖谷，四面屏山圍繞如畫。

萬楊池。在扶風縣西二十里。其水自岐山麓伏流至此，池邊舊有楊柳萬株，故名。

謙泉。在鳳翔縣東門外。又鳳凰泉，在縣西北。玉泉，在縣西北五里。

靈泉。在鳳翔縣東北十里普門寺前。又虎跑泉，在縣東北十五里大像寺前，一名金沙泉。蘇軾詩：「金沙泉涌雪濤香。」即此。

珍珠泉。有二。一在岐山縣南永樂洞下，一在汧陽縣南。寰宇記：珍珠泉在汧陽縣西二十五里三泉鄉。明統志：在縣南，泉涌如珠。汧陽縣志又有三泉，亦在三泉里，泉出三眼，長流不竭。

潤德泉。在岐山縣西北十五里周公廟旁，相傳時平則流，亂則竭。唐大中初，泉忽湧出，節度使崔珙上其事，賜今名。又不溢池，在縣治南，引潤德泉注於池，久而不溢。

滴水泉。在寶雞縣東三十里。又溫泉，在縣東南四十里，其水常溫。九眼泉，在縣南六十里，泉出九眼，其水清冽。

瀑布泉。在寶雞縣西南七十里。源出煎茶坪山，自山頂飛噴如布，其下流爲清潤河。又娑羅泉，在縣東北二里金臺觀下。

鳳泉。在扶風縣北明月山西。又龍泉，在縣西北三十里，其泉有九。二泉俱禱雨處。

清遠泉。在郿縣東北十里。又縣東北一里有一灣泉，東三十里有槐芽泉，四十里有柿林泉，六十里有龍舞泉。俱有灌溉之利。

醴泉。在麟遊縣西故九成宫西城之陰。唐太宗避暑時，此泉涌出，味甘如醴。魏徵爲銘，歐陽詢書。

馬跡泉。在汧陽縣東南。寰宇記：秦王鑄劍鑪，在縣東南二十里，石上有人馬蹤跡。又有秦王馬跡泉，在節義鄉。縣志：今湮。

吴姑泉。在汧陽縣西二十里，一名雨露泉。又冽古泉，在縣西二十五里，發源澄清，四時常溫。

蓮花泉。在隴州南四十里南村鎮東，其水不竭，民資用焉。又神泉，在州西十五里，平地湧出。

甘露泉。在隴州西北五十里景福山下，以味甘而名。又涼泉，出涼甫里，四時皆涼。

校勘記

〔一〕鄠令孔天監鑿南山開渠五十里　「十」，原作「一」，據乾隆志卷一八三鳳翔府山川（下同卷簡稱乾隆志）改。

〔二〕水流次平石釣處　乾隆志同。按，戴震校水經注，以「流」爲衍文。

〔三〕沿波歷澗　「沿」，原作「沼」，據乾隆志及水經注卷一八渭水改。

〔四〕受石臼山史家河水　「石」，原作「白」，據乾隆志及雍正陝西通志卷八山川改。按，本志本卷前文亦有「石臼山」，蓋即此。

〔五〕水經注汧水右曰龍泉　「右」，原作「石」，據乾隆志及水經注卷一七渭水上改。

大清一統志卷二百三十六

鳳翔府二

古蹟

雍縣故城。在鳳翔縣南。史記：秦德公元年，初居雍城大鄭宮，以犧三百牢祠鄜畤，卜居雍。左傳僖公十三年：秦輸粟于晉，自雍及絳相繼。漢書地理志：右扶風雍縣，秦惠公都之。有五畤。應劭曰：四面積高曰雍。水經注：雍城故秦德公所居，晉地道記以爲西虢地也。魏書地形志：平秦郡、岐州皆治雍城。括地志：雍縣故城，在今縣南七里，即秦大鄭宮城。元和志：鳳翔府，春秋時爲秦都。後魏太武於今州理東五里築雍城鎮，文帝改鎮爲岐州。隋開皇元年，於州城内置岐陽宮，岐州移於今理。大業三年，罷州爲扶風郡。武德元年，復爲岐州。至德元年，改爲鳳翔郡。乾元元年，改鳳翔府，治天興縣，本秦雍縣。至德二年，分置鳳翔縣，永泰元年廢，仍改雍縣爲天興縣。舊志：舊鳳翔縣治在府治東偏，今縣治在府治西北偏。

岐山故城。今岐山縣治。元和志：岐山縣西至鳳翔府五十里，本漢雍縣地。周武帝天和四年，割涇州鶉觚縣之南界置三龍縣。隋開皇十六年，移於岐山南十里，改爲岐山縣。貞觀八年，移於今理。寰宇記：大業九年，移於今縣東北八里。唐武德元年，移理於今岐陽縣界張堡壘，七年，移理龍尾城。貞觀八年，又移理猪驛南，今縣理是也。舊志：三龍故城在縣東北五十里。龍尾城在縣東龍尾溝東五里，今爲鎮，有故城址。

平陽故城。在岐山縣西南，接寶雞縣界。史記：秦寧公二年，徙居平陽。武公元年，居平陽封宮。集解：徐廣曰：「郿之平陽亭。」水經注：汧水逕平陽故城南。括地志：平陽故城在縣西四十六里。史記正義：岐山縣有平陽鄉，鄉内有平陽聚，封宮在平陽城内。九域志：虢縣有平陽鎮。

陳倉故城。在寶雞縣東。史記：漢元年，漢王從故道還襲雍王章邯，邯迎擊漢陳倉。後漢中平五年，涼州羣賊汪國等圍陳倉八十餘日，不能拔。魏太和初，曹真以諸葛亮徼於祁山，後出必從陳倉，乃使將軍郝昭、王生守陳倉，治其城。水經注：渭水東過陳倉縣西。宋氏開山圖注曰〔二〕：伏羲生成紀，徙治陳倉。諸葛亮以數萬衆攻郝昭，不利而還。今瀟水對亮城，是與昭相禦處也。括地志：陳倉故城，在陳倉縣東二十里，中有寶雞神祠。元和志：寶雞縣東北至鳳翔府九十里，本秦陳倉縣，秦文公所築，因山以爲名。大業九年，移於今理。乾元元年，改爲寶雞，以昔有陳寶雞鳴之瑞，故名之。又曰：陳倉有上下二城相連，上城是秦文公築，下城是郝昭築。寰宇記：周地圖記云，陳倉縣晉末廢。苻、姚時，於縣界置苑川縣。後魏大統十六年，移苑川縣入漢陳倉故城，復爲陳倉縣，即今縣東二十里古城是也，屬武都郡。後周天和三年，又於此置顯州，建德三年州廢。隋開皇十八年，又置屬岐州。大業十年，移縣理於渭水北留谷城，今縣是也。

虢縣故城。在寶雞縣東。史記：秦武公十一年，滅小虢。漢書地理志：右扶風領虢縣，有虢宮，秦宣太后所起。又「陝縣」注曰：「西虢在雍州。」即此。後漢初縣廢。水經注：漢西虢縣，太康記曰，虢叔之國。平王東遷，叔自此之上陽，爲南虢。魏書地形志：岐州領武都郡，太延中置。隋書地理志：扶風郡虢縣，後魏置武都郡，西魏改縣曰洛邑。後周置朔州，州尋廢。開皇初郡廢。大業初改縣爲虢。括地志：虢故城，在陳倉縣東南四十三里。次西十里又有城，亦名虢城。元和志：虢縣北至鳳翔府三十里。貞觀八年廢，天授二年再置。寰宇記：縣在府南四十里。今虢西有桃、虢二城，相去十里。城之所居，俗名桃虢川，有路通漢中。其城一爲虢國，一爲虢宮。明統志：虢縣元省入寶雞。府志：故城在縣東五十里，有碑記存焉。

圍川故城。今扶風縣治，唐置。元和志：扶風縣西至鳳翔府一百里，本漢美陽縣地。武德三年，分岐山縣置圍川縣，取今縣南漳川水爲名，近代訛作「圍」。貞觀八年，改爲扶風。寰宇記：後周天和元年，置燕州於此，隋末廢。

郿縣故城。在今郿縣東北。詩大雅：申伯信邁，王餞于郿。漢書地理志：右扶風郿縣，右輔都尉治。元和志：縣西北至鳳翔府一百里。秦縣，在今縣東十五里，有故城。今縣周天和元年築，在渭水南一里。縣理城亦曰斜城，城南當斜谷口，因以爲名。寰宇記：唐武德三年，移縣於郿州城，即今理也。

武功故城。在郿縣東。漢置縣，屬右扶風。後漢永平八年，移置武功縣於故斄城，此城廢。元和志：秦孝公作四十一縣，斄、武功在渭水南，今郿縣地是也。按舊縣境有武功山，斜谷水亦曰武功水，縣本以山水立名也。寰宇記：武功故城，在今郿縣東四十里鳳泉故縣北，渭水之南。縣志有郃亭，在縣東渭水南，東北距古郃城四十里，即武功故縣也。

杜陽故城。在麟遊縣西北。詩大雅：自土沮漆。顔師古漢書注：齊詩作「自杜」，言公劉避狄而來，居杜與漆沮之地。戰國策：蘇代説向壽，封小令尹以杜陽。漢置杜陽縣，晉廢。水經注：杜水東逕杜陽故城，東西三百步，南北二百步，世謂之故縣川。寰宇記：漢杜陽縣城，郡國縣道記云，杜陽晉省，在今鳳翔府北九十里普潤縣東南界，已失其所在。又按郡國縣道記云，隴州吴山縣東四十五里，即岐山縣之西南界，有一故城，彼人謂之文王城。按周文王都酆，不合於此更有城，其城恐是漢杜陽縣。又岐山縣東十九里有杜陽谷，内亦有一杜陽故城，二城俱在扶風郡界。若據十三州志郡道里數，即隴州杜陽故城近之。據漢志注云，杜水南入渭，即普潤縣界，文王城近之。

普潤故城。在麟遊縣西，隋置。元和志：普潤縣南至鳳翔府九十里。隋大業元年，於此置馬牧，又置普潤屯，後廢屯置縣。寰宇記：縣在府北七十里，本漢安定、鶉觚二縣之地，又爲漆縣。隋大業元年，於細川谷置普潤縣，以屬岐州，蓋以杜漆、岐二水灌溉田疇，民獲濟利，以爲縣名。十三年移於今理。貞元十一年，改屬隴右經略使。唐書方鎮表：貞元初，吐蕃陷隴右，德宗置行秦州，以刺史兼隴右經略使，治普潤。元和元年，升經略使爲保義節度，尋復舊名。明統志：普潤縣，元省入麟遊，故城在縣西百二十里，頽基尚存。

麟遊故城。在今麟遊縣西，隋末置。元和志：麟遊縣西南至鳳翔府一百六十里，本漢杜陽縣地。隋於此置西麟州，營仁壽宮。義寧元年，唐高祖輔政，獲白麟於宮所，因置縣。寰宇記：縣在鳳翔東北一百十里，唐初於仁壽宮置。貞觀六年，自宮城移於今所。縣志：今縣城即唐時故址。

隃麋故城。在汧陽縣東。漢置縣。後漢建武四年，封耿況爲隃麋侯國。晉永泰之亂，赤亭羌姚弋仲東徙榆眉。十六國春秋：苻堅太和二年，苻雙、苻武以上邽安定叛，乘勝至榆眉。即隃麋也。水經注：汧水東南逕隃麋縣故城南。昔郭欽恥王莽之徵，遯跡於斯。章懷太子曰：隃麋故城，在汧陽縣東南。元和志：漢隃麋縣因今汧陽縣東八里隃麋澤爲名。寰宇記：闞澤縣道記云，隃麋縣今汧陽縣東古城，是漢理所，晉省。縣志：漢隃麋城在縣東三十里。

汧陽故城。在今汧陽縣西。元和志：汧陽縣西至隴州八十里。本漢隃麋縣地，周武帝置汧陽郡及縣，尋省郡，以縣屬隴州。寰宇記：後周天和五年，於今縣西四十里馬牢故城，置汧陽縣及汧陽郡，以在汧山之陽爲名。建德四年，移於今理。縣志：汧陽故城，在今縣西五里汧河之東，暉河之西。其北里許又有故城，乃隋、唐、宋以來舊治，元至正二年南徙於此，謂之新城。明嘉靖二十六年，爲大水衝陷，明年始移今治。

汧縣故城。在隴州南，漢置。括地志：故汧城在汧縣東南三里。元和志：隴州，秦文公所都。後魏置東秦州，西魏文帝改名隴州，因山爲名，東至鳳翔府百五十里。治汧源縣，本漢汧縣地，在汧水之北。寰宇記：後魏初於今汧源縣界置隴東郡。孝明正光三年，分涇州、岐州之地，兼置東秦州於故汧城。孝昌三年，爲萬俟醜奴所破。孝武永熙元年，於今州東南八里復置東秦州，仍於所理置汧陰縣。西魏大統十七年，改爲隴州。周明帝二年，移州及縣於今所。舊志：汧源縣，明初始省入州。按：元史地理志，隴州領縣二，汧源、汧陽。仁宗紀，延祐四年十一月，併汧源縣入隴州。自後未見復置縣事，蓋縣之省入州，始于元代，舊志以爲明初省入者，考之未審耳。

郁夷故城。在隴州西。漢書地理志：右扶風領郁夷縣。詩：「周道郁夷。」顏師古曰：小雅四牡之詩曰「周道倭遲」，韓詩作「郁夷」字，言使臣乘馬行於此道。後漢時縣廢。水經注：渭水東逕郁夷縣故城南。寰宇記：郁夷故城，蓋在今隴州西五十里大寧關側，近汧水源。按：漢志注，郁夷有汧水祠。今驗諸處因水置祠，多在源下。又自關上隴，盤紆屈曲，逶迤而進，與縣名相符。晉太康中，曾於此置隴關縣。又地道記云，郁夷省併郿，蓋因王莽之亂，郁夷之人權寄理郿界，因併於郿。

横水舊縣。在鳳翔縣東南。魏書地形志：平秦郡領横水縣，真君十年，分周城置，後廢。舊志：故縣在縣東南三十里，以近横水而名。

周城舊縣。在岐山縣東北。詩大雅：古公亶父，來朝走馬。率西水滸，至于岐下。孟子：太王去邠，踰梁山，邑於岐山之下居焉。史記：古公與私屬去豳，豳人舉國扶老攜弱，盡復歸古公於岐下，及他旁國聞古公仁，亦多歸之，於是營築城郭室屋而邑別居之。漢書地理志：美陽縣有中水鄉，周太王所邑。後漢書郡國志：美陽有周城。水經注：岐山水屈逕周城南。城在岐山之陽而近西，所謂居岐之陽也。又歷周原下，北則中水鄉成周聚，故曰有周也。魏書地形志：平秦郡領周城縣，真君六年置。隋書地理志：岐山縣有後魏周城縣，後周廢。括地志：故周城，一名美陽城，在武功縣西北二十五里，即太王城。

崩城舊縣。在寶雞縣東。漢書功臣表：崩城侯周緤，高帝六年封。晉書地理志：始平郡領崩城縣。史記正義引輿地志云，故陳倉之鄉聚名，周緤所封。晉咸寧四年，分立爲縣，後廢。

岐陽舊縣。在扶風縣西北，唐置。元和志：縣西南至鳳翔府一百里，蓋漢杜陽縣地。貞觀七年，割扶風、岐山二縣置，以在岐山之南，因名。舊唐書地理志：貞觀二十一年廢，永徽五年復置。寰宇記：元和三年，以其地復入岐山、扶風二縣。九域志：扶風縣有岐陽鎮。縣志又有美陽城，在縣北二十里，今爲崇正鎮。

鳳泉舊縣。在郿縣東南。隋書地理志：郿縣有鳳泉宫。舊唐書地理志：義寧二年，於郿縣界置郿城郡，領郿、鳳泉二縣。武德元年罷郡，置郇州，三年屬稷州。貞觀八年省。縣志：鳳泉城，在縣東南三十里。

柿林舊縣。在郿縣東四十里。元初置，屬郿州，尋廢。又吕布城，在縣東乾溝，白起城在縣東北十五里，俱未詳建置。又歹王城，在縣東二十五里清湫鎮，元至正十四年守將歹驢築。

南由舊縣。在隴州西南，魏置。魏書地形志：武都郡領南由縣。隋書地理志：扶風郡南由縣，魏置，西魏改爲鎮，周復置。舊唐書地理志：南由，隋縣。武德元年，置含州於此，四年廢含州，以縣屬隴州。元和志：南由縣東北至隴州一百二十里，本漢汧縣地。後魏孝明帝於縣西南由谷口置縣，因谷爲名。開皇三年，屬岐州。貞觀四年，割入隴州。寰宇記：廢南由縣，在今吴山縣東南十里，唐元和三年，併入吴山。

吴山舊縣。在隴州東南。十六國春秋：後秦永和元年，楊盛兄子倦寇長蛇，姚泓使姚洸討倦於陳倉，倦奔散關。魏書：高宗時，陸真爲長安鎮將，時初置長蛇鎮，真率衆築城未訖，而氐豪仇傉檀等反叛，真擊平之，卒城長蛇而還。水經注：長蛇水南流逕長蛇戍，東魏和平三年築，徙諸流民以遏隴寇。元和志：隴州管吴山縣，西北至州一百十里，本漢隃麋縣地。後魏孝昌二年，於長蛇州置長蛇縣，屬東秦州。開皇十八年，改爲吴山縣。舊唐書地理志：吴山，隋長蛇縣，貞觀元年，改爲吴山縣，治槐衙堡。上元元年，移治龍盤城。唐書地理志：吴山本長蛇，義寧二年置，貞觀元年更名。上元二年曰華山，尋復曰吴山。寰宇記：隋開皇十三年，自長蛇川故地移於今縣，十八年改吴山，取縣西吴山以稱邑。九域志：縣在州西南八十里。州志：元至元七年省入汧源縣，今爲縣頭鎮，在州東南一百二十里。

隴安舊縣。在隴州南，宋初置，屬隴州。寰宇記：隴安縣去州八十五里，本南由鎮，即古南由縣之地。開寶三年，割汧陽縣四鄉，於隴州界置隴安縣。金史地理志：隴州隴安縣，泰和八年以隴安寨升。元史地理志：至元七年，省隴安入汧源。明統志：廢縣在州南百二十里。

姜氏城。在岐山縣東。水經注：岐水東逕姜氏城，南爲姜水。按帝王世紀曰，炎帝神農氏，姜姓。母安登遊華陽，感神而生炎帝，長於姜水。按：明統志姜氏城在寶雞縣南七里，與水經注異。

郃城。在扶風縣東南三十五里，與武功縣接界。詳見「武功」。

秦城。在隴州東南。史記秦本紀：非子居犬丘，周孝王召使主馬於汧渭之間，馬大蕃息，分土爲附庸，邑之秦，號曰秦嬴。後文公四年，至汧渭之會，曰：「昔周邑我先秦嬴於此，後卒獲爲諸侯。」乃卜居之，占曰吉，即營邑之。元和志：秦城在州東南二十五里。秦非子養馬汧渭之間有功，周孝王命爲大夫。按：州志秦城在州南三里，疑誤。

回城。在隴州西北。漢書武帝紀：元封四年，行幸雍，通回中道，遂北出蕭關。如淳曰：三輔黃圖云，回中宮在汧。後漢書：建武八年，來歙襲略陽，伐山開道，從番須回中徑至略陽。郡國志：汧縣有回城，名回中。顏師古曰：回中在安定，回中宮在汧者，或取安定回中爲名耳，非武帝所通道。明統志：回城在城西北四十里，即漢來歙開道處。又回中宮，在州西北百四十里。按：秦始皇二十七年，巡隴西、北地，過回中。漢文帝十四年，匈奴入蕭關，使騎燒回中宮，候騎至雍。及武帝所通回中道，應劭、顏師古皆謂在安定，此自後漢來歙所開之回中。又括地志載回中宮在雍縣者，當亦因史、漢「回中」與「至雍」、「幸雍」連文而傳訛也。

三交城。在寶雞縣西。晉建元二年，涼州將張瓘攻後趙將王擢於三交城。元和志：城在縣西十六里，司馬懿與諸葛亮相距所築。寰宇記：城在縣西四十六里。十六國春秋：苻健於此置武都郡。通志：在縣西四十里。

乾歸城。在鳳翔縣西南。元和志：在天興縣西四十三里。乞伏乾歸據苑川，自號西秦，因築此城。按：乾歸所都，在今臨洮府蘭州界，與鳳翔相去尚遠，元和志恐誤。

永信城。在隴州北。唐貞元十三年，鳳翔節度使邢君牙築永信城於汧源縣之平戎川。州志：城在州北。

臨汧城。在隴州西北。舊唐書文宗紀：太和元年四月，鳳翔築臨汧城於汧陽縣西北八十里。唐書地理志：汧陽縣有臨汧城。府志：故城在州西北。

石鼻城。在寶雞縣東。通鑑：唐光啓二年，田令孜劫上幸寶雞，留禁兵守石鼻爲後拒。胡三省曰：石鼻在寶雞西南，亦曰靈壁。蘇軾曰：寶雞縣汧水北有武城鎮，即俗所謂石鼻寨也，諸葛武侯所築。城去寶雞三十里。明統志：石鼻寨在寶雞縣東四十里。方輿勝覽：寶雞有石鼻寨。行人自北入蜀者，至此漸入山；自蜀趨洛者，至此漸出山。故蘇軾詩云：「北客初來試新險，蜀人從此送殘山。」

益門城。在寶雞縣西南十五里。元末李思齊築以備蜀。城西據益門山，因名。明初，徐達收漢中，自長安引兵屯益門，遣傅友德南出褒斜，今爲益門鎮焉。

蘄年宮。在鳳翔縣南，即秦橐泉宮也。一作祈年宮。史記：秦始皇九年，嫪毐將攻蘄年宮爲亂。漢書地理志：雍縣有橐泉宮，孝公起；祈年宮，惠公起。水經注：雍水南流逕胡城東，俗名也。蓋秦惠公之故居，所謂祈年宮也。孝公又謂之橐泉宮。括地志：蘄年宮，在岐州城西故城内。

羽陽宮。在寶雞縣東。漢書地理志：陳倉縣有羽陽宮，秦武王起。縣志：在縣東陳倉故城内。

棫陽宮。在扶風縣東北。漢書地理志：雍縣有棫陽宮，秦昭王起。文帝紀：後二年夏，行幸雍棫陽宮。縣志：在縣東北三十里，遺址尚存。

回中宮。在鳳翔縣。括地志：回中，秦故宮，在雍縣西四十里。詳見前「回城」。

岐陽宮。在岐山縣東。隋書地理志：雍縣有岐陽宮。元和志：隋開皇元年，於州城内置岐陽宮。

九成宮。在麟遊縣西。隋書高祖紀：開皇十三年，幸岐州，詔營仁壽宮。地理志：普潤縣有仁壽宮。元和志：九成宮，在麟遊縣理西一里，即隋仁壽宮。每歲避暑，春往冬還。義寧元年，廢宮置郡縣。貞觀五年，復修舊宮，以爲避暑之所，改名九成。唐書地理志：在縣西五里。永徽二年曰萬年宮，乾封二年復曰九成宮。周垣千八百步，并置禁苑及府庫官寺等。縣志：宫在縣西天台山上，中有碧城及排雲、御容等殿。今遺址無考，惟九成、萬年兩古碑尚存。金石文字記：唐九成宮醴泉銘，魏徵撰，歐陽詢書。又萬年宮銘，高宗御製并書。二碑并存。

安仁宮。在郿縣治東。隋書地理志：郿縣有安仁宮。開皇十五年，置行宮十二所，自京師以達仁壽宮，此其一也。唐貞觀十八年，自九成宮還至安仁宮，即此。

永安宮。在麟遊縣西南。元和志：在縣西南三十里，貞觀八年置。縣志：宮在縣西二十里青蓮山下，山路紆回，至此始平衍。

召亭。在岐山縣西南。杜預左傳注：召，采地，扶風雍縣東南有召亭。水經注：雍水東逕召亭南，故邵公之采邑也。京相璠曰：亭在周城南五十里。史記索隱：文王受命，取岐周故墟分爵二公，故詩有周召二南，言皆在岐山之陽也。括地志：召亭在岐山縣西南十里。明統志：召公亭在縣西南八里，今名召公村。

野人塢。在鳳翔縣東南十餘里。史記：秦繆公亡善馬，岐下野人共得而食之。括地志：野人塢，在雍縣東北二十里。寰宇記：在縣南百八十步。

郿塢。在郿縣北。後漢初平中，董卓築塢於郿，高厚七丈，號曰萬歲塢，積穀爲三十年儲。魏書地形志：平陽縣有郿塢。章懷太子曰：按塢舊基高一丈，周迴一里一百步。元和志：董卓塢在郿縣東北十六里。

伏波村。在扶風縣西十里，後漢馬援故居。

絳帳村。在扶風縣東南二十五里，相傳漢馬融授徒處。

馬熲社。在隴州南。寰宇記：隴安縣有馬熲社，在縣之孝感鄉。社内有古鑄錢監基。

李茂貞園。在鳳翔縣北少東五里。舊多植竹，有竹閣，旁引溪水，唐末李茂貞建。宋蘇軾李氏園詩自註：俗謂皇后園，蓋茂貞謂其妻也。

筀竹園。在岐山縣西北周公廟前。

鳳山樓。在岐山縣北。周時鳳鳴於岐山，後人因建此樓。

賣酒樓。在寶雞縣東陳倉故城内。自唐至宋，中更兵燹，獨存此樓。宋蘇軾詩云：「晚入陳倉縣，惟餘賣酒樓。」謂此。

武成樓。在寶雞縣東三十里武成鎮，宋陳希亮守鳳翔時建。

風月樓。在汧陽縣南汧河岸。下臨清流，極其爽塏。

真興閣。在鳳翔縣城内，宋初節度使王彦超建，高十餘丈。蘇軾有詩。

懷賢閣。在郿縣西南南山蟠龍寺内，南直斜谷，西臨五丈原。有舊邸閣，諸葛武侯出師儲粟處，後人因其遺蹟作閣，名曰懷賢。宋蘇軾有詩。

斯飛閣。在寶雞縣西南，宋蘇軾有詩。今廢。

汧陽閣。在汧陽縣治南，唐韋莊有詩。又雙清閣，在縣東南四里玉清宫外，邑人於此觀競渡，可以望遠。

一經堂。在隴州治東，唐刺史韋皐建，取韋賢「教子一經」之義。

會景亭。在鳳翔縣城外南溪，處衆亭之間。宋蘇軾遷之水西，可以遠眺，又改名招隱，題詩其上。

喜雨亭。在府治東北隅，宋蘇軾簽判鳳翔時所建，有喜雨亭記。

翠麓亭。在寶雞縣東南一百八十里青峯寺下，宋蘇軾、蘇轍有詩。

石林亭。在麟遊縣治東，宋劉敞有詩，蘇軾和之，石刻尚存。

隴亭。在隴州隴山官道傍，自唐時有此。又山下有嗚咽亭，取「隴水嗚咽」之義。

八卦亭。在隴州西北一百五十里，有仙人鍾離權、吕洞賓遺蹟。
碧寒亭。在隴州西七十里故關上，宋王庶有詩。
授經臺。在鳳翔縣城南。明統志：本終南山之一峯，尹喜見老子授五千言，後嘗居此。
祀雞臺。在寶雞縣東二十里。明統志：秦文公立寶雞祠，築此臺祀之。
鳳女臺。在寶雞縣東南。水經注：雍有鳳臺、鳳女祠。秦穆公時有簫史者，善吹簫，能致白鵠、孔雀。穆公女弄玉好之，公爲作鳳臺以居之。積數十年，一旦隨鳳去，云雍宫世有簫管之聲焉。今臺傾祠毁，不復然矣。寰宇記：寶雞縣有玉女祠，秦穆公女弄玉鳳臺之地也。明統志：在縣東南六十里。
耿家臺。在扶風縣南，後漢耿弇食邑美陽，此其故居也。
班家臺。在扶風縣西南，世傳漢班氏故居。又有蘇若蘭織錦臺。
凌虚臺。在府治東北，宋陳希亮知鳳翔時建，蘇軾爲記。
射箭臺。在寶雞縣西南十里。元憲宗入蜀，嘗駐師於此較射，碑刻猶存。
清風臺。在寶雞縣南六十里，元丘處機所築。西倚飛雲壁，南臨漱玉溪，爲一邑最勝處。
張子厚宅。在郿縣東五十里横渠鎮南大振谷口。
甘露坊。在麟遊縣西，唐馬坊也。九域志：縣有八馬坊。舊志：甘露坊在九成苑外。又有保樂坊，本隋石臼馬坊，唐麟德間改爲保樂，尋又徙保樂於甘露坊。
銀場。在隴州東。九域志：汧源縣有古道一銀場。
鐵冶務。在郿縣界。九域志：縣有鐵冶一務。

關隘

太和關。在鳳翔縣東五十里。唐至德二載，肅宗駐鳳翔，賊分兵略太和關，去鳳翔五十里，命郭子儀以朔方軍擊之。

金牙關〔二〕。在寶雞縣東南一百里，蓋通大散關之路。又邵坪關，在縣北十里龕川口。今皆廢。

二里關。在寶雞縣西南四十里高嶺上，盤折亘二里，故名。乃連雲棧往來必由之道。明初設散關巡司於益門鎮，後徙此，謂之益門二里散關巡司。今裁。

大散關。在寶雞縣南五十二里。後漢建武二年，延岑自河池下辯引兵北入散關至陳倉，漢中王嘉追擊破之。建安二十年，曹操攻張魯，自陳倉出散關至河池。蜀漢建興六年，諸葛亮出散關圍陳倉。皆即此。水經注：汧水東入散關。抱朴子：神仙傳曰，老子西出關，關令尹喜遇老子，彊令之著書。有老子廟。元和志：散關在寶雞縣西南五十二里。九域志：寶雞縣有武城、東舍、大散三鎮。宋中興四朝志：大散關屬梁泉縣，在寶雞南，爲秦蜀往來要道。自關距和尚原纔咫尺，兩山關控斗絶，出可以攻，入可以守，實表裏之形勢也。舊縣志：大散關亦曰散關，在縣西南大散嶺上，爲秦蜀襟喉。南山自藍田而西，至此方盡，又西則隴首特起，汧渭縈流。關當山川之會，南北之交，北不得此，無以啓梁益，南不得此，無以圖關中。

斜谷關。在郿縣西南三十里斜谷口。三國漢建興十一年，運米集斜谷口，治斜谷邸閣。十二年，亮由斜谷出據五丈原。雍録：長安可達漢中，惟子午關。子午關在正南，次西則駱谷關，又西則斜谷關。漢王自漢中出襲雍，則自褒斜出也。今有千總分防。

石窑關。在麟遊縣西北一百三十里，接汧陽縣界，亦曰麻衣鎮。舊有巡司，今裁。又西河關，在縣東三十里，近好畤。

安夷關。在隴州西南。隋書地理志：南由縣有關官。元和志：安夷關，在南由縣西百四十六里。唐書地理志：在吴山縣西。後廢。

咸宜關。在隴州西四十里。通鑑：五代梁貞明六年，蜀將王宋儔伐岐，出故關，壁於咸宜。即此。州志：明正統中，因關山路阻，改建咸宜關，移巡司於此，而廢故關爲鎮。今巡司裁。又有白岩、石險、青崖三關，俱在州西北四十里青陽山之下，路通固原、寧夏。本朝置關山營，設遊擊防守。乾隆三十一年，改設都司。

大震關。在隴州西隴山下，即隴關也。後漢書：順帝永和五年，羌寇武都，燒隴關。隋書地理志：汧源縣有關官。章懷太子曰：隴關，隴山之關也。今名大震關，在汧源縣西。元和志：大震關，在隴州西南六十一里，後周置。漢武至此遇雷震，因名。寰宇記：大震關，後周天和元年置，今爲隴山關。唐書地理志：汧源縣西有安戎關，在隴山。本大震關，大中六年，防禦使薛逵築，更名。胡三省通鑑注：自薛逵徙築安戎關，由是汧隴之人謂大震爲故關，安戎爲新關。九域志：汧源縣有新關鎮。地道記：隴州有新、故二關，新關西去故關三十里。

虢川鎮巡司。在寶雞縣東南一百二十里。寰宇記：虢縣有桃虢川，路通漢中。

橫水鎮。在鳳翔縣東三十里。金史地理志：鳳翔府舊有橫水鎮。又府志：彭祖鎮，在縣西二十五里。縣志：虢王鎮，在縣東南四十里。窰店鎮，在縣西四十里。

東安鎮。在鳳翔縣西。通鑑：後唐清泰初，蜀人出大散關，詔鳳翔益兵守東安鎮以備之。胡三省注：東安鎮在鳳翔西界。

驛店鎮。在岐山縣東。九域志：縣有馬磧、驛店二鎮。縣志有益店鎮，在縣東三十五里，即驛店之訛也。

龍尾鎮。在岐山縣東二十里。晉書：太元中，赫連勃勃遣赫連建入平涼，遂入興平，姚弼與戰于龍尾堡，大破之。通鑑：唐中和元年，鳳翔節度使鄭畋敗黄巢兵於龍尾坡。胡三省注：龍尾城，在鳳翔府岐山縣。

岐陽鎮。在岐山縣東北，即故城也。

底店鎮。在寶雞縣東四十里。又益門、虢縣二鎮，並見前古蹟。

陽平鎮。在寶雞縣東七十里，或以爲即古陽平縣。

杏林鎮。在扶風縣東十里，其地多杏，亦曰杏林古驛。又茂陵鎮，在縣東十五里，舊曰浪店。

崇正鎮。在扶風縣北二十里，即法門寺所在。又召公鎮，在縣東。

清湫鎮。在郿縣東二十五里，以近清湫水而名，宋鎮也。又槐芽鎮，在縣東三十里。橫渠鎮，在縣東五十里。

崔模鎮。在麟遊縣東北四十里。九域志：麟遊縣有崔模鎮。舊志有催木鎮，在催木嶺下。其地東接邠乾，北連平慶，蓋即崔模之訛也。又有良舍鎮，在縣西三十里。招賢鎮，在縣西北五十里。

安化鎮。在汧陽縣西南三十五里。九域志：縣有安化、新興二鎮。縣志：安化鎮，在縣西南三十五里。新興鎮，在縣西二十里。皆久廢。又有黄理鎮，在縣東二十里。草壁鎮，在縣西三十五里。

杜陽鎮。在隴州東二十里。明嘉靖四十三年，更名沙河鎮。又有小杜陽鎮，在州東二十五里。

隴安鎮。在隴州南一百二十里。明初以故隴安縣置，有巡司。又有香泉巡司，在州西南一百五十里，明成化十四年置。今並裁。

火燒鎮。在隴州西北四十里。當龍魚川口。宋楊政於此焚金兵寨柵，故名。州境又有東涼、新街、故川等十餘鎮。

模壁砦。在寶雞縣西南七十里。五代漢乾祐初，蜀將安思謙救鳳翔，遣别將趨模壁。胡三省通鑑注：模壁砦右界，即寶雞西界，爲蜀漢分疆之處。

潘氏堡。在寶雞縣東北四十餘里。唐光啓三年，田令孜劫帝幸寶雞，邠寧帥朱玫等引兵追乘輿，敗神策將楊晟於潘氏，鉦鼓聞於行宫。又黄牛堡，在縣西南一百八十里。詳見「鳳縣」。

岐陽驛。在鳳翔縣城内，舊名鳳鳴驛。西至汧陽縣汧陽驛七十里，西南至寶雞縣陳倉驛九十里，東至郿縣一百十里。

岐周驛。在岐山縣治東。西至鳳翔縣岐陽驛五十里。

陳倉驛。在寶雞縣東。西南接東河驛。

東河驛。在寶雞縣西南八十里，亦名東河橋驛，舊有驛丞，今裁。西南至漢中府鳳縣草涼驛九十里。

鳳泉驛。在扶風縣治東，舊名湋川驛，明洪武二年建，十四年更名。東至乾州武功縣郿城驛六十里，西至岐山縣岐周驛六十里。

汧陽驛。在汧陽縣城内。西至隴州驛九十里。

隴州驛。在隴州城内。西至長寧驛〔三〕，北至甘肅平涼府崇信縣一百四十里。

長臨驛。在隴州西百十里關山上，舊有驛丞，本朝裁驛丞，移州同駐此。西至甘肅秦州清水縣九十里。

津梁

鳳鳴橋。在鳳翔縣東二里塔寺河上。

紙坊橋。在鳳翔縣東郭外紙坊河上。

普濟橋。在鳳翔縣東南三里，亦跨紙坊河。

渭河橋。在岐山縣南四十里，一在寶雞縣南二里。夏月皆以船渡，冬始成橋。

潤德橋。在岐山縣西門外，潤德泉水流經此。

金陵河橋。在寶雞縣東六里。又汧陽河橋，在縣東三十里。

漆水橋。在扶風縣東門外。按縣無漆水，蓋湋川之訛。

通濟橋。在麟遊縣西門外，今圮。又西一里有偏橋，下臨杜水。

太平橋。在汧陽縣東門外，跨天池溝上，明隆慶三年建。又暉川橋，在縣東，跨暉川河上。今廢。

東河橋。在隴州東門外。

流渠橋。在隴州西三十里。又西有關山橋，在頭橋鋪西。又八渡峽石橋，在州西北。

西磑口渡。在郿縣西北十里。又斷頭渡，在縣北五里。皆渭河渡也。

隄堰

柳隄。在扶風縣南。縣城數被津水衝激，明知縣黄鉉築隄植柳以障水。今隄尚存。

五節堰。在隴州西。唐書地理志：汧源縣有五節堰，引隴川水通漕，武德八年，姜行本開〔四〕，後廢。

通濟渠。明成化中，參政謝綬自寶雞縣東閻家營作堰開渠，引渭水東流，逕岐山縣東，郿縣北，又東流經扶風武功，至三江口乃止。東西二百一十里，溉田一千一百六十餘頃。又於郿縣西南開斜谷關口，縣南開太白峽東西二渠，縣東開大振谷口，溉田五百三頃有奇。渠成，總名曰通濟渠。今廢。

井田渠。在郿縣東，有東西二渠。東渠導源大振谷箭瓦溝，凡四水合流。西渠導源湯谷華巖泉，亦四水合流。北逕村砦各十里，交匯横渠祠後，又北流三里入渭。宋張載所開，今堙。

成國渠。在郿縣東北。又東流入乾州武功縣界，今堙。漢書地理志：郿縣成國渠首受渭，東北至上林，入蒙籠渠。注：如淳曰：「成國渠在陳倉。」晉書食貨志：青龍元年，開成國渠，自陳倉至槐里。水經注：成國故渠，魏衛臻征蜀所開。其瀆上承汧水於陳倉，東逕郿及武功槐里。元和志：渠在郿縣東北九里，受渭水以溉田。按：漢志渠首受渭，水經注云引汧水，蓋漢時之渠本受渭於郿，至魏青龍中重開，乃上承汧水於陳倉也。

陵墓

周太王陵。在岐山縣東北五十里岐陽鎮，俗訛爲幽王陵。

古鴻冢。在鳳翔縣境。史記封禪書：華以西名山曰鴻冢。又曰：黄帝郊雍上帝，宿三月，鬼臾區號大鴻死葬雍，故鴻冢是也。

周赧王冢。在隴州西北三十里。按：史，秦歸赧王于周，自洛陽徙河南，墓不應在此。

秦寧公墓。在寶雞縣西北。史記：秦寧公葬西山。帝王世紀：寧公葬西山大麓，故號秦陵山。括地志：寧公墓，在陳倉縣西北三十七里秦陵山。

秦武公墓。在岐山縣西南。史記秦本紀：武公葬雍平陽。

秦穆公墓。在鳳翔縣東南。皇覽：繆公冢，在槖泉宮祈年觀下。括地志：冢在雍縣東南二里。

三良冢。在鳳翔縣南。左傳文公六年：秦伯任好卒，以子車氏之三子奄息、仲行、鍼虎爲殉。括地志：在雍縣南一里故城内。府志：在今府城東南三里。

漢

馬援墓。在扶風縣西七里。

班固墓。在扶風縣東十八里。

晉

竇滔墓。在扶風縣北七里周秦坡。

唐

李淳風墓。在岐山縣北，墓傍有祠。按：西安府盩厔縣、河南南陽府新野縣並有李淳風墓。

段秀實墓。寰宇記：段太尉冢，在汧陽縣西北四十里萬善鄉草僻川西。縣志：今在縣西六十里。又有段行琛墓，在縣北七十里，即秀實父，贈揚州都督。大曆中張增正書碑尚存。按：段秀實墓，在西安府臨潼縣，此或因段行琛墓而附會及之者。

李茂貞墓。在寶雞縣北五里陵原上。

宋

張載墓。在郿縣東五十里横渠鎮。載父涪州守迪，及弟戩以下，四世墓俱在。

元

李思齊墓。在寶雞縣東三十里底店鎮西山上。

明

霍瑄墓。在鳳翔縣南三里。

張撫墓。在寶雞縣東十里。

虎臣墓。在麟遊縣西二十里，有祠在城内東街。

雙烈女墓。在扶風縣東十里，有祠在文廟左，祀張存兒、桂兒。

祠廟

西鎮吴嶽廟。在隴州南七十里吴嶽山下，明正統中因舊重建。本朝載之祀典，屢遣官致祭。順治十四年修，康熙四十二年賜額曰「五峯挺秀」。

太白山湫神廟。在郿縣東南四十里太白山上，唐建。本朝乾隆三十九年奉旨重修，加封昭靈普潤福應王，並賜御書扁額詩章。又有廟在府東門外，宋建。

汧水祠。在寶雞縣東。漢書地理志：郁夷縣有汧水祠。

倉頡廟。在岐山縣西南五里。縣志：舊在南河之南，歲久岸圮，明嘉靖中改建於河北原上。

夏禹廟。在岐山縣東十三里。有古柏九十四株，虬枝悉西向。又有禹王廟，在汧陽縣東北二十里。

周太王廟。在岐山縣東北五十里岐陽鎮，廟側又有王季及文王廟。

泰伯廟。在岐山縣西北十里寇村。

周公廟。在岐山縣西北十五里鳳鳴山下，内有唐周公祠靈泉碑。又姜嫄廟在廟後。

召公祠。在扶風縣東北召公鎮，祀召康公。今廢。

太公廟。在岐山縣西北周公廟左。又有召公廟，在周公廟右。俱宋時建。又有太公廟，在寶雞縣東南六十里磻溪側。

三公祠。在鳳翔縣東郭内，祀周公、召公、太公，配以諸葛亮、張載。

陳寶祠。在寶雞縣東二十里。久廢。

三賢祠。舊在汧陽縣東門外，明天啓初，改建儒學東。高攀龍記：三賢者，曰燕公伋，從夫子於適周問禮之時者也；曰郭公欽，肥遯於王莽居攝之世者也；曰段公秀實，死節於朱泚之亂者也。

馬伏波祠。在扶風縣南飛鳳山，祀漢馬援。

三班祠。在扶風縣南飛鳳山，祀漢班彪、班固、班超。又曹大家祠，亦在飛鳳山。今皆廢。

馬季長祠。在扶風縣東南絳帳村，祀漢馬融。今廢。

諸葛武侯廟。在岐山縣南五十里五丈原。

漢威侯廟。在扶風縣東三十里茂陵山下，元延祐三年建，祀蜀漢馬超。

鄧艾祠。在鳳翔縣北十里。今按水經注，鄧艾祠在雍縣城南。

段太尉祠。在汧陽縣西北，祀唐段秀實。

韓文公祠。在扶風縣北崇正鎮，祀唐韓愈。

張横渠祠。在郿縣東横渠鎮。本朝康熙二十三年，賜額曰「學達性天」。乾隆四十四年重修。又有祠在府治東及扶風縣東南二十里賢山寺。

寺觀

普門寺。在鳳翔縣東門外。寺壁有吴道子畫佛像，宋蘇軾詩云：「何處訪吴畫，普門與開元。」是也。

開元寺。在鳳翔縣城内北街。唐開元元年建，寺内亦有吴道子畫佛像。東閣有王維畫墨竹，宋蘇軾詩所謂「交柯亂葉動無數，一一皆可尋其源」者。又天柱寺内有楊惠之塑維摩示疾像。今俱不存。

大金佛寺。在鳳翔縣城東。元大德元年建。

耆闍寺。在岐山縣東北四十里崛山上。唐乾寧四年建。

法門寺。在扶風縣北二十里崇正鎮，即唐憲宗迎佛骨之處。

慈禪寺。在麟遊縣東四里杜澄交會處。相傳舊爲董仲舒書院，有唐永徽四年鐫刻石佛像。

龍泉寺。在汧陽縣東十五里龍泉山上。唐武德間建。宋大中祥符間，改普濟禪院。有碑，僧善儔書。

玉清宫。在汧陽縣治西，舊縣東三里。金大定中建，元至元中重修，姚燧撰碑。

成道宫。在寶雞縣東南六十里。元丘處機修道於此。

崇聖觀。在鳳翔縣南山上。相傳爲尹喜舊宅。

金臺觀。在寶雞縣東北二里。張三丰修道之所。

名宦

漢

王尊。高陽人。初元中，遷虢令，兼行美陽令事，以高第擢安定太守。

蔡勳。陳留人。平帝時爲郿令。王莽初，授以厭戎連帥〔五〕，勳仰天嘆曰：「吾策名漢室，死歸其正，可事二姓哉？」遂移家屬逃入深山。

王忳。新都人。除郿令，到官至斄亭，亭長曰：「亭有鬼，不可宿也。」忳不聽。夜聞女子稱冤聲，忳呪曰：「可前求理。」女子曰：「妾夫爲涪令，過宿此亭，亭長殺妾家十餘口埋樓下，悉盜取財貨。」忳問亭長姓名，曰：「即今門下游徼者也。」明旦召游徼詰問，具服罪，及同謀十餘人，悉伏辜。遣吏歸其喪。

南北朝　魏

楊津。華陰人。宣武時，除岐州刺史，巨細躬親，孜孜不倦，合境畏服。至於守令寮佐有瀆貨者，未曾公言其罪，嘗以私書切責之，於是官屬感勵，莫有犯法者。

魏蘭根。下曲陽人。孝昌初，爲岐州刺史，從蕭寶夤討破宛川，俘其人爲奴婢，以美女十人賞蘭根，辭曰：「此縣介於强隣，故成背叛。今當恤其飢寒，奈何並充僕隸？」於是盡以歸其父兄。部內麥多五穗，鄰州田鼠爲災，不入其境。

鄭道邕。開封人。大統中，行岐州刺史，有能名。先是，所部百姓久遭離亂，逃散殆盡。道邕下車日，户止三十，留情綏撫，遠近咸至。數年之內，有四萬家，歲考績爲天下最。

趙昶。天水南安人。大統十五年，拜安夷郡守，帶長蛇鎮將。氐族荒獷，昶威懷以禮，莫不悦服。期歲之後，樂從軍者千餘人。

周

宇文椿。周宗室。建德初，除岐州刺史。四年，關中民飢，椿表陳其狀，璽書勞慰，因令所在開倉賑卹。

隋

梁彦光。烏氏人。開皇中，爲岐州刺史，有惠政，嘉禾連理，出於州境。上悦其能，乃下詔曰：「彦光布政岐下，威惠在人，廉慎之譽，聞於天下。」

王伽。章武人。開皇末爲雍令，政有能名。

唐

常達。陜人。爲隴州刺史。時薛舉方强，達敗其子仁杲，舉遣將許士政紿降，達不疑，厚加撫接。士政劫之歸賊，達不爲屈。仁杲平，高祖見達勞曰：「君忠節正可求之古人。」賜布帛三百段〔六〕。

劉仁軌。尉氏人。太宗時爲陳倉尉。部人折衝都尉魯寧者〔七〕，豪縱犯法，縣莫敢屈。仁軌約不再犯，而寧暴横自如，仁軌榜殺之。帝以爲剛正，擢咸陽丞。

楊瑒。華陰人。爲麟遊令。時竇懷貞大營金仙、玉真二觀，檄取畿内嘗負逆人貲者，暴斂之以佐費。瑒拒不應，懷貞怒曰：「縣令而拒大夫命乎？」瑒曰：「所論者民冤抑也，位高下乎何取？」懷貞壯其對而止。初，韋后表民二十二爲丁限，及敗，有司追趣其課，瑒執不可，遂止不課，由是名顯當世。

馬燧。郟城人。大曆中，爲隴州刺史。西山直吐蕃，其上有通道，燧聚石種樹障之。設二門爲譙櫓，八日而畢，敵不能暴。

韋臯。萬年人。建中中，知隴州行營留後。始朱泚以范陽軍鎮鳳翔，既歸節，而留兵五百戍隴上，以部將牛雲光督之。至是雲光謀請臯爲帥，將劫以臣泚，泚奴使臯所，以御史中丞授臯。臯僞受泚詔，明日置酒大會，伏甲盡殺之，以其首徇。泚復使他奴拜臯鳳翔節度使，臯亦斬之。帝聞，乃授臯隴州刺史，置奉義軍，拜節度使。臯遣兄平及弟繼至奉天，乃築壇血牲與士盟，又馳使吐蕃與連和，隴坻遂安。

李晟。臨洮人。德宗時，涇州倚邊，數戕其帥，晟請治不共命者，因以訓耕，積粟實塞下，覊制西戎。拜鳳翔、隴右、涇原節度使，兼行營副元帥，晟至鳳翔，亂將王斌等以次伏誅。嘗曰：「河、隴之陷，非吐蕃能取之，皆將臣貪沓，暴其種落，不得耕稼，日益東徙，自棄之爾。」因悉家貲懷輯降附。吐蕃大懼，因謀反間，晟設伏兵破之。

邢君牙。樂壽人。爲李晟都將，晟在鳳翔，數行邊，嘗以君牙守。晟入朝，代爲鳳翔觀察使，俄領節度。吐蕃歲犯邊，君牙勸耕講戰以爲備，戎不能侵。又城隴州平戎川，號永信城。

野詩良輔。爲鳳翔將，以名雄邊。後爲隴州刺史。朝廷遣使至吐蕃，吐蕃輒言：「唐家稱和好豈妄耶？不爾，安得仕良輔爲隴州！」

王承元。穆宗時，徙鳳翔節度使。鳳翔右袤涇原，地平少巖險，吐蕃數入盜。承元據勝地爲障，置守兵千，詔號臨汧城。府郛左百賈州聚，異時燎烽相警，承元版堞繚之，人乃告安。

史憲忠。建康人。文宗時，爲隴州刺史，增亭障，徙客館於外，戎諜無所伺。

李惟簡。范陽人。太和中，爲鳳翔節度使，市耕牛佃具給農，歲增墾田數十萬畝。

鄭畋。滎陽人。乾符中，爲鳳翔、隴西節度使，募鋭兵五百，號疾雷將，境中盜不敢發，發輒得。黄巢陷東都，帝出梁、洋，畋上謁斜谷，請便宜從事。還蒐士卒，繕器械，濬城隍，以順逆曉諸將，刺血以盟。敗賊將王璠於龍尾坡，殺賊二萬，擒璠子斬之，威動京師。

宋

楊徽之。浦城人。乾德初，爲天興令，府帥王彦超知其名，待以賓禮。

翟守素。任城人。雍熙中，知鳳翔府，性謹慎，所至有治績。

李若拙。萬年人。太宗時，知隴州，以政聞，超授監察御史。

周審玉。開封人。咸平初，知鳳翔府。有桑門乘傳而西，以市木爲名，威動府縣。審玉曰：「此有所倚而爲也。」因按詰之，盡得其奸狀，械送闕下。

燕肅。曹州人。補鳳翔府觀察推官，寇準知府事，薦改著作佐郎。

李及。鄭州人。真宗時，知隴州，尋知鳳翔府，資質清介，所治簡嚴。

杜衍。山陰人。權知鳳翔府，及罷歸，民邀留境上，曰：「何奪我賢太守也！」

司馬池。夏縣人。仁宗時，知鳳翔府。有疑獄上讞，大理輒復下，掾屬惶遽引咎。池曰：「長吏者政事所由，非諸君過。」乃獨承其罪。有詔勿劾。

陳希亮。青神人。仁宗時，知鳳翔。歲饑，希亮發十二萬石貸民，有司懼擅發，希亮身任之。是秋大熟，以新易舊，官民皆便。

任福。開封人。仁宗時，知隴州，擢秦鳳路馬步軍副總管。時詔陝西增城壘器械，福受命四十日，戰守之備皆具。

李師中。楚丘人。仁宗時，知鳳翔府。鄜延路覘知西夏駐兵綏、銀州，檄諸路當牽制，師中疏論牽制之害，卒罷。

蘇軾。眉山人。嘉祐末，簽書鳳翔府判官。關中自元昊叛，民貧役重，岐下歲輸南山木栰，自渭入河，經砥柱之險，衙吏接踵破家。軾訪其利害，爲修衙規，使自擇水工，以時進止，自是害減半。

程之邵。眉山人。元祐中，知鳳翔府。民負債無以償，自焚其居，紿曰遺火。有主藏吏殺四婢，人無知者。之邵發擿，岐人傳誦。

李伸。建炎中，知天興縣。金兵來攻，堅守不下，城陷自殺。

康傑。建炎中，權知扶風縣。與金將馮宣戰，宣欲招之，傑奮曰：「吾當死於陣，不能降敵。」宣殺之。

吴玠。隴干人。建炎中，爲秦鳳副總管，兼知鳳翔府。時兵火之餘，玠勞來安集，民賴以生。金烏珠會諸道兵十餘萬，造浮梁跨渭，自寶雞結連珠營，攻和尚原。玠命諸將選勁弓强弩，分番迭射，以奇兵絶其糧道，設伏縱擊，大敗之。「烏珠」舊作「兀术」，今改。

吴璘。玠弟。紹興初，統制和尚原軍馬，於是玠駐師河池，璘專守原。及烏珠大入，以死守之，敵陣分合三十餘，璘隨機而應，至神岔伏發，烏珠中流矢遁。

楊政。臨涇人。建炎間，從吴玠擊金兵，九戰九捷，升隴州團練使，移知方山原，軍儲芻穀在其中。金大軍來攻，政擊敗之。其後又偕楊從義劫金兵於鳳翔府城南砦，敗之。帥師趨寶雞渭水上，以拒敵衝，凡大戰七，斬獲甚多。

金

龐迪。延安人。正隆元年，遷鳳翔尹。海陵南伐，徵斂煩急，官吏因緣爲奸，富者用賄以免，貧者破産益困。迪悉召民使共議增減，不加威督而役力均，人情大悦。

馬慶祥。本名錫勒希，狄道人。拜鳳翔路兵馬都總管判官。元光元年，元兵來攻，慶祥殊死戰，矢盡，元兵圍數匝，欲降之，不屈而死。贈恒州刺史，謚忠愍。「錫勒希」舊作「習禮吉思」，今改。

明

宋端。肅寧人。宣德中，知扶風縣。九年，奏最當遷，民乞留，詔加秩還任。

扈進。元氏人。宣德中，知鳳翔府，政務寬簡，大得民和。九載課最，進秩至從二品。

孫璽。代州人。正德中，知扶風縣。時四川盜流入漢中，都御史藍章以略陽要地無城，而其令嚴順不足任，檄璽往城之。賊至，順勸璽去，璽不可，遂遇害。贈光禄寺少卿。

胡爾純。山東人。崇禎中，知隴州。流寇數萬攻隴，悉力守禦，賊入，爾純自縊死。贈光禄寺少卿。

薛應玢。武進人。崇禎中，爲同知，攝隴州事。賊陷鳳翔，屬邑望風下，應玢獨勒兵自守。力竭城陷，罵賊死。

王國訓。解州人。崇禎中，知扶風縣。流賊來犯，偕主簿夏建忠、典史陳紹南、教諭張弘綱、訓導陳繻，嬰城固守。越兩月，外援不至，城陷，並死之。贈國訓光禄寺少卿，建忠等皆贈恤。

呂鳴世。清漳人。崇禎中，知麟遊縣。性介特，以風教自任。地遭兵燹，居民寥落，拊卹備至。流賊陷城，未忍加害，絶食六日死。

唐時明。固始人。崇禎末，知鳳翔府。聞李自成入潼關，亟治戰守備。賊至，典史董尚質等開門迎賊，時明爲賊得，勸之降，時明叱曰：「我天朝命吏，肯臣賊耶！」賊令縛赴西安，至興平，乘間自縊。

唐夢鯤。番禺人。崇禎末，知寶雞縣。賊已逼潼關，衆勸勿往，夢鯤星馳抵任。賊陷鳳翔，所屬皆下，夢鯤知不可守，自縊死。

本朝

宋永譽。永年人。順治初，知鄖縣。流賊賀琛自漢中寇西安，道攻鄖，遣使招永譽，誘以厚禄。永譽縛其使，賊怒，亟攻之，城陷被執，永譽挺立，罵不絶口，賊衆臠殺之。事聞，贈按察司僉事。

吴汝爲。霑化人。順治中，知麟遊縣。邑自兵燹後，户口凋殘，汝爲殫力生聚，減浮糧，免積逋，民獲休息。

梅遇。南城人。康熙初，知鄖縣。鄖屢經兵燹，初設官招墾，胥吏等因緣爲奸，逋賦日積，遇請於上官，悉減之。邑西北多石田，遇引古横渠屈流四十里，繞西北入渭，由是盡成沃壤。更設義倉，修學校，士民咸沐其德。

于翔漢。漢軍正白旗人。康熙初，知隴州。先是，吴三桂僞將蔡元攻隴，前官翁世庸被執。城陷後，大兵克復，賊西遁，復繞踞關山頂，塞路守險。總督哈占等率兵屯咸宜關，相持不下。翔漢供億彌年，人民安堵，擢鳳翔知府，休養瘡痍，人賴以安。

朱琦。婁縣人。康熙中，知鳳翔府。政無巨細，皆手自裁决，尤留心冤獄，多所平反。後去官，士民立祠祀之。

茹儀鳳。河内人。康熙中，知岐山縣，力行教養，請免荒田一千餘頃。士民立祠祀之。

聶燾。衡山人。乾隆初，由鎮安調鳳翔令，潔己勤民，盡革陋規。甫三月，以憂去官，士庶爲之流涕。

人物

秦

白起。鄖人。善用兵。事秦昭王，封武安君，爲秦戰勝攻取者七十餘城，南定鄢、郢、漢中，北擒趙括。後賜死杜郵，秦人憐之，鄉邑皆祭焉。

漢

徐敖。虢人。事清河胡常爲右扶風掾。又從解延年受毛公詩，敖又授九江陳俠，由是言毛詩者本之徐敖。

郭欽。隃麋人。哀帝時，爲丞相司直，以論董賢左遷盧奴令。平帝時，遷南郡太守。王莽居攝，以病免官，歸鄉里，卧不出户庭，卒於家。

井丹。郿人。少受業太學，通五經，善談論，京師爲之語曰：「五經紛綸井大春。」性清高，未嘗修刺候人。建武末，沛王輔等好賓客，更遣請丹，不能致。信陽侯陰就要劫致之，自是隱閉不關人事〔八〕。

法雄。郿人。初仕郡公曹，辟太傅張禹府。舉高第，除平氏長。永初三年，海賊張伯路等寇濱海九郡，徵雄爲青州刺史，討之，連戰破賊，州界清静。遷南郡太守，卒於官。

法真。雄子。博通内外圖典，爲關西大儒。性恬淡，不交人間事。同郡田羽薦真，順帝虚心欲致，前後四徵，真深自隱絶，時號玄德先生。

三國　漢

法正。真孫。先主立爲漢中王，以正爲尚書令、護軍將軍。諸葛亮與正雖好尚不同，以公義相取，亮每奇正智術。先主東征孫權，敗績，亮嘆曰：「法孝直若在，則能制主上令不東行；就復東行，必不傾危矣。」

晉

魯芝。郿人。耽思墳籍，舉孝廉，仕魏，累官天水太守。曹爽輔政，引爲司馬，屢有讜言，爽弗能納。宣王起兵，芝率衆斬關馳出赴爽，勸爽保許昌，爽不能用，遂委身受戮。芝坐爽下獄當死，而口不訟直，志不苟免。宣王嘉之，赦而不誅，起爲并州刺史，後封陰平侯。

隋

蘇孝慈。扶風人。高祖受禪，累拜兵部尚書，兼太子右衛率。陝西置常平倉，轉輸京下，決渭水爲渠以屬河，令孝慈督其役。渠成，上善之，轉工部尚書。先是，以百僚供費不足，臺省府寺咸置廨錢，將息取給。孝慈以爲官民争利，表請公卿以下給職田各有差，上嘉納焉。出爲淅州刺史，遷洪州總管，俱有惠政。後桂林山越相聚爲亂，詔孝慈爲行軍總管擊平之。卒於官。

唐

劉感。鳳泉人。武德初，以驃騎將軍戍涇州，爲薛仁杲所圍，糧盡，殺所乘馬啖士，而煮骨自飲，至和木屑以食。城垂陷，長平王叔良救之，感與叔良出戰，爲賊所執，還圍涇州，令感約城中降。感紿諾，至城下大呼曰：「賊大飢，亡在朝暮。秦王數十萬衆且至。」仁杲怒，執感埋其半土中，馳射之，至死詈益甚。賊平，贈平原郡公，謚忠壯。

李高遷。岐州人。客太原，高祖引致左右，執高君雅等有功。以右三統軍從下霍邑，圍長安，力戰，遷左武衛大將軍、江夏郡公。

丘行恭。郿人。有勇，善騎射。大業末，聚兵萬人保郿城，人多依之，羣盜不敢窺境。後率衆謁秦王於渭北，拜光禄大夫，累從戰伐，功多，擢左衛將軍。貞觀中，從侯君集平高昌，進右武衛將軍。卒，贈荆州刺史，謚曰襄。

王珪。郿人。從王通受詩。性沉澹，交不苟合。初事建成，太宗召爲諫議大夫，珪推誠納善，每存規益。遷侍中，與房喬、李靖、温彦博、戴冑、魏徵同輔政。珪自奉薄，周恤宗族，奉寡嫂，家事必咨而後行，教撫孤姪，雖其子不過也。卒，贈吏部尚書，謚曰懿。

李淳風。雍人。父播，仕隋高唐尉，棄官爲道士，以論譔自見。淳風通羣書，明步天曆算。貞觀初，直太史局，制渾天儀，詆摭前世得失，著法象書七篇上之。累遷太史令，以勞封昌樂縣男。淳風於占候吉凶若符契然，所撰典章文物志、乙巳占等書傳於世。

王燾。珪孫。爲徐州司馬。母有疾，彌年不解帶，視湯劑。數從高醫遊，遂窮其術，因以所學作書，號外臺秘要，世寶焉。歷給事中、鄴郡太守，治聞於時。

馬璘。扶風人。從安西節度府，以奇勞屢遷金吾衛將軍。至德初，從李光弼攻洛陽，史朝義衆十萬陳北邙山，璘率部士五百，薄賊屯，賊遂潰。光弼曰：「吾用兵三十年，未見以少擊衆，雄絶如馬將軍者。」永泰初，拜四鎮、北庭行營、邠寧節度使，尋徙涇原。大曆八年，吐蕃内寇，璘設伏擊破之，進檢校尚書左僕射〔九〕、扶風郡王，卒於軍。贈司徒，謚曰武。

段秀實。汧陽人。六歲母疾病，不勺飲至七日，病間乃肯食，時號孝童。及長，沉厚能斷，慨然有濟世意。天寶中，授安西府别將，李嗣業引爲折衝都尉。肅宗在靈武，詔嗣業以兵五千赴行在，嗣業欲逗留觀變，秀實責以大義，遂東師。白孝德爲節度使，吐蕃襲京師，代宗幸陜，勸孝德即日鼓行入援。拜四鎮、北庭行軍、涇原鄭潁節度使，數年，吐蕃不敢犯塞。楊炎嫉之，召爲司農卿。朱泚反，以秀實失兵必恨憤，使騎往迎之。秀實與子弟訣而入，謂泚曰：「今變起倉卒，掃清宫室，迎乘輿，公之職也。」泚默然。秀實知不可，乃陰結將軍劉海賓、都虞候何明禮圖泚。會源休教泚僞迎天子，遣人領鋭師疾馳奉天，秀實乃倒用司農印，追其兵，與海賓等約搏殺泚。翌日，泚召計事，秀實戎服與源休並坐，語至僭位，勃然起，執休腕，奪其象笏，奮而前，唾泚面大駡曰：「狂賊可磔萬段，我豈從汝反耶！」擊之，中其額，流血㶕面，匍匐走，賊衆未敢動，而海賓等無至者，遂遇害。詔贈太尉，謚忠烈。

楊炎。天興人。曾祖大寶，武德初爲龍門令，劉武周攻之，死於守，贈全節侯。祖哲，以孝行稱。父播，登進士，隱居不仕，徵爲諫議大夫，棄官就養，肅宗賜號玄靖先生。炎文藻雄蔚，父喪廬墓，號慕不廢聲，詔表其閭。三世以孝聞，門樹六闕，古所未有。累遷中書舍人，與常衮同時知制誥。開元後，言制誥者稱「常楊」。德宗即位，拜門下侍郎、同中書門下平章事。時天下租賦悉進大盈内庫，炎請出之，以歸有司。自開元、天寶以來，租庸調法大弊，天下殘瘁，炎請爲兩税法，法行，天下利之。

馬總。系出扶風。元和中，爲刑部侍郎，兼御史大夫，副裴度宣慰淮西。吴元濟擒，爲彰義節度留後，擢拜節度使，徙天平軍。總篤學，雖吏事倥偬，書不去前，論著頗多。

段珂。秀實孫。僖宗時，居潁州。黄巢圍潁，刺史欲以城降。珂募少年拒戰，衆裹糧請從，賊遂潰，拜州司馬。

宋

閻詢。天興人。少時以學問著聞，擢進士第，累遷鹽鐵判官。使遼，詢頗諳北方疆理，迓者王惠導詢由松亭往，詢曰：「胡不經葱嶺，而迂枉若是，豈非夸大國地廣以相欺耶？」惠慚不能對。官至右諫議大夫，知同州。

張載。郿人。少喜談兵。年二十一，以書謁范仲淹，一見知其遠器，因勸讀中庸。載猶以爲未足，又訪諸釋老，反而求之六經。嘗坐虎比講易京師，二程至與論易，次日撤坐輟講，於是盡棄異學。嘉祐二年舉進士，爲雲巖令。熙寧初，吕公讀言其有古學，神宗召見，問治道，以爲崇正院校書。尋移疾屏居南山下，終日危坐一室，左右簡編，俯而讀，仰而思，有得則識之。與諸生講學，每告以變化氣質之道。其家婚喪葬祭，率用先王之意，而傅以今禮。又論定井田、宅里、發斂、學校之法。呂大防薦之，詔知太常禮院，復以疾歸，卒。載學古力行，爲關中士人宗師，世稱橫渠先生。著書號正蒙，又作西銘，學者至今尊其書。嘉定中謚明公，封郿伯，從祀孔子廟庭。

張戩。載弟。第進士，知金堂縣。誠心愛人，民化其德。熙寧初，爲監察御史裏行，累章論王安石亂法，乞罷條例司及追還常平使者。又劾曾公亮、陳升之、韓絳、李定、呂惠卿，書數十上，又詣中書爭之。出知公安縣，徙監司竹監，卒於官。

金

劉興哥。號縣人。起於羣盜，人呼曰熱劉。元兵破西夏，長驅而入，關輔千里皆震。興哥爲元帥烏延部將，率兵往來邠隴間，屢戰屢勝，故元軍猝不能東下。後於清化戰死，元兵至，酹酒以弔，西州耆老語之皆泣下。「烏延」舊作「沃衍」，今改。

元

王檝。號縣人。仕金，授副都統，守涿鹿隘。太祖將兵南下，檝鏖戰三日，兵敗見執，將戮之，神色不變，太祖問曰：「汝何敢抗我師，獨不懼死乎？」對曰：「臣以布衣受恩，誓捐軀報國。今既僨軍，得死爲幸。」帝義而釋之。後從南征，授宣撫使，兼御史大夫。帝命省臣總括歸附工匠之數，命檝掌之。時廟學燬於兵，檝取舊樞密院地復創立，春秋率諸生行釋菜禮。奉命持國書使宋，前後五往，致疾卒，宋人重賵之。

楊皞。扶風人。父清，母牛氏。牛氏嘗病劇，皞叩天求代，遂痊。如是者再。後牛氏失明，皞登太白山取神泉洗之，復如故。牛氏歿，哀毁特甚，葬之日，大雨，獨皞母墓前後數里，密雲蔽之，雨不沾土。葬畢，令妻家居養清，皞獨廬墓上，負土爲墳，蔬食飲水終其喪。清卒，亦如之。

趙榮。扶風人。母强氏有疾，榮割股肉啖之者三。復負母登太白山，禱於神，得神水飲之，乃痊。後年七十五卒，榮號痛不食，三日方飲水，七日乃食粥。葬之日，白雲庇其墓前十五里，葬畢而散。榮負土成墳，廬其側終喪。

明

梁準。鳳翔人。永樂中，爲石州學正。母喪，廬墓哀毁，羣烏朝夕飛鳴其上，墓樹僅三尺許，有鵲來巢。事聞，擢知鈞州，旌表其閭。

王巹。郿人。永樂中，由鄉薦歷山東左布政使，有惠政。正統中，入爲工部左侍郎，進尚書。在職八年，凡大營建，暨百工政令，巹贊畫爲多。性篤實廉慎，狷介不阿，以王振用事，未衰而引年去，士論高之。

霍瑄。鳳翔人。景泰間，由鄉舉授大同通判，就擢知府。額森擁上皇至城下，瑄出謁，奉命括金帛充犒，都督郭登戒嚴弗應。瑄號泣從水竇匍匐出，叩馬嗚咽，衆露刃叱之，不爲動，因獻上皇服物。上皇密諭與登堅守，瑄哭而還。英宗復辟，召拜工部侍郎。「額森」舊作「也先」，今改。

張傑。鳳翔人。生有異質，穎悟過人。正統中舉於鄉，以親老就趙城訓導。薛瑄過之，與論學，嘆曰：「此聖人徒也。」居喪悉遵古禮，免喪不復出。弟子從遊日衆，拓家塾以五經教之，諸學者稱五經先生。

張撫。寶雞人。成化中進士。孝宗時，歷副都御史，督儲南京，尋進刑部侍郎。撫質厚少緣飾，所在以嚴明稱。布衣蔬食，所得月俸常寄之公帑，一宅蕭然。每詣闕奏事，孝宗多從之。

李俊。岐山人。成化中進士，累遷都給事中。二十一年正月朔，有星西流化白氣，詔求直言。俊率六科上疏言左通政李孜省、太常少卿鄧常恩誕妄，此招天變之尤者，國師繼曉，假術濟私，中外切齒。帝優詔答之。降孜省上林丞，常恩本寺丞，繼曉革國師爲民。制下，舉朝大悦。官至山西參政。

虎臣。麟遊人。成化中，以諸生貢入太學，上言士大夫過先聖廟，宜下輿馬，從之。省親歸，會陝大饑，巡撫鄭時將請賑，臣齎奏陳饑歎狀，詞激切，大獲賑貸。孝宗踐阼，將建棕棚於萬歲山，備登眺，臣抗疏切諫，帝遣中使慰諭曰：「若言是，棕棚已毁矣。」尋授雲南碍嘉知縣。

張繼孟。扶風人。萬曆進士。天啓中，擢南京御史，以不建魏忠賢生祠削籍。崇禎初，起故官，劾吏部尚書王永光，永光嫉之，出爲廣西知府。土司普名聲久亂未靖，繼孟設計毗之，一方遂安。遷浙江鹽運使，忤視鹽内官崔璘，降知保寧府，歷川西道副使。張獻忠陷城，不屈被殺，妻賈氏亦死之。本朝乾隆四十一年，賜謚節愍。

劉之勃。鳳翔人。崇禎中進士，擢御史，上節財六議，疏陳東廠三弊，帝俱納之。出按四川，張獻忠陷成都，欲用之，不屈，叢射而死。本朝乾隆四十一年，賜謚烈愍。

楊畏知。寶雞人。崇禎中舉鄉試第一。歷雲南副使，討平土酋，屢立戰功。後爲孫可望所害。本朝乾隆四十一年，賜謚忠烈。

王者賓。鳳翔人。天啓中舉於鄉，爲醴泉教諭，遷興濟令。致仕歸，流寇陷鳳翔，被執，大駡不屈，賊以刀刺其口噴血，駡如故，遂被害。

本朝

王豫嘉。扶風人。順治中進士，官翰林院侍讀。聞父病劇，亟請假歸，日夜侍奉，衣不解帶。父殁，哀毁骨立。服闋赴京，迎母張於京邸，張思鄉，旋復告歸。母殁，居喪盡禮。豫嘉爲人有操行，博綜典籍，所著詩古文詞甚多。

安尼恭。鄠縣人。爲諸生。順治二年，流寇賀琛破城，恭被執不屈，罵賊而死。

白旗。鄠縣人。官蘭州訓導。順治五年，米回寇蘭州，城陷，罵賊死。贈國子監學録。

蹇逢吉。岐山人。官撫標守備。父爲賊所掠，逢吉竭産求贖不得，乃紿賊曰：「父有藏金，吾不知其處，質吾而釋父，金可得也。」賊釋其父。久之，金不至，遂殺逢吉於青峯山下。

盧熙。鳳翔人。康熙中進士，改翰林院檢討，典試雲南。事竣歸，卒於旅舍。熙自幼好學，六經皆手鈔，終年誦讀不輟。或曰：「科第自有定分，何太自辛苦！」熙曰：「學以明善復性，豈爲温飽計耶？」

李柏。鄠縣人。幼孤，事母孝。爲諸生，避兵入太白山，屏居讀書數十年，其學貫穿百家。與朝邑李楷、富平李因篤稱關中三李。

王大利。鳳翔人。事親孝，母殁，以家産讓兄，躬自廬墓。鄉黨稱之。

吕夢熊。麟遊人。母失明，每晨起盥洗，爲母餂目。居常不離左右，飲食必手供。母壽八十八歲。

程希舜。鳳翔人。幼孤，事母劉甚謹。賀賊亂，負母攜孫而走，道逢賊，泣請曰：「可殺我與我孫，勿傷我母。」賊並釋之。母年百餘，希舜亦年七十餘矣。

董成梅。寶雞人。性孝友，值歲歉，捐穀賑饑，全活甚衆。雍正九年旌。

侯秉璧。岐山人。母病，侍湯藥，嘗而後進。母殁，家貧，爲人傭工，始得錢以殮。年七十餘，每爲人言，尚思慕飲泣。乾隆二十二年旌。同邑雒兼善、李争魁、雒珂，鄠縣張福達，俱乾隆年間以孝行旌。

線殿元。鳳翔人。父病目，以舌舐之復明。父復得瘋疾，禱數十晝夜，膝腫流血，疾尋愈。父喪，廬墓三年。嘉慶十六年旌。同縣胡成德、李蓁，俱嘉慶年間以孝行旌。

龎超。岐山人。父病疸，醫云：「若吮之，毒可洩。」超即吮之，病果愈。父年老不能步履，超爲製小車，隨父所欲往，輓之行。嘉慶十六年旌。同縣雒宏恩、蘇成文，俱嘉慶年間以孝行旌。

列女

唐

王珪母李氏。郿人。始珪隱居，與房喬、杜如晦善，母嘗曰：「兒必貴，然未知所與遊者何如人，試與偕來。」會喬等過其家，李闞大驚，敕具酒食，喜曰：「二客公輔才，汝貴不疑。」

明

張文玘女。扶風人。長曰存兒，仲曰桂兒，惡少杜景華瞰其父往田，潛入室，侵其長者，脇以刃，不從，殺之。繼侵仲，仲不從，亦殺之，并刺其季女以滅口。季復甦，白其事，捕景華置之法。萬曆中，御史徐彦登聞於朝，爲建坊立祠。

李若梓女。岐山人。字小圓，許字王邦安，邦安自縊死，女聞即至其家，一慟而絶。救之稍甦，入厨作粥奉舅姑曰：「聊盡婦禮，將從夫地下矣。」是夜端坐喪次，大雷震電，屋瓦皆裂，姑起視之，則女已逝。萬曆三十三年旌。

焦文友妻周氏。鳳翔人。撫遺腹子，苦節自守，洪武中旌。同縣杜文妻田氏、劉啓業妻吴氏，均年十六，苦節撫孤。郭文妻朱氏、彭彦妻王氏，均苦節，後撫遺腹孫成立。

張邦祚妻宋氏。岐山人。與范宏載妻柳氏、王得威妻羅氏，均年二十，夫亡苦節；張自省妻侯氏，撫遺腹子，辛勤撫育，見其成立。

張附鳳妻彭氏。寶雞人。夫亡，撫遺腹子苦節。同縣楊邁妻高氏，年十八，夫亡，以紡織供養舅姑，凡三十年。又强吉妻高氏、張綸妻趙氏、高竑妻王氏、高龍妻王氏、李承芳妻林氏、陳大策妻譚氏、高選妻張氏，均以苦節著。

胡宗顔妻董氏。扶風人。年二十，夫亡，甘貧守孤，嘉靖中旌。同縣趙一琴妻孫氏，夫亡，伯氏欲奪其志，令婢妾逼之，奪其産，且謀隕其孤。氏避之他所，辛苦訓誨，克底成立。後伯夫婦俱歿，氏爲營喪葬，撫其孤如己出，人以爲難。

王麟妻劉氏。郿縣人。歸王逾年而麟歿，苦節，教子成立。同縣蘇宇妻胡氏，夫亡苦節，孝事舅姑。

石可貞妻董氏。麟遊人。夫死，有子方二歲，閲二歲殤，氏於夫木主前自縊死。與同縣甄柟妻張氏、何謐妻吕氏，夫亡苦節，並萬曆年間旌。

趙邦彦妻魏氏。汧陽人。夫亡，遺孤甚幼，矢志守節七十年。孫徵爲諸生，妻時氏，年十八守節，勵志撫孤，見其成立，人稱「一門雙節」。

尹希顒妻楊氏。隴州人。年十九，守節六十一年。同縣姚度妻俱氏，甘貧奉姑，守節六十五年。又史文載妻楊氏，夫亡殉節，萬曆中旌。閻可讓妻王氏，年二十二，夫亡，嘔血死。

劉文正妻譚氏。鳳翔人。崇禎中，流賊犯鳳翔，譚氏被掠，大罵不從，爲賊所殺。同時有李生妻張氏，亦罵賊求死，賊以刃刺其腹，比死，罵不絶口。又高守業妻劉氏，紿賊投井，賊以石擊之，死井中。

袁逢辰妻陳氏。寶雞人。遭寇亂，攜子六歲遇賊，大罵不屈。賊怒曰：「汝不惜幼子乎？從則俱活。」陳罵益力，並遇害。

陳漣妻李氏。扶風人。崇禎八年，流賊破城，李罵賊而死，有白犬守其尸。七日，家人至，掩之，犬始去。又邱凌雲妻薛氏，孀居二十年，投崖死。馮可時妻周氏、田幾妻張氏，俱不從賊，見殺。又馬汝龍女名潤姐，爲賊所逼，女怒，以梃擊賊，被磔死。張繼孟女名玉莪，賊逼不從，見殺。

師以風妻王氏。郿人。流賊殺其姑楊氏，氏挺身撲救，斃刃下。又張文奇妻楊氏，奉姑逃匿，中途被執，紿賊釋姑去，伺間投崖。賊往援之，氏擄地大罵，賊遂殺之。

馬翰如妻閻氏。隴州人。賊陷州城，氏赴水，賊曳出，自抉其目，復投水死。後三日得其尸，衣裳襪履，紉結如織。

本朝

王者賓繼妻孟氏。鳳翔人。賓爲興濟令，後値賀寇之變，罵賊死。孟亦被擄，罵賊不屈，路經石河灘，從馬上撲跌，目鼻口齒俱毀，賊怒殺之。人稱「雙節」。同縣汪宏量妻王氏，宏量遊闕久不歸，氏事姑不少怠。姑病，醫云年老血衰，得人血合藥方可治。氏即引刀割臂，流血升許，數日創平如初，姑亦尋愈。又强恕妻胡氏、袁有熊妻李氏、李龍妻張氏、劉繼南妻崔氏、劉暹妻趙氏、盧熙妾薛氏，均以苦節著聞。

季茂華妻王氏。寶雞人。有族弟王一位，欲加以無禮，氏堅拒不從，被殺。康熙五十四年旌。

楊樸妻鄭氏。扶風人。年二十六而寡，無出，撫前室子錦成立，娶婦賈生孫涇。賈亡，氏復撫涇。涇長娶康，生曾孫鼎彝，甫數月而康又亡，氏衰年撫鼎彝愈篤。劬勞三世，年七十二歲而歿。又王豫嘉妾田氏，夫亡，自經以殉。

趙玉堂妻趙氏。麟遊人。玉堂爲諸生，家貧甚，氏紡績佐讀，爲流寇所劫，義不受污，墮崖死。後玉堂官御史，贈孺人。同縣劉安娶李氏，年二十一而寡。母家憐其少，微言改嫁，氏翦髮誓守，幽居一室，親族罕覯其面。撫前室遺子，紡績以資誦讀，爲邑庠生。

馬千乘妻蒲氏。隴州人。年十九，夫亡，遺孤在襁褓，立誓守節。孝事舅姑，教子成明經，年逾七十。

王氏女。寶雞人。許字同邑袁遐齡。遐齡卒，氏聞訃奔喪，哀毁成疾而卒。乾隆九年旌。

石鼎妻程氏。鳳翔人。夫亡守節，家貧撫孤，備歷艱苦。乾隆四年旌。同縣張國玖妻石氏、李德輝妻程氏、曹司銓妻楊氏、閻鴻憲妻董氏、朱之玫妻孟氏、吴廷寀妻吴氏、楊紳妻薛氏、李秉駟妻郭氏、毛大□妻唐氏、李思道妻博氏、張良妻石氏，均乾隆年間旌。

徐必運妻楊氏。岐山人。夫亡守節，奉孀姑以孝稱。乾隆十四年旌。同縣侯廷位妻李氏、王永福妻沈氏、王兆賢妻張氏、薛芳妻劉氏、李文英妻羅氏、宋司銓妻馮氏、楊國相妻姚氏、王憲妻陳氏、侯泰妻樊氏、劉元貞妻周氏、陳進賢妻李氏、林茂棠妻劉氏、朱廣妻王氏、張法仁妻張氏、巨逢選妻苗氏、祝秋元妻雒氏、李可文妻張氏、龐興宗妻張氏、楊榮妻陳氏、黄秀妻王氏、楊芳妻龐氏、韓梁妻袁氏、楊蘭亭妻龐氏、蘇元妻朱氏、王作成妻楊氏、龐順之妻李氏、張大位妻封氏、張敷極妻王氏，均乾隆年間旌。

馮自壽妻薛氏。寶雞人。夫亡，孝事翁姑，撫孤成立。乾隆八年旌。同縣馮進喜妻楊氏、楊浩妻賈氏、郭寬妻張氏、劉漢政妻王氏、楊大夏妻党氏、韓密妻盧氏、王文妻閻氏、毛珍成妻康氏、寄士宏妻潘氏，均乾隆年間旌。

王克讓妻屈氏。扶風人。夫亡，家貧，事翁姑以孝稱。乾隆三年旌。同縣李振玉妻朱氏、李楓妻田氏、張敬修妻王氏、王國璿妻劉氏、王爌妻藺氏、馮御妻曹氏、劉開運妻趙氏、郭積德妻田氏、藺可璙妻宋氏、李法乾妻李氏、李法坤妻藺氏、朱良相妻李氏、强敞妻蘇氏、李榮貴妻梁氏、敬彬妻薛氏、高一祥妻楊氏、張銘妻王氏、范應全妻侯氏、向子儒妻楊氏、高耀妻王氏、石明僚妻趙氏、楊三傑妻李氏、毛守信妻王氏、張明德妻朱氏、羅積妻殷氏、李琠妻吕氏、祁碩妻康氏、田必通妻任氏、竇銘妻王氏、張宗孔妻馬氏、傅宣妻李氏、王宏奕妻吕氏、張三元妻劉氏、陳建烈妻祁氏、康繼孟妻王氏、王虔妻李氏、李隆妻王氏、王希聖妻李氏、李士英妻劉氏、楊中孝妻王氏、楊永安妻晁氏、种秉善妻朱氏、賀登第妻白氏、趙棟妻馬氏、張進言妻岳氏、劉天錦妻陳氏，又烈婦喬中智妻蕭氏，均乾隆年間旌。

魏某妻張氏。鄜縣人。夫亡，事翁姑克盡孝道。翁姑殁，家貧不克營葬，氏日夜挖土成墳，鄉黨稱之。乾隆十六年旌。同縣劉師氏、岳侯氏、李楊氏、張趙氏、蕭李氏、師蕭氏、師劉氏、張毛氏、李懷瑜妻汶氏、賀恪妻何氏、莊際安妻高氏、王時泰妻趙氏、陳之潤妻孫氏、王新都妻田氏、莊貌才妻杜氏、張鈺妻蔡氏，均乾隆年間旌。

裴綬妻張氏。汧陽人。夫亡，氏年二十三，仰事俯育，備極辛勤。又馬進喜妻梁氏，均乾隆年間旌。

張宏相妻孫氏。隴州人。夫亡，年二十八，截髮自矢，撫孤成立，守節六十年。乾隆五年旌。同州劉從學妻閻氏、胡繼宗妻閻氏、趙宗哲妻馬氏、閻永元妻韓氏、嚴淑澤妻趙氏、嚴可倉妻侯氏、張爵妻閻氏、曹直妻翟氏、尹奉德妻趙氏、郭衛邦妻趙氏、馬志達妻邢氏、郭大治妻王氏、董天相妻黄氏、王滿庫妻馬氏、翟裕妻梁氏、李丕妻楊氏、閻濬妻張氏，又烈婦劉胡妻王氏，均乾隆年間旌。

畢氏女。岐山人。名久存，許字李茂江，未婚而茂江死，痛絶而復甦者再。垂殆，乃迎其翁至母家，跪而告曰：「兒不幸，不得事翁姑，又不逮侍夫，痛死有餘恨，乞合葬以成兒志。」翁從之。時年十六。嘉慶十年旌。

劉復魁妻侯氏。鳳翔人。夫亡守節。嘉慶六年旌。同縣姚自安妻陳氏、吴藥妻張氏、常際慶妻爨氏、闕大光妻梁氏、王質秀妻胡氏、董尚仁妻雒氏、馬洛妻李氏、馬清妻李氏、馮天相妻常氏、郭鵬妻黄氏、陳大濟妻劉氏、王銓妻劉氏、魏世喜妻張氏、張鳳妻王氏、仝年寵妻袁氏，又烈婦楊恒妻楊氏，均嘉慶年間旌。

郭訓妻李氏。岐山人。夫亡守節。嘉慶五年旌。同縣郭誠妻張氏、李睿妻亢氏、康臨妻武氏、王佩珂妻亢氏、張思恭妻曹氏、韓鳳苞妻蘇氏、王廷柱妻朱氏、張德妻李氏、王文英妻劉氏、劉金泰妻王氏、高聚處妻郗氏、楊德懋妻牛氏、于奉先妻吕氏、張陶妻李氏、王作身妻袁氏、宋效濂妻梁氏、陳廣祚妻張氏、王士傑妻于氏、劉學蛟妻柳氏、稽逢春妻趙氏，均嘉慶年間旌。

李澣妻譚氏。寶雞人。夫亡守節。嘉慶六年旌。同縣索維浦妻黄氏、任璜妻楊氏、張士明妻劉氏、巨逢春妻李氏，又烈婦杜浩妻鄭氏，均嘉慶年間旌。

烮秉懿妻王氏。扶風人。夫亡守節。嘉慶元年旌。同縣康繼和妻郭氏、馬德宏妻藺氏、陳信妻楊氏、康修己妻劉氏、張大爵妻楊氏、白毓城妻劉氏、劉乾妻馬氏、淮成妻李氏，均嘉慶年間旌。

王聰妻許氏。郿縣人。夫亡守節。嘉慶十五年旌。又烈婦徐才保妻方氏并女等四人，劉春母楊氏并一家七人，遇賊不屈死。嘉慶年間旌。

孫莪妻田氏。麟遊人。夫亡守節。嘉慶十八年旌。

喬伯績妻張氏。汧陽人。夫亡守節。與同縣高雅妻蒲氏、冉造妻烏氏，均嘉慶年間旌。

李銅妻魏氏。隴州人。夫亡守節。嘉慶十一年旌。同州姚純妻韓氏、李維妻張氏、李安妻趙氏，均嘉慶年間旌。

流寓

漢

馬瑶。扶風人。隱於汧山，以兔罝爲事。所居俗化，百姓美之，號馬牧先生。

仙釋

漢

矯慎。扶風人。少好黄老，隱遁山谷，汝南吴蒼甚重之，遺書勸其仕，慎不答。年七十餘，竟不娶，後忽歸家，自言死日，及期果卒。後人見慎於燉煌。

靈壽光。扶風人。年七十餘，得石英丸服之，如二十許人。

晉

馬儉。扶風人。博通經史，從孫徹學道，授以五符真文，斷穀服水，行氣導引，遂役使萬靈，制御羣邪。姚萇聞而異之，往召不至。後年九十八返真而白雲舉焉。

僧契虚。姓李，學道岐州太白山。遇一釋子，與之遊，至一山頂，宫闕巍然，見大仙據玉几而坐，釋子命虚拜謁曰：「此雅川真君也。」既而以其未絶三彭之仇，命引歸，及平地，已在秦，而釋子亦不見。

宋

張守真。天興人。建隆初，遊終南山，聞空中有召之者，誨以三劍之法。守真奉教而往，凡所祛殄，不可勝紀。

明

張三丰。居寶雞縣東三里金臺觀。洪武二十六年九月，自言辭世，留頌而逝。縣人楊軌山等置棺殮訖，臨葬發視之，三丰復生。後入蜀見蜀王，又入武當山，或遊襄鄧間。永樂中，遣使尋訪，卒不遇。

土產

鐵。漢書地理志：漆縣有鐵官。唐書地理志：汧源縣有鐵。明統志：郿縣出鐵。宋時有鐵冶務。

麻布。元和志：鳳翔府賦麻及布。

龍鬚席。唐書地理志：鳳翔府土貢。宋史地理志：隴州貢席。

蠟燭。唐書地理志：鳳翔府土貢。

酒。府志：隴州出。

馬。寰宇記：隴州產。

羊。寰宇記：隴州產。明統志：郿縣出駝羊，有峯如駝。

雉尾。寰宇記：隴州產。

鸚鵡。寰宇記：隴州出。

烏蛇。明統志：出隴州，可療疾。

榛實。唐書地理志：鳳翔府、隴州俱貢。

松子。寰宇記：隴州産。

胡桃。寰宇記：隴州産。

藥。金史地理志：鳳翔府産芎藭、獨活、燈草、無心草、升麻、秦艽、骨碎補、羌活。明統志：府境産商陸。

菖蒲。寰宇記：隴安縣馬頰社沿山有溪，出九節菖蒲。

山丹。寰宇記：隴州産。

石魚。明統志：出汧陽縣，可辟衣蠹。

石墨。出汧陽縣石墨洞。

校勘記

〔一〕榮氏開山圖注　「榮」，原作「宋」，乾隆志卷一八四鳳翔府古蹟（下同卷簡稱乾隆志）同，據通鑑地理通釋卷一一魏重鎮陳倉改。按，隋書卷三四經籍志載「遁甲開山圖三卷，榮氏撰」。舊唐書卷四七經籍志亦載榮氏撰遁甲開山圖，作一卷。

〔二〕金牙闕　「牙」，原作「芽」，據乾隆志、明一統志卷三四鳳翔府、明史卷四二地理志改。

〔三〕西至長臨驛　「臨」，乾隆志作「寧」，下條長臨驛同。按，此志蓋避清宣宗諱改也。

〔四〕引隴川水通漕武德八年姜行本開　「水」，原作「西」，乾隆志同，據新唐書卷三七地理志改。「本」，原作「木」，據乾隆志及新唐書地理志改。

〔五〕授以厭戎連帥　「戎」，原作「成」，乾隆志同，據後漢書卷六〇下蔡邕傳改。「帥」，蔡邕傳作「率」。

〔六〕賜布帛三百段　「三」，原作「二」，據乾隆志及舊唐書卷一八七上常達傳、新唐書卷一九一常達傳改。

〔七〕部人折衝都尉魯寧者　「寧」，原作「臨」，據乾隆志及舊唐書卷八四劉仁軌傳改。下文同改。按，本志蓋避清宣宗諱改字也。

〔八〕自是隱閉不關人事　「閉」，原作「門」，據乾隆志及後漢書卷八三逸民列傳改。

〔九〕進檢校尚書左僕射　「校」，原作「討」，據乾隆志及新唐書卷一三八馬璘傳改。